I0751225

Steuben
Maj: Gen

Berühmte Deutsche Vorkämpfer

für

Fortschritt, Freiheit und Friede

in

Nord-Amerika.

Von 1626 bis 1888.

Einhundert und fünfzig Biographien, mit sechzehn Portraits.

Forest City Bookbinding Co.,
145 St. Clair St., Cleveland, O.

1893.

Zueignung.

Gruß und Heil!

Seid herzlich willkommen, meine Leser, in den Hallen des Ruhmes-Tempels, hier aufgerichtet für die Vorkämpfer unsres Volks im Lande der Zukunft. Nur getrost hereingetreten, denn nicht ein fremdverbotenes Heiligthum betretet Ihr, sondern Eure Brüder sind es und Eure Väter, deren Name, Bild und Werk hier verzeichnet ist Euch zur Freude und zum Frommen, Männer, die mit denselben Beschwerden kämpften, wie Ihr, die nach denselben Zielen rangen, dieselben Leiden litten, derselben Freuden sich freuten, da sie als Deutsche mitarbeiteten, die amerikanische Nation zu dem zu machen, was sie sein soll. In weiteren Kreisen zwar als Ihr, und in größerem Maßstab zwar als wir haben sie gewirkt; höher begabt, in günstigere Umstände gestellt, oder aber mit andren Theilen der gemeinsamen Aufgabe beschäftigt — aber alle haben Amerika lieb gehabt als Land des frohen Schaffens und des muthigen Strebens, wo jeder Mann sein soll ein König von Gottes Gnaden, frei waltend als Mensch unter den Menschen.

Das Thier vervollkommt sich nicht, außer wo der Mensch es abrichtet oder züchtet. Wie vor Jahrtausenden so noch heute ernährt es sich von der gleichen Speise, wohnt in

Höhlen oder Nestern nach der gleichen Weise, wandert im Kreislauf der Jahreszeiten die gleiche Reise. Nur dem Menschen ist es gegeben, von Geschlecht zu Geschlecht bessere Nahrung, Kleidung und Wohnung, vermehrte Kenntnisse der ihn umgebenden Natur, höhere Begriffe von Pflicht und Recht, schönere Formen, Farben und Töne zu finden. Und wenn auch mancher Menschenstamm in ewige Barbarei versunken zu sein scheint, so haben wir in dem amerikanischen Volke ein solches nicht gefunden und in Deutschland ein solches nicht verlassen. Das Land unsrer Väter ist ein Land des Fortschritts und das Land unsrer Kinder dasselbe in noch höherem Sinne des Worts. Seit tausend Jahren ist das deutsche Reich einer der großen Kulturstaaten dieser Welt gewesen, und die neue Welt, welche wir jetzt bewohnen, ist ja eben darum so lange verborgen geblieben, damit hier das Neue, ungehindert von den Ruinen und Verknöcherungen des Alten sich frei und froh entfalte.

Das Thier ist nicht frei. Hegel nennt es: „die konkrete Angst Gottes". Immer bleiben Hirsch und Hase Opfer der Jagd, werden Lamm und Stier zur Schlachtbank geführt. Nie wird das Roß den Reiter reiten, oder der kleinen Vögel sangreicher Chor dem Sperber zu widerstehen lernen, oder das Fischlein dem Hecht. Aber der Mensch, selbst wenn als Sklave geboren, kann doch frei werden, und wird es. In grauen Zeiten herrschten Pharaone und Nebukadnezars, Nimrode und Titanen als gewaltige Herren mit eiserner Ruthe. Es bezwang auch ein Volk das andre und legte ihm das schwere Joch auf den Nacken. Aber nicht immer blieb es so. Völker haben Treiber-Stecken zerbrochen, Sklaven ihre Ketten, und Leibeigene sind stimmberechtigte Bürger geworden. Und wer davon hörte, und wer davon las, dem erhob sich aus tiefster Brust das gemeinsame Bewußtsein menschlicher Würde, und freudig jauchzte er dem Unabhängigkeitskampfe zu. Denn der Mensch fühlt, daß frei zu werden seinem Wesen entspricht. Er soll es auch wissen. Auch du, o Leser, wenn du dieses Buches Blätter um schlägst, wirst von neuem inne werden, daß du aus einem nie von andren Völkern unterjochten zu einem nie von einem Menschen beherrschten Volke gekommen bist. Dann erneuerst du wohl den heiligen Schwur, daß du ihm helfen willst, frei zu machen, was noch gebunden ist, und zur höchsten Stufe der Freiheit zu führen, was noch auf der niederen steht.

Im Reich der Thiere ist kein Friede. Ein Kampf ums Dasein ist sein Leben immer, wo das Schwache dem Starken weicht. Nur für sich selbst sorgt jedes oder für sein Junges; aber das erwachsene Junge sorgt nie für das schwach gewordene Alte, noch das Gesunde für das Kranke. Anders ist der Mensch. Wenn der Dichter vom Erbarmen redet, so nennt er's ein „menschlich Erbarmen", aber ein Unmensch ist der Hartherzige, der Grausame. O, noch zu viel der Habsucht und Grausamkeit ist auch unter den Menschen! Helft, helft, daß es besser werde! Und es wird besser. Mildere Sitten sind gekommen und mildere Zeiten. Wir segnen Amerika und sein Volk, weil es duldsam ist und wohlthätig, und weil es nicht von eroberungssüchtigen Bajonetten starrt. Und weil wir aus einem Lande kommen, das den Frieden hält, so lange es ihn halten kann, und von dessen Glocken gesungen wird, daß „Friede sei ihr erst Geläut", so verbinden wir uns hier zu dem Gelübde und Bestreben, alle Schwerter zu Sicheln und alle steinernen Herzen fleischern machen zu helfen.

So tretet denn hervor, ihr hohen Gestalten deutsch-amerikanischer Vorkämpfer für Fortschritt, Freiheit und Friede! Ziehet vorüber in langer Reihe an unsrem Blicke zur Mahnung und zum Trost für uns, die wir streben sollen nach den höchsten Gütern der Menschheit. In der süßen Muttersprache redet zu uns vom Vaterland, dem theuren, wo die Wurzeln liegen der Kraft, wenn wir ihm uns anschließen, dafür zu leben und zu wirken, damit wenn einst wir, wie ihr vollendet den Lauf, wir nicht vergeblich gelebt.

Calvin College, im März, 1888.

Der Verfasser.

Inhalts-Verzeichniß.

		Seite.
	Zueignung	3– 6
	Einleitung	15– 22
1.	Peter Minnewit. Gouverneur von Neu Niederland.	23– 30
2.	Jakob Leisler. Gouverneur von New York	31– 40
3.	Josua von Kocherthal. Pionier von New York.	41– 43
4. 5.	Die Weisers. Pioniere von New York und Pennsylvanien	44– 50
6.	K. Zenger. Drucker in New York	51– 52
7.	F. D. Pastorius. Gründer von Germantown	52– 59
8. 9.	Christoph Sauer. Erster deutscher Drucker	59– 70
10.	Baron von Steuben. Exerziermeister der amerikanischen Armee	70– 86
11.	D. Ziegler. Offizier im Unabhängigkeits-Krieg	86– 88
12.	Nikolaus Herkheimer. General im Unabhängigkeits-Krieg	
13. 14.	Dr. Heinrich Melchior Mühlenberg und Söhne. Gründer der lutherischen Kirche. General und Staatsmann	93–103
15.	Johann Kalb. General im Unabhängigkeits-Krieg.	104–116
16.	Michael Kalteisen. Commandant von Fort Johnson	117
17.	Christoph Ludwig. Proviantmeister im Unabhängigkeits-Krieg	118
18.	Nikolaus Sommer. Friedensbote im Urwald	119–121
19.	Michael Schlatter. Gründer der deutsch reformirten Kirche	121–124
20.	David Zeisberger. Indianer Missionar und Pfadfinder	124–127
21.	Philipp Wilhelm Otterbein. Gründer der Ver. Brüder in Christo	128–130
22.	Jakob Albrecht. Gründer der Evangelischen Gemeinschaft	131–134
23.	Johann Jakob Astor. Millionär und Bahnbrecher am Stillen Meere	134–144
24.	Friedrich Heinrich Quittmann. Sohn und Vater eines Offiziers	144–150

Inhalts-Verzeichniß.

Seite.

25. Johann Georg Rapp. Gründer von Harmony und Economy 151–152
26. Demetrius Aug. Gallitzin. Fürst, Priester und Pionier 153–154
27. Ferdinand Rudolph Haßler. Erster Triangular Landmesser 155–161
28. Gerhard Troost. Erster amerikanischer Mineralog. 161–162
29. Ernst Ludwig Hazelius. Theologischer Professor. 162–163
30. Julius A. Barnsbach. Unbestechlicher Gesetzgeber von Illinois 164–165
31. Friedrich Theodor Engelmann. Patriarch von Belleville, Illinois 165–174
32. Theodor Hilgard. Vater von zwei berühmten Naturforschern 175–176
33. Friedrich Eckstein. Bildhauer und Lehrmeister von Hiram Powers 177
34. Georg Bunsen. Einführer von Pestalozzi's Lehrweise. 178–181
35. Heinrich Steinweg. Pianofabrikant in New York. 181–185
36. Friedrich Baraga. Indianer-Bischof in Michigan. 186–188
37 Philipp Dorschheimer. Einflußreicher Politiker in New York 188–192
38. Vinzenz Nolte. Banquier in New Orleans 192–194
39. Ernst Karl Angelrodt. Deutscher General-Konsul in St. Louis 194–198
40. Konstantin Hering. Vater der Homöopathie in Amerika 198–202
41. Karl Follen. Gelehrter und Agitator gegen Negersklaverei 202–207
42. Seidensticker, Vater und Sohn. Märtyrer der Freiheit. Geschichtschreiber der Deutsch-Amerikaner. 208–209
43. Franz Lieber. Professor und Rechtsgelehrter 210–217
44. Friedrich Münch. Pionier und Staatsmann in Missouri 218–222
45. Albert Lange. Staats-Auditor von Indiana 222–223
46. Franz Joseph Grund. Gelehrter und liberaler Politiker 224–225
47. Die Wesselhöfts. Buchhändler und Aerzte 226–228
48. Friedrich August Rauch. Begründer von Franklin und Marshall College 228–229
49. Wilhelm Weber. Redakteur vom Anzeiger des Westens 229–234

Inhalts-Verzeichniß.

Seite.

50. Friedrich Adolph Wislizenus. Erforscher der Felsengebirge 235–240
51. Hermann von Ehrenberg. Erforscher von Arizona 240–241
52. Karl Minnigerode. Jefferson Davis' Pastor ... 242–247
53. Johann August Röbling. Erbauer großer Drahtseil Brücken 247–251
54. Gottfried N. Frankenstein. Meister-Maler in Cincinnati 252
55. Philipp Gerke. Meister-Maler in St. Louis ... 253
56. Ferdinand Pettrich. Schüler von Thorwaldsen. 254
57. Julius Reinhold Friedländer. Vater der Blinden-Anstalten in Amerika 255
58. Ferdinand Jakob Lindheimer. Erforscher der Flora von Texas 256–259
59. Christian Roselius. General-Staatsanwalt von Louisiana 259–262
60. Johann August Sutter. Pionier von Californien 262–266
61. Johann Martin Henni. Erster deutscher Erzbischof in den Vereinigten Staaten 266–268
62. Karl Aloys Lützenburg. Berühmter Arzt in New Orleans 268–269
63. Karl Ludwig Fleischmann. Autorität für industrielle Fragen 269–270
64. Wilhelm Nast. Gründer des deutschen Methodismus. 271–273
65. Karl Heinzen. Radikaler Denker 273–278
66. Adolph Meier. Großhändler in St. Louis 278–279
67. Maximilian Oertel. Ritter des Gregorius Ordens 280–281
68. Die Brüder Kaiser. Civil-Ingenieur und Advokat. 281–282
69. Karl Bösel. Geschäftsmann 282–283
70. Friedrich Rölker. Urheber der deutschen Stadtschulen in Cincinnati 283–287
71. Eduard Degener. Congreßglied für Texas 287–289
72. Joseph Kinike. Freund der Freundlosen in Philadelphia 289–293
73. Lorenz Herbert. Kaufmann und Menschenfreund. 294–295
74. Karl Gustav Rümelin. Politiker und Journalist. 296–298
75. Arnold Krekel. Bundesrichter in Jefferson City, Missouri 299–300

Inhalts-Verzeichniß.

Seite.

76. Friedrich Wilhelm Horn. Dreimal Sprecher der Gesetzgebung 300–301
77. Wilhelm Horstmann. Posamentier und Menschenfreund im Großen 301–303
78. Philipp Schaff. Theologe, Schriftsteller und Professor 303–304
79. Nikolaus Müller. Dichter und Politiker 304–307
80. Lorenz Brentano. Redakteur der Illinois Staatszeitung 307–311
81. Karl Daniel Duai. Pädagoge und Schriftsteller. 311–312
82. Gottlieb Theodor Kellner. Redakteur des „Philadelphia Demokrat" 313–316
83. Jakob Müller. Vice-Gouverneur von Ohio........ 316
84. Friedrich Kapp. Deutsch-amerikanischer Geschichtsforscher 317–318
85. Georg Hillgärtner. Journalist........ 318–320
86. Oswald Ottendorfer. Eigenthümer der New York Staatszeitung 321–324
87. Hermann Raster. Erfolgreicher Journalist........ 325–326
88. Friedrich Hassaurek. Redakteur des Hochwächter 327–328
89. Gustav von Struve. Republikanischer Geschichtschreiber 329–332
90. August Willich. General im Sezessions-Krieg.... 333–334
91. Ludwig Blenker. General im Sezessions-Krieg. 335–338
92. Friedrich Hecker. Der Liebling des Volkes ... 338–342
93. August Becker. Redakteur des Baltimore Wecker. 343–344
94. Theodor Kaufmann. Historischer Fortschritts-Maler 344–346
95. Die Brüder Salomo. Generäle im Sezessions-Krieg. Gouverneur von Wisconsin........ 347–351
96. Alexander Schimmelpfennig. General im Sezessions-Krieg 351–353
97. Franz Sigel. General-Major im Sezessions-Krieg. 353–358
98. Max Weber. General im Sezessions-Krieg 358–362
99. Julius Stahel. General-Major im Sezessions-Krieg........ 362–364
100. Karl Schurz. General-Major, Senator und Minister 365–373
101. Gustav Körner. Lieutenant-Gouverneur von Illinois........ 373–377

Inhalts-Verzeichniß.

Seite.

102. Heinrich Bohlen. General im Sezessions-Krieg. 377–380
103. August Moor. General im Sezessions-Krieg... 381–382
104. Hugo Wangelin. General im Sezessions-Krieg. 383–384
105. Peter Joseph Osterhaus. General im Sezessions-Krieg 385–387
106. Julius Raith. Gefallen im Sezessions-Krieg.. 388
107. Adolph von Steinwehr. General im Sezessions-Krieg 389–393
108. August Kauz. General-Major in Sezessions-Krieg. 393–396
109. Gottfried Weitzel. General-Major im Sezessions-Krieg..................... 396–399
Rückblick. 400–401
110. Johann Andreas Wagener. General in der Konföderirten Armee 402–408
111. Karl Gustav Memminger. Finanzminister der Konföderirten..................... 408–410
112. August Rauschenbusch. Professor an der Baptisten-Universität zu Rochester, N. Y. 412–413
113. Emanuel Leutze. Historischer Maler in Washington..................... 413–416
114. August Belmont. Einflußreicher Politiker und Banquier 417–420
115. Eberhard Faber. Bleistift-Fabrikant in New York..................... 420–421
116. Christian Kribben. Sprecher der Gesetzgebung von Wisconsin..................... 422–424
117. Georg Adler. Namhafter Philologe.......... 424–425
118. Ferdinand Schuhmacher. Großer Geschäfts- und Enthaltsamkeits-Mann..................... 425–427
119. Samuel N. Pike. Millionär und Opernhaus-Erbauer 427–430
120. Eduard Dorsch. Arzt, Literat und Staatsmann. 431
121. Franz Hoffmann. Lieutenant-Gouverneur von Illinois..................... 432–435
122. Johann Bernhard Stallo. Amerikanischer Vertreter in Italien..................... 436–439
123. Wilhelm Heilmann. Fabrikant und Congreßglied 439–442
124. Meyer Strouse. Congreßglied von Pennsylvanien. 443
125. Alexander Jakob Schem. Pädagoge und Encyclopädist 444–445

Seite.
126. Karl Göpp. Deutsch-Englischer Schriftsteller 446–447
127. Anton Eickhoff. Congreßglied von New York .. 447–450
128. Conrad Krez. Lyrischer Dichter 450–451
129. Gustav C. E. Weber. Berühmter Arzt und Professor 451–454
130. Gustav Schleicher. Hochgeehrtes Congreßglied von Texas 454–460
131. Karl Nordhoff. Verfasser von The Cotton States 460–462
132. Albert Bierstadt. Amerika's größester Landschaftsmaler 462–465
133. Michael Hahn. Gouverneur von Louisiana 465–467
134. Peter V. Deuster. Congreßglied von Wisconsin. 468–469
135. Karl Kern. Einflußreicher Politiker von Chicago. 469–471
136. Leopold Morse. Congreßglied von Massachusetts 471–472
137. Hugo A. Rattermann. Geschichtsforscher der Deutsch-Amerikaner 472–473
138. Herman Füchsel. Angesehener Landschaftsmaler 474
139. Wilhelm Kurz. Erster Photograph von New York 475–478
140. Michael J. Cremer. Amerikanischer Konsul in Berlin 478–479
141. Jakob Romeis. Congreßglied von Ohio 479–480
142. Gustav Finkelnburg. Congreßglied von Missouri. 480–481
143. Friedrich Tiedemann. Adjutant von Karl Schurz 481–482
144. Jakob Groß. Staatsschatzmeister von Illinois 483–484
145. Thomas Nast. Ausgezeichneter Karrikaturen-Zeichner 485–488
146. Cuno von Arnold. Superintendent in der amerikanischen Polizei 488–490
147. Richard Günther. Congreßglied von Wisconsin. 491
148. Hermann Lehlbach. Congreßglied von New Jersey 492
149. Deutsche Congreßglieder 493–497
150. Die deutsche Einwanderung 497–500

Die Deutschen in Amerika.

Die Deutschen in Amerika werden von unwissenden Leuten oft als eine blos arbeitende Klasse von Menschen angesehen, als hätten sie nur durch den Schweiß ihres Angesichts oder durch die Geschicklichkeit ihrer Hände den Amerikanern zu dienen, damit diese um so größeren Wohlstand erringen könnten. Freilich ist nicht die deutsche, sondern die englische Sprache die herrschende, und bei weitem die Mehrzahl der Bürger der Vereinigten Staaten spricht nicht deutsch, sondern englisch. Auch ist Amerika nicht ursprünglich von Deutschen, sondern von Englischen besiedelt worden, und das Englische wird sicherlich allezeit die Sprache des Landes und der Gesetzgebung, der Gerichte und der Geschäfte sein. Aber wer die Geschichte unsrer Vereinigten Staaten genau kennt, weiß auch, daß die deutsche Bevölkerung einen *nicht unbedeutenden Antheil* an der *Entwicklung des amerikanischen Geistes* und an den Errungenschaften des amerikanischen Volkes hat. Große Gebiete des Landes sind so dicht mit deutschen Ansiedlern bevölkert worden, daß die deutsche Sprache sich dort auf lange Zeiten eingebürgert hat, und deutsche Sitten und Gesinnungen dort herrschend, dauernd herrschend geworden sind. Solches ist vornehmlich in *Pennsylvanien, Ohio, Indiana, Illinois, Wisconsin* und *Iowa* der Fall. Ueberdies sind in allen *Großstädten* die Deutschen so zahlreich vertreten, daß ihre

Kirchen, Vereine, Schulen und Stadtviertel ein entschieden deutsches Gepräge tragen und mit Selbstbewußtsein auftreten. Deutsche Männer von hervorragendem Einfluß findet man nicht nur in den Gesetzgebungen der einzelnen Staaten, sondern auch im Bundes-Kongreß und sogar im höchsten Rathe des Volkes, unter den Staats-Sekretären des Präsidenten. Man findet sie als Kaufleute, als Millionäre, als Großfabrikanten; als Generäle, als Professoren in den Hochschulen, als Gründer und Leiter von Kirchengemeinschaften; als Schriftsteller ersten Ranges, wie als Pioniere der Ansiedlung in den dunkeln Urwäldern, wie in den endlosen Prairien.

Im Ganzen wohnen in den Ver. Staaten von zwei bis drei Millionen eingewanderte Deutsche, und fünf bis sechs Millionen deutschredende Personen. In der Stadt New York allein wohnen mehr Deutsche als in Hamburg. Etwa 1,200,000 Deutsche in den Ver. Staaten gehören zur römisch-katholischen Kirche und etwa 2,500,000 zu verschiedenen protestantischen. Die übrigen betheiligen sich an gemeinnützigen Vereinen, und nur sehr gering ist die Zahl derer, die nur für sich selbst, für ihren eignen Lebensunterhalt und den ihrer Familie arbeiten und sorgen, ohne im Verein mit andern an der Lösung der allgemeinen Aufgaben oder an der Hebung des Volkes zu arbeiten.

Da die Deutschen eine der herrschenden Nationen der Welt sind, ein Volk, welches im Mittelpunkt und Herzen Europas ein mächtiges Reich bildet, ein Volk, das nicht durch Mischung verschiedener Nationen zusammengesetzt ist, sondern ein Urvolk, das sich seit mehr als tausend Jahren aus sich selbst entwickelt hat, und das als Vormacht der germanischen Nationen den romanischen gegenüber eine klare, große Tendenz vertritt, welche es vornehmlich in der Zeit der Reformation siegreich und fruchtbar zum Besten der ganzen Menschheit in großartigster Weise geltend gemacht hat: so läßt sich von vorn herein annehmen, daß auch in

Amerika die Deutschen die großen Erbgüter ihrer Nation vertreten und ihr Wesen selbständig zum Besten der amerikanischen Nation in deren Wesen eingraben, einpflanzen und einpfropfen werden. Amerika würde ein andres Land und das amerikanische Volk ein andres Volk sein, als es ist, wenn nicht Millionen von Deutschen als solche an der Gestaltung des Landes und an der Gesittung des Volkes mitgearbeitet hätten. Große Güter, nicht blos leiblicher, sondern auch geistiger Art, verdankt Amerika dem deutschen Element.

Hauptsächlich zeichnet sich das Deutschthum in Amerika durch seinen Freiheitssinn aus. In der ältesten Geschichte des Staates New York schon finden wir die deutschen Gouverneure Minnewit und Leisler als Bannerträger der bürgerlichen Freiheit. Im Befreiungskriege hoben die Deutschen des Mohawkthales im Staate New York einhellig die Fahne der Unabhängigkeit gegenüber der britischen Unterdrückung empor; unter den Deutschen in Pennsylvanien ward kaum ein Tory gefunden, in der dunkelsten Stunde jenes denkwürdigen Befreiungskrieges, in Valley Forge, fand Washington an den pennsylvanischen Regimentern die festeste Stütze, und die erste Unabhängigkeits-Erklärung ging von dem deutschen County Mecklenburg in den Carolinas aus. Der helle Ruf der Unabhängigkeit wurde in jenen Gebirgen zuerst von deutschen Männern erhoben und pflanzte sich mit wachsendem Schall und Donner fort von Berg zu Berg, von Thal zu Thal, bis er in der deutschesten der damaligen Städte — Philadelphia — in der ewig denkwürdigen Unabhängigkeits-Erklärung zum Glockengeläute eines freien Landes wurde.

Und wiederum, als das dunkle Ungethüm der Negersklaverei wie ein Polyp seine schleimigen Arme immer weiter und weiter im Lande ausstreckte, um in der Hand von politischen Ränkeschmieden die Freiheit unseres Volkes zu einem Spott und einem Beiwort zu machen, da waren wiederum die Deutschen die ersten, die sich mit den Gegnern der

Sklaverei zum kühnen Rath und mit den Vertheidigern der Union zur blutigen That verbanden, und auf hundert Schlachtfeldern floß deutsches Blut für Freiheit und Vaterland.

Und immer, wenn eine der herrschenden politischen Parteien die Parteigeißel allzu rücksichtslos schwingt und die Parteizügel allzu schroff anzieht, ihre Anhänger durch dick und dünn, durch Recht und Unrecht rücksichtslos mit sich fortzureißen, sind die Deutschen die ersten, welche das Recht des freien Urtheils geltend machen, der Partei gegenüber ihre Unabhängigkeit am Stimmkasten wahren.

Zum andern zeichnet das Deutschthum in Amerika sich durch seine Nüchternheit aus. Oft gleicht der amerikanische Volksgeist einem hitzigen Roß, das im Eifer des Laufes sich durch keine Zügel mehr von Abgründen und Gefahren bewahren läßt, kein Maß und keine Schranken mehr kennt, sondern in sich überstürzendem Fortschritt allen Grund und Boden unter den Füßen verliert, sei es nun, daß es sich um Frauenrechte handle, oder um die Gefahren berauschender Getränke, oder um der andern Uebel eines. Dann wird man den deutschen Bürger Amerikas immer da finden, wo es gilt, den Unbedacht zu mäßigen, den Eifer weislich zu hemmen und dafür zu sorgen, daß nicht der gute Gedanke des richtigen Fortschritts durch Uebertreibung zu einem Zerrbild werde. Denn der Deutsche ist von Jugend auf gewöhnt, selbständig zu denken, und folgt selten gedankenlos dem Geschrei der Masse, oder dem Gaukelspiel des Demagogen.

Endlich ist der Deutsche ausdauernd, sparsam, mit geringem, aber sicherem Erwerb zufrieden, und bildet dadurch ein heilsames Gegengewicht gegen die dem amerikanischen Volke eignen periodischen Fieber der Spekulation, durch welche öfter der Wohlstand von Millionen Familien und der Erwerb von Jahrzehnten mit hitzigem Wagnis aufs Spiel gesetzt wird. In solchen Zeiten knöpft der Deutsche Rock und Tasche zu, läßt Spekulanten Spekulanten sein, und geht geduldig hinter seinem Pfluge her, oder schafft still und stätig in seinem Geschäft. Ihn kümmert's nicht, daß sein englischer Nachbar plötzlich reich geworden, in goldner Karosse an ihm vorübersaust, denn er weiß wol, daß die Toten schnell reiten, und ihm ist wolbekannt das alte Wort: Wie gewonnen, so zerronnen. Und wenn dann die Paläste der Emporkömmlinge am Wanken und die Banken am Brechen sind, schleppt er den vollen Geldsack gemächlich zur wolbezahlten Hilfe in der Noth herbei.

Dabei wird aber der rechte Deutsch-Amerikaner nie vergessen, daß er nicht in Deutschland, sondern in Amerika ist. Er liebt die amerikanische Republik noch mehr, als den deutschen Kaiser. Bismarck ist ihm ein glorreicher Fürst, aber er ist doch nur ein Fürst. Glorreicher als Bismarck ist ihm das sternbesäete Banner der Republik. Theuer ist ihm der Ort, wo seine Eltern begraben sind und wo seine Wiege stand. Oft gedenkt er der alten Heimat in stiller Sehnsucht, gern macht er auch mal, wenn er kann, die Reise übers Meer, aber nicht um dort zu bleiben. Er weint dort seine Thränen des Heimwehs, aber dann richtet sich der Blick wieder dem Lande der untergehenden Sonne zu, dem Lande, das ihm einst als Fremdling oder als Flüchtling Zuflucht und Herberge bot, dem Lande seiner Kinder. Darum will er nicht Deutscher nur sein, sondern Deutsch-Amerikaner. Gern lernt er vom Amerikaner die flinke Weise zu arbeiten, die findige Weise des Vorteils, die Geschicklichkeit der Benutzung aller Umstände. Gern lernt er vom amerikanischen Nachbar das menschliche Gebot der Duldsamkeit gegenüber andersdenkenden, die Gelassenheit im Ertragen von Unannehmlichkeit und Verdruß, das selbstbewußte sich selbst helfen in schwierigen und widrigen Verhältnissen. Als freier Bürger bewegt er sich unter gleichberechtigten Mitbürgern; die Hörner hat er in Deutschland gelassen, oder sie hier sich abgestoßen. Er verlangt nicht, sie wieder wachsen zu lassen.

Ein Neu-Deutschland oder ein Klein-Deutschland in Amerika aufzurichten, ist nicht sein Sinn. Die deutsche Sprache ist ihm ein hohes Gut, aber nicht das höchste, dem man alles opfern müsse. Die deutsche Sitte ist ihm ein theures Erbteil der Vorväter, aber Religion ist sie ihm nicht. Höher als die Form gilt ihm der Inhalt, höher als Sprache und Sitte der Geist und die Gesinnung. Diese sollen unverändert, kernhaft deutsch bleiben, neben jenen aber will er die Landessprache und die Landessitte gern sich aneignen. Und das ist wahrlich sein Schaden nicht.

Die geschichtliche Entwicklung des Deutschthums in Amerika zerfällt in fünf Zeitabschnitte. Im ersten Abschnitt bis gegen das Jahr 1700 treten die Deutschen in Amerika nur vereinzelt auf, doch spielen auch in diesem Zeitalter einige Deutsche hier schon hervorragende Rollen.

Im zweiten Abschnitt bis gegen das Jahr 1800 sammeln sich Deutsche massenhaft in Newyork, Pennsylvanien und den Carolinas, und viele von ihnen beteiligen sich mit Kraft und Ruhm am Befreiungskriege.

Im dritten Abschnitt bis gegen das Jahr 1830 ist wenig Einwanderung, nur ein einziger Deutscher von hervorragendem Karakter ist in diesem Zeitraum zu nennen.

Der vierte Abschnitt umfaßt die Jahre 1833 bis 1848, reich an revolutionären Bewegungen in Deutschland. Ueber eine Million Deutscher sind von 1830–1850 in Amerika eingewandert. Die amtliche Zahl ist 1,065,984. Sie wurden durch die Unruhe der Zeit und des Zeitgeistes aus ihren väterlichen Sitzen vertrieben, und mit ihnen kamen Hunderte von Revolutions-Führern. Ihre Ideale wurden in Deutschland zwar nicht ausgeführt, aber gute Gedanken waren darin, und diese sind in Amerika meist fruchtbare Keime geworden.

Der fünfte Abschnitt, von 1850 bis jetzt, umfaßt die Zeit der Erhebung Deutschlands. Es sind die Jahre von Sadowa und Sedan. Sie bringen eine Einwanderung von

2,773,000 Seelen, unter denen viele hervorragende Männer, übers Meer. Der Deutsch-Amerikaner lebt nun mehr in der Gegenwart, als in der Zukunft, und er kann es auch, denn der Deutsche ist nun hier angesehen und geachtet, und bereitwillig gewährt man ihm deutsche Staatsschulen und deutsche Kandidaten auf dem Wahlzettel, denn der amerikanische Politiker muß jetzt mit dem deutschen Element rechnen, wenn er siegen will, und das will er.

I.

Peter Minnewit.

Gouverneur von Neu Niederland.

Peter Minnewits Name wird verschieden geschrieben. Er selbst schreibt ihn zuweilen Minuit, nach französischer Weise. Andre machten Menewe daraus, oder Meneve, oder Menuet. Er wurde ums Jahr 1590 in Wesel am Nieder-Rhein geboren, der Sohn wohlhabender, angesehener Eltern, welche ihn Theologie studiren ließen. Nach beendigten Studien erwählte ihn die dortige reformirte Gemeinde zum Diakon. Es waren aber damals unruhige Zeiten. Der Herzog von Cleve starb 1609 kinderlos, und nun stritt der protestantische Kurfürst von Brandenburg mit dem katholischen Pfalzgrafen von Neuburg um das Erbe. Letzterem standen die Spanier, welche damals Belgien in Besitz hatten, bei, und der spanische General Spinola eroberte Wesel im Jahre 1609. Da war denn Minnewit's Bleiben nicht in seiner Vaterstadt, und er flüchtete nach den Niederlanden, wo seine Glaubensgenossen sich vom spanischen Joch frei gemacht und eine mächtige, blühende Republik begründet hatten, deren Schiffe alle Meere befuhren. In deren Auftrag hatte Hudson im selben Jahre, als die Spanier Wesel eroberten, den nach ihm benannten Hudson in Amerika entdeckt und als Entdecker die angrenzenden Landstriche für die Niederlande in Besitz genommen. In Folge davon hatten holländische Kaufleute Handelsstationen am Hudson gegründet, welche um so leichter gediehen, als die am Hudson wohnenden Indianer ungewöhnlich furchtsamer und freundlicher Art waren. Im Jahre 1621 bildete sich in Holland eine große Gesellschaft reicher Kaufleute unter dem Namen der Holländisch-

Westindischen Compagnie, welche auf 24 Jahre volle Gewalt über alles holländische Gebiet auf dem amerikanischen Festland erhielt. Diese Gesellschaft erkannte in Peter Minnewit einen mit sehr guten Schulkenntnissen ausgerüsteten, ernsten, scharfblickenden und äußerst thätigen Mann, dem man wol die Leitung schwerer Unternehmungen anvertrauen dürfte. Sie bedurfte eines solchen für ihre Niederlassungen am Hudson. Bereits zwei Gouverneure oder General-Direktoren hatte sie nach dem Hudson gesendet, May und Verhulst, den ersten mit 30 Kolonisten-Familien, den zweiten mit 200 Kolonisten. Sie hatten die Forts Oranien, am oberen Hudson, jetzt Albany, und Neu-Amsterdam, jetzt New York, an der Mündung des Hudson, erbaut. Sie hatten ganze Heerden von Rindvieh, Schafen und Schweinen hinübergesendet und unter die Kolonisten vertheilen lassen, aber kaum hatten die „General-Direktoren" die Ufer Amerikas betreten, so hatten sie sich schon wieder beeilt, mit nächstem rückkehrenden Schiffe das rauhe Land zu verlassen und die traute Heimat wieder aufzusuchen. So waren die Kolonien sich selbst überlassen geblieben und hatten nur geringe Fortschritte machen können. Von Peter Minnewit hofften sie besseres.

Am 4. Mai 1626 landete er mit reichlichen Vorräthen und ausgedehnten Vollmachten versehen in der Mündung des Hudsonflusses. Er fand eine Stadt von dreißig Häusern vor, von Blöcken erbaut, mit Strohdächern gedeckt, hölzernen Schornsteinen an den Wänden, in einer unregelmäßigen Reihe das Ufer besäumend. Das war das damalige New York.

Peter Minnewit erkannte als seine erste Pflicht den Schutz der Kolonisten vor Indianern und Seeräubern. Das Land gehörte den Indianern; zu jeder Zeit konnten sie es als ihr Eigenthum beanspruchen, und wenn das auch von ihrem furchtsamen Karakter wenig zu erwarten war, so widerstrebte es doch Minnewit's Rechtssinn, ihre Schwäche oder Unkenntniß auszubeuten. Er rief sie zu einer freundlichen Besprechung zusammen und kaufte ihnen um 60 holländische Gulden, etwa 24 Dollars nach heutigem Werth, die Manhattan-Insel ab. Das Gebiet lag zwischen dem Hudson, dem East-River und dem Haarlem, umfaßte 20,000 Acker und bildet jetzt den ältesten Theil der Stadt New York. Nachdem er das moralische Recht an das Land erworben, war seine nächste Sorge, dies gute Recht durch gute Wehr zu schützen. Ein steinernes Fort ward an der Südspitze erbaut und das Stadtgebiet mit Pallisaden umgeben — eine für die damaligen Kräfte der Kolonie nicht unerhebliche Arbeit.

Das nächste Ziel war die Heranziehung von mehr Kolonisten und die Anlegung neuer Ansiedlungen. Die Wallonen in dem unter spanischer Herrschaft verbliebenen südlichen Theil der Niederlande wurden ihres reformirten Glaubens wegen gezwungen, ihre Heimat zu fliehen. Aus gleicher Bedrängniß wie Minnewit kommend, folgten sie gern seiner Einladung nach Amerika, damals dem Zufluchtsort der um ihres Glaubens willen Verfolgten aller Länder, der Puritaner aus England, der Hugenotten aus Frankreich, der Protestanten aus Deutschland. Mit größtem Organisations-Talent ausgestattet, wie Minnewit es war, verstand er es, den neuen Ankömmlingen beim Betreten des Landes vorher zu rüsten, was sie an Bequemlichkeiten gebrauchten, passende Anführer aus ihrer Mitte zu ernennen, ihnen geeignete Plätze zur Niederlassung anzuweisen, und ihnen in Widerwärtigkeiten Aufmunterung durch Wort und That zu gewähren. Die Ufer des Long Island Sundes begannen sich zu bevölkern. Brooklyn ward gegründet.

Erster Erwerbszweig der Kolonisten war der Pelzhandel. Bären, Hirsche, Büffel und anderes Wild bevölkerte reichlich die Wälder. An den Flüssen hausten zahlreiche Kolonien von Bibern mit dem kostbarsten Fell, das in Europa höher als alle andre geschätzt ward. Minnewit erkannte mit richtigem Scharfblick, daß der Handel mit Pelzen auf Jahre noch der wichtigste Erwerbszweig der Kolonie bleiben mußte. Er sandte Expeditionen zu Wasser und Land nach allen Richtungen aus, um die ergiebigsten Jagdgründe an den Wassern und in den Wäldern zu erspähen, und dirigirte dann die Ansiedler dorthin. Er sorgte dafür, daß die Indianer durch gerechte und rücksichtsvolle Behandlung in jeder Weise ermuntert wurden, ihre Jagdbeute nach Neu Amsterdam zu Markte zu bringen. Er ließ selbst Schiffe im Hafen bauen, denn obwol mancherlei dazu fehlte, fand sich das herrlichste Bauholz im Ueberfluß vor. Das erste der durch ihn erbauten Schiffe hielt 600 bis 800 Tonnen und war das größte der damals in der ganzen Welt vorhandenen Ozean-Schiffe. Bald konnte die Kolonie auf ihren eignen Schiffen ihre Erzeugnisse nach Holland aufs vortheilhafteste zu Markte bringen.

Aber noch war das, was die Kolonisten aus Holland an Lebensbedürfnissen beziehen mußten, viel mehr und kostete viel mehr Geld, als was sie dorthin verkaufen konnten. Das konnte so nicht fortgehen. Deshalb begünstigte Minnewit die Bebauung des Landes, und um das selbstgezogene, auf dem jungfräulichen Erdreich in überraschender Fülle wachsende Getreide vortheilhaft verwerthen zu können, ließ er Mühlen bauen. Bald grüßten die auf hohem Unterbau leicht drehbaren, mit ungeheuren Flügeln versehenen holländischen Windmühlen die neu ankommenden Kolonisten an allen Ufern, von allen Höhen, und statt Mehl von Holland theuer beziehen zu müssen, konnte man es nun dorthin senden.

Im Jahre 1628 führte die Kolonie bereits Pelzwerk für 28,000 Gulden aus, und im Jahr 1631 betrug die Ausfuhr an allerlei Gütern schon 130,000 Gulden, ebenso viel wie der Geldwerth der Einfuhr.

Mit den Pilger-Puritanern in New Plymouth, mit welchen unter den folgenden Gouverneuren die Neu-Niederländer so manchen blutigen Strauß fochten, da zwischen ihnen das Gebiet des Connecticut Flusses von beiden beansprucht ward, hielt Minnewit Freundschaft und Friede. Sie waren gleich ihm und den Seinen Flüchtlinge um des Glaubens willen, von gleichen Grundsätzen des sittlichen Ernstes, der Freiheitsliebe, des Unabhängigkeits-Sinnes. Warum sollten sie streiten? Das Land war groß genug für beide. Zweimal im Jahre 1627 sandte Minnewit Gesandschaften nach Plymouth mit freundlichen Grüßen und Einladungen. Und in ebenso herzlicher Weise sandte der dortige Gouverneur Bradford Grüße zurück. Er ließ sogar dem Minniwit sagen, daß die englische Regierung das Gebiet am Hudson als ihr Eigenthum beanspruche, daß aber die Kolonisten in Plymouth bereit wären, ihnen gesetzliche Besitztitel über alles Land zu geben, wenn sie darum nachsuchten.

Leider sollte dieser schöne Zustand nicht lange dauern. Die Westindische Compagnie ließ sich durch ihren Wunsch schnellerer Besiedlung des Landes und durch ihre europäischen Vorurtheile zu einen Schritt hinreißen, der sich mit Peter Minnewit's Grundsätzen der Menschlichkeit und Unabhängigkeit schlecht vertrug. Im Jahre 1629 erließ sie einen Freibrief von Privilegien, durch welchen eine Art von adligen Groß-Grundbesitzern geschaffen wurde. Man legte ihnen den Titel von Patronen, patrons, bei. Ein solcher Patron durft sich einen Landstrich von 8 Meilen Länge am Ufer eines schiffbaren Stromes, oder 16 Meilen Länge im Inneren aussuchen und als Eigenthum unter holländischer Oberhoheit behalten unter der Bedingung, daß er das Land den Indianern abkaufte, und daß er binnen fünf Jahren wenigstens fünfzig Personen auf dem Gut ansäßig machte. Ein solches Gut hieß ein Manor. Der Patron übte auf demselben dieselbe Gerichtsbarkeit über alle

Kolonisten aus, wie ein europäischer Edelmann. Unter diesem Charter wurden zunächst fünf große Edelsitze belegt, und es wurde eine Anzahl aristokratischer, mächtiger Familien geschaffen, welche die Armen bedrückten und jedem wohlwollenden Regiment, wie es Minnewits war, unübersteigliche Hindernisse in den Weg legten. Bis auf unsre Tage noch erstrecken sich in den anti-rent troubles die Nachwehen jenes unglücklichen Mißgriffes. Den Ränken dieser Großen erlag Minnewit. Im Jahre 1631 kam seine Abberufung, und im Jahre 1632 reiste er von New Amsterdam ab.

Wie wohlthätig sein Regiment gewesen war, erwies sich bald. Die Indianer wurden mißhandelt und erhoben sich. Ein blutiger Krieg entspann sich. Einmal überfielen die Holländer ihrer hundert wehrloser Indianer im Versteck und ermordeten jede Seele. Wiederum überfielen die Indianer die Niederlassungen. Zuweilen schien es, als müsse die Kolonie aufgegeben werden. Auch mit den Puritanern in Plymouth gab es Streit, und die Holländer wurden genöthigt, das Stromgebiet des Connecticut aufzugeben.

Peter Minnewit suchte in Holland die Spitzen der Westindischen Gesellschaft vom wahren Stand der Dinge zu überzeugen, aber es gelang ihm nicht. Nun wendete er sich nach Schweden. Dies war damals eine sehr ansehnliche Macht. Der große Gustav Adolph hatte, ehe er den Protestanten in Deutschland zu Hülfe zog, weitgehende Pläne zur Gründung von Kolonien in Amerika gemacht, aber der Krieg in Deutschland hatte seine Geldmittel und seine Gedanken wieder ganz davon abgezogen. Im Jahre 1632 war er bei Lützen gefallen. Sein großer Kanzler Oxenstiern nahm die fallengelassenen Kolonisations-Pläne wieder auf, erneuerte den Freibrief der früheren Gesellschaft, und diese ward durch Wilhelm Usselinx, der früher mit der holländisch-westindischen Compagnie verbunden gewesen war, auf Minnewit als den passendsten Leiter des neuen Unternehmens aufmerksam gemacht, sowol seiner Erfahrungen als auch seiner Erfolge wegen.

Spät im Jahre 1637 verließen zwei Schiffe mit fünfzig schwedischen und finnischen Ansiedlern unter Minnewits Leitung den Hafen von Gothenburg. Sie hießen der „Greif" und „Schlüssel von Colmar", und im folgenden Februar landeten sie am Delaware Strom. Den aus rauhem Norden kommenden, durch eine winterliche, lange Seefahrt erschöpften Schweden erschienen die grünen, sonnebeschienenen und laubbewaldeten Ufer des Delaware als ein wahres Paradies. Nie zuvor hatten sie ein Land von solcher Schönheit gesehen, eine so milde Luft geathmet. An einer Uferbucht im nördlichen Theil des jetzigen Staates Delaware landeten sie, und unter Minnewits umsichtiger, thatkräftiger Leitung erbauten sie ein Fort, das sie nach der jungfräulichen Königin von Schweden Christiana nannten, und welches bald von den Blockhütten der rüstigen Ansiedler umgeben war. Lustig ließen starke Männer im Walde die Axt erklingen, traulich entsendeten emsige Weiber den blauen Rauch von den Herden der neuen Heimat. Vorher aber hatte der redliche Minnewit nicht verfehlt, den Indianern ihr Eigenthum abzukaufen. Ein paar Kessel war alles, was sie verlangten.

Als ersten Erwerbszweig begründete er wieder, wie in New-Amsterdam, den ergiebigen Handel mit Pelzen. Er wußte die Indianer so gerecht zu behandeln und auch seine Leute zu solchem Verfahren mit ihnen zu bewegen, daß aus weitem Umkreis sie lieber nach Neu-Schweden, so nannte er seine Niederlassung, kamen, als nach dem schon 20 Jahre früher in Virginien gegründeten Jamestown, das nicht sehr weit davon ab lag. Schon im selben Jahre, 1638, konnte er eine reiche Ladung Pelze nach Schweden schicken. Und so günstig, ja begeistert lauteten die Briefe, welche die Kolonisten heimsandten, daß eine fast massenhafte Einwanderung aus Schweden in Fluß kam. Im Jahre 1640 mußten einmal, als die Schiffe mit Kolonisten von Schweden absegelten, nicht weniger als hundert Familien aus Mangel an Raum zurückbleiben. Selbst aus Holland kamen Kolonisten.

Schnell bedeckten die Ufer des schönen Delaware Stromes sich mit Dörfern und Geschäften, Fruchtfeldern und Gärten. Von allen Geschichtsschreibern wird anerkannt, daß diese Schweden von allen Ansiedlern Amerikas die tugendhaftesten und fleißigsten, und das Aufblühen der von Minnewit geleiteten Kolonie beispiellos war.

Aber lange sollte die Herrlichkeit nicht dauern. Bereits im Jahre 1647 erlag Minnewits, durch mancherlei schwere Schicksalswechsel geschwächter Körper den herannahenden Schwächen des Alters. Nahe beim Fort Christiana haben liebende Hände ihn ehrenvoll begraben, und dort ruhen noch seine Gebeine.

Dann kamen Stürme. Das Mutterland hatte keinen zweiten Minnewit zu entsenden. Der furchtbare dreißigjährige Krieg nahm alles in Anspruch. Im Jahre 1655 nahmen die Holländer von New-Amsterdam aus Neu-Schweden in Besitz, und von ihnen ging es in Besitz der Engländer über.

II.

Jakob Leisler.

Gouverneur von New York.

Das Geburtsjahr Jakob Leislers ist unbekannt, auch sein Geburtsort kann nicht genau ermittelt werden, noch auch, wer seine Eltern gewesen seien. Nur soviel ist gewiß, daß er von ganz armen Eltern in oder bei Frankfurt a. M. geboren wurde, und daß er nur sehr geringe Schulbildung besaß. Wahrscheinlich ist er schon in früher Jugend nach Holland gegangen, welches Land damals die größeste Handels- und Kriegsflotte der ganzen Welt besaß, mehr noch als das damals emporkommende England, und welches mit seinen zahlreichen Kolonien, sowie mit der ganzen Welt einen höchst gewinnreichen Handel führte. Damals war Deutschland in Folge des dreißigjährigen Krieges verarmt, verödet und verkommen, und seine unternehmende Jugend ging oft und gern nach Holland, um dort ihr Glück zu machen.

Auf diese Weise wird auch Jakob Leisler nach Holland gekommen sein. Der jetzige Staat New York war damals eine holländische Kolonie, die Stadt hieß damals Neu-Amsterdam und das Gebiet Neu-Niederland. Albany, die jetzige Hauptstadt, hieß damals Fort Oranien. Hieher kam Leisler im Jahre 1660, um Handel mit Pelzen zu treiben. Der Verkehr ward auf dem Hudsonstrom durch Segelschiffe bewerkstelligt und war schon damals sehr lebhaft und einträglich.

Leisler war ein umsichtiger und thätiger Mann. Er wußte die günstigen Handelsgelegenheiten gut zu benützen, denn er lebte mäßig, stand früh auf und schob, ohne dringende Noth, nichts auf. Dabei hatte er einen klaren Blick in die Zukunft; er beobachtete und beurtheilte im voraus, was Vortheil oder Schaden bringen würde, und scheute kein Wagniß an Geld oder Kraft, wo Großes zu gewinnen war. So brachte er es bald zu großem Vermögen, und sein Handel dehnte sich so aus, daß er sogar nach Europa Handelsreisen machte. Auf einer dieser Reisen, im Jahre 1675, ward er von den Piraten, die damals von Tunis, Algier und Marokko aus alle Meere unsicher machten, gefangen genommen und in die türkische Sklaverei verkauft. Sein Wohlstand und seine Handels-Verbindungen setzten ihn jedoch in Stand, das hohe Lösegeld, welches man von ihm forderte, zu bezahlen und seine Freiheit wieder zu gewinnen. Nun ließ er sich in New York nieder und sein Wohlstand nahm schneller noch als zuvor zu.

Die Provinz New York war unterdessen von dem holländischen Mutterlande definitiv an England abgetreten worden, nachdem die in New England angesiedelten englischen Kolonisten schon seit Jahren den Holländern die Oberherrschaft von dem Gebiet streitig gemacht hatten. Im Jahre 1664 schon hatte eine englische Flotte mit Gewalt davon Besitz genommen. Im Jahre 1673 hatten die Holländer sich zwar wieder der Stadt und des Gebietes bemächtigt, den Besitz aber nicht lange behaupten können, sondern den Engländern wieder weichen müssen. Wäre nun die englische Regierung von demselben Geiste beseelt gewesen, wie die puritanischen Bewohner von New England, so würde sie freie Zustände und selbständige Entwickelung in New York begünstigt haben. Aber in England regierten damals Karl II. und Jakob II., jener ein Lüstling, dieser ein beschränkter Mensch, beide aller Volksfreiheit abhold, beide männlichen und weiblichen Günstlingen hingegeben, denen sie zum Lohn feiler Dienste Aemter in den Kolonien gaben, um sich hier zu bereichern. Den von England kommenden unmoralischen hohen Beamten schlossen sich die reichen Grundbesitzer, welche dem Schein des vornehmen Wesens und der Herrschsucht ganz ergeben waren, nur zu gern an, und beide Klassen unterstützten sich gegenseitig, die Geringeren durch ihre Erpressungen auszusaugen. Die großen, den europäischen Adelsgütern ähnlich eingerichteten Landbesitze nahmen den größesten Theil des Ackerlandes ein. Man erlangte tausende von Ackern durch Patente, und verkaufte nichts davon, sondern verpachtete nur an die Kolonisten, und so konnten die Plantagenbesitzer wie Edelleute leben. Diese Lebensweise ward auch von den meisten dem mühsameren und minder vornehmen Kaufmanns-Geschäfte weit vorgezogen. Die großen Kaufleute dagegen standen dem Volke und den Gedanken der Freiheit näher, aber ihre Zahl war damals gering, und ihr Einfluß war wegen der Uebermacht der königlichen Beamten und der großen Plantagenbesitzer nur schwach. Doch gährte es unter der oft sehr willkürlichen Herrschaft nicht wenig.

Jakob Leisler erwarb sich unter der Bevölkerung von New York große Beliebtheit durch sein männliches Auftreten gegen alle Tyrannen und durch die edelmüthige Theilnahme, die er stets den Armen zeigte.

Einst landete eine Hugenotten-Familie, nur aus Mutter und Sohn bestehend, im Hafen von New York. Sie war der Schreckensherrschaft Ludwigs XIV. in Frankreich entronnen, der mit Kanonen, Galeeren und dgl. alle seine Unterthanen zur Annahme seines Glaubens zwingen wollte. Von angesehener Herkunft hatten sie nur das nackte Leben gerettet und waren nicht im Stande, als das Schiff in New York landete, dem Schiffsherrn ihre Ueberfahrt zu bezahlen. Wie das damals Gebrauch war, sollten sie deshalb meistbietend auf eine Reihe von Jahren als Diener verdingt oder verkauft werden, damit der Schiffsherr zu seinem Gelde käme. Die großen Plantagenbesitzer pflegten solche Leute zur Bebauung ihrer Güter zu steigern, und oft war ihr Loos hart. Die feinen Züge der armen, um ihres Glaubens willen heimatlosen Leute erregten viel Theilnahme, aber nur bei einem Manne ward das weiche Gefühl zur schönen That. Jakob Leisler bezahlte ihre Schuld. Auch kaufte er am Long Island Sund einen Landstrich ausdrücklich für die damals zahlreich nach Amerika fliehenden Hugenotten, den diese besiedelten und Neu-Rochelle nannten.

Sir Edmond Andros, der berüchtigte britische Gouverneur jener Zeit, machte mancherlei Versuche, die Freiheiten und verbrieften Rechte der Kolonisten aufzuheben. Bei einem solchen Versuch kam er auch mit Jakob Leisler in Konflikt und ließ ihn verhaften. Um des Friedens willen boten sich die Freunde Leislers an, hohe Geldbürgschaft für ihn zu leisten, und Andros wollte damit auch zufrieden sein. Aber Leisler weigerte sich Bürgschaft zu geben, weil er dadurch Andros' Autorität anerkannt hätte. Er ließ sich lieber ins Gefängniß setzen, bis auf gesetzlichem Wege sein Recht anerkannt war. Die hiebei gezeigte Festigkeit des Karakters erwarb ihm großes Vertrauen im Volke.

Im Frühjahr 1689 kam eine Nachricht von außerordentlicher Bedeutung nach New York. Die tyrannische Regierung Jakobs II. war gestürzt worden. Wilhelm, Statthalter der Niederlande und Gemahl Maria's, einer Tochter Jakobs II., ihm aber ganz unähnlich, war auf Ersuchen vieler angesehenen Engländer mit einer holländischen Flotte und Armee in England gelandet, war bald von den Besten Englands umgeben, rückte auf London zu, und Jakob II. war geflohen. Dann waren durch das Parlament Wilhelm und Mary als König und Königin proklamirt. Viele Monate vergingen, ehe diese Nachricht nach Amerika gelangte, denn die Schiffart war damals noch beschwerlich. Als endlich Nachricht kam, suchten die von Jakob II. eingesetzten Behörden so lange wie möglich die Kunde davon zu unterdrücken, denn mit dem unliebsamen König erlosch auch die Autorität aller seiner unliebsamen Gouverneure und Kolonial-Beamten. Aber jemehr sie alles geheim zu halten suchten, desto eifriger ward das Volk, auf Befreiung zu denken. Dazu kam, daß sich allerlei dunkle Gerüchte von religiösen Verschwörungen verbreiteten, welche die Gemüther erhitzten und das Aergste befürchten ließen.

Da brach am 2. Juni 1689 ein Volks-Aufstand in New York los. Volksmassen rotteten sich in den Straßen zusammen, bewaffneten sich und sahen sich nach einem Anführer um. Es bestanden damals in New York fünf Compagnien Bürgerwehr, Jakob Leisler war einer der fünf Hauptleute, der älteste, bekannteste, da erhob sich im Volk der Ruf:

"Tot Leisler, tot Leisler, tot het huys von Leisler!"

Mit Lärm und Waffengeklirr langte der Haufe beim Hause an. Die Thür öffnete sich, und hinein traten mit entblößten Häuptern einige angesehene Bürger, als Sprecher des Haufens, und baten ihn, zur Aufrechthaltung der Ordnung einstweilen die Zügel der Regierung in seine Hand zu nehmen. Leisler weigerte sich. Aber kaum hatte er zu antworten begonnen, so erschienen, bewaffnet, die Glieder seiner Compagnie und der andren, in Reih und Glied, geordnet, drohend, mit dem ernsten Verlangen, Leisler solle sich an ihre Spitze stellen. Da ging Leisler in sein Gemach, bewaffnete sich auch und marschirte an ihrer Spitze, um das Fort, welches die Stadt beherrschend dort stand, wo jetzt Castle Garden ist, in Besitz zu nehmen.

Alle die andren Hauptleute und alle Mannschaften der fünf Compagnien waren damit einverstanden. Vergeblich protestirte Nicholson, der noch von Jakob II. eingesetzte Gouverneur, verlangte Auslieferung des Forts und der Kasse und Anerkennung seiner Gewalt. Vierhundert Bewaffnete unterzeichneten einstimmig ein Versprechen, das Fort zu halten „für die gegenwärtig in England regierende Macht". Es ward ein Sicherheits-Ausschuß von zehn der angesehensten Grundbesitzer berufen, welche eine provisorische Regierung bildeten und Jakob Leisler als ihr Haupt anerkannten. In ihrer Erklärung heißt es:

„Er soll Hauptmann des Forts und der Citadelle sein, er soll alle Hilfe von Stadt und County haben, äußeren und inneren Feinden zu wehren und die Ordnung in der Provinz New York aufrecht zu erhalten; er soll Macht und Autorität eines Obercommandanten haben, bis Befehle Ihrer Majestäten eintreffen; er soll Vollmacht haben, alle solche Handlungen vorzunehmen, die zum Besten der Kolonie nöthig sind, und soll, wie die Gelegenheit es mit sich bringen mag, die Bürgerwehr und die bürgerlichen Beamten zu Rathe ziehen."

Von nun an führte der „loyale und ehrbare Hauptmann Leisler" den Titel eines Lieutenant-Gouverneurs. Am 22. Juni fand mit Trompetenschall und Volksjubel die feierliche Huldigung Wilhelms und Maria's statt. Darauf schrieb Leisler einen eigenhändigen Brief an den König, worin er ausführlichen Bericht über diese Vorgänge erstattete. Er legte Rechenschaft über gegenwärtige Vorräthe und Zustände ab; berichtete, daß er für nöthig erachtet habe, die Befestigungen der Stadt zu verbessern, auch eine neue Batterie von sechs Kanonen zum Schutz des Hafens zu errichten. Denn es sei zu erwarten, daß Frankreich, Jakobs II. Verbündeter England den Krieg erklären und seine Kolonien durch Kaperschiffe beunruhigen werde.

Indessen gelang es nicht, der provisorischen Regierung in der ganzen Provinz Anerkennung zu verschaffen. Die Partei der großen Landbesitzer und aller, die von der früheren Regierung wohlbesoldete Aemter und hohe Ehren erhalten hatten und diese nun zu verlieren fürchten mußten, hatte zu zahlreiche und einflußreiche Anhänger und war seit Jahren zu sehr in Erbitterung und Haß gegen die Volkspartei bestärkt worden, als daß sie leichthin einem solchen Manne gewichen wäre. In dem westlichen Theile der Provinz, hauptsächlich in Albany, behaupteten sie sich und erkannten Leislers Autorität keineswegs an.

Dies hätte nun übersehen werden können, wenn nicht eine

dunkle Wolke am Horizonte heraufgezogen wäre, welche dringend vereintes Handeln erfordert hätte. Die Indianer an der Grenze wurden unruhig. Sie wurden von der französischen Regierung in Canada, das damals noch französische Kolonie war, aufgehetzt, und die Zeit war ihnen zu Einfällen in New York höchst günstig, weil in England die neue Regierung noch zu viel mit der Ordnung der Dinge und Befestigung ihrer Macht zu thun hatte, als daß sie ernstlich an Schutz der Kolonien hätte denken können. Schon begannen allerlei Gerüchte von bevorstehenden Einfällen der Indianer die Gemüther zu beunruhigen. Es ward hohe Zeit, Maßregeln zum Schutz der Grenzen zu treffen. Leisler sendete deshalb unter Anführung seines Schwiegersohnes Milbourne drei Schiffe mit Bewaffneten den Hudson Strom aufwärts nach Albany. Aber der hier commandirende brave Schuyler, obwol er die neue Regierung in England bereitwillig anerkannte, ließ sich von Leislers Gegnern beeinflussen, seinen Bewaffneten die Besetzung des Forts zu verweigern, und die Expedition mußte unverrichteter Sache heimkehren.

Nur zu bald zeigten sich die bösen Folgen. Frankreich erklärte England den Krieg. Von Canada aus drangen sie im Gefolge verbündeter Indianer bis an den Mohawkfluß, mitten im Winter. Durch einen Marsch von vier Wochen, unter unsäglichen Strapazen, gelang es ihnen, die Stadt Schenectady zu überrumpeln und Fort und Soldaten zu überwältigen. Die Stadt ward angezündet und ein furchtbares Gemetzel unter der Bevölkerung angerichtet. Von der ganzen Bevölkerung wurden nur 25 halberfrorne und halbverhungerte Flüchtlinge in den umliegenden Wäldern von befreundeten Indianern gerettet. Nun galt es, sich mit Macht zu rüsten, damit nicht die ganze Provinz verwüstet würde. Bereits hatte in New England Sir William Phipps den Feldzug gegen Franzosen und Indianer mit Erfolg eröffnet. Leisler rüstete im Hafen von New York drei Kriegsschiffe aus, welche zu Wasser Quebec angreifen sollten. Zu Land marschirte eine Armee die nördlichen Seen entlang demselben Punkte zu. Allein beide Unternehmungen mißlangen vollständig. Die Schiffe wurden durch Stürme zerstreut, das Heer durch Seuchen zum Rückzug gezwungen. Erzürnt eilte Leisler an Ort und Stelle, um durch Vorwürfe die Weichenden zu beschämen, aber er erregte nur größeren Zorn und machte sich bittre Feinde.

Und nun sollte Leislers Regiment, das zwei Jahre gedauert hatte, zu Ende kommen. Es war ihm im Drang der Zeiten nicht gelungen, irgend welche wohlthätigen Einrichtungen zu machen. Schwere Steuern waren der Provinz auferlegt worden, und nur Niederlagen waren damit erkauft worden. Laut erhoben die Gegner ihre Stimme des Vorwurfs. In England hatte König Wilhelm ebenfalls Leislers Feinden das Ohr geliehen, seine Verwaltung nicht anerkannt und einen Nachfolger Namens Sloughter, einen Trunkenbold, als Gouverneur von New York ernannt. Im Januar 1691 kam dessen Hauptmann, Ingoldsby, mit einer Abtheilung Soldaten in New York an. Leisler nahm ihn auf und gewährte ihm bereitwillig Einquartierung, verweigerte ihm aber Uebergabe des Forts, weil derselbe keine Order zu dem Zweck von Sloughter vorzeigen konnte. Nachher kam dann Sloughter selbst und ihm übergab Leisler das Fort. Dieser aber ließ Leisler alsbald ins gemeine Gefängniß werfen, denn er war von Leislers Feinden gegen denselben eingenommen, als habe er sich ohne Recht und Gesetz obrigkeitliche Gewalt angemaßt.

Die lange ersehnte Stunde der Rache war für Leislers Feinde gekommen. Der Gouverneur ernannte ein Gericht von acht Männern, um über ihn zu urtheilen. Vier davon nahm er aus seinen eignen Offizieren und vier aus Leislers politischen Gegnern. Vergebens protestirte Leisler gegen die Competenz dieses Gerichtshofs. Er und sein Schwiegersohn

Milbourne wurden der Rebellion schuldig befunden und zum Tode verurtheilt. Noch sträubte sich Sloughter, das Urtheil zu unterschreiben. Da gab man ihm ein großes Festmahl, machte ihn betrunken und gab dem Betrunkenen die tödtliche Feder in die Hand. Am 15. April war das Urtheil gesprochen und am 16. ward es vollzogen.

Es war ein stürmischer Tag. Schnee und Regen rauschten, vom heulenden Sturm getrieben, in Strömen vom finstern Himmel. Da standen auf dem Gerüst Vater und Schwiegersohn, umgeben von schadenfrohen Feinden. Der jüngere konnte den Zorn über seine Schmach nicht ertragen.

„Robert Livingston," sagte er zu dem anwesenden Gegner, „für diese That fordere ich dich vor den Richterstuhl Gottes."

Der ältere blieb gefaßt, nur beklagte er seinen Schwiegersohn, daß er sterben müsse für das, was er nicht auf eigne Verantwortlichkeit gethan.

„Du hast ja nur meine Befehle ausgeführt," sagte er, „und ich erkläre vor Gott, daß ich, was ich that, gethan habe für den König Wilhelm und die Königin Marie, für die Vertheidigung unserer Rechte und das Beste des Landes. Was mich selbst anbetrifft, so ergebe ich mich in den Willen Gottes und rufe die Gnade Christi an. Ohne Zweifel habe ich manche Fehler begangen, einige aus Furcht, einige aus Argwohn, daß man etwas gegen die rechtmäßige Regierung im Schilde führe, einige, weil ich falsch berichtet war, einige auch in der Hitze und Leidenschaft. Dafür bitte ich Gott und Alle, denen ich Unrecht gethan, um Vergebung. Ich bitte, daß aller Haß in meinem Grab begraben werde, wie ich auch allen meinen Feinden vergebe. Vater, vergib ihnen, denn sie wissen nicht, was sie thun."

Dann wandte er sich zum Scheriff und sagte: „Ich bin bereit, ich bin bereit."

In diesem Moment verdunkelte sich der Himmel, eine Windsbraut sauste daher, der Regen goß wie ein Wolkenbruch, unter den entfernter stehenden Zuschauern wurden laute Rufe des Mitleids und Unwillens gehört, Weiber schrieen und fielen ohnmächtig hin. Aber die Hinrichtung ward nicht unterbrochen. Am Galgen hingen zwei brave Männer. Noch war ihr Leben nicht erloschen, so drängte sich das Volk herbei, um Haarlocken, Kleiderstücke und andre Reliquien der Märtyrer ihrer Freiheiten zu sichern.

Im Parlament von England ward im Jahre 1695 durch feierlichen Beschluß dies schändliche Urtheil umgestoßen. Lord Bellamont, später Gouverneur von New York, sagte bei Untersuchung der Akten:

„Diese Menschen wurden gemordet, barbarisch gemordet!“

Im Jahre 1700 sprach die gesetzgebende Versammlung von New York auf Befehl des Königs dem jüngeren Leisler eine Entschädigung von 1000 Pfd. Sterling zu.

Ein Nachkomme Leislers hat noch eine Münze im Besitz, auf welche sein Vorfahr im Gefängniß folgende Worte mit dem Messer eingekratzt hat:

Remember well, and bear in mind,
A faithful friend is hard to find.

Leislers Leichnam ward beerdigt in der südlichen reformirten Kirche von New York, jetzt 45 Exchange Place.

III.
Josua von Kocherthal.

Pionier in New York.

Die Rheinpfalz, aus welcher Kocherthal stammte, ist eines der schönsten Länder von Deutschland. Von mildem Klima, fruchtbarem Boden, hügelig, bewaldet, mit prächtigen Gewässern versehen, liegt die Pfalz zwischen Frankreich, der Schweiz und Deutschland, am schönen Rhein, der schönsten Verkehrsstraße der Welt, zwischen dem unabhängigen Schweizer Bergvolk und dem freien Kaufmannsvolk der Niederlande. Von frühester Zeit war diese Gegend die Wiege deutscher Bildung. An den schönen Rebhügeln der Pfalz sang man das erste deutsche Lied.

Aber so herrlich die Pfalz gelegen ist, so viel Elend hat sie auch durchgemacht. Wie reichbegabte Leute oft das bewegteste, an Noth reichste Leben zu führen haben, so hat die Pfalz, die sich die „fröhliche" nannte, auch die schrecklichsten Zeiten durchgemacht. Zum Theil lag das im lebhaften Karakter des Pfälzer-Stammes, welcher Volk und Fürsten zu mancher gewagten Unternehmung hinriß. Ihr Kurfürst Friedrich V. war es, der durch Annahme der böhmischen Krone die Ursache der traurigsten Schicksale für sich und sein Volk, und die Veranlassung zum dreißigjährigen Kriege ward, dem längsten und verheerendsten Krieg, den je die Welt gesehen hat, und der besonders auch der Pfalz furchtbares Leid brachte.

Auch die geographische Lage des Landes brachte ihm viel Leid, besonders als Ludwig XIV., der erste Prophet französischer Glorie, durch seine Ländergier in den spanischen Erbfolgekrieg verwickelt wurde. Die mit einander ringenden gewaltigen Heere unter den feurigen Feldherren Turenne,

Villars, Marlborough und Prinz Eugen wälzten verwüstend ihre Heere hin und her über die Pfalz. Im Jahre 1688 verwüstete der französische General Melac auf Befehl des Louvois die ganze Pfalz, verbrannte das prächtige Heidelberger Schloß und machte 400,000 Pfälzer heimath- und brodlos.

Nach Beendigung dieses Krieges riß bei den Pfälzer Kurfürsten die gleiche Sucht, wie bei den meisten andren deutschen Fürsten, ein, Ludwigs XIV. Prunk nachzuahmen, was sie nur durch Aussaugung ihrer Unterthanen thun konnten.

Unter diesen Umständen war es kein Wunder, daß die Nachrichten aus Amerika, von dem fruchtbaren Boden, von dem allgemeinen Wohlstand und besonders von der dort herrschenden völligen Glaubensfreiheit, welche durch die Agenten englischer Kolonisations-Gesellschaften mit großem Eifer in Deutschland verbreitet wurden, in der Pfalz empfängliches Ohr fanden. Von Dorf zu Dorf verbreiteten sich die übertriebensten Gerüchte. Das leicht erregbare Pfälzervolk ward von einer fieberhaften Aufregung ergriffen, eine förmliche Völkerwanderung trat ein.

Der Leiter der ersten Schaar, gleichsam der Vorhut, war der Pfarrer Josua von Kocherthal. Er landete 1709 in New York und gründete Neuburg. Im nächsten Jahre traf die Hauptmasse, 3000 Seelen stark, ein. Aber nicht ohne Beschwerde war diese Wanderung vor sich gegangen. Im Vertrauen auf die übertriebenen Versprechungen der Agenten waren mehr als zehn tausend Pfälzer über Holland nach England gekommen und hatten sich hier, ohne Mittel zur Weiterreise und ohne Vorräthe zum Unterhalt, in großem Elend gelagert, erwartend, daß die Königin Anna sie weiter befördern würde. Das geschah denn freilich auch, aber erst nach vielem Verzug, der Hunderten von ihnen das Leben kostete. Dann wurden sie, gleich einer Heerde hilfloser Sklaven, in enge Schiffsräume verpackt nach der neuen Welt entsendet. Ueber ein Fünftel von ihnen starb auf der Ueberfahrt, den Fischen zur Speise.

Da gab es Arbeit für Kocherthal. Auf der einen Seite verlangte die Noth der hilflosen Tausende seiner Landsleute Hilfe, auf der andren eine an Haß grenzende Gleichgiltigkeit, mit Mißtrauen seitens der Kolonial-Regierung, welche damals ganz auf Seiten der Vornehmen und der großen Grundbesitzer stand, die eine neue Aristokratie in Amerika aufrichten wollte, dabei aber auf beharrlichen Widerstand des Volkes stieß.

Es gelang jedoch Kocherthals unermüdlichen Bestrebungen, seiner weisen Menschenkenntniß und seiner klugen Benützung jedes günstigen Umstandes, seinen unglücklichen Landsleuten in der Nachbarschaft des Hudson neue Heimathen zu bereiten. Er ging ihnen mit Rath und That, mit Aufmunterung und Trost zur Hand, so daß sie den Muth nicht verloren und in einigen Jahren ihre neuen Wohnstätten zu Stande brachten. Im Jahre 1710 machte er sogar eine Reise nach London und erhielt von dort Schutz und Hilfe für seine deutschen Pflegebefohlenen.

Im Jahre 1718 konnte Kocherthal bereits ein Verzeichniß von 394 seiner Pfälzer-Familien anfertigen, welche in den deutschen Niederlassungen von Hunterstown, Kingsbury, Annsbury, Haysbury und Rheinbeck auf dem Ostufer des Hudson, und in Newtown, Georgetown, Elisabethtown, Kingston und Esopus auf dem Westufer wohnten, und hier nach langen Strapazen endlich zufrieden ihre Familien ernähren und ihrem Glauben leben konnten. Im folgenden Jahr ist er gestorben.

Er hat ein schweres Werk vollbracht zum Heil der Seinen, und sicherlich auch zum Nutzen des neuen Vaterlandes.

IV. V.

Johann Konrad Weiser.
Konrad Weiser.

Pioniere in New York und Pennsylvanien.

Johann Konrad Weiser und sein Sohn Konrad, letzterer geboren 1696 zu Astädt, Würtemberg, gehörten zu den Schwaben, welche sich im Jahre 1709 der Massen-Auswanderung der Pfälzer anschlossen und von Holland auf Kosten der britischen Regierung nach England gebracht, viele Monate hilflos ein großes Lager bei Greenwich bildeten. Zur selben Zeit hielten sich in London mehrere Häuptlinge der Mohawk Indianer als Gäste der Regierung auf. Man zeigte ihnen alle Londoner Sehenswürdigkeiten und führte sie auch in das Lager der Deutschen. Es nahm die Mohawks wunder, weshalb diese Leute von Deutschland ausgewandert seien, und als ihnen gesagt wurde, daß sie daheim nicht Land genug hätten, lachten sie und sagten, sie, die Indianer, hätten Land genug daheim und wollten den Deutschen gern so viel schenken, als sie wünschten.

Die englische Regierung ging darauf nicht ein. Sie hatte mit den 10–13,000 Einwanderern aus Deutschland, die gleich Heuschrecken bei ihnen lagerten, große Unkosten gehabt. Es ist nachweislich, daß über 100,000 Pfund Sterling für ihre Verpflegung und ihren Transport verausgabt worden sind. Dafür verlangte sie Gegenleistungen von den Deutschen. Auch mißtraute sie der Freundschaft zwischen den Deutschen und Indianern, welche ihnen hätte gefährlich werden können. Deshalb sandte sie die Deutschen nach New York mit der Anweisung, daß sie dort in Tannenwäldern Theer für Schiffszwecke machen und dabei unter Aufsicht der Regierung arbeiten sollten. Nicht allein aber war diese Arbeit den Deutschen ungewohnt, sondern sie wurden auch von den Aufsehern rauh behandelt und schlecht verpflegt, und man nahm ihnen sogar zum Theil ihre Kinder und übergab sie Fremden als Lehrlinge.

Dies widerfuhr auch dem J. K. Weiser. Er war aber ein Mann von ungewöhnlichen Geistesgaben und von außerordentlichem Freiheitssinn, und nicht der Mann, sich unterdrücken zu lassen. Er suchte und fand Verbindungen mit den Mohawk Indianern im westlichen Theil von New York und erhielt von ihnen die feierliche Erneuerung der Greenwicher Schenkung ihrer Ländereien an die Deutschen. Das Land lag am Shoharie, einem Nebenfluß des Mohawk, welcher wieder ein Nebenfluß des Hudson ist, und war vom fruchtbarsten in der Kolonie.

Im Winter 1712 führte Weiser die ersten fünfzig Familien durch den dichten Wald nach Shoharie. Hier angekommen fanden sie eine Botschaft des Gouverneurs vor, welche ihnen strenge verbot, sich dort niederzulassen, widrigenfalls sie als Rebellen behandelt werden würden. Aber Weiser ließ sich nicht irre machen. Die Indianer hatten ihm versprochen, ihn und die Seinigen nöthigenfalls mit den Waffen im Besitz der Schenkung zu schützen. Im März 1713 kam der Rest nach. Der Schnee lag drei Fuß tief. Die große Zahl der Ankömmlinge überstieg bei weitem die Mittel, welche die Indianer zu ihrer Verpflegung besaßen. Allein das Gefühl der Unabhängigkeit und die Freude über die Schönheit und Fruchtbarkeit des lieblichen, ihnen zu Theil gewordenen Thals half der Schaar über alle Schwierigkeiten hinweg.

Freilich war das Gebiet von andren Ansiedlungen weit entfernt, und man prophezeite den mit amerikanischen Zuständen und mit Urwalds-Umständen gänzlich unbekannten Deutschen einen schnellen Untergang unter den blutigen Mohawks, welche noch dazu von den Franzosen in Canada beständig aufgestachelt wurden. Allein unter Weisers Leitung ward die Freundschaft mit den Indianern gewahrt, und diese halfen den Pfälzern mit Lebensmitteln und allerlei nützlicher Anweisung in Urwalds-Nothbehelf.

Die Ansiedlung gedieh. Im Jahre 1752 zählte man schon 104 Häuser mit 900 Bewohnern in Shoharie. Einen Pfarrer hatte man schon 1743 erlangt. Ebenso gut blühte eine Zweigkolonie auf, welche Weiser schon im Jahre 1722 nach dem Mohawk entsendet hatte und bald ebenso zahlreich ward, als die erste. Trotz aller Strapazen und Krankheiten war Weisers Schaar, die ursprünglich aus 150 ihm zu den Mohawks folgenden Pfälzer-Familien bestanden hatte, in dreißig Jahren schon an Seelenzahl verdoppelt, was freilich nicht hätte geschehen können, wenn nicht von New York her manche Pfälzer-Familie, angezogen durch die günstigen Berichte, nachgezogen wäre; jedoch hatte man dafür auch wieder Kolonien nach Pennsylvanien entsendet, von welchen mehr später. Den allergrößesten Antheil an solchem Aufblühen der Kolonie hatte das innige Freundschafts-Verhältniß der Deutschen mit den Indianern.

Aber mit den eigentlichen englischen Amerikanern blieben die Mohawks in unversöhnlichem Haß. Im Unabhängigkeitskriege fochten sie mit den Canadiern gegen die Amerikaner, mußten deshalb auch nach Friedensschluß das Gebiet von New York räumen und nach Canada auswandern.

Es erhob sich aber für die Kolonie eine andre Schwierigkeit. In New York hielt es die Kolonial-Regierung mit den großen Grundbesitzern, welche nach Art europäischer Edelleute große Landgüter mit adligen Vorrechten besitzen und von der Arbeit der Kolonisten bequem leben wollten, ähnlich wie es im Süden die Sklavenbarone fertig gebracht haben. Diese wollten keine freien Bauern auf eignem Boden, sondern nur abhängige Rentsleute haben. Ihnen war das Aufblühen deutscher Niederlassungen zuwider. Der damalige Gouverneur Hunter fand manchen guten Vorwand, Weisers Leuten ihren Besitztitel streitig zu machen, da sie das Land von den Indianern erhalten hatten, denen man keine bürgerlichen Rechte einräumte. Um den beständigen Drohungen der New Yorker Regierung zu entgehen, beschlossen im Jahre 1718 die Bewohner der Kolonie, den älteren Weiser nebst zwei andren Vertrauensmännern nach London an die britische Regierung zu entsenden, um von ihr die Bestätigung der Eigenthumsrechte zu erlangen. Das war ein großes Unternehmen.

Sie schifften sich heimlich ein, fielen aber auf der Seereise in die Hände von Piraten und wurden von diesen ihrer letzten Habseligkeiten beraubt. Weiser ward sogar dreimal an den Mastbaum gebunden und jämmerlich geschlagen, um mehr Geld von ihm zu erpressen. Das geplünderte Schiff legte dann in Boston an, um sich mit dem Nothwendigsten zu versehen. Freundlos und unbekannt in der fremden Stadt, mußte Weiser hier Schulden machen und dafür in den Schuldthurm wandern, wo er mit den beiden andern Abgeordneten fast ein Jahr saß, bis von Shoharie ihnen das zur Fortsetzung der Reise nöthige Geld nachgesandt wurde. So kamen sie nach London, vermochten aber nichts auszurichten. Nachdem sie vom Hofe lange mit leeren Versprechungen hingehalten waren, kehrte Weiser 1722 nach Amerika zurück.

Die meisten Ansiedler am Shoharie und Mohawk fügten sich nun in ihre Lage; auch waren ihre Bedränger mürbe geworden, und es kam zu leidlichen Vergleichen. Weiser aber hatte zuviel Unabhängigkeitssinn, sich seiner Rechte in dieser Weise zu begeben.

Da wurde es ihm und den Seinigen klar, daß, um in Ruhe und Frieden zu leben, es am besten sein würde, nach der ihnen schon vielfach angerühmten Provinz Pennsylvanien zu ziehen, wo unter Penns weiser Verwaltung bürgerliche und kirchliche Freiheit im ausgedehntesten Maße blühten.

Zum Glück öffnete sich ihnen dazu ein Weg durch die Freundschaft der Mohawks. Schon im ersten Jahre seiner Niederlassung in Shoharie hatte Weiser seinen Konrad einem der Mohawk-Häuptlinge zur Erziehung übergeben. Hier hatte Konrad alle Abhärtungen indianischer Lebensweise mitgemacht, aber auch ihre Gefühls- und Denkweise, sowie ihre Sprache so völlig kennen gelernt, daß er vollkommen mit ihnen fertig werden konnte.

Bald nach seiner Rückkehr in die väterliche Niederlassung wurde ein Wettrennen zwischen ihm und dem flinksten jungen Indianer veranstaltet. Die zu durchlaufende Strecke war eine Meile. Der Siegespreis bestand in einigen Hirschfellen. Deutsche und Indianer betrachteten das Rennen mit dem Ernst einer nationalen Angelegenheit und folgten ihren beiderseitigen Angehörigen, als sie auf ein gegebenes Zeichen ihren Lauf antraten, mit der äußersten Spannung. Die beiden Renner konnten einander kaum einen Vorsprung abgewinnen, höchstens, daß einmal der eine oder der andere um eine Kopfeslänge voraus war; kurz, der Sieg war bis zum letzten Augenblick ungewiß. Jetzt näherten sie sich dem Ziele. Noch einige Sätze, und das Ziel war erreicht. Da sprang der junge Weiser gegen den Indianer, daß dieser hinfiel, und im Nu war der Deutsche am Ziele, ehe nur der andere sich aufgerafft hatte. Allgemeiner Jubel herrschte unter den Deutschen; ebenso allgemeine Erbitterung unter den Indianern, die sogar in Drohungen überging. Es sei nicht ehrlich zugegangen, der ausgesetzte Preis könne nicht verabfolgt werden. Jeden Augenblick konnte es zu Thätlichkeiten kommen. Der junge Weiser aber war klüger als seine Landsleute; besser als sie kannte er den Karakter seiner rothen Freunde und wußte, daß der an sich so geringfügige Zank leicht in Mord und Todtschlag übergehen könne. So ging er denn kläglich von einem Indianer zum andern, bedauerte aufs tiefste das ihm widerfahrene Unglück, erklärte es für einen reinen Zufall und verzichtete unter Betheuerung seiner Ehrlichkeit auf den Preis. Jetzt wollten die Indianer dem Deutschen an Edelmuth nicht nachstehen und nöthigten ihm die Hirschfelle auf. So endete alles in Frieden.

Durch Vermittlung dieser Indianerfreundschaft ward es nun möglich, ungehindert von der Regierung in New York, nach Pennsylvanien zu gelangen.

Im Jahre 1723 machten sich 33 Familien mit Weib und Kind, geführt von einem Indianer, auf den Weg, dem Shoharie folgend, immer tiefer und tiefer in das Gebirge, durch Fels und Schlucht, über Sumpf und Strom höher und höher hinauf, bis sie des Gebirges stürmisch-kalte Gipfel erreicht hatten und südwärts schauend zwischen den dunklen Wäldern den Susquehanna gleich einem Silberband sich winden sahen. Wären sie nicht Deutsche gewesen, so hätten schwerlich die Indianer sie lebendig durch diese, noch nie von Blaßgesichtern betretenen Wildnisse hindurchgelassen. Wären sie nicht an die Entbehrungen und die Hilfsmittel des Urwaldlebens gewöhnt und dadurch abgehärtet gewesen, wie hätten sie eine solche Reise wagen und ertragen können? So aber gelang sie glücklich. Den Susquehanna verfolgend, fanden sie die Mündung der Swatara, und diese aufwärts ziehend, kamen sie im jetzigen Berks County an und konnten in der Nähe lieber Landsleute und Glaubensgenossen ihre Zelte und Hütten aufschlagen. Da dies Gebiet noch unbesetzt war, erhielten sie leicht Besitztitel von dem damaligen Gouverneur Keith.

Im Sommer desselben Jahres folgte ein zweiter Nachschub von 50 Familien. Im Jahre 1729 kam der jüngere Weiser mit einer noch größeren Zahl von Familien nach, um dauernd zu bleiben. Im selben Jahre kam Chr. Burst mit 70 Pfälzer-Familien übers Meer nach Philadelphia und siedelte sich in Lebanon County an. Ihnen folgten bald ähnliche Schaaren aus der Pfalz, Nöcker und Spieker; der ebenso geschäftskundige wie verschwenderische Baron

Stiegel gründete die Stadt Mannheim, Steitze gründete die jetzige Stadt Lebanon, Schaar auf Schaar folgte, und es entstanden blühende deutsche Gemeinwesen.

Konrad Weiser wurde hier ein sehr angesehener Mann. Er ward Friedensrichter, Oberstlieutenant der Miliz und amtlicher Dolmetscher der Provinz. Der Regierung leistete er bei ihren Unterhandlungen in New York, Pennsylvanien und Ohio mit den Indianern werthvolle Dienste.

Im Jahre 1746 starb in seinem Hause sein oben erwähnter Vater Johann Konrad, er selbst hat bis 1760 gelebt. Die Nachkommen des gleichen Namens leben noch heute in der gleichen Gegend und reden noch die Sprache ihrer Väter.

Weiser war ein eifriger Lutheraner. Als junger Mann reiste er fast 200 Meilen von Shoharie nach New York, um sich ein Exemplar von „Arndts wahres Christenthum" zu verschaffen. Auch hat er selbst einige Kirchenlieder gedichtet, die sich freilich mehr durch Rechtgläubigkeit, als durch poetischen Gehalt auszeichnen. Seine älteste Tochter heirathete den berühmten lutherischen Prediger Heinrich Melchior Mühlenberg, der 1742 nach Amerika gekommen war. Zwei Söhne dieser Ehe waren der spätere Revolutions-General Peter Mühlenberg, und der erste Congreß-Präsident, Friedrich August Mühlenberg.

Ungefähr eine Meile unterhalb Reading, auf einem kleinen Hügel, ist Weiser begraben. Unter Gestrüpp und hohem Gras liegt der Leichenstein von rothem Sandstein. Die Inschrift lautet:

„Dies ist die Ruhestätte des weiland ehrsamgeachteten M. Conrad Weiser. Derselbige ist geboren 1696, den 2. November, in Astädt im Amt Herrenberg im Würtemberger Lande, und gestorben 1760, den 17. Julius, ist alt geworden 63 Jahre, 8 Monate, 13 Tage.

VI.

Johann Peter Zenger.

Zeitungsdrucker in New York.

Joh. Peter Zenger kam am 26. Oktober 1710 zu Wm. Bradford, dem einzigen damaligen Buchdrucker New Yorks, in die Lehre und schwang sich durch Fleiß und Unternehmungsgeist bald zu dessen Compagnon auf.

Im Jahre 1732 war Cosby Gouverneur von New York. Unter seiner Verwaltung steigerte sich der Streit zwischen der Volks- und der Regierungs-Partei zu solcher Höhe, daß ein scharfer Streit über die Freiheit der Presse entstand. Zenger hatte eine Zeitung, Weekly Journal, gegründet, welche das Organ der Volkspartei wurde, im Gegensatz gegen die 1725 von Wm. Bradford gegründete New York Gazette, welche die Aristokratie vertrat. Diese zwei waren damals die einzigen Zeitungen in New York. Die Deutschen standen hier, wie immer, auf Seiten der Volkspartei. Zenger vertrat die Grundsätze der Volkspartei so entschieden, daß er sich nicht scheute, in seinem Blatte die Maßregeln und die Verwaltung der Regierung scharf zu tadeln. Die Regierung wollte das nicht dulden und warf Zenger ins Gefängniß, wo er 35 Wochen lang schmachten mußte.

Seine Parteigenossen ließen ihn jedoch nicht im Stich. Sie warben als seinen Vertheidiger einen berühmten Advokaten aus Philadelphia, A. Hamilton. Im Juli 1735 kam der Prozeß in New York zur Verhandlung. Zenger war der Verleumdung (libel) angeklagt. Es gelang ihm aber zu beweisen, daß die Fehler, die er der Regierung vorgeworfen hatte, auf wohlerweislichen Thatsachen beruhten, und obwol die Regierung behauptete, Zenger habe dennoch kein Recht gehabt, seine Obrigkeit zu tadeln, so wurde er von den Geschworenen unter dem wildesten Beifallsjubel des Volkes freigesprochen. Die Aldermen von New York belohnten seinen Vertheidiger für seinen Dienst mit einer goldnen Dose.

Zenger starb zu New York 1746 in hohem Ansehen.

VII.

F. D. Pastorius.

Gründer von Germantown.

Franz Daniel Pastorius ist geboren am 26. Sept. 1651 in Franken, studirte Jura und lebte in Frankfurt am Main. Er gehörte zu den sogenannten Pietisten, welche seit dem Jahre 1666 durch den Prediger Ph. J. Spener in Frankfurt angeregt worden waren und später in ganz Deutschland eine große Thätigkeit entfalteten. Sie verlangten, daß der Glaube sich in guten Werken und sittlichem Leben beweisen sollte. Ihr größestes Vergnügen bestand in erbaulichen Privat-Versammlungen, wo jeder reden konnte, je nachdem er sich im Geist zu reden angetrieben fühlte. Luxus, Kleiderpracht, Modewesen und rauschende Vergnügen waren ihnen ein Greuel. Dabei waren sie arbeitsam, sanftmüthig und dienstfertig.

Zu diesen Pietisten kam am 20. August 1677 der Engländer William Penn, welcher dort zu den Quäkern gehörte, ja einer der Hauptleute derselben war. Die Quäker waren den Pietisten in vielen Stücken ähnlich, hauptsächlich darin, daß es ihnen in der Staatskirche zu todt und gleichgiltig herging. Sie beide wollten, daß die Lehren der Kirche im täglichen Leben ausgeführt würden. Die Quäker in England waren damals erst kürzlich entstanden, ebenso wie die Pietisten in Deutschland. So kam es, daß der Quäker William Penn, als er von den Pietisten in Deutschland hörte, ein Verlangen empfand, näher mit ihnen bekannt zu werden, und einen Briefwechsel mit ihnen anknüpfte. Er hatte als Jüngling die Universität Oxford besucht und war in den Wissenschaften und Sprachen, auch im Deutschen, wohlbewandert, so daß es ihm nicht schwer fiel, mit Deutschen in ihrer eignen Sprache zu verkehren.

William Penn war begleitet von zwei Glaubensgenossen, namens Furley und Keith. Sie wurden in Empfang genommen von zwei angesehenen Frankfurtern, die vorher von ihrer Reise in Kenntniß gesetzt waren, und, durch sie in die pietistischen Kreise eingeführt, fanden beide Theile gegenseitig so großes Gefallen an ihrem Beisammensein, daß Penn schon nach acht Tagen wieder zu seinen Freunden in Frankfurt kam, um ihres angenehmen Umgangs zu genießen. Auch, als er nach England zurückgekehrt war, unterhielt er noch lange einen lebhaften Briefwechsel mit ihnen.

Nach einigen Jahren ereignete es sich, daß William Penns Vater, welcher Admiral war und den höchsten Kreisen in England angehörte, starb und seinem Sohne unter andrem auch einen Schuldbrief von 16,000 Pfd. Sterling, oder über hunderttausend Dollars hinterließ, die der König von England ihm schuldete und zu bezahlen nicht im Stande war. Da nun die Quäker in England viel von Verfolgung und Bedrückung zu leiden hatten, und die Besitzungen Englands in Nordamerika damals eine stark anwachsende Zahl von Kolonisten anzogen, auch von den Ansiedlungen in Neu England, Virginien u. a. höchst günstige Nachrichten einliefen, so kam Penn auf den Gedanken, sich die Schuldsumme in amerikanischem Land auszahlen zu lassen, und der König ging gern darauf ein. Durch Freibrief vom 4. März 1681 erhielt er alles Land westlich vom Delaware, fünf Längengrade nach Westen und bis zum 40. Breitengrade im Süden, ein Gebiet von 46,000 Quadratmeilen. Auch ward ihm volle Freiheit gelassen, Gesetze und Einrichtungen nach eignem Urtheil und Belieben zu machen, nur daß er die englische Oberhoheit anerkenne. Wegen seiner vielen Waldungen erhielt das Gebiet den Namen Pennsylvanien.

Sobald dies Eigenthum erlangt war, machte Penn sich mit Begeisterung an die Arbeit, dasselbe mit solchen Kolonisten zu besiedeln, die um geistlicher Bedrückung willen eine Zuflucht begehrten, wo sie nach eignem Gewissen leben könnten. Auch nach Deutschland sandte er an seine dortigen Freunde Nachricht und Einladung. Er ließ zugleich eine ausführliche Beschreibung des neu erworbenen Landes herausgeben und verbreiten. Die deutsche Uebersetzung erschien schon 1681 in Rotterdam und trug den Titel:

„Eine Nachricht wegen der Landschaft Pennsylvania in Amerika, welche jüngstens unter dem großen Siegel an William Penn übergeben worden."

Auf diese Aufforderung hin bildete sich in Frankfurt, da auch die Pietisten mancherlei Bedrückung zu erleiden hatten, eine Auswanderungs-Gesellschaft, und diese erwählte Pastorius zu ihrem Sekretär.

Pastorius war aber nicht allein Sekretär, sondern auch die Seele der Gesellschaft. So leicht heutigen Tages für einen Deutschen die Auswanderung nach Amerika ist, so schwer war sie es damals. Nur sehr vereinzelt waren in New York und in Delaware einzelne Deutsche, letztere unter Peter Minnewits Führung dorthin gekommen. Amerika war den Deutschen ein völlig unbekanntes Land, die Auswanderung ihnen eine völlig unbekannte Sache. Da mußte denn Pastorius alle möglichen Fragen beantworten, alle möglichen Erkundigungen einziehen, alle möglichen Bedenken beseitigen. Der erste Rausch der Begeisterung für das Unternehmen war bald verflogen. Von allen ursprünglichen Gliedern der „Frankfurter Landgesellschaft“ sind schließlich nur vier übers Meer gegangen. Bei den übrigen gewannen die Bedenken des unerhörten Wagnisses einer so weiten Reise mit Weib und Kind in die Wälder der neuen Welt wieder die Oberhand. Dann wiederum fehlten auch die Mittel. Glücklicherweise war Wm. Penn nicht nur reich, sondern auch freigebig im höchsten Grade. Sein ganzes Vermögen hat er dem Unternehmen geopfert, und nachdem es gelungen war, sich ausdrücklich aller Rechte und Ansprüche auf Grundrenten und ähnliches, die ihm als Eigenthümer billig zukamen, völlig entäußert und enthalten. Wm. Penn hatte mit Pastorius frühe einen innigen Freundschaftsbund geschlossen, welcher ununterbrochen bis an den Tod dauerte. Pastorius besaß Penns volles Vertrauen. So mußte Pastorius als Sekretär oder Agent die Zusendung von Unterstützungs-Geldern vermitteln. Es sind noch Briefe vorhanden, worin erwähnt wird, daß bei einer Gelegenheit zwei Wechsel, von je hundert Pfund Sterling, an Pastorius abgingen.

Zum Glück gelang es ihm, außerhalb Frankfurt in einer andren Stadt Theilnehmer an dem großen Unternehmen zu gewinnen. In Crefeld bestand seit dem Jahre 1600 eine Mennoniten-Gemeinde. Die Mennoniten sind den Quäkern noch näher verwandt als die Pietisten. Sie haben keine besoldeten Prediger, thun keine Kriegsdienste, führen keine gerichtlichen Prozesse, machen auch keine Kleidermoden mit. Diese wurden durch Pastorius zur Betheiligung an dem Unternehmen gewonnen. So kam denn endlich im Jahre 1683 die erste gemeinsame Auswanderung von Deutschen nach Amerika zu Stande.

Das Schiff, welches sie herüberbrachte, hieß die Concord, ein stattliches Schiff von 500 Tonnen und 26 Kanonen. Es war von Penns Agenten in England gedungen und sollte contraktlich am 5. Juli von Gravesend, England, abgehen. Aber die deutschen Auswanderer waren am bestimmten Tage nicht da. Man wartete eine Woche, zwei Wochen — und weder sie selbst kamen, noch Nachricht von ihnen. Da war es ein Glück, daß der Agent ein Quäker war und die solchen zukommende Fassung nicht verlor. Er schreibt in einem Briefe vom 10. Juli:

„Wir können sie nicht tadeln, aber sollte es der Wille des Herrn sein, so würde es mich doch herzlich freuen, wenn sie kämen. Es thut mir wehe, wenn ich daran denke, welche bittere Enttäuschung den armen Freunden bevorsteht; dazu kommt noch der Verlust des Geldes, das ich dem Kapitän längst bezahlt habe. Bis jetzt blieb die Abfahrt des Schiffes nach beiderseitigem Einverständniß verschoben; aber wenn ich die zugestandene Frist überschreite, so muß ich für jeden Tag Versäumniß 5 Pfund bezahlen. — Wir haben viele bequeme Schlafstellen, auch einige Privatgemächer für Familien herstellen lassen. Vierzehn vorzügliche Ochsen sind geschlachtet und dreißig Faß Bier nebst hinreichendem Brod und Wasser geladen, so daß wir für 120 Passagiere hinreichend verproviantirt sind."

Endlich am 24. Juli konnte die Concord die Anker lichten. Sie hatte dreizehn Familien, halb Frankfurter und halb Crefelder, an Bord. Am 6. Oktober 1683 landeten sie nach einer zwar etwas langwierigen, aber äußerst glücklichen Seefahrt in Philadelphia. Ihre Zahl hatte sich auf der Fahrt durch die Geburt eines Knäbleins vermehrt; er ward Peter getauft.

Aber des Pastorius Arbeit war damit keineswegs beendet. Philadelphia bestand damals erst aus wenigen Häusern, oder vielmehr Hütten. Es mußten selbst Erdhöhlen, die man in Hügel nahe am Delaware gegraben hatte, manchen Ankömmlingen zum vorläufigen Quartier dienen. Ringsum stand der Urwald. Und der Winter war vor der Thür. Da galt es, eilends den Ort zur Niederlassung zu finden. Penn hatte ihnen 43,000 Acker an einem schiffbaren Strom in einem Stück zu überlassen versprochen, und wies ihnen ein solches Stück am Delaware, etliche Meilen vom damaligen Philadelphia, oberhalb der Schuylkill Falls, an, jedoch gefiel es ihnen nicht wegen seiner bergigen Art. Sie zogen es vor, weiter landeinwärts zu gehen, ließen sich schon am 24. Oktober 5,700 Acker ihres Landes abmessen, verloosten es unter die dreizehn Familien und fingen sofort an, Keller und Hütten zu bauen, worin sie den Winter, wenn auch nicht ohne große Beschwerde, zubrachten.

Den Ort nannten sie Germantown. Pastorius sagt aber: „Etliche gaben ihm den Beynahmen Armentown, sindemahl viel der vorgedachten ersten beginner sich nicht auff etliche Wochen, zu geschweigen, Monate provisioniren kunnten. Und mag weder beschrieben, noch von denen vermöglichern Nachkömmlingen geglaubt werden, in was Mangel und Armuth, anbey mit welch einer Christlichen Vergnüglichkeit und unermüdetem Fleiß diese Germantownship begunnen sey."

Die Hauptbeschäftigung der Pioniere in Germantown war Leinenweberei und Ackerbau und Weinbau. Das Rathssiegel, das Pastorius beschaffte, hatte ein Kleeblatt, auf dessen drei Blättchen ein Weinstock, eine Flachsblume und eine Weberspule abgebildet waren, mit der lateinischen Inschrift: „Vinum, Linum et Textrinum" („Wein, Lein und Weberschrein").

So ist Pastorius der Gründer der ersten deutschen Stadt in Amerika geworden. Obwol aber die Ankunft dieser Deutschen, die um ihres Glaubens willen nach Amerika flohen, und welche den Grund zu dem großen deutschen Gemeinwesen in Pennsylvanien legten, auch diesem Staat für alle Zeiten das Gepräge des pennsylvanischen Deutschthums aufgedrückt haben, nicht minder wichtig ist, als die Ankunft der Mayflower mit den Pilgern in Plymouth, so ist doch das große Ereigniß kaum jemandem bekannt, während die

Mayflower in aller Munde ist. Es wird aber nicht immer so bleiben.

Germantown gedieh sichtlich. Im Jahre 1688 ward Pastorius als Bürgermeister erwählt, und als solcher hat er am 18. Februar im Verein mit drei andren leitenden Bürgern von Germantown einen Schritt gethan, der ebenso wie die Landung der Concord verdient, in ganz Amerika als eine der herrlichsten Handlungen gerühmt zu werden, aber mit ebenso großem und allgemeinem Stillschweigen übergangen wird: Er erließ einen gerichtlichen Protest gegen die Negersklaverei, der noch aufgezeichnet ist.

Im Jahre 1701 legte Pastorius sein Amt als Agent der Frankfurter Gesellschaft, welches er mit allen Schreibereien, Scheerereien und Verdrießlichkeiten so weit ohne jegliche Bezahlung versehen hatte, nieder. Aber kaum war das geschehen, so geschah es durch einen hinterlistigen Scheinverkauf, daß ein gewisser Sprögel das ganze Stadtgebiet von Germantown in Anspruch nahm und wirklich einen gerichtlichen Ausweisungsbefehl der Ansiedler erlangte. Wie erschrockene Küchlein vor dem Habicht zur Kluckhenne, so nahmen die Kolonisten wieder ihre Zuflucht zu Pastorius. Er eilte nach Philadelphia, um einen englischen Advokaten zur Verfechtung seiner Schützlinge zu finden, aber alle vier, die damals dort wohnten, waren bereits von Sprögel geworben. Da wendete sich Pastorius an den obersten Rath der Provinz. Dieser überzeugte sich dann, daß ein abscheuliches Complot vorliege, und gewährte Abhilfe.

Im Jahre 1688 verheirathete er sich, obwol schon 37 Jahre alt, und zeugte zwei Söhne, deren Nachkommen noch leben. Im selben Jahre ward er Vorsteher der Schule in Philadelphia. Zweimal, 1687 und 1691, war er Mitglied der Assembly, der Gesetzgebung von Pennsylvanien; 1693 ward er Friedensrichter.

Da Pastorius in Bezug auf irdisch Gut sehr gleichgiltig, auf eignen Vortheil nicht bedacht und nie argwöhnischer Natur war, so wurden seine letzten Jahre vielfach durch Nahrungssorgen getrübt. Er fand aber Trost in der stillen Beschaulichkeit, in der Pflege seines Gartens und im Bücherlesen, Dichten und Schreiben von allerlei Tagebüchern und Notizen. So hat er bei seinem Tode einen Folianten, 14 Quartanten, 22 Oktav- und 6 Duodezbände in so kleiner Schrift geschrieben hinterlassen, daß man sie nur mit einem Vergrößerungsglas lesen kann. Von diesen Büchern enthielt der Foliant allein über tausend Seiten.

Unter den Germantown Deutschen sind noch drei deutsche Familien von großer Bedeutung zu nennen. Die Familie Rittenhausen, welche die erste Mahlmühle und die erste Papiermühle anlegte. Aus ihr stammt der 1732 nahe Germantown geborne große Astronom Rittenhausen, Nachfolger Franklins als Präsident der „Philosophischen Gesellschaft," und Direktor der Ver. Staaten Münze in Philadelphia. Aus der Familie Gottfried stammt Thomas Godfrey, der Erfinder des Quadranten. Hier lebte auch Christoph Sauer, der die erste Bibel in Amerika gedruckt hat.

Im Jahre 1719 ist Pastorius, 68 Jahre alt, gestorben.

Germantown bildet jetzt einen Stadttheil von Philadelphia.

Wm. Penn hat ihn mit folgenden Worten gut beschrieben: „Nüchtern, rechtschaffen weise und fromm, ein Mann von allgemein geachtetem und unbescholtenem Namen."

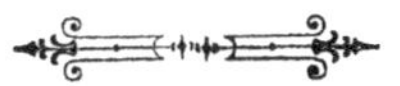

VIII. IX.

Christoph Saur.

Vater und Sohn.

Erste deutsche Drucker in Pennsylvanien.

Die beiden Saur, Vater und Sohn, waren gleichnamig. Der Vater war 1693 geboren in Lansphe, einem Städtchen im Wittgensteinschen. Die Gräfin Hedwig Sophie, welche für ihren minderjährigen Sohn Kasimir die Regentschaft führte, war eine Beschützerin der in den meisten deutschen Ländern verfolgten Dunker und Mystiker, und in den Kreisen solcher erweckter Christen ist Saur aufgewachsen. Seines Handwerks war er Schneider, hatte aber, ehe er auswanderte, Gelegenheit gefunden, allerlei technische Kenntnisse zu erwerben. Er war verheirathet und brachte im Jahre 1724 sein Weib und seinen dreijährigen Sohn Christoph mit nach Germantown.

Diese Stadt hatte damals seit einem Menschenalter bestanden und bot mit ihren Gärten, Obstbäumen und netten Häuserreihen ein anmuthiges Bild. Die Bevölkerung Pennsylvaniens war in Folge der weisen Verwaltung Pennsylvaniens überraschend schnell herangewachsen, besonders viele Deutsche waren in der Kolonie ansässig geworden. Man schätzte die Zahl der in Pennsylvanien und den angrenzenden Kolonien wohnenden Deutschen auf 70,000. Ihre Gewohnheiten waren Fleiß, Sparsamkeit, Frömmigkeit. Ein sehr großer Theil von ihnen war hauptsächlich um der Glaubens- und Gewissensfreiheit willen nach Pennsylvanien gekommen.

Im Jahre 1726 traf Saur eheliches Unglück. Seine Frau ließ sich von einem Schwärmer Namens Beissel bereden, ihr Haus zu verlassen und eine Art eingezogenes Leben der

Beschaulichkeit und Entzückung zu führen. Erst im Jahre 1744 kehrte sie zu ihrem Gatten zurück.

Man meint gewöhnlich, die deutsch-pennsylvanische Bevölkerung habe sich ursprünglich in einem sehr barbarischen Zustande befunden und sich nur um Land, Vieh und Geld bekümmert. Das ist aber irrig. Es waren meist geistig regsame Leute. Erst später sind sie durch die Abschließung von geistigem Verkehr mit Deutschland verkümmert. Wären sie damals geistig stumpf und gleichgiltig gewesen, so wäre Saur sicherlich nicht auf den Gedanken gekommen, hier eine Druckerei zu errichten. Es geschah im Jahre 1739.

Von den Einzelheiten des Unternehmens wissen wir nur, daß die Typen aus Frankfurt am Main kamen, und daß die Einrichtung zum größten Theil den kunstfertigen Händen und dem erfinderischen Geist Saurs ihr Dasein verdankte.

Das erste Werk, welches aus Saurs Presse hervorging, war ein Kalender; durch denselben hoffte er mit Recht seine Druckerei weit bekannt zu machen. Der Titel lautete:

„Der Hoch-deutsch Amerikanische Kalender“ u. s. w.

Das nächste war ein Gesangbuch der mystischen Klosterbrüder zu Ephrata. Ein Zeitgenosse schreibt darüber:

„Saurs neue angefangene Druckerei wird ihm sauer, und muß mehr Lehrgeld darin geben, als in einigen Dingen, so er bisher versucht. Er muß den Siebentägern (d. h. denen, die den siebenten Wochentag heilig halten) ein groß Gesangbuch drucken. Sie sind scharf und eigen dabei, wie man hört, daher es ihm viele Molesten macht.“

Im gleichen Jahre unternahm Saur das größeste Werk seines Lebens, wenigstens dasjenige, welches seinen Namen auf alle Zeiten berühmt gemacht hat und dem stillen Schneider mehr Einfluß gab, als dem größten Staatsmanne: Die erste deutsche Zeitung in Amerika.

Die erste Nummer erschien am 20. August 1739 unter dem Titel:

„Der Hoch-deutsch Pennsylvanische Geschicht-Schreiber, oder Sammlung wichtiger Nachrichten aus dem Natur- und Kirchen-Reich. Erstes Stück. August 20, 1739.“

Es erschienen damals in ganz Amerika erst fünf (englische) Zeitungen. In der ganzen Welt stand das Zeitungswesen noch in der Kindheit, wie auch das Postwesen in der Kindheit stand. Saurs Zeitung mußte meistens durch Fuhrleute vertheilt werden. Wir lesen, daß einige Jahre später Fuhrleute, welche auf der Conestoga Landstraße Saurs Zeitung an die Unterschreiber abgaben, sich darüber beklagten, daß sie dadurch zu lange auf ihren Wegen aufgehalten würden. Jetzt freilich würden nicht viele Unterschreiber einer Zeitung damit zufrieden sein, ihre Blätter durch Fuhrmanns-Gelegenheit zu erhalten.

Zuerst erschien das Blatt monatlich, vom Jahre 1748 an halbmonatlich, und 1775 ward es wöchentlich.

Im Jahre 1751 belief sich die Zahl der Unterschreiber schon auf 4000, sage viertausend. Welch einen eisernen Fleiß, welch eine Geschicklichkeit und welchen Geschäftseifer muß der Mann gehabt haben! Man bedenke auch, daß es damals noch keine Dampfpressen, nicht einmal Schnellpressen gab, und die ganze Auflage mit mühsamer Handarbeit hergestellt werden mußte.

Neben dieser außerordentlichen Thatkraft besaß Saur eine echt deutsche Gewissenhaftigkeit, Redlichkeit und Bescheidenheit. Er war weit davon entfernt, eine Zeitung im gewöhnlichen Sinne des Wortes herausgeben zu wollen. Sein sittlicher Charakter sträubte sich dagegen, zur Verbreitung unzuverlässiger Nachrichten die Hand zu bieten, oder Lesestoff zum bloßen Zeitvertreib zu liefern. Noch ausdrücklicher als in den Einleitungsworten des Blattes verwahrt er sich dagegen in dem Kalender, der zu gleicher Zeit erschien:

„Diejenigen,“ sagt er, „welche vielfältig nachgefraget und künftig nachfragen möchten, ob nicht bald deutsche Zeitungen zu haben, denen will man hiermit zu wissen thun, daß man gar nicht gesinnt ist, die edle Zeit solcher Gestallt zu verderben, daß man alle Woche etwas zusammen suchen sollte, welches keinen Nutzen hat, viel weniger Lüge dazu schreiben, wie der gemeine Welt-Lauff ist."

Sodann erfolgt die wirkliche Ankündigung seines Unternehmens, der Prospect, worin er sich folgendermaßen ausläßt:

„Es wird hiermit bekannt gemacht, daß man künftig hin gesinnt ist, eine Sammlung von nützlichen und merkwürdigen Geschichten und Begebenheiten zu drucken, zum Theil aus dem Natur-Reiche, was etwa bey diesen Zeiten von Kriegen und Kriegsgeschrey, so wohl aus Europa als anderen Theilen der Wellt zu hören, so ferne man gewisse und zuverlässige Nachrichten haben kann: als auch gewisse und beglaubte Nachrichten aus dem Kirchen-Reiche, so viel man vor nützlich erkennet ......"

Wie er es mit den Anzeigen hielt, lehrt eine Benachrichtigung ans Publikum vom 15. April 1755, wo es heißt:

„Wer um seines Nutzens willen oder ein privat Advertisement einsendet (nicht allzugroß), der zahlet 5 Schillinge. Wird sein Verlangen zum erstenmal ausgefunden, so giebt man 2 Schillinge zurück, auf das zweitemal ein Schilling zurück."

Die Uneigennützigkeit des Druckers ward vom Publikum nicht aufs Beste belohnt. Der saumselige Zahler existirte auch damals schon, und Saur fand öfters Veranlassung, ihm ins Gewissen zu reden. Aber der gute Mann behandelte die Pflichtvergessenen mit einer Milde, die ins Unglaubliche ging. Alles, was er denen, die auf seiner schwarzen Liste standen, aufs Fell gab, war dies:

„Wer drei Jahre und darüber schuldet und sonst keine Reputation hat, muß es nicht übel nehmen, wenn er eine kleine Notiz bekommt."

Als Gotthard Armbruster, Saurs ehemaliger Lehrling, mit seinem Bruder Anton in Philadelphia die „Philadelphische Zeitung von allerlei auswärtigen und einheimischen merkwürdigen Sachen“ etablirte, zeigte Christoph Saur dies in seinem Blatte am 6. Mai 1748 in freundlicher Weise an und bemerkte dazu: „Nur bittet Saur die Unredlichen, die ihm noch niemals bezahlt haben, sie sollen es diesem nicht ebenso machen.“

Im Jahre 1741 ward die Zeitung vergrößert, 1745 änderte sie ihren Namen und hieß nun: „Berichte oder Sammlung wichtiger Nachrichten aus dem Natur- und Kirchenreiche.“ Der Grund zu dieser Aenderung wird in der Januar-Nummer von 1746 erklärt. „Man (Saur gebraucht statt des editoriellen ‚wir‘ gern ‚man‘) hatte gehofft, nur lauter wahrhaftige Geschichten aus dem Natur- und Kirchenreiche zu geben. Man hat es aber nicht dahin bringen können. Darum hat man schon eine Zeit her den Titel Geschichtschreiber abgethan und statt dessen Berichte gesetzt, denn hintennach ist befunden, daß zuweilen eines oder das andere nicht geschehen, sondern nur berichtet oder erdichtet worden.“

In demselben Sinne führte, nach dem Ableben des Vaters, 1758, der Sohn das Geschäft fort. Er machte sich ein Gewissen daraus, daß trotz aller Vorsicht zuweilen Nachrichten in der Zeitung mitgetheilt wurden, die sich später als unbegründet herausstellten. Er glaubte es daher seinen Lesern schuldig zu sein, sie auf das Vorkommen unvermeidlicher Zeitungsenten von vornherein vorzubereiten, und für seine Nachrichten keine unbedingte Glaubwürdigkeit zu beanspruchen. Dies that er, indem er sein Blatt nunmehr mit folgendem Titel versah: „Germantowner Zeitung oder Sammlung wahrscheinlicher Nachrichten aus dem Natur- und Kirchenreiche, wie auch auf das gemeine Beste angesehene nützliche Unterrichte und Anmerkungen.“

Schwieriger noch als alles dies war ein im Jahre 1742 unternommenes Werk, nämlich der Druck einer Bibel. Die erste Bibel, welche jemals in Amerika gedruckt wurde, war deutsch. Erst vierzig Jahre später ward die erste englische Bibel in Amerika gedruckt, und selbst dann hielt der Verleger, Robert Aitken, es für gerathen, sich ganz besondre Garantien zu verschaffen, ehe er das Risiko des Druckes übernahm.

Der Druck einer Bibel war für jene Zeiten ein ganz ungeheures Unternehmen. Mit wie großer Schwierigkeit mußten erst hinreichende Lettern aller Art gegossen werden, ehe man mit dem Satz beginnen konnte! Dann mußte alles Papier aus Europa importirt werden, denn in Amerika gab es damals noch keine einzige Papiermühle. Und dann mußte man Jahre lang am Satz, Druck und Einband eines so umfangreichen Werkes arbeiten, ehe man aus dem Verkauf Geld lösen konnte. Hier zeigte der Deutsche nicht allein größere Ausdauer, als der englische Amerikaner, was den Deutschen ja allgemein zugestanden wird, sondern auch größeren Unternehmungsgeist, was er selbst sich kaum zutraut.

Welche Gesinnung unsern Saur zu diesem Unternehmen veranlaßte, wollen wir nicht aus seinen eignen Worten, sondern daraus erkennen, daß damals das Papier eines Exemplars allein 7½ Schilling (etwa $1.50) kosten sollte. Saur setzte im Prospekt den voraussichtlichen Preis der fertigen Bibel, ungebunden, deshalb auf 14 Schilling an. Er fand jedoch, als die Bibel fertig war, daß er sie für 12 Schilling verkaufen könne. „Für Arme und Bedürftige," sagte er, „ist kein Preis."

Das Werk, von dem noch jetzt einige Exemplare vorhanden sind, ist auf gutes, dauerhaftes Papier gedruckt und bildet einen stattlichen Quartband von 1279 Seiten. Im Jahre 1763 und 1776 erschienen neue Auflagen, und jedesmal durfte der Verleger mit gerechtem Stolz in der Vorrede darauf hinweisen, daß noch keine andre europäische Nation die Bibel in ihrer Sprache auf der westlichen Erdhälfte gedruckt habe.

Außer den obigen hat Saur noch einige dreißig religiöse Werke, Gesangbücher, Katechismen (im Jahre 1752 erschien das lutherische Gesangbuch mit Luthers, und das reformirte Gesangbuch mit dem Heidelberger Katechismus), auch Schulbücher, eine Lebensbeschreibung Friedrichs des Großen und einige englische Bücher gedruckt.

Vier Jahre vor seinem Tode war Christoph Saur in einen Streit verwickelt, der mehr als alles andre die Größe seines Einflusses auf die Deutschen in Pennsylvanien zeigte.

Michael Schlatter, der bekannte Prediger, der unter den Reformirten in Pennsylvanien dieselbe organisatorische Thätigkeit entwickelt hat, wie H. M. Mühlenberg unter den Lutheranern, collektirte 1751 und 1752 in Holland, Deutschland und der Schweiz Geld für Kirchen und Schulen in Amerika. Die von ihm deshalb gedruckte „Vorstellung" kam auch dem Könige von England zu Gesichte, und es wurden in Folge dessen an 20,000 Pfund Sterling ($100,000) in England für die Deutschen in Pennsylvanien gesammelt. Zur Verwaltung dieses Geldes ward die Society for propagating the Knowledge of God among the Germans gebildet.

Um dieselbe Zeit stand in Philadelphia Rev. Wm. Smith als Vorsteher am dortigen College der englischen Staatskirche und machte eine Reise nach London. Dieser schilderte die Deutschen in Pennsylvanien als unwissende, dem englischen Volke feindliche Leute. Ihre Kinder nannte er wood-born savages. Es sei zu fürchten, daß sie sich mit den Franzosen gegen England verbündeten. Sie müßten jedenfalls durch Errichtung englischer Schulen englisirt werden. Dadurch sollten sie auch für die englische Staatskirche gewonnen werden.

Durch diese Darstellung bewogen, bestimmte man in England das für die Deutschen gesammelte Geld für die Anlegung englischer Schulen in Pennsylvanien. Im Februar 1755 traten acht solcher Schulen an verschiedenen Orten Pennsylvaniens ins Leben. Gegen diese Unternehmung trat Saur mit Eifer ein. Ihm schien die humane Fürsorge für die armen Deutschen einen argen Nebenzweck zu haben. Nicht mit Unrecht. Die englische Regierung hatte in Pennsylvanien ihre bischöfliche Staatskirche eingeführt, deren Angehörige ihre zuverlässigen Freunde waren, wogegen die Quäker der Regierung oft widerstrebten. Die Deutschen hielten es meist mit den Quäkern. Dieser Bund sollte durch jene Schulen gesprengt, das deutsche Volk in Pennsylvanien der Regierung gewonnen werden. In dieser Verbindung schreibt Smith:

„Was kann unverständiger und unpolitischer sein, als einem Haufen unwissender, aufgeblasener, halsstarriger Lümmel, die mit unsrer Sprache, unsren Sitten, unsren Gesetzen und unsren Interessen unbekannt sind, das Recht anzuvertrauen, fast jedes Mitglied der Assembly zu wählen?"

Um dieser politischen Nebenzwecke willen schrieb Saur in seiner Zeitung gegen jene englischen Freischulen. Die meisten Deutschen stimmten ihm bei. Binnen einem Jahre schon mußten drei derselben eingehen.

Nun ließ Smith, um den Einfluß Saurs zu brechen, eine neue deutsche Zeitung in Philadelphia gründen und u. a. darin ein Memorial gegen die Quäker abdrucken. Da ließ ihn die Assembly verhaften und wegen Schmähschrift ins Gefängniß setzen, worin er elf Wochen sitzen mußte.

Nicht lange dauerte es, so mußten jene englischen Freischulen aus Mangel an Theilnahme ganz eingehen. Saur hatte gesiegt.

Ebenso kräftig führte er die Sache der deutschen Einwanderer gegenüber den Schiffs-Rhedern, welche dieselben während der Ueberfahrt mißhandelten und aussogen. Furchtlos stellte er die Uebelstände in seiner Zeitung dar. Z. B. berichtete er von einem Schiff, das mit 400 Deutschen absegelte und nur 50 am Leben hatte, als es in Philadelphia ankam. Rührend sind die Beschreibungen mancher Einzelheiten:

„Ein Mann bat den Kapitän um ein wenig Brod, bekam aber keins, so kam er mit seinem Weib zum Kapitän gekrochen und bat, man möchte ihn doch über Bord werfen, damit er nicht so langsam sterben müsse; das wollte der Kapitän auch nicht thun. Er bringt sodann dem Steuermann sein Säcklein, der solle ihm doch ein wenig Brod darein thun, er habe aber kein Geld; der geht hin und thut ihm Sand und Steinkohlen in's Säckchen und bringt's ihm; der Mann weinte, legte sich nieder mit seinem Weibe und starb."

Im Jahre 1758 gibt Saur die Zahl der in 15 Schiffen Gestorbenen auf 1600 an.

In diesem Jahre nahm die Assembly wirklich Schutzgesetze für die Einwanderer an. Der Gouverneur jedoch versagte seine Billigung. Da wendete sich Saur in einem ausführlichen Schreiben selbst an den Gouverneur. Am Schluß desselben schreibt er:

„Verehrter Herr, ich bin alt und schwach, wanke dem Grabe zu und werde bald nicht mehr sein. Ich hoffe, Ew. Excellenz wird es mir nicht verübeln, die Hilflosen Ihrem Schutz empfohlen zu haben. Möge der Herr uns vor allem Uebel und jeglicher Unbill bewahren, was wir um so eher hoffen dürfen, so wir an andern in ihrer Bedrängniß und Gefahr ebenso handeln. Möge der Herr Ihnen Weisheit und Geduld verleihen!

Christoph Saur."

Bald darauf, am 25. September 1758, ist er gestorben. Sein ihm gleichgesinnter Sohn, der bisher die Buchbinderei geleitet hatte, übernahm nun das ganze Geschäft. Unter ihm wurden die bereits erwähnten zweiten und dritten Auflagen der Bibel gedruckt. Da die zweite Auflage einen reichlichen Gewinn abwarf, so glaubte er ein Uebriges thun zu müssen und trug die Schuld der Dankbarkeit durch unentgeltliche Vertheilung des monatlich erscheinenden „Geistlichen Magazins" ab. Dies ist die erste religiöse Zeitschrift, die in Amerika in irgend einer Sprache erschienen ist, ebenso wie die Saur'sche Bibel die erste amerikanische Bibel war. Er hat auch eine eigne Schriftgießerei und 1773 eine eigne Papiermühle errichtet.

Als einmal jemand in seiner Zeitung eine Anzeige von einem entlaufenen Negersklaven einrücken ließ, dessen Beschreibung lautete: „barfuß, mit weißlichem Kamisol, altem Hute, alten leinenen Hosen" — setzte Saur darunter folgende Bemerkung:

„Es ist zu verwundern, daß der bemeldete Neger so unverständig war, und ist barfuß, in lauter alten Kleidern fortgegangen; er hätte sollen die neuen anziehen (wenn er welche gehabt hat). Wenn die Meister öfter ihrem Gesinde thäten, was recht und gleich ist, und dächten, daß sie auch einen Herrn im Himmel haben, nach Col. 4, v. 1, so dächte mancher an kein Weglaufen. Aber Geiz ist die Wurzel alles Uebels."

Als sein Vater abtrat, waren die englischen Freischulen so gut wie todt, und der Sohn brauchte nicht mehr dagegen zu kämpfen. Dafür konnte er durch seine Theilnahme an der Germantown Akademie beweisen, daß ihm die Sache der Erziehung, ungetrübt durch Nebenzwecke, nahe am Herzen lag. Da war er im Ausschuß zur Sammlung des Geldes, wie auch im Baucomite. Die Schule ward 1761 eröffnet mit einem deutschen und einem englischen Lehrer und einem Hilfslehrer. Sie besteht noch heute. Wir verdanken den Saurs also nicht nur den ersten Protest gegen die Sklaverei, die erste Bibel, die erste deutsche Zeitung und Druckerei, sondern auch die erste deutsch-englische Hochschule.

Leider trat bald darauf eine traurige Katastrophe ein. Als der Unabhängigkeits-Krieg ausbrach, war Saur, gleich allen seinen Glaubensgenossen — er war Dunker — gegen die

Ergreifung von Waffen. In Folge davon ward er gefangen gesetzt, und all sein Eigenthum ward verkauft. Zeitung und Druckerei gingen ein.

Er starb arm am 26. August 1784.

Seine Nachkommen leben noch zahlreich und geachtet. Einer derselben, Sower, besitzt eine Druckerei in Philadelphia.

X.

Baron Steuben.

Exerziermeister der amerikanischen Armee.

Friedrich Wilhelm August, Baron von Steuben, ward geboren am 15. November 1730 in Magdeburg, Preußen. Sein Vater, W. K. von Steuben, war Major in preußischen Diensten, aber von schwäbischer Abstammung. Er war Ritter des Ordens pour le merite, welchen Friedrich der Große gestiftet hatte, also muß er mit Auszeichnung gedient haben. Der siebenjährige Krieg, den das kleine Königreich Preußen unter Friedrich dem Großen fast allein gegen Oestreich, Frankreich, das deutsche Reich, Schweden und Rußland führte, und schließlich siegreich nach verzweifeltem Kampfe beendete, zog viele ausländische Offiziere in die preußische Armee. Unter ihnen war auch des Baron Steuben Vater.

Nachdem der Sohn seine Erziehung in Neisse und Breslau beendet hatte, trat er im Alter von 26 Jahren als Freiwilliger bei seinem Vater in's Heer und machte den siebenjährigen Krieg von Anfang bis zu Ende mit. Schon an der Belagerung von Prag nahm er Theil. In der Schlacht bei Roßbach, 1757, half er die Franzosen jagen, und es wurde seiner schon mit Anerkennung ausgezeichneter Dienste gedacht. Im folgenden Jahre ward er zum General-Adjutanten ernannt. Dann machte er die blutige Schlacht bei Kunersdorf gegen die Russen mit und zog sich eine ehrenvolle Verwundung zu. Im Jahre 1761 gerieth er sogar in russische Gefangenschaft und war auf bestem Wege, nach Sibirien transportirt zu werden, allein durch den Tod der Kaiserin und Peters Regierungsantritt wurde er frei.

Er diente zuerst beim Prinzen Heinrich, des großen Königs Bruder, und als dieser ausgezeichnete Prinz sich das Mißfallen seines königlichen Bruders zuzog, ward der junge Steuben mit einem heruntergekommenen Regiment, dessen Reihen in blutigen Kämpfen gelichtet waren, nach Schlesien gesendet, um es wieder vollständig zu rekrutiren und einzuexerzieren. Diesen Auftrag führte er glücklich aus, obwol es unter damaligen bedrängten Umständen fast hoffnungslos geschienen hatte. Zur Belohnung machte König Friedrich ihn zu seinem General-Adjutanten, mit dem besondren Auftrag, den Verkehr des Königs mit dem General-Quartiermeister zu vermitteln. Auf diese Weise lernte der junge Steuben zwar nicht den aktiven Felddienst und die Leitung großer Schlachten kennen, wol aber, und um so genauer, alles was mit Verpflegung der Truppen, mit Herbeischaffung und Instandhaltung von Waffen und Kriegsbedarf, mit deren Beaufsichtigung und mit dem Exerzitium der Soldaten zusammenhängt.

Als der siebenjährige Krieg beendet war, 1763, und ein großer Theil der Offiziere entbehrlich wurde, kam Baron Steuben der jüngere um seine Entlassung ein, und dieselbe wurde ihm vom König so gnädig gewährt, daß derselbe ihm sogar eine geistliche Pfründe übertrug, nämlich die eines Chorherrn am Havelberger Dom. Geistliche

Pflichten waren freilich nicht damit verbunden, wol aber ein Gehalt von 1200 Gulden. Damit zog Steuben auf ein Gut, welches er in Weilheim, an der Grenze von Baden und Würtemberg, besaß. Hier erlangte er schon im folgenden Jahre das Amt eines Hofmarschalls des Fürsten Hohenzollern-Hechingen, und drei Jahre später eines Generals beim Markgrafen von Baden, mit 2000 Gulden Gehalt. Dazu kamen noch einige kleinere Aemter, so daß er ein behagliches Leben als hoch angesehener Mann führen konnte. Die mit seinen verschiedenen Aemtern verbundenen Pflichten waren so geringfügig, daß er den größesten Theil seiner Zeit in Gesellschaft des hohen Adels und auf Reisen zubrachte.

So kam es, daß er im Jahre 1777, einer Einladung von Lord Spencer und Lord Warwick folgend, eine Besuchsreise nach England machte, und bei dieser Gelegenheit durch Paris kommend, mit angesehenen Personen am französischen Hofe bekannt wurde.

Damals nahm die französische Regierung lebhaften Antheil an dem amerikanischen Befreiungskriege. Benjamin Franklin war als amerikanischer Gesandter in Paris thätig und gewann durch die Einfachheit seiner Sitten, die Weisheit seiner Reden und die Reinheit seines Herzens solchen Einfluß, daß man am Hofe förmlich begeistert für ihn war. Dies war ihm sehr erleichtert worden dadurch, daß die Franzosen von jeher auf England höchst eifersüchtig waren, denn Großbritannien war das einzige Land, das ihnen die Weltherrschaft streitig machte. Deshalb unterstützten die Franzosen nur zu gern die amerikanischen Kolonien in ihrem Bestreben der Lostrennung von Großbritannien. Bisher war der Kampf in Amerika nicht sehr glücklich für dieses ausgefallen. General Washington war trotz seiner Meisterschaft in der Kriegskunst, und trotz der Tapferkeit und hingebenden Aufopferung der Amerikaner, aus der Stadt

New York und deren Umgebung durch den Staat New Jersey über den Delaware nach Pennsylvanien zurückgedrängt worden und lagerte nun dort mit seinem zusammengeschmolzenen und entmuthigten Heere, unfähig zu größeren Unternehmungen. Die Ursache dieser Niederlagen lag vornehmlich darin, daß die amerikanischen Soldaten mit den Ordnungen eines geregelten Heerwesens völlig unbekannt waren. Bisher hatten sie fast nur gegen die Indianer Kriege geführt, wodurch sie zwar im Gebrauch von Schießgewehren, in der Ertragung großer Strapazen und in Hinterhalt, Ueberrumpelung und Streifkrieg Erfahrungen gesammelt, aber keine Ordnung gemeinsamen Marsches und Kampfes gelernt hatten. Sie wurden darum von den wolgeübten Briten in jeder offenen Feldschlacht mit Leichtigkeit geschlagen.

Der französischen Regierung war dieser Uebelstand wolbekannt. Als sie deshalb von der Anwesenheit des Baron Steuben hörte, erkannte sie alsbald, daß er der Mann wäre, welcher das amerikanische Heer mit den Ordnungen und Regeln bekannt machen und es in denselben einüben könnte, wodurch seine sonstigen vortrefflichen Eigenschaften so ergänzt würden, daß es den Briten siegreichen Widerstand leisten könnte. Die stramme Ordnung des preußischen Heerwesens, verbunden mit der amerikanischen Findigkeit und Geschicklichkeit, würde Großbritanniens Heere überwältigen. Baron von Steuben, in der Schule Friedrichs des Großen erzogen, geübt und bewährt, sollte das vollbringen. Man zog ihn an den Hof, ehrte ihn durch Privat-Audienzen, und drang in ihn, beim amerikanischen Heere, wo schon mehrere französische Offiziere dienten, als Exerzier- und Quartiermeister Dienst zu nehmen. Er war dem Antrage von vornherein nicht abgeneigt. Die Sache der Freiheit fand einen Wiederhall in seinem Herzen. Auch drängte ihn die Aussicht auf großen Ruhm und die Lust an allerlei Abenteuer und Fährlichkeit. Da er noch ohne Familie war, hielt ihn von dieser Seite nichts zurück. Aber er war bereits nahe an 50 Jahre alt, und in solchem Alter gibt man ehrenvolle Aemter, reichliche Einkünfte und angenehme Gesellschaftskreise, wie sie ihm zu Gebote standen, nicht leicht auf. Auch war die junge amerikanische Republik, wie jedermann wußte, arm und in sehr gefährlicher Lage; sie konnte ihm keine hohen Gehälter geben, noch weniger ihm eine gesicherte Zukunft versprechen. Das machte ihn bedächtig, und als nach langen Verhandlungen Franklin als amerikanischer Vertreter außer Stande war, irgend welche sicheren Versprechungen zu machen, brach Steuben die Verhandlungen ab und kehrte nach Deutschland zurück.

Indessen kannte die französische Regierung zu gut den Werth Steubens und das Bedürfniß Amerikas, als daß sie dem ruhig hätte zusehen können. Sie sandte ihm Boten nach. Auf der Rückreise fand Steuben in Rastadt Briefe und Anerbietungen Frankreichs vor, in welchen diese Macht sich erbot, für ihn einzustehen, wenn er auf dieses hin nach Amerika gehen und der dortigen Regierung seine Dienste anbieten wolle. Im Falle des Mißlingens versprach Frankreich ihn schadlos zu halten. In jeder Weise solle er von Frankreich aus unterstützt werden.

Das gab den Ausschlag. Er sagte zu. Am 26. September schiffte er sich mit einem Gefolge von vier französischen Offizieren auf zwei wolausgerüsteten Kriegsschiffen von Marseilles nach Boston ein. Die Schiffe enthielten auch bedeutende Vorräthe an Kriegsbedarf, die als Geschenke für Amerika bestimmt waren.

Nach einer stürmischen Ueberfahrt, wie die Jahreszeit sie mit sich brachte, landete er am 1. Dezember 1777 in Portsmouth, New Hampshire. Die erste Nachricht, die ihm hier mitgetheilt ward, war die von der Gefangennahme des britischen Generals Burgoyne, sammt seinem ganzen Heere, bei Saratoga, jenem glänzenden Erfolge der amerikanischen Waffen im Innern vom Staat New York, wodurch die Aussichten der jungen Republik schnell eine viel günstigere Wendung nahmen, als man hätte ahnen können. Aber daß der Kampf dadurch entschieden gewesen wäre, war keineswegs der Fall. Denn noch war New York und Philadelphia in Händen der Briten, sowie fast die ganze Küste. Und noch lag das Hauptheer unter General Washington in Valley=Forge, unfähig, irgend etwas Bedeutendes zu unternehmen, verhungert, erfroren, muthlos. Unter diesen Umständen fand das Anerbieten der Dienste Steubens beim Congreß, der damals in Yorktown, Pa., tagte, bereitwilliges Gehör. Man übertrug ihm die Aufgabe, die Truppen einzuexerzieren und im Heere die preußischen Regeln der Verpflegung und Verwaltung einzuführen. Er erhielt Rang, Titel und Gehalt eines General=Majors, und die Offiziere seines Gefolges wurden zu Majoren und Hauptleuten ernannt.

Auf dem Wege nach dem Kriegslager in Valley=Forge kam Steuben durch Lancaster in Pennsylvanien, und hier traf er zum erstenmale mit Deutschen zusammen, die ihn in seiner Muttersprache begrüßten und ihn mit öffentlichen Ehrenbezeugungen empfingen. Im Uebrigen konnte Steuben mit den amerikanischen Offizieren, welche der deutschen Sprache gänzlich unkundig waren, nur sehr schwer verkehren. Die deutsche Nation und die deutsche Sprache wurden damals allgemein verachtet. Im Heere des großen Friedrich und an den Höfen deutscher Fürsten herrschte das Französische. Diese Sprache war auch Steuben zu reden gewohnt, und durch sie allein vermochte er sich mit den Amerikanern verständlich zu machen, da einige wenige von ihnen sie verstanden.

In Valley=Forge angekommen, sah er durch die Fenster ohne Glasscheiben in den elenden Blockhütten die amerikanischen Soldaten in elende Decken gehüllt, vor Hunger und Frost zitternd. Ohne Uniformen, ohne Bekanntschaft mit Kommando und Taktik, zum Theil auch ohne Waffen oder

Schießbedarf, bot die Armee einen in der That trübseligen Anblick. Wenn eines Soldaten Dienstzeit abgelaufen war, nahm er Montur und Gewehr mit nach Hause; wenn ein Soldat im Dienste erstarrt oder ermüdet war, warf er weg, was ihm lästig war; wenn er nach Hause kam, reinigte er die Waffen wann und wie er wollte oder nicht wollte. Niemand sah darnach. Damals galt es im Heere als Regel, daß auf dem Papier immer 5000 Gewehre mehr vorhanden sein mußten, als Soldaten, und trotzdem fehlte es in Wirklichkeit manchem Soldaten am Gewehr. Da galt es vor allem, geordnete Aufsicht über Bestand von Waffen und Bedarf einzuführen. Und so weit brachte Steuben es hierin, daß bei der letzten Inspektion, als er schließlich die Armee verließ, von den vielen tausend ihm gelieferten Gewehren nur drei fehlten, und auch deren Verbleib genügend erklärt wurde.

Das nächste war: Exerzieren. Aber als Steuben die erste Parade abhalten wollte, verstand kein Mensch seine Kommandos, weder deutsch noch französisch, und in grenzenlose Konfusion schien alles sich auflösen zu wollen, bis endlich ein gewisser Hauptmann Walker sich als französischer Dolmetscher anbot. „Wenn ein Engel vom Himmel mir zu Hilfe gekommen wäre," so pflegte der Baron noch lange nachher zu erzählen, „so hätte meine Freude nicht größer sein können."

Wie sorgfältig Steuben bei den Exerzitien zu Werke ging, ist daraus zu sehen, daß er schon Morgens um drei Uhr aufzustehen pflegte, um frühzeitig alle Soldaten mustern zu können. Ehe das Exerzitium begann, mußte die ganze Abtheilung in langer Reihe sich aufstellen, und dann musterte er Mann für Mann den Zustand der Waffen und Monturen. So gründlich wie in Preußen durfte er es freilich damit nicht nehmen, denn an Hemden z. B. war ein so großer Mangel, daß viele Soldaten an ihrer Stelle sich der Decken bedienen mußten, welche sie mit möglichster Eleganz um ihren Leib schlangen. Unter solchen Umständen konnte Steuben natürlich nicht daran denken, ebenso große Genauigkeit und Ausführlichkeit in der amerikanischen Armee einzuführen, wie er sie in der preußischen gesehen hatte, und er bewies sein gesundes Urtheil dadurch, daß er sich begnügte, diejenigen Regeln, Handgriffe und Bewegungen einzuführen, welche die wichtigsten und nothwendigsten waren, und Abstand von Allem zu nehmen, was möglicherweise entbehrt werden konnte. Dadurch gelang es ihm, binnen Jahresfrist seine ungeordneten Haufen so weit zu bringen, daß sie die Briten in ihren Verschanzungen von Stony Point und Paulus Hook bei New York angriffen und mit gefälltem Bajonett, ohne einen Schuß zu feuern, dieselben erstürmten.

Durch geschickte Manöver des Ober-Generals Washington wurden die Briten gezwungen, Philadelphia zu räumen, was ohne die gute Ordnung, welche im amerikanischen Heere eingeführt worden war, nicht möglich gewesen sein würde. Ja, man fühlte sich fähig, die abziehenden Briten mit einer starken Abtheilung im Rücken anzugreifen und ihnen bei Monmouth empfindliche Verluste beizubringen. Oberst Hamilton erklärte bei dieser Gelegenheit, er habe nie gedacht, oder es sich vorstellen können, was Mannszucht und Exerzitium der Soldaten werth seien, bis er es hier gesehen habe.

Bei aller Strenge und Genauigkeit war Baron Steuben keineswegs eigensinnig oder rechthaberisch, wie das solchen strengen Herren nur zu leicht passirt. Bei einer Parade nahe Morristown hieß er einen Lieutenant Morrison, einen sonst braven Offizier, wegen eines vermeintlichen Versehens in Arrest hinter die Front gehen. Der Kommandeur seines Regiments fand dann Gelegenheit, Steuben von der Unschuld des Lieutenants zu überzeugen.

„Ersuchen Sie Lieutenant Morrison, vor die Front zu treten, Oberst,“ sagte Steuben.

Als das geschehen war, nahm er seinen Hut ab und sagte:

„Herr, der Fehler, durch welchen die Linie in Verwirrung gebracht wurde, hätte angesichts des Feindes eine große Niederlage herbeiführen können. Ich sandte Sie, als vermeintlichen Urheber, in Arrest; jetzt aber habe ich mich überzeugt, daß die Schuld nicht an Ihnen lag. Kehren Sie an Ihren Ort zurück. Ich will niemand Unrecht thun, am wenigsten einem so achtungswerthen Offizier wie Sie." Und während dieser ganzen Handlung blieb er entblößten Hauptes, trotz strömendem Regen.

Pünktlichkeit ging ihm über alles. Wenn er einen der ihm untergeordneten Offiziere am Frühstückstisch vermißte, so sandte er demselben Befehl, augenblicklich in voller Ausrüstung zu Pferde zu erscheinen, und sobald derselbe erschienen war, wurde er mit eiligem Auftrag meilenweit entsendet. Der Verlust des Frühstücks und die Beschwerde des langen Rittes waren hinreichende Strafen, um in Zukunft von ähnlichen Langschläfereien abzuschrecken.

Um die Verwaltung und das Exerzitium aller Heeresabtheilungen gleichförmig zu machen, ward es als nothwendig erkannt, ein Buch auszuarbeiten, das eine vollständige Heeresordnung enthielt. Natürlich mußte Steuben sich dieser Arbeit unterziehen, und das war keine Kleinigkeit, denn ihm standen keinerlei schriftliche oder gar gedruckte Regeln früherer Zeit oder andrer Heere zu Gebote, sondern er mußte das, was er in dem Heere des großen Friedrich gelernt hatte, nach dem Gedächtniß aufzeichnen, es amerikanischen Umständen anpassen und in System bringen. Jedoch gelang die Arbeit so gut, daß der Congreß sie annahm und zum Gesetz machte. Bis auf unsre Tage bildet Steubens Arbeit die Grundlage zu den geltenden Heeresregeln.

Nachdem das Heer in Mannszucht und Exerzitium eingeübt war, hatte Baron Steuben verhältnißmäßig wenig zu thun, obwol er General-Inspektor blieb. Nun begehrte er, in aktiven Dienst zu treten, Heeresabtheilungen in Feldzügen und Schlachten zu kommandiren und sich dabei größeren Ruhm zu erwerben. Washington, dem er als dem Ober-General dies dringende Begehren mittheilte, fand das ganz billig und übertrug ihm gelegentlich Aufträge der Art. Aber die andren höheren Offiziere wurden dadurch zur Eifersucht gereizt, besonders befürchteten die Brigadier-Generäle, daß ihre Hoffnungen auf Avancement durch Baron Steuben erheblich beeinträchtigt werden würden, wenn er neben ihnen im Felde kommandirte. Wer mit der Geschichte jener Zeiten, besonders des Arnold, Lee, Gates und andrer hochgestellten Generäle der damaligen amerikanischen Armee bekannt ist, wird wissen, zu welchen Ränken, Mißhelligkeiten, sogar bis zum Verrath der krankhafte Ehrgeiz jener Männer führte. Im Congreß, welchem die Beförderungen und Anstellungen der hohen Offiziere oblagen, hatten die Brigadiere manchen Freund und Gönner und so großen Einfluß, daß selbst Washington dagegen nicht aufkommen und Baron Steubens Beförderung schlechterdings nicht durchsetzen konnte.

Trotz solcher Kränkung ließ der Baron sich doch nicht in der treuesten und gewissenhaftesten Erfüllung aller Obliegenheiten entmuthigen. Das Pflichtgefühl siegte stets über den Mißmuth. Auch scheint er wirklich mehr für den Exerzierplatz und die Amtsstube, als für das Schlachtfeld und den Feldzug geeignet gewesen zu sein. Wenn es ihn zuweilen traf, daß er wegen der Abwesenheit der regulären Kommandanten selbständig Abtheilungen des Heeres zu führen hatte, so hatte er bei solchen Gelegenheiten selten guten Erfolg.

Als im Dezember 1780 eine britische Flotte im Chesapeake erschien und Invasions-Truppen in Virginien landete, war Steuben, welcher zu der Zeit hier den Oberbefehl hatte, nicht im Stande, Petersburg oder Richmond vor ihnen zu retten. Beide Städte wurden geplündert und großentheils verbrannt, und Steuben vermochte nicht, die Briten von ihren verheerenden Streifzügen abzuhalten. Im

Mai des nächsten Jahres finden wir Steuben mit 600 neu ausgehobenen Soldaten in Point of Fork, wo er einen Vorrath von Kriegsbedürfnissen zu bewachen hatte. Die Briten sandten 750 Reguläre gegen ihn und marschirten so schnell, daß höchst übertriebene Gerüchte über ihre Stärke zu Steubens Ohren kamen, und er den Platz räumte. Zwar brachte er seine Vorräthe auf die andre Seite des Flusses in Sicherheit, verlor aber dreißig Gefangene. Doch gelang es den Briten durch Anzündung vieler Wachtfeuer und andre Täuschungen die Amerikaner noch weiter in Furcht zu jagen, so daß Steuben, obwol er dem Feinde den Uebergang über den Strom leicht hätte wehren können, mit Hinterlassung der werthvollen Vorräthe in der Nacht eilig davonzog. Die Briten folgten dann und verbrannten die Vorräthe.

Wenn aber Steuben auch in seinen Hoffnungen auf Ruhm und hohe Aemter durch solche Erfahrungen bitter enttäuscht wurde, so kam es ihm nie in den Sinn, ähnlich wie der berüchtigte Arnold, sich durch Verrath am Schicksal oder an seinen Gegnern zu rächen. Ihm war Arnold stets ein Gegenstand des Hasses und der Verachtung. Einst inspizirte Steuben ein Regiment leichte Kavallerie. Bei Verlesung der Namensliste hörte er, daß einer der Kavalleristen den verhaßten Namen Benedict Arnold führte. Alsbald ließ er denselben vorrufen. Es war ein stattlicher Mann. Pferd, Montur, Waffen, alles an ihm fand sich in bester Ordnung.

„Verändere Deinen Namen, Kamerad," sagte der Baron, „Du bist ein zu guter Mann, als daß Du den Namen eines Verräthers tragen solltest."

„Welchen Namen soll ich annehmen, General?"

„Irgend einen andren. Ich stelle Dir den meinen zur Verfügung."

Das Anerbieten ward dankbar angenommen. Der schlechte Name ward ausgekratzt und Friedrich Wilhelm Steuben an dessen Stelle geschrieben. Als Pathengeschenk verehrte der Baron dem neugetauften auf der Stelle eine monatliche Pension von fünf Dollars aus seiner Tasche, und später fügte er eine ansehnliche Landschenkung hinzu. Nach dem Friedensschluß besuchte der Soldat Steuben und erzählte ihm, er habe jetzt sein gutes Auskommen und eine schöne Familie. „Ich habe meinen ältesten Sohn nach Ihnen genannt,“ sagte er.

„Danke, mein Freund; was für einen Namen hast Du ihm gegeben?“

„Ich habe ihn Baron getauft; wie sonst sollte ich ihn nennen?“

Die deutsche Tiefe und Stärke des Zornes über jedwede Niedertracht flammte bei einer andren Gelegenheit in Virginien auf, als er eifrig am rekrutiren war. Einst ritt dort ein Mann mit einem wohlberittenen Burschen neben ihm auf Baron Steuben zu und führte sich selbst bei ihm als Oberst eines Regimentes ein, der ihm einen Rekruten bringe. Steuben dankte freundlich und fragte, wo der Rekrut sei. Aber schnell schwand die Freundlichkeit, als er hörte, es sei der Bursche neben ihm, denn das war nur ein Knabe, ein Kind. Ein Korporal ward beordert, ihn zu messen. Da fand sich in seinen Schuhen eine zolldicke Sohle eingelegt, wodurch seine Höhe genügend vergrößert worden war, damit der Oberst die Bounty für ihn bezöge. Der Baron, vor Zorn zitternd, fragte den Burschen, wie alt er sei. Da zeigte es sich, daß er noch ein Kind war.

„Herr,“ rief der Baron den Oberst an, „halten Sie mich für einen Schurken?“

„Keineswegs, Baron!“

„Dann halte ich Sie für einen. Sie sind ein infamer Schuft, der sein Vaterland betrügen will.“

Auf der Stelle ließ er ihm die Offiziers-Abzeichen abnehmen und ihn als Gemeinen in Reihe und Glied stellen.

Wie strikt es unter ihm herging, mag man aus folgendem Zwischenfall ersehen:

Einst nahm Steuben im Beisein des französischen Generals Montmorency verwickelte Schwenkungen mit seinen neu exerzierten Regimentern vor, welche zu dessen voller Zufriedenheit ausfielen. General Montmorency bewunderte besonders die Geräuschlosigkeit, mit welcher die Truppen alle Bewegungen ausführten, während die Franzosen dabei großen Lärm zu machen pflegten.

„Lärmen!“ antwortete Steuben dem Franzosen, „Lärmen? Ich wüßte nicht, woher bei meinen Manövers der Lärm kommen sollte, wenn nicht einmal meine Brigadier-Generäle ihren Mund zu irgend etwas andrem als nur zur Wiederholung meiner Befehle aufthun dürfen.“

Aus der Geschichte Amerikas ist bekannt, wie das britische Hauptheer unter General Cornwallis im Spätjahr 1781 auf der Halbinsel von Virginien von der Seeseite her durch die große französische Flotte, und von der Landseite her durch die aus den Carolinas herbeigezogenen, mit dem virginischen Heer vereinigten Amerikaner eingeschlossen wurde. Bis zum letzten Momente der Einschließung, die bekanntlich am 18. Oktober mit der Gefangennahme des ganzen britischen Heeres endete, was dem Krieg thatsächlich ein Ende machte, war Steuben an den dortigen glorreichen Ereignissen thätig betheiligt. Washington, der ihn hochschätzte, war stets bemüht, ihm die vielen Enttäuschungen, die ihm bereitet wurden, dadurch erträglicher zu machen, daß er ihm allerlei ehrenvolle Aufträge in der regulären Armee gab. So kam es, daß die Unterhandlungen über die Kapitulation begannen, während Baron Steuben die Laufgräben zu inspiziren hatte. Er hatte also den Oberbefehl daselbst. Am nächsten Tage zur Stunde der Ablösung kommt Lafayette mit seiner Division, um Steuben abzulösen; aber dieser weigert sich, ihm das Kommando zu übergeben. „Es ist Kriegsgebrauch in Europa,“ sagte er, „daß der Offizier, welcher die ersten Anerbietungen der Kapitulation in Empfang nimmt, so lange an seinem Posten bleibt, bis die Verhandlungen beendet sind.“

Lafayette wandte sich an Washington als Obergeneral, aber Steuben blieb mit seiner Truppe in den Laufgräben, bis die Verhandlungen beendet waren. So ist es gekommen, daß im amerikanischen Befreiungskrieg der Oberbefehlshaber des letzten britischen Heeres seine Flagge vor einem deutschen Offizier gestrichen hat. Und das nicht mit Unrecht, denn dieser deutsche Offizier hauptsächlich war es gewesen, der die Amerikaner in Stand gesetzt hatte, den kriegsgeübten Regimentern der Briten nicht minder geübte und geschulte Regimenter der Republik entgegenzustellen. In unsren Zeiten siegt stets die Armee, welche die besten Schulmeister hat, und die amerikanische Armee hatte den Baron von Steuben.

In dem Tagesbefehl, welchen Washington am Tage nach der Kapitulation erließ, ward denn auch Baron Steuben mit den Andren aufs ehrenvollste als einer von denen erwähnt, die hauptsächlich zu dem herrlichen Endkampf des Krieges beigetragen hatten.

Wegen seiner großen Brauchbarkeit ward Steuben nicht gleich nach Beendigung des Krieges, wie so viele andre niedere und höhere Offiziere, aus aktivem Dienst ins brodlose Elend entlassen. Noch im Juli 1782 ward er auf Washingtons Empfehlung vom Kongreß beauftragt, nach Canada zu gehen und mit dem dort kommandirenden britischen General Haldimand die Uebergabe der Grenzplätze zu vereinbaren. Freilich hatte auch hier, wie gewöhnlich, Steuben das Mißgeschick, nichts ausrichten zu können, indem der britische Befehlshaber angab, noch keine Vollmacht zur Uebergabe irgend welcher Plätze von England erhalten zu haben.

Bald darauf löste sich die Armee auf. Noch am selben Tage, als Washington den Oberbefehl niederlegte, schrieb er an Baron Steuben einen eigenhändigen Brief, worin er dessen große Verdienste anerkannte und denselben seiner beständigen Achtung und Liebe versicherte.

Beinahe wäre Steuben in diesen Tagen Kriegsminister an Stelle des resignirenden General Lincoln geworden. Allgemein ward seine Würdigkeit zu dem hohen Amte bereitwillig zugestanden. Nur schien es zu gewagt, einem Ausländer in so gefahrvoller Zeit ein so wichtiges Amt anzuvertrauen.

Durch die Auflösung der Armee ward Steuben nun völlig brodlos. Dreiundfünfzig Jahre alt, keines Geschäftes als nur des Kriegshandwerks kundig, aller zum Broderwerb dienenden Beschäftigung ungewohnt befand er, der hohe Stellungen und großes Einkommen in Deutschland geopfert hatte, um den amerikanischen Freistaaten zu dienen, sich nun, nachdem seine Sache gesiegt hatte, brodlos in fremdem Lande. Nach Deutschland zurückzukehren vermochte er nicht, da er seine dortigen Stellungen und Einkünfte aufgegeben hatte. Die amerikanische Regierung aber schien weder die Fähigkeit noch die Neigung zu haben, ihm eine ehrenvolle Versorgung zutheil werden zu lassen. Die Bundeskasse war vollständig leer, das Papiergeld ganz entwerthet, hungrige, mißgünstige Generäle umschwärmten den Congreß und drängten sich mit ihren Ansprüchen vor. Dazu dauerte es viele Jahre, ehe die selbständigen dreizehn Freistaaten den unbehilflichen Staatenbund in einen beschlußfähigen Bundesstaat umwandeln konnten. Sieben Jahre mußte Steuben mit Noth und Sorge kämpfen und vergeblich den Congreß mit seinen Ansprüchen und Gesuchen bestürmen. Aber zu klar war sein Verdienst, zu warm erkannte Washington selbst dasselbe an, und zu allgemein ward in Heer und Volk Baron Steubens Name gerühmt, als daß man ihn schließlich unbelohnt hätte lassen können.

Am 4. Juni 1790 beschloß der Congreß, daß dem Baron Steuben eine Pension von $2500 jährlich, so lange er lebe, ausgezahlt werden solle. Vorher schon hatten die Staaten Virginia und New Jersey ihm kleinere Landschenkungen gemacht. Größeres hatte der Staat **New York** gethan, welcher am 5. Mai 1786 ihm 16,000 Acker Land in dem kürzlich von den Oneida-Indianern gekauften Gebiet geschenkt hatte.

Steuben wählte sich sein Land nahe bei **Utica** aus. Dann ließ er sich ein Blockhaus bauen und 60 Acker umher klären. Den zehnten Theil des Landes schenkte er seiner Adjutanten und Dienern, den Rest verpachtete er an 20 bis 30 Kolonisten. Hier verbrachte er den größeren Theil seiner Zeit mit Landbau und Lektüre, die Wintermonate jedoch verbrachte er in der Stadt New York.

Da er nie verheirathet war, so behielt er solche Offiziere und Gehilfen, die in ähnlicher Lage waren, in seiner nächsten Nähe und versorgte sie in liberaler Weise. Einer derselben, **Mulligan**, war sein Vorleser. Mit ihnen verkehrte er, wie ein Vater mit seinen Kindern. Wenn er in New York war, besuchte er die deutsche lutherische Kirche in der Nassau Straße. Dort ist auch seine Gedächtnißtafel an der Kirchenwand eingefügt. Sie lautet:

Sacred to the Memory of
FREDERIC WILLIAM AUGUSTUS, BARON STEUBEN,
A German Knight of the Order of Fidelity,
Aid-de-camp to Frederic the Great, king of Prussia,
Major-General and Inspector-General
In the Revolutionary War.
Esteemed, respected and supported by Washington,
He gave military skill and discipline
To the Citizen Soldiers, who,
Fulfilling the decree of Heaven,
Achieved the Independence of the United States.
The highly polished manners of the Baron were graced
By the most noble Feelings of the Heart;
His Hand, open as Day to melting Charity,
Closed only in the Grasp of Death.

Er ist jedoch hier nicht begraben. Am 25. November 1794 war er in anscheinend guter Gesundheit in seinem Hause in Oneida County zu Bette gegangen, als ihn ein Schlagfluß betraf, der ihn der Sprache beraubte, und dem er drei Tage später trotz ärztlicher Hilfe erlag.

Seinen früher getroffenen Anordnungen gemäß wickelte man den Leichnam in seinen Soldaten=Mantel, geschmückt mit dem Ordensstern, den er beständig getragen hatte, und begrub ihn unter den Bäumen des nahen Waldes. Nur wenige Nachbarn nebst den anwesenden Dienern wohnten dem Begräbniß bei. Ein eisernes Gitter umschließt das Grab.

Von seiner Freigebigkeit und seinem Edelmuth zeugen die folgenden beiden kleinen Begebenheiten, welche wir aus einer großen Zahl ähnlicher wählen.

Major North, derselbe, welcher ihm die Gedächtnißtafel stiftete, mußte, als die amerikanische Armee Virginien verließ, dort zurückbleiben, weil das Fieber ihn reiseunfähig machte. Am Abend vor dem Abmarsch besuchte ihn Steuben, um ihm Instruktionen über sein Verhalten zu geben.

„Sobald Sie wieder hergestellt sind," sagte er, „verlassen Sie diese ungesunde Landschaft. Da ist meine Sulky, und hier," indem er ihm ein Goldstück überreichte, „ist die Hälfte von Allem, was ich habe. Gott segne Sie. Mehr kann ich nicht sagen."

Auf der Fahrt nach Virginien, an Bord eines Schiffes, störte ihn das beständige Wimmern eines Knaben im Vordertheil des Bootes. Er ließ nach der Ursache fragen und erfuhr, daß es ein Negerknabe war, den ein Herr vom Süden in New York gekauft hatte und nun von seinen Eltern hinwegführte. Sogleich ließ er sich nach der Höhe der Kaufsumme erkundigen, bezahlte sie und brachte den Knaben nach der Stadt zurück. Eines Tages, nach seiner Rückkehr, traf derselbe Herr wieder mit Steuben zusammen und fragte, wie es dem Knaben gehe. Mit Thränen im Auge benachrichtigte der Baron ihn, daß der Knabe beim Fischen vom hohen felsigen Ufer ins Meer gefallen und von der Ebbe hinweggespült sei.

„Und ich bin leider die Ursache seines Todes gewesen; wenn er seiner Bestimmung gefolgt wäre, würde alles gut gegangen sein."

In wie hohem Ansehen Steubens Gedächtniß in Amerika steht, davon zeugt auch das oftmalige Wiederkehren desselben in den verschiedensten Ortschaften. Zwei Counties heißen Steuben, in Indiana und New York. Sieben Ortschaften tragen denselben Namen: in Illinois, Indiana (2), Maine, New York, Pennsylvania und Ohio. Außerdem gibt es ein Steubenville in Ohio und eins in Indiana.

XI.

David Ziegler.

Offizier im Unabhängigkeitskrieg.

David Ziegler ist 1748 in Heidelberg, Pfalz, geboren. In seiner Jugend war er ein begeisterter Verehrer des großen Friedrich und diente während des siebenjährigen Krieges als Offizier unter ihm.

Als in Amerika der Unabhängigkeitskrieg ausbrach, kam er herüber und bot dem Congreß seine Dienste an, die auch gern angenommen wurden, weil die amerikanische Armee solche Offiziere brauchte, die das Exerzieren verstanden. Er ward dem 1. Pennsylvania Regiment unter Col. Harmar zugetheilt, einem der ganz deutschen Regimenter, welche in der trüben Zeit von Valley Forge durch ihre Treue und Beharrlichkeit Washingtons besonderes Lob ernteten. Sein Rang war der eines Kapitäns, und sein Titel: Inspektor, denn gleich

Baron Steuben war er, nur in kleinerem Maßstabe, vornehmlich Exerziermeister.

Während des Krieges ward er einmal von den Briten gefangen genommen und in Philadelphia gefangen gehalten. Er entrann aber und half sich unter den Pennsylvanisch-Deutschen als Arzt durch, bis er wieder zu seinem Regiment kam.

Nach Beendigung des Krieges erhielt er unter demselben Oberst Harmar, unter dem er bisher gedient hatte und dessen Vertrauter er zeitlebens blieb, in dem 1. Regulären Regiment der Vereinigten Staaten eine Stelle als Hauptmann.

Dies Regiment ward bald nach Ohio beordert, wo 1788 die erste Niederlassung der Amerikaner, Marietta, beschützt durch das nach Oberst Harmar genannte Fort, angelegt ward. Da hatte Hauptmann Ziegler mit seiner Kompagnie wenige ruhige Tage; meistens hatte er Streifzüge gegen die Indianer zu machen.

Als General St. Clair 1791 mit 2000 Mann seinen Feldzug von Cincinnati aus gegen die Indianer am Maumee unternahm und die schreckliche, nach ihm benannte Niederlage am Wabash erlitt, die ihm 1000 Todte und Gefangene kostete, diente Ziegler als Major. Die Milizen flohen damals wie Schafe vor Wölfen, aber Ziegler setzte sich auf einen Baumstumpfen, holte seine Tabakspfeife hervor und rauchte sie aus, während Kugeln und Tomahawks ihn umhagelten. So gelang es ihm, seinen Leuten Muth zu machen, sie zusammen zu halten und mit ihnen den Rückzug zu decken.

Bald darauf gab er seine Offiziersstelle auf, ließ sich als erster „Storekeeper“ in Cincinnati nieder und ward reich. Mit Recht. Denn er war ein treues Glied der Gesellschaft der Cincinnati, d. h. derjenigen Offiziere, welche nach Beendigung des Unabhängigkeitskrieges sich gelobten, von ihrer Hände Arbeit friedlich zu leben und dem Lande nicht beschwerlich zu fallen.

Ziegler ward hier erster Bürgermeister von Cincinnati und erster Vereinigter Staaten Marschall des Ohio Distrikts. Er heirathete eine eifrige Presbyterianerin und hielt ein offenes Haus, worin sie fröhliche, aber nicht brillante Gesellschaften gab, die er mit Gutmüthigkeit und Witz würzte.

Er ist 1811, ohne Kinder, gestorben.

XII.

Nicolaus Herckheimer.

General im Unabhängigkeitskriege.

Nicolaus Herckheimer (amerikanisirt Herkimer) ward 1728 im Mohawk-Thale in New York geboren, wo seine kurz vorher aus der Pfalz eingewanderten Eltern inmitten einer fast ganz deutschen Bevölkerung wohnten. Sein Vater hieß Johann Jost Herckheimer und ist 1775 gestorben.

Das Mohawk-Thal war in dem französisch-englischen Kriege, der gleichzeitig mit dem europäischen siebenjährigen Kriege in Amerika geführt wurde, vielfältig durch Indianer verheert, welche von Canada aus durch die Franzosen aufgehetzt wurden. Im Jahre 1758 ward der damals dreißigjährige Herkimer als Lieutenant in der Bürgerlichen Armee ernannt, die gegen die Indianer aufgeboten ward. Er errichtete ein Fort, das nach ihm genannt wurde, und vertheidigte es mit großer Auszeichnung achtzehn Monate lang mit seinen deutschen Soldaten gegen die vereinigten Angriffe der Franzosen und Indianer.

Nach Zurückwerfung derselben lebte er von 1760 an in Conajahorie, wo er große Besitzungen hatte, und sein

Haus als das solideste und schönste in der ganzen Umgegend bekannt war.

Beim Ausbruch des Befreiungskrieges, 1775, genoß Herkimer bereits so großes Ansehen, daß man ihn zum Vorsitzer des Sicherheits-Ausschusses in seinem County machte. Im nächsten Jahre ernannte der Convent von New York ihn zum Befehlshaber sämmtlicher Milizen des County, mit dem Titel eines Brigade-Generals.

Als solcher hat Herkimer mit seiner fast nur aus Deutschen bestehenden Brigade der Sache der Amerikaner einen unvergeßlich wichtigen Dienst geleistet. Es entwickelte sich nämlich im westlichen Theile von New York, wo Herkimer mit den Deutschen stand, ein schwerwiegender Feldzug.

Die Briten hatten den Plan gefaßt, die von ihnen sogenannte Rebellion dadurch zu ersticken, daß sie die Neu-Engländer im Norden von den Virginiern und andren Südlichen völlig trennten, indem sie von Quebeck in Canada nach New York ziehen und sich dieses ganzen Landstrichs bemächtigen wollten. Zu dem Zweck marschirte im Juni 1777 ihr General Burgoyne mit 7000 britischen Soldaten bester Art und 3000 canadischen und indianischen Streifzüglern von Quebeck den George und Champlain See entlang auf das Mohawk Thal zu, um hier den Hudson Fluß zu erreichen, Albany zu nehmen u. s. w. Ungehindert zog die britische Armee ihre Straße, denn die Amerikaner besaßen keine Armee, die es mit ihnen hätte aufnehmen können. Die Amerikaner mußten sich weiter und weiter vor ihnen zurückziehen.

Nun hatte Burgoyne eine beträchtliche Abtheilung des Heeres auf andrem Wege gegen das Fort Schuyler gesandt am Mohawk gelegen, wo dieser Fluß schiffbar wird. Am 3. August umzingelte er das Fort, und es schien einer so großen Streitmacht gegenüber unrettbar verloren. Da rief General Herkimer seine deutschen Landsleute zusammen und eilte an ihrer Spitze dem Fort zu Hilfe. Als er sich dem Belagerungsheere näherte, fiel dieses über seine Leute mit großer Uebermacht her, umzingelte ihn und richtete ein so schreckliches Blutbad unter den Deutschen an, daß sie verloren schienen. Aber nun machten die Belagerten ihrerseits einen Ausfall, trieben alles vor sich her und kehrten mit Siegesbeute in ihr Fort zurück. Das entmuthigte die Belagerer. Als nun gar die Nachricht kam, daß ein andres Entsatzheer den Hudson aufwärts marschire, wurden die indianischen Bundesgenossen der Engländer aufsässig, fielen über das britische Lager her und plünderten es. Die Briten mußten sich gänzlich zurückziehen.

Dies brachte Burgoynes Armee in eine üble Lage. Er konnte nun nicht von dieser Seite her auf Beistand hoffen. Er ward stutzig. Die Amerikaner faßten Muth, sammelten sich in immer größeren Schaaren, scharmützelten und umschwärmten ihn, bis er am 18. Oktober sich mit seiner ganzen Armee den Amerikanern ergeben mußte, da er weder rückwärts noch vorwärts konnte.

Aber so günstig Herkimers kühnes Vorgehen für Amerika verlief, so ungünstig endete es für ihn selbst. Gleich beim Beginn des Gefechts wurde er am Bein schwer verwundet, sein Pferd ward getödtet. Er ließ sich aber nicht hinter die Front führen, sondern erkannte es als seine Pflicht, den schwer bedrängten Seinigen bis in den Tod treu zu dienen. An einen Baum gelehnt leitete er die Schlacht, bis die Gefahr abgewendet und der Sieg errungen war. Aber 160 von seinen Leuten waren todt, verwundet, oder gefangen. Er selbst hatte so viel Blut verloren, daß er zehn Tage nachher starb.

Er ward begraben nicht weit von seiner Wohnung auf einem Hügel, wo noch heute ein weißer Stein sein Grab bezeichnet.

Im Oktober desgleichen Jahres beschloß der Kongreß, fünfhundert Dollars zur Errichtung eines Denkmals für

General Herkimer anzuweisen, welcher Beschluß zwar nicht ausgeführt ward, aber Gelegenheit zu manchem ehrenvollen Zeugniß gab. Der Präsident des Kongresses schrieb dieserhalb an den Gouverneur von New York:

„Dem Andenken erlauchter Männer, welche ihr Leben für die Freiheit und das Glück ihres Landes hingaben, jede Art Auszeichnung zu erweisen, ehrt diejenigen, welche ihnen diesen Zoll der Dankbarkeit darbringen, und ermuntert das heranwachsende Geschlecht, auf demselben Pfade zu wandeln, nach Ruhm und Unsterblichkeit zu streben."

Washington aber schrieb über Herkimers That folgende einfachen und treffenden Worte:

„Der Held vom Mohawk Thale war es, der den ersten glücklichen Umschwung in die traurige Führung des nördlichen Heeres brachte. Er diente aus Liebe zum Vaterlande, nicht mit dem Wunsche nach einem höheren Kommando, geschweige um Geldes willen."

In der amerikanischen Geographie ist Herkimers Name verewigt durch Herkimer County und Herkimer Township im selben County, am Mohawk, im Staate New York, welche Orte heute noch stark von Deutschen bewohnt sind.

XIII. XIV.

Dr. H. Melchior Mühlenberg

und seine Söhne.

Gründer der lutherischen Kirche. Generäle und Staatsmänner.

Heinrich Melchior Mühlenberg, der Stifter der lutherischen Kirche in Pennsylvanien, ist geboren am 8. September 1711, zu Eimbeck, Hannover, und gehörte der etwa fünfzig Jahre vor seiner Geburt durch Speener begründeten pietistischen Richtung an, welche den Unterschied zwischen Namenchristen und wahren Christen betonte, und welche viel Eifer für Ausbreitung des Christenthums und gegen Vergnügungssucht und Eitelkeit zeigte.

Obwol Heinrich Melchior in äußerlich bedrängten Umständen aufwuchs, machte er es durch Beharrlichkeit und Selbstverleugnung möglich, eine klassische Ausbildung zu erlangen und dann das Studium der Theologie zu beginnen. Er bezog im Alter von 24 Jahren die Universität Göttingen, und nachdem er hier drei Jahre dem Studium der Theologie und zugleich in Verbindung mit andren Studenten dem Unterricht verwahrloster Kinder gewidmet hatte, zog der Ruf August Hermann Franke's und der dort zur Pflege des Pietismus gegründeten Universität ihn nach Halle. Neben dem Studium der Theologie lag er auch hier dem Jugendunterricht im Frankeschen Waisenhause ob, später stand er selbst einem Waisenhause in Großhermannsdorf, Lausitz, vor.

Die Pietisten in Halle, deren Hauptsitz Franke's Waisenhaus war, begnügten sich nicht, in ihrem engeren Kreise zu wirken, sondern wollten auch in weiter Entfernung wirken, unter den Heiden und in fernen Ländern. Als sie nun vernahmen, daß in Amerika viele Deutsche ohne Kirche und

Schule seien, ließen sie es sich angelegen sein, Prediger dorthin zu senden. Männer, die in Deutschland Theologie studirt, ihr Examen gemacht und vermöge eines guten Karakters daheim Aussicht auf Amt und Brod hatten, fühlten damals noch weniger als jetzt Neigung, nach Amerika zu gehen, wo ihrer viele Mühe und wenig Annehmlichkeit wartete. Dagegen drängten sich den dortigen Christen studirte und unstudirte Prediger von theils zweifelhaftem, theils offenbar schlechtem Karakter auf, die von Ort zu Ort wandernd wenig Gutes und viel Böses stifteten. Unter solchen Umständen hielten die Pietisten in Halle es für ihre Pflicht, gute Prediger zur Uebersiedelung nach Amerika zu bewegen. Heinrich Melchior Mühlenberg, der bereits 1739 in Leipzig examinirt und ordinirt war, schien ihnen wegen seiner hohen Begabung, seiner praktischen Natur und seines uneigennützigen Herzens vorzüglich geeignet, als Bahnbrecher dieser Thätigkeit voranzugehen, und die Folge hat gezeigt, daß sie sich in ihm nicht getäuscht hatten.

Er reiste im Jahre 1742 ab und ging zuerst nach Georgia. Die Ursache davon lag darin, daß zwei Jahre früher, 1740, durch Vermittlung der Halleschen Pietisten eine Kolonie von Salzburger Protestanten, vertrieben durch ihren geistlichen Regenten, nach Georgia gegangen waren und dort unweit Savannah Ebenezer gegründet hatten. Diese sollte nun Mühlenberg besuchen, um nach ihnen zu sehen. Er fand die Kolonie unter der Pflege der zwei mit den Kolonisten eingewanderten Prediger, Balzius und Gronau, in gutem Zustande, nur einigermaßen beunruhigt durch Streit über Negersklaverei, indem sie entschieden an dem von Oglethorpes Gesellschaft aufgestellten Verbot der Sklaverei festhielten, während viele andre Kolonisten nach Sklaven verlangten, auch bekanntlich zehn Jahre später ihren Wunsch erreichten.

Unter diesen Umständen fand Mühlenberg keine Veranlassung, sich lange hier aufzuhalten. Ende November kam er in Pennsylvanien an, wo er unter einer Bevölkerung von nahe an 100,000 Deutschen reichliche, lohnende Arbeit zu finden hoffte und auch fand. Zunächst predigte er in Philadelphia und Umgegend. Er sammelte eine große lutherische Gemeinde, die schon im nächsten Jahre die stattliche Michaeliskirche baute. Im folgenden Jahre baute die ebenfalls von ihm bediente lutherische Gemeinde „An der Trappe" ebenfalls eine Kirche.

Durch fleißige, ausführliche Berichte, die er nach Halle und an einen gleichgesinnten deutschen Prediger in London sandte, gelang es ihm, die Nachsendung andrer lutherischer Prediger herbeizuführen. Im Jahre 1744 kamen Brunnholz, Kurz und Schaum, 1748 Handschuh und Weigand, 1757 Heinzelmann und Fr. Schulze u. s. w. Alle diese wurden, sobald sie ankamen, in Gemeinden eingeführt. Es waren lauter Männer von Karakter und Kenntnissen.

Es traten ihm jedoch auch Feindschaft und Widerstand entgegen. In Pennsylvanien war damals Graf Zinzendorf, der Gründer der Herrnhuter Kirche, erschienen. Er glaubte, die Deutschen in Pennsylvanien gänzlich für seine Kirche gewinnen zu können, wenn er den Lutheranern und den Reformirten ihre besondren Lehren und Gebräuche einstweilen ließe und sie mit den Herrnhutern zuerst nur im Allgemeinen vereinigte. Er predigte, ohne Unterschied zu machen und ohne Widerspruch gegen ihre Lehren zu erheben, in ihren Kirchen, ließ durch Benjamin Franklin Schriften unter ihnen verbreiten, in welchen die herrnhutische Kirche als der lutherischen und reformirten freundlich dargestellt wurde, und reiste durch ganz Pennsylvanien, um Freunde zu werben.

Nun war Mühlenberg zwar ebenso ein Pietist, wie Zinzendorf, und wenn er zu neuen Bekannten kam, fragte er sie, „ob sie bekehrt seien," aber zugleich war ihm das Bekenntniß der lutherischen Kirche von großer Wichtigkeit, und dieses sah er durch die von Zinzendorf erstrebte Vereinigung stark gefährdet. Er sprach und schrieb dagegen, und gründete schon im Jahre 1748 eine lutherische synodale Verbindung, die erste in Amerika; denn er sah ein, daß in Amerika, wo die Regierung den Gemeinden freies Selbstregiment gestattete, die Kirche als Ganzes sich selbst regieren müsse, um ihre Lehre fortzubilden, um schlechte Prediger abzusetzen, und um schwache Gemeinden zu unterstützen. Die Versammlung nannte sich „Das deutsche ev. lutherische Ministerium von Pennsylvanien."

Außer Mühlenberg waren bei der ersten Sitzung nur vier andre Prediger anwesend, aber er arbeitete so fleißig an der Zusammenhaltung und Vermehrung der Schaar, daß sie fortbestand und wuchs. Im Jahre 1753 zählte dies „Ministerium" bereits 16 Prediger, und im Jahre 1823 178 Prediger und 900 Gemeinden. Später sind andre Synoden von demselben abgezweigt. Gegenwärtig gibt es an 2500 lutherische Prediger in verschiedenen Synoden, mit 4000 Gemeinden und mehr als einer halben Million Glieder.

Bei jeder Kirche ward auch eine Schule gegründet, und in Philadelphia als höhere Schule ein College oder Seminar, welches jedoch 1778, im Unabhängigkeitskriege, von den Briten zum Hospital gemacht wurde.

Einen großen Theil seiner Zeit und Kraft mußte Mühlenberg auf Reisen verwenden, um solche Gegenden zu besuchen, wo die Deutschen noch ohne Prediger eines Mannes bedurften, der sie zu einer Gemeinde sammelte und ihnen die Berufung eines Predigers ermöglichte. Viele andre Reisen mußten unternommen werden, um Zwistigkeiten in Gemeinden zu heilen, denn die Deutschen hatten daheim als bloße Unterthanen nicht gelernt, sich selbst zu regieren, sich der Mehrheit zu unterwerfen oder die Minderheit schonend zu behandeln. So brachte er 1751 vier Monate in New York zu, um die Spaltung einer dortigen lutherischen Gemeinde zu heilen; ebenso längere Zeit im Jahre 1752, aber obwol er in drei Sprachen: deutsch, holländisch und englisch predigte, sich auch des Jugendunterrichts treulich annahm, war es ihm unmöglich, den Riß zu heilen.

Nachdem er seine erste Gemeinde in Philadelphia fest begründet und Jahre lang einem Nachfolger überlassen hatte, mußte er eingetretener Zwistigkeiten wegen 1761 wieder dorthin ziehen und fast ein Jahr arbeiten, bis es gelang, die Streitigkeiten durch Annahme und Unterschreibung einer Kirchenordnung zu beenden. Dann aber gedieh die Gemeinde so, daß die Kirche zu klein wurde und der Bau einer zweiten Kirche nöthig ward, der 1766 begonnen und 1769 vollendet wurde. Dies ist dieselbe Kirche, in welcher nach der Beendigung des Unabhängigkeitskrieges der Kongreß der Vereinigten Staaten seinen Dankgottesdienst hielt. Im Jahre 1770 wirkten schon drei lutherische Prediger in Philadelphia. Im Jahre 1775 reiste er wieder nach Georgia, wo es ihm gelang, bedeutende Zwistigkeiten in der Salzburger Gemeinde beizulegen.

Weitere Schwierigkeiten bereitete die Armuth, oder Kargheit der Gemeinden. Pfarrer Handschuh z. B. konnte von seiner Gemeinde in Germantown nicht leben, mußte nach Philadelphia ziehen, um mit französischem Unterricht seinen Lebensunterhalt zu erwerben und die Germantown Gemeinde nebenbei bedienen, ja nach einiger Zeit mußte er auch noch die Gemeinde in Philadelphia mitbedienen, weil sie keinen Prediger erhalten konnte. Er that das sieben Jahre lang, dann starb er, denn „er hatte sich zu Tode gearbeitet."

Nicht alle Gemeinden konnten sich in derselben Weise helfen, wie die in Spottsylvania, Virginien, für welche Pfarrer Stöver auf einer Kollekten-Reise 3000 Pfund Sterling sammelte. Diese baute sich von dem gesammelten Gelde eine hölzerne Kirche und kaufte Land und Sklaven, „von welchen der Herr Pfarrer seine Besoldung reichlich empfängt und der Gemeinde nicht im geringsten seines Unterhalts wegen beschwerlich sein darf." Vielmehr mußte

Mühlenberg oft Bitten nach Deutschland und England senden, damit die kirchliche Arbeit fortgesetzt werden konnte.

In dem Streit um die englischen Freischulen stand Mühlenberg auf Seiten ihrer Freunde. Er war viel zu großer Schulfreund und viel zu argloser Gesinnung, als daß er die gegen das deutsche Wesen gerichteten Nebenabsichten der Freunde dieser Schulen bemerkt oder gewürdigt hätte. Man hatte ihn sogar zu einem Gliede der Verwaltungsbehörde dieser Schulen gemacht. Diese Sache brachte ihm viel Nachtheil und Herzeleid.

Während des Unabhängigkeitskrieges wurde dem alternden Mühlenberg großes Ungemach dadurch bereitet, daß Philadelphia und Umgegend in die Hände der Briten fielen, welche ihn und die Seinen als ihre Feinde, und als Freunde der amerikanischen Unabhängigkeit kannten. Er legte 1779 sein Amt nieder. Am 7. Oktober 1787 ist er gestorben.

Er war vielseitig gebildet, hatte auch bedeutende Kenntniß der Naturwissenschaften, war ein tüchtiger Kenner des Lateinischen, Griechischen und Hebräischen und sprach außer dem Deutschen noch französisch, englisch, holländisch, böhmisch und schwedisch. Mit Recht ertheilte ihm das Philadelphia College den Doktor-Titel.

In seiner Leichenpredigt vergleicht Dr. Helmuth ihn mit Elias. Im ersten Theil zeigt er, wie zu Elias Zeiten Israel vom rechten Gottesdienst abgewichen war, sich goldne Kälber machte und die Propheten verachtete. So sei es auch zu den Zeiten gewesen, als Vater Mühlenberg nach Amerika kam. Viele waren vom Glauben der Väter abgewichen, machten sich hier goldne Kälber und verachteten die Prediger, die in jenen Tagen fast sämmtlich nichtswürdige, fortgelaufene Leute waren. Wie Elias den verirrten Schafen das Wort Gottes nachtragen mußte, so war es Mühlenbergs Aufgabe, seine Glaubensgenossen aufzusuchen. Gott hatte Elias dazu mit besondrer Kraft ausgerüstet und

„ihr habt alle die Kraft der Worte eures verstorbenen Lehrers verspürt.“

„Ohne Zweifel,“ fuhr er fort, „richtete Elias bei seinem Eifer im Dienste Gottes sein Augenmerk vornehmlich auf die Prophetenschulen. Mühlenbergs erste Aufmerksamkeit ging auf die deutschen Schulen. Denn hätten unsre Schulen nicht unsre Muttersprache erhalten, so würden wir bis diese Zeit nur eine kleine Anzahl von solchen ausmachen, die die deutsche Sprache verständen und aus dem deutschen Gottesdienst Nutzen schöpfen könnten. Wir würden in kurzer Zeit mit unsern schwedischen Glaubensbrüdern allhier uns in einer gleichen traurigen Lage befinden, die wegen Mangels der Schulen in ihrer eignen Sprache, ihren Gottesdienst größtentheils in einer andern Sprache halten müssen.

„Elias war unter den abgefallenen Stämmen dem Ansehen nach nur allein da, der sich dem Strome des Verderbens entgegenstellen mußte; so hatte auch Mühlenberg die Kirche in ganz zerrüttetem Zustande angetroffen. Diejenigen, welche sich damals Lehrer der evangelischen Kirche nannten, waren, wie viele unter uns wissen, ein wahrer Schandfleck unsrer Religion, so daß die Lutheraner wegen ihrer schlechten Lehrer ein Gespötte unter der großen Menge von Sekten in Pennsylvanien geworden waren. War auch hin und wieder ein Mann zu finden, dem die Ehre Jesu wahrhaftig am Herzen lag, so hinderte die weite Entfernung doch, daß sie sich durch eine nähere Verbindung unter einander hätten zum Troste dienen können.“

Redner weist sodann auf die Treue hin, mit der Elias seines Amtes gewartet hat, und sagt im Anschluß daran: „Die unermüdete Geschäftigkeit, welche der entschlafene Mühlenberg in seinem Amte bewies, ist vielen unter euch noch weit bekannter als mir. Man kann nicht ohne Erstaunen an die Arbeiten denken, die er übernahm. Er führte die heil=

samsten Kirchenordnungen nicht nur ein, sondern hielt auch mit Ernst auf die Beobachtung derselben."

Wie Mühlenberg selbst ein hervorragender Mann war, so hat er auch ausgezeichnete Söhne hinterlassen.

Der älteste, Johann Peter Gabriel Mühlenberg, ist am 1. Oktober 1746, also vier Jahre nach seines Vaters Ankunft, „auf der Trappe" bei Philahelphia geboren. Nach ihm wurden noch zwei Söhne, Heinrich Ernst und Friedrich August, geboren. Alle drei wurden frühe zum Predigtamt bestimmt und vom Vater selbst unterrichtet, bis er 1761 nach Philadelphia zog, wo sie zwei Jahre die dortige Akademie besuchten. Dann sandte der Vater alle drei nach seinem lieben Halle, um dort ihre Vorbereitung aufs Predigtamt zu vollenden. Er hatte dabei ernste Befürchtungen um den ältesten, denn dieser hatte bisher viel mehr Lust zum Jagen und Fischen, als zum Studiren gezeigt. Diese Befürchtungen gingen schnell in Erfüllung; denn dem jungen Peter war die scharfe Zucht der Frankeschen Lehranstalt so zuwider, daß er sich wenige Wochen nach seiner Ankunft mit Zustimmung seiner Halleschen Berather nach Lübeck einem Kaufmann auf sechs Jahre als Lehrling verdingte. Leider war dieser „Kaufmann" nichts als ein Gewürzkrämer oder grocer. In wenigen Wochen hatte der junge Mühlenberg alles erlernt, was er hier lernen konnte, und nun sah er sich in den drückendsten, unbehaglichsten, seiner ganzen Natur denkbar widerlichsten Verhältnissen. Dennoch harrte er hier vier Jahre aus, dann aber ging ihm die Geduld aus; er entfernte sich heimlich, meldete sich bei einem englischen Werbe-Offizier als Rekrut und ward von demselben im Jahre 1767 nach Philadelphia gebracht. Sein Vater, der indessen mit einem Opfer von hundert Thalern die Verkürzung der Lübecker Lehrzeit um zwei Jahre erkauft hatte, war hierüber sehr verstimmt. Es muß jedoch anerkannt werden, daß der junge Peter nicht unüberlegt oder heißblütig gehandelt, sondern in einer unerträglichen Stellung mit anerkennenswerther Geduld lange ausgeharrt hatte. Man hatte ihm sicherlich Unrecht gethan, als man ihn in solche Lehre gab.

In Philadelphia von dem Rekruten-Werber wieder losgekauft, widmete er sich nun von neuem dem theologischen Studium, machte sein Examen und ward 1772 Pastor der deutschen lutherischen Gemeinde in Woodstock, Virginia. Das alles geschah aber mehr dem Vater zu lieb, als aus innerer Neigung. Manchen Rehbock hat der junge Pastor auf den waldigen Höhen der Blauen Berge geschossen. Mit Patrick Henry und George Washington verhandelte er eifrig Politik. Als der Unabhängigkeitskrieg ausbrach, rissen die hohen Wellen ihn in die Strömung; er ward Präsident des Sicherheits-Ausschusses, Mitglied der Staats-Convention und erhielt nach Ausbruch des Krieges das Patent als Oberst eines aus Deutschen zu bildenden Regiments. Die Deutsch-Amerikaner A. Baumann und P. Helffenstein standen ihm als Oberstlieutenant und Major zur Seite.

Nachdem das geordnet war, benachrichtigte er seine Gemeinde, daß er noch einmal zu ihr reden und Abschied von ihr nehmen wolle. Diese Nachricht zog eine große Menge Zuhörer herbei. Nicht allein die Kirche in Woodstock, sondern auch der sie umgebende Friedhof füllte sich mit Menschen. Es war im Januar 1776. In eindringlichen Worten wies der Redner auf die Pflichten hin, die man dem Vaterlande schulde, und schloß mit den klangvoll gesprochenen Worten, es gebe eine Zeit zum Predigen und Beten, aber auch eine Zeit zum Kampfe, und diese Zeit sei nun gekommen. Dann sprach er den Segen, warf den Chorrock ab und stand da in voller Uniform. Von der Kanzel gestiegen, ließ er die Werbetrommeln rühren. Hell loderte die Begeisterung auf. Auf der Stelle meldeten sich viele Zuhörer; Greise brachten ihre Söhne, Frauen ihre Männer als Mitkämpfer für die Freiheit. Nahe an dreihundert Männer aus der Nachbarschaft schwuren seiner Fahne.

An der Spitze seines Regiments, das schon nach vier Tagen 450 Mann stark war und vollzähliger als irgend ein andres marschieren konnte, kämpfte er ein Jahr lang in Virginien, den Carolinas und Georgia, wobei er so viel Pflichteifer und Fähigkeit an den Tag legte, daß der Congreß ihn zum Brigade-General machte.

Nach der unglücklichen Schlacht am Brandywine ward eine Brigade in einer Schlucht aufgestellt, um den versprengten Schaaren der Amerikaner einen Stütz- und Sammelpunkt zu bieten, während Mühlenbergs Brigade weiter rechts auf der Landstraße den Feind aufhielt. Die Briten, vom Siege berauscht, rechneten auf die gänzliche Vernichtung der Rebellen, aber Mühlenberg trieb sie mit muthigem Angriff zurück. Der Kampf war höchst erbittert. Auf beiden Seiten wurde mit dem Bajonett gefochten. Diese eine Brigade stemmte sich gegen die ganze feindliche Macht: Garden, Grenadiere, leichte Infanterie und auserlesene Regimenter der Hessen. Dadurch ward der Feind an der Verfolgung der amerikanischen Armee verhindert, welche er sonst hätte vernichten können.

Auch in der Schlacht bei Germantown brachte er durch einen glänzenden Bajonett-Angriff den linken Flügel der Briten zum Weichen.

Nachher focht er meist in Virginien.

Als das Ende nahte und Cornwallis sich nach Yorktown zurückzog, war es von Wichtigkeit, ihm den Rückzug nach dem Süden abzuschneiden. Die dazu nöthigen Maßregeln traf Mühlenberg. Bei dem Angriff auf die Schanzen von Yorktown am 15. Oktober 1781 gehörte seine Brigade zu der Sturmkolonne, welche die linke Redoute der Festungswerke mit dem Bajonett nahm, eine der glorreichsten Heldenthaten des Krieges. Er wurde zum General-Major befördert.

Im Jahre 1785 ward er zum Vice-Präsidenten des Vollziehenden Rathes von Pennsylvanien gewählt. Im Jahre 1788 war er mit seinem Bruder Friedrich August eifrig und erfolgreich bemüht, Pennsylvanien zur Annahme der Constitution der Vereinigten Staaten zu bewegen, wodurch aus dem Staatenbund ein Bundesstaat ward.

Bald darauf ward er in den ersten Congreß gewählt. Ebenso in den zweiten und den sechsten, 1801 ward er Bundes-Senator für Pennsylvanien, 1802 Steuer-Einnehmer von Philadelphia. Im gleichen Jahre ist er gestorben. Auch war er bis zu seinem Tode Vorsitzer der Deutschen Gesellschaft von Philadelphia.

Peter Mühlenberg war von hohem Wuchs, rüstig und lebhaft. Er war von Natur zum Soldaten geschaffen, und glitt in diesen Beruf, sobald die Gelegenheit gegeben wurde. Sein Muth und seine Entschlossenheit waren mit Geistesgegenwart gepaart. In seinem Auftreten war er offen, liebenswürdig und anspruchslos: Die Freiheit liebte er glühend.

Heinrich Ernst Mühlenberg war Pfarrer, zeichnete sich aber als Botaniker aus. Er hat in dieser Wissenschaft so großes geleistet, daß man ihn den amerikanischen Linne genannt hat.

Friedrich August Mühlenberg war ebenfalls Prediger, aber seine Neigung war ebensowenig dahin gerichtet, wie bei seinen Brüdern. Die Politik ward sein Beruf. Er war Mitglied des Continental-Congresses, dann Sprecher der pennsylvanischen Gesetzgebung, dann Mitglied des ersten, zweiten, dritten und vierten Bundes-Congresses, zweimal Sprecher desselben und zuletzt Registrirer der Landoffice in Philadelphia.

Auch ein Sohn von Heinrich Ernst Mühlenberg, Heinrich August, ist erst Pfarrer und dann Politiker gewesen. Er war neun Jahre Congreßglied und 1838–41 Gesandter in Wien.

XV.

Johann Kalb.

General im Unabhängigkeitskriege.

Johann Kalb ist am 20. Juni 1721 in Hüttendorf geboren, einem Dorf im Baireuthischen. Sein Vater war ein geringer Bauer, und Johann mußte, als er die Dorfschule beendet hatte, sein Brod erwerben, so gut er konnte. Er wurde Kellner und wanderte nach Frankreich, denn Deutschland war damals arm und elend, Frankreich aber berühmt und reich. Der französische König, Ludwig XV., hielt damals, außer 13 Schweizer Regimentern, mit 18,000 Mann und 800 Offizieren, auch 10 deutsche Regimenter, befehligt von deutschen Edelleuten in deutscher Sprache, mit 19,000 Mann und 600 Offizieren. Er zog gern den deutschen Adel, selbst Prinzen, in seinen Dienst, und die deutschen Edelleute und Prinzen dienten und schmeichelten damals gern den Franzosen. Zu diesem Kriegsdienst fühlte Johann Kalb sich hingezogen, aber als Gemeiner mochte er nicht dienen, und als Offiziere wurden nur Edelleute angenommen. Da er nun als Kellner die Manieren der Edelleute beobachtet und gelernt hatte, glaubte er sich als Edelmann ausgeben zu können. Es gelang. Er ward 1743 Jean de Kalb und Lieutenant im Regiment Löwendal. Er diente zuerst in Flandern, dann im Elsaß, dann in den Niederlanden, unter dem Marschall von Sachsen, einem ausgezeichneten Feldherrn, so daß er die beste Gelegenheit hatte, das Waffenhandwerk gründlich kennen zu lernen. Als im Jahre 1747 Friede gemacht wurde, ward er Hauptmann.

Während der Friedensjahre war er nicht müßig, sondern benutzte die Zeit, alle Einzelheiten des Dienstes genau und

de Kalb

gewissenhaft zu besorgen, und sich mit den Regeln des Heerwesens gründlich bekannt zu machen. Er arbeitete auch mehrere Denkschriften aus, in welchen Verbesserungen des Heerwesens empfohlen und gründlich erwogen wurden.

Im Jahre 1756 brach der siebenjährige Krieg aus. De Kalb machte denselben von Anfang bis zu Ende mit; auch bei der für die französische Armee so schimpflichen Schlacht bei Roßbach war er betheiligt. Da er jedoch nur eine untergeordnete Stellung inne hatte, so ist von dieser Thätigkeit nur das zu melden, daß er allem Anschein nach seinen Pflichten gut nachkam, denn er brachte es bis zum Oberstlieutenant.

Nach Friedensschluß mußte er, weil die Armee vermindert wurde, mit einer geringen Hauptmannsstelle vorlieb nehmen, hatte aber das Glück, in Paris mit einer wohlhabenden protestantischen Familie bekannt und 1764 mit einer Tochter derselben getraut zu werden. Dadurch wurden seine Vermögensverhältnisse sehr gut. Er selbst hatte außer seiner Pension schon 52,000 Franks, seine Frau brachte etwa das dreifache als Mitgift, und erbte später noch an 300,000 Frks. Er hätte nun behaglich leben können, aber dazu war er zu strebsamen Geistes. Da in Frankreich selbst keine Kriegsaussichten waren, so suchte er in Portugal und sonst Kriegsdienste, obwol vergeblich.

Um diese Zeit faßte die französische Regierung mit lebhaftem Antheil die Unzufriedenheit ins Auge, welche in den nordamerikanischen Provinzen Englands sich zu zeigen begann. Frankreich war im siebenjährigen Kriege durch England tief gedemüthigt worden. Es hatte seine ganze Flotte und fast alle Kolonien verloren. Begierig griff es nach jeder Gelegenheit, sich an England zu rächen, und diese bot sich in Amerika. So kam es, daß die französische Regierung einen geschickten Mann nach Amerika zu senden beschloß, um in Erfahrung zu bringen, wie es hier stehe. Die Wahl fiel auf

Baron de Kalb, der sich am Hofe von Paris einer hohen gesellschaftlichen Stellung erfreute. Im September 1767 reiste er von Holland ab, und kam nach einer ungewöhnlich mühseligen Seereise am 12. Januar 1768 in Philadelphia an. Als er von hier nach New York reiste, erlitt er bei der Ueberfahrt von New Jersey nach New York mit neun andren Passagieren im Fährboote Schiffbruch, und mußte zwölf Stunden lang auf einer obdachlosen kleinen Insel bis an die Hüften im Morast stehen, ehe von New York Hilfe kam. Alle waren erstarrt, denn es war Winter und der Erdboden mit Schnee bedeckt. Unter Obdach gekommen, badete De Kalb Füße und Beine eine Viertelstunde lang in kaltem Wasser, nahm dann Erfrischungen zu sich und legte sich schlafen bis zum Abend. Der zu Hilfe gerufene Arzt, als er davon hörte, sagte, ein Mann, der so thöricht handle, verdiene nicht, daß ein Arzt sich um ihn bemühe, und ließ ihn liegen. Aber De Kalb war der einzige, der unbeschädigt davon kam; mehrere starben, die andren verloren ihre Finger, Ohren, Zehen, einer sogar ein Bein.

Von hier aus ging er nach dem Norden bis Halifax und machte sorgfältige Beobachtungen über die Hilfsmittel, Zustände und Gesinnungen der Kolonien. In den Berichten, die er nach Paris schickte, schreibt er, daß die nordamerikanischen Kolonien einen blühenden, regen Handel trieben, daß das Land ungemein reich an allerlei Produkten und die Bevölkerung sehr regsam sei. Die Unzufriedenheit der Kolonisten mit der britischen Regierung sei in beständigem Wachsen, jedoch jetzt noch nicht zur Rebellion reif. Man müsse noch einige Jahre der Entwickelung der Dinge zusehen. Die Geschichte hat gezeigt, daß sein Urtheil vollkommen richtig war.

Im Sommer kehrte er nach Paris zurück und kaufte einen alten Edelsitz nahe bei Paris, wodurch er rechtmäßiger Baron ward.

Indessen nahmen die Unruhen in Amerika zu, und der französische Hof nahm immer regeren Antheil daran. Der junge Marquis Lafayette begeisterte sich für die amerikanische Freiheit. De Kalb war mit ihm eng befreundet, und die französische Regierung hegte großes Zutrauen zu des Barons Fähigkeiten und Zuverlässigkeit. So war es ganz natürlich, daß beide zur Unterstützung der Amerikaner über's Meer zu gehen ermuntert wurden.

Am 20. April 1777 segelten sie ab, Baron Kalb als Brigade-General der französischen Armee, Lafayette als Lieutenant. Sie landeten in Charleston, S. C., und eilten nach Philadelphia, wo damals der Congreß versammelt war, um demselben ihre Dienste anzubieten, wobei sie beide den Rang von General-Majoren beanspruchten. Allein sie stießen auf heftigen Widerstand. Bereits vor ihrer Ankunft waren mehrere hochgestellte französische Offiziere mit denselben Anerbietungen und Ansprüchen vom Congreß zurückgewiesen worden, weil die amerikanischen Generäle mit Austritt aus der Armee drohten, wenn ihnen Ausländer vorgezogen würden.

Lafayette zwar erhielt nach einigem Zögern den gewünschten Rang, weil man wußte, daß er zu einer der angesehensten Familien Frankreichs gehöre, und daß die amerikanischen Freistaaten durch seine Anstellung sich in Frankreich viele Freunde machen würden; aber De Kalb ward nach längeren Verhandlungen abgewiesen. Er entschloß sich deshalb zur Rückreise. Hier trat aber ein seltsamer Zwischenfall ein. Ehe er nach Europa zurücksegelte, erwachte in ihm der Wunsch, seine deutschen Landsleute, die Herrnhuter in Bethlehem, Pa., zu besuchen, da er von ihnen manches Gute gehört hatte. Der Ausführung dieses Wunsches verdankte er es, daß er doch noch zum Ziel seiner Wünsche gelangte. Weil De Kalb schon früher in Amerika gewesen war und etwas englisch konnte, so hatte er mit vielen Gliedern des Congresses Umgang, wodurch manche einflußreiche Männer in Philadelphia auf ihn aufmerksam wurden. Diese hatten dann von glaubwürdigen Männern in Erfahrung gebracht, daß er ein tüchtiger General sei. Als er nun abreiste, regte sich die Reue, daß ein so brauchbarer Mann den Amerikanern entzogen werden solle. Sie sahen auch an den Niederlagen und Verlusten, welche die Amerikaner um diese Zeit in vielen Gefechten erlitten, daß sie mehr erfahrene Generäle nothwendig hätten, als sie besaßen. Sie brachten noch einmal die Sache vor den Congreß, der Antrag ging durch, und die Ernennung De Kalbs zum General-Major erfolgte am 15. September.

Das erste Jahr seiner Thätigkeit in der amerikanischen Armee verbrachte er in New Jersey und Pennsylvanien. Es war durchaus nicht erfreulicher Art. Die von Washington befehligte Armee mußte sich beständig vor den siegreich vordringenden Engländern zurückziehen. Der Fehler lag durchaus nicht an den Soldaten selbst; denn diese waren meist vom besten Geist beseelt und zur Ertragung großer Strapazen willig und fähig. Aber die Offiziere hatten weder Kenntniß noch Erfahrung. Sie verstanden die Truppen nicht zu führen, noch viel weniger verstanden sie es, sie regelmäßig zu verpflegen und den betrügerischen Lieferanten auf die Finger zu sehen. Alle diese Uebelstände führten in den zwei darauf folgenden Wintern zu den denkwürdigen Winterlagern in Valley-Forge, mit ihren Krankheiten, Desertionen und Nöthen aller Art. Daß De Kalb unter diesen Umständen sehr entmuthigt ward und ernstlich daran dachte, nach Europa zurückzukehren, ist leicht erklärlich.

Dazu kam noch der Uebelstand, daß alle Lebensbedürfnisse ungemein theuer geworden waren, weil das massenhaft fabrizirte Papiergeld nur geringen Werth besaß. Für Butter und Milch mußte De Kalb in vierzehn Tagen nicht weniger als 242 Franken zahlen. Und dabei bekam er im ersten Jahre seines Dienstes von Gehalt nichts zu sehen, ja er wußte nicht einmal, wie viel Gehalt ihm ausgesetzt sei.

Der größeste Uebelstand lag jedoch in der Eifersucht der höheren Offiziere. Ihr Ehrgeiz war noch größer als ihre Unfähigkeit. Beständig suchten sie einander zu untergraben. Selbst Washington ward in jener Zeit allgemein angefochten, und General Gates versuchte sein bestes, ihn aus dem Oberkommando zu verdrängen. Zu diesem Zwecke setzte Gates es im Congresse durch, daß, ohne Washingtons Wissen, beschlossen wurde, einen selbständigen Feldzug zur Eroberung von Canada zu unternehmen. An die Spitze dieses Heeres sollte Lafayette gestellt werden. Dieser nahm den Oberbefehl an unter der Bedingung, daß man ihm De Kalb zur Seite stelle.

„Der General De Kalb," sagte er in seinem Schreiben an den Congreß, „hat mehr vom Kriege gesehen und mehr Feldzüge mitgemacht, als irgend ein andrer Offizier in unsrer Armee."

Aber, als man an die Ausführung des Feldzugs gehen wollte, fehlte es sowol an Soldaten, als auch an den zu einem solchen Feldzug nöthigen Vorräthen und Waffen. Fast keine der nöthigen Vorbereitungen war rechtzeitig getroffen worden, und bitter enttäuscht kehrte De Kalb in das Lager Washingtons zurück.

Nun hätte er wahrscheinlich seine Rückkehr nach Europa ohne längeren Aufschub angetreten, denn das Maß der Enttäuschungen war voll, wenn nicht gerade um diese Zeit ein sehr günstiges Ereigniß eingetreten wäre. Der König von Frankreich, welcher bisher die Amerikaner nur heimlich unterstützt hatte, erklärte sich offen für sie und schloß ein Schutz- und Trutzbündniß mit den Vereinigten Staaten.

Am 6. Mai 1778 ward diese erfreuliche Nachricht von Washingtons Armee mit einem großen Fest gefeiert. Die Armee führte dabei ein großes Manöver aus, welches vortrefflich gelang, da sie eben von Baron Steuben gründlich einexerziert worden war. Bei diesem Fest-Manöver befehligte Baron Kalb das Centrum. Darauf folgte ein Festmahl mit 1600 Gedecken.

Das Beste aber folgte bald darauf. Die amerikanische Armee, von neuem Muth beseelt, verließ Valley-Forge, manövrirte mit Hilfe der französischen Flotte die Engländer aus Philadelphia heraus, zog dort ein und dann durch New Jersey hinter den weichenden Engländern her.

Leider konnte De Kalb an diesen schönen Bewegungen keinen Antheil nehmen. Anfangs Juni ergriff ihn ein hitziges, lebensgefährliches Fieber. In Philadelphia pflegte ihn ein deutscher Landsmann, Dr. Pfeil, welcher seitdem stets sein Freund blieb.

Nach seiner Wiederherstellung übernahm er von neuem den Befehl über seine Division. Sie stand unter General Washington in White Plains, nördlich von New York. Von hier aus hoffte man die Engländer aus New York zu vertreiben. Aber es ward nichts daraus. Der ganze Sommer verging ohne eine Schlacht. Die Heere beobachteten sich gegenseitig und bezogen beim Eintritt des Winters ihre Quartiere in weitem Halbbogen. Für Baron Kalbs thätigen Geist war diese Lage der Dinge fast unerträglich. Er betrachtete der Hauptsache nach den Krieg als beendet. Ihm schien es nach dem französischen Bündniß klar, daß die Engländer ihre amerikanischen Kolonien nicht wieder erobern könnten, wie das sich denn auch später gezeigt hat. Er glaubte jetzt mit gutem Gewissen nach Europa zu seiner Gattin und seinen Kindern zurückkehren zu können, nach denen sein Herz von Heimweh krank war. Allein, ohne von seinen Oberen in Frankreich heimgerufen zu sein, glaubte er dem Zuge des Herzens nicht folgen zu dürfen, obwol die Mehrzahl der französischen Offiziere es bereits gethan hatte.

Das nächste Jahr, 1779, brachte wesentlich das Gleiche.

Washingtons Hauptarmee, zu welcher Baron Kalb gehörte, fuhr fort, die Stellung der Briten in New York zu beobachten, ohne daß es zu mehr als Scharmützeln von ganz untergeordneter Wichtigkeit gekommen wäre. Nur die Eroberung des Forts Stony Point durch die Amerikaner unterbrach die Einförmigkeit des Lebens in angenehmster Weise. De Kalbs Division, bestehend aus einem Delaware und sieben Maryland Regimentern, 2030 Mann an Zahl, hatte meist beschwerliche Vorpostendienste zu versehen.

Auf den langweiligen Feldzug folgten die überaus beschwerlichen Winterquartiere Washingtons in Morristown. Sie sind zwar in der Geschichte bei weitem nicht so bekannt, als die beiden Winter in Valley-Forge, waren aber viel beschwerlicherer Art. Die Winterkälte war so streng, daß man mit dem schwersten Geschütz über die breitesten Flüsse fahren, aber keine Zufuhren auf Schiffen befördern konnte. Dabei war das Papiergeld im Werth so gesunken, daß man 40 Papierdollars für einen Silberdollar gab. Baron Kalbs Jahresgehalt betrug 2000 Dollars in Papier, war also in Wirklichkeit nur 50 Dollars werth. Der Schnee lag im Lager zwölf Fuß hoch. Das Eis in den Flüssen war sechs Fuß dick. Ein Paar Stiefel kostete 400 Dollars.

Im Jahre 1780 ward De Kalb mit seiner Division nach dem Süden kommandirt, weil vor und um New York keine wichtigen Feindseligkeiten in diesem Jahre zu erwarten waren. Die Engländer konnten ebensowenig aus New York vertrieben werden, als die Amerikaner aus der Umgebung von New York; es mußte also hier beim gegenseitigen Beobachten bleiben. Im Süden dagegen hatten die Engländer, nachdem sie Savannah gegen einen Angriff der Amerikaner glücklich vertheidigt hatten, ihr Augenmerk auf die Eroberung von Charleston geworfen, und begannen die Belagerung dieser wichtigen Stadt durch 7000 Mann, die aus New York dorthin gesandt waren. Die Bewohner der südlichen Kolonien, Virginia, der Carolinas und Georgiens, waren bei weitem nicht so eifrig und aufopfernd im Kampf gegen England, als die nördlichen, durften jedoch nicht im Stich gelassen werden, daher die Sendung von Verstärkungen.

De Kalb mit seiner Division ging über Philadelphia zuvörderst nach Richmond, Va., und von da nach Nord-Carolina. Verabredetermaßen sollten die Milizen dieser Staaten zu ihm stoßen, aber die versprochenen Mannschaften und Unterstützungen an Lebensmitteln blieben aus. Anstatt dessen kam vom Süden die Nachricht, daß die Engländer Charleston bereits erobert hätten. Dennoch ward es von den Oberbefehlshabern für nöthig befunden, daß De Kalbs Division weiter nach Süden in Süd-Carolina einrücken und hier den Kern für eine, aus südlichen Milizen neu zu bildende Süd-Armee bilden solle. Baron Kalb marschirte also mit seinen 2000 Mann, denen sich hie und da einige wenige Milizen anschlossen, weiter und weiter nach Süden, einer feindlichen, siegreichen, jetzt 12,000 Mann zählenden Armee entgegen.

Das war für De Kalb eine schlimme Zeit. Die Behörden von Nord-Carolina waren noch thatloser als die von Virginien, und das Land viel, viel ärmer. Wenn Wagen und Fuhrwerke zum Transport gefordert und versprochen wurden, blieben sie regelmäßig aus. Wenn Regimenter von Milizen sich gesammelt hatten und Befehl erhielten, zur Hauptarmee zu stoßen, so blieben sie wiederum aus, weil ihre Obersten lieber selbständig kommandiren und gegen den Feind operiren wollten. Wenn De Kalb an die Gouverneure oder andre hohe Beamte schrieb, so ward alles versprochen und nichts gethan. Lebensmittel und andre Bedürfnisse mußte man den armen, ohnehin hungerleidenden Landleuten mit Gewalt abnehmen. Man lebte vom magern Fleisch geraubten Viehes, von halbreifem Obst, bestenfalls von grünem Mais. Dazu gesellte sich die den Truppen neue Plage der Ticks, des südlichen, starken, schwarzen Flohes, von dessen Stichen auch Baron Kalb mit brennendem Geschwulst bedeckt war.

Unter diesen Umständen war es ihm eine wahre Erleichterung, was er sonst bei seinem hochstrebenden Sinn als eine tiefe Kränkung empfunden haben würde, daß der Congreß ihm nämlich einen Oberbefehlshaber nachsandte, welcher ihm die schwere Verantwortlichkeit des Feldzuges abnehmen sollte. Es hatte sich nämlich des Congresses in Philadelphia, als der Verlust von Charleston dort bekannt wurde, eine solche Furcht für den ganzen Süden bemächtigt, daß er es für gerathen hielt, eine große Südarmee zu schaffen und durch Entsendung eines berühmten Generals die südlichen Gemüther aufzurichten. Der Baron Kalb schien dem Congreß dazu nicht berühmt genug. Dagegen galt General Gates, welchem beim Beginn des Krieges der britische General Burgoyne zu Saratoga sich ergeben hatte, als ein ausgezeichneter General; er schien ganz der Mann, die üble Lage im Süden wieder aufzubessern. Der Baron Kalb galt zudem als zu langsam in seinen Bewegungen.

General Gates nahm den Auftrag freudig an. Längst eifersüchtig auf Washington, dabei stolz und eingebildet, weil ihm ein großer Schlag gelungen, erwartete er im Süden neue Lorbeeren zu erwerben und dadurch sich zur höchsten Stelle im Lande aufzuschwingen. Er eilte an den Ort seiner Bestimmung und traf, von Baron Kalb mit großen Ehrenbezeugungen empfangen, am 25. Juli im Lager ein, wo etwa 3000 Mann versammelt waren. Der Ort, Deep-River genannt, in einer der mindest unfruchtbaren Gegenden von Nord-Carolina gelegen, war von Kalb um der besseren Verpflegung der Truppen willen seit längerer Zeit zum Hauptquartier gemacht worden. Er wollte hier die aus Virginien und Nord-Carolina nachrückenden Milizen erwarten. In Süd Carolina einzurücken, hielt er bei der Stärke des Feindes und seiner eignen Schwäche für allzu gefährlich.

Zum allgemeinen Staunen ließ General Gates schon am nächsten Tage bekannt machen, daß die Armee unverzüglich in gerader Linie auf Camden in Süd-Carolina losmarschieren solle, wo er eine geringere Streitmacht der Briten zu treffen und schnell zu besiegen hoffte, um dann die andren Abtheilungen ihres Heeres ebenso vereinzelt zu schlagen. Vergeblich machte De Kalb Gegenvorstellungen, weil die Gegend, durch welche man marschieren sollte, zu den ödesten des Staates gehöre, und die Truppen ohnehin durch schlechte Verpflegung sehr geschwächt seien. General Gates blieb bei seinem Befehl, und der Marsch begann.

Bis zum 15. August, drei Wochen lang, ging es fast ununterbrochen vorwärts. Bei dem gänzlichen Mangel an Lebensmitteln auf der Marschroute und den überaus spärlichen Zufuhren litten Offiziere und Soldaten furchtbar. Schon am 9. August war es dadurch unter den Soldaten fast zur offenen Meuterei gekommen, und es waren so viele fahnenflüchtig geworden, daß trotz der Ankunft Nord-Carolinischer und Virginischer Milizen die Zahl der kampffähigen Mannschaften nur wenig über 2000 betrug. Und was noch die Muskete trug, ward vom Durchfall geschwächt. Die kleine Armee hätte sich bei dieser Gelegenheit völlig aufgelöst, wenn nicht gerade dann eine kleine Zufuhr Mais angelangt wäre.

Als man unter diesen Umständen etwa zwölf Meilen von Camden, S. C., angelangt war und in Erfahrung brachte, daß die Briten in größerer Stärke, als erwartet, dort lägen, weil sie vom Heranziehen der Amerikaner Kunde erhalten und sich durch mancherlei Zuzug verstärkt hatten, rieth De Kalb noch einmal ernstlich, lieber rückwärts als vorwärts zu gehen, und eine günstige, geschützte Stellung suchend, Verstärkungen zu erwarten. Aber Gates gedachte den Feind in Camden durch einen nächtlichen Angriff zu überrumpeln, und Abends zehn Uhr setzte sich die ganze Armee in tiefstem Schweigen in Bewegung. Sonderbarer Weise jedoch faßten die Briten, als sie von der Nähe der Amerikaner hörten, denselben Plan, diese durch einen nächtlichen Angriff zu überrumpeln, und so geschah es, daß die Amerikaner, als sie sechs Meilen marschiert waren, um zwei Uhr Morgens unerwartet auf den ihnen entgegenkommenden Feind stießen, und nun erfuhren, daß derselbe, 3000 Mann stark, nur eine Viertelmeile von ihnen stehe.

Als der Adjutant des General Gates dem Baron Kalb diese Nachricht brachte, sagte er: „Nun, hat der Obergeneral Ihnen nicht unverzüglichen Befehl zum Rückzuge der Armee gegeben?" Das war aber nicht geschehen. Gates berief zwar einen Kriegsrath, aber alle schwiegen, und nur ein Hitzkopf rief, man müsse kämpfen, es sei zu spät, zurückzugehen, man müsse sich schlagen. Dem stimmte Gates sogleich bei; Baron Kalb — schwieg. Er wußte wol, daß alles Reden vergeblich sein würde.

Als der Tag anbrach, hatten beide Armeen sich in Schlachtordnung aufgestellt; die Briten drangen vor, und die Nord-Caroliner Milizen, von plötzlichem Schrecken ergriffen, warfen ihre Gewehre weg und flohen. Alsbald flohen auch die Virginier. Gates, der seine Stellung hinter der Schlachtlinie genommen hatte, eilte, als er die Milizen laufen sah, ihnen nach, „um sie zurückzuholen," wie er sagte. Am Abend des Tages schlief er schon in Charlotteville, sechzig Meilen vom Schlachtfeld. Das geschah auf dem einen Flügel; den andren Flügel befehligte De Kalb. Er hielt den Angriff des Feindes aus und ging dann selbst zum Angriff über. Die Engländer wiesen aber seinen Angriff ab. Nun wogte die Schlacht hier unentschieden hin und her. Um eine Entscheidung herbeizuführen, ließ De Kalb einen Bajonett-Angriff machen; derselbe gelang auch, und er machte eine Anzahl Gefangener, aber indessen kamen die Briten durch die Flucht der Milizen ihm in die Flanke, und nun wendete sich die Schlacht. De Kalb kämpfte bis zuletzt an der Spitze einer Brigade. Dreimal drang er vor. Dreimal ward er zurückgedrängt. Sein Pferd ward unter ihm erschossen. Durch einen Säbelhieb ward er am Kopf verwundet. Ein Adjutant verband ihm die Wunde mit der Schärpe, und dann gings so muthig wieder vorwärts, daß der Feind kurze Zeit wich. Aber nicht lange. Die durch die Flucht der andren Regimenter frei gewordenen Reiter warfen sich auf De Kalbs Schaar. Nun war alles verloren. Nur die Soldatenehre galt es noch zu retten. Mit mächtiger Stimme rief De Kalb die Seinen vorwärts. Da durchbohrten ihn mehrere Kugeln und er fiel.

Die Engländer nahmen acht Kanonen und machten achthundert Gefangene. Von den regulären Amerikanern lagen sechshundertundfünfzig todt auf dem Schlachtfelde.

De Kalb lebte noch drei Tage nach der Schlacht.

Der Congreß beschloß am 14. Oktober des gleichen Jahres, daß ihm ein Denkmal mit folgender Inschrift gesetzt werde:

„Geweiht dem Andenken des Freiherrn v. Kalb, Ritter des königlichen Kriegs-Verdienstordens, Brigadiers der französischen Armee und General-Majors im Dienst der Vereinigten Staaten.

„Nachdem er mit Ruhm und Ehre drei Jahre gedient hatte, gab er einen letzten und glorreichen Beweis seiner Hingabe für die Freiheit des Menschengeschlechts und für die Sache Amerikas in der Schlacht bei Camden in Süd-Carolina. Indem er dort die Truppen Marylands und Delaware's gegen überlegene Streitkräfte anführte, und sie durch sein Beispiel zu Heldenthaten begeisterte, wurde er mehrfach schwer verwundet und starb am 19. August im 59. Jahr seines Lebens.

„Der Congreß der Vereinigten Staaten von Amerika hat ihm in dankbarer Anerkennung seines Eifers, seiner Dienste und Verdienste dies Denkmal gesetzt.“

XVI.

Michael Kalteisen.

Kommandant von Fort Johnson in Süd-Carolina.

Michael Kalteisen wurde am 18. Juni 1729 zu Wachtelsheim, Würtemberg geboren, und kam als elfjähriger Knabe mit seinen Eltern nach den deutschen Ansiedlungen am Congaree River in Süd-Carolina. Es gab damals dort verhältnißmäßig viele Deutsche. Ueber tausend Schweizer und Deutsche waren durch Purry und Stümpel dorthin geführt worden.

Später ging Kalteisen nach Charleston und ward Theilhaber eines größeren Geschäfts. Die Liebe zum Deutschthum und die Freude an gemeinsamen Bestrebungen bewog ihn, die „Deutsche freundschaftliche Gesellschaft von Charleston" zu gründen, welche beim Ausbruch des Unabhängigkeitskrieges 100 Mitglieder zählte.

Die Deutschen in Süd-Carolina waren gleich denen der andren Kolonien eifrige Beförderer der Unabhängigkeitsbestrebungen. Als Lafayette und De Kalb bei Charleston landeten, suchten und fanden sie bei dem deutschen Major Hüger Quartier. Die Deutschen in Charleston bildeten eine deutsche Kompagnie Füsiliere, deren Lieutenant Kalteisen ward. Als im Jahre 1775 die amerikanische Regierung von Süd-Carolina alle Milizen in die reguläre Armee einreihte, widersetzten sich zwölf solcher Kompagnien und erregten viel Unruhe, aber die „deutsche Compagnie" blieb treu und fest. Am Sturm auf Savannah, 1779, nahm sie tapfern Antheil. Später ward Kalteisen General-Wagenmeister des Staates, und bis an sein Ende, 1807, Kommandant des Fort Johnson.

XVII.

Christoph Ludwig.

Proviantmeister im Unabhängigkeitskrieg.

Christoph Ludwig ist 1720 in Gießen, Hessen, geboren, lernte das Bäckerhandwerk, führte aber lange ein Wanderleben. Als österreichischer Soldat focht er gegen die Türken; dann ward er preußischer Soldat; dann sieben Jahre lang Matrose. Im Jahre 1754 ließ er sich in Philadelphia als Bäcker nieder und machte gute Geschäfte.

Beim Ausbruch des Unabhängigkeitskrieges war er bereits ein angesehener Mann. Als solcher war er Mitglied einer Convention, welche Waffen gegen England ankaufen sollte. Es fehlte an Geld. Man schlug eine Geldsammlung dazu vor, aber einige verzagte Leute sprachen dagegen. Da stand Ludwig auf und sagte:

„Herr Präsident, ich bin freilich nur ein armer Pfefferkuchenbäcker, aber schreiben Sie mich mit 200 Pfund ($1000) auf.“

Seitdem war er Glied des Pulvercommittees.

Im Jahre 1777 stellte der Congreß ihn als Oberaufseher der Bäcker im Heere an. Da wurde von ihm verlangt, er solle ebenso, wie seine Vorgänger, für jede 100 Pfund Mehl 100 Pfund Brod liefern. Er antwortete:

„Nein. Christoph Ludwig will sich nicht durch den Krieg bereichern. Aus 100 Pfund Mehl bäckt man 135 Pfund Brod, und soviel gebe ich auch.“

General Washington zog ihn öfter zu Tafel und nannte ihn seinen „ehrlichen Freund.“

XVIII.

Nikolaus Sommer.

Friedensbote im Urwald.

Nikolaus Sommer war in Hamburg Kandidat der Theologie, als anfangs 1742 durch Vermittlung deutscher Freunde ein Ruf von den am Schoharie, im jetzigen New York, lebenden Pfälzern an ihn gelangte. Man versprach ihm 200 Dollars nach heutigem Gelde, auch versprach man, Kirche und Pfarrhaus für ihn zu bauen. Diesen Ruf nahm Sommer an, wie denn damals die kirchliche Noth der Deutschen in Amerika durch Flugschriften in Deutschland allgemein bekannt gemacht wurde und manchem zu Herzen ging.

Glücklich langte er im nächsten Jahre bei seiner Gemeinde an, Kirche und Pfarrhaus wurden sogleich gebaut, und sein anspruchsloses, freundliches und dabei doch entschlossenes Wesen verschaffte ihm so guten Fortgang, daß schon nach sieben Jahren eine neue, steinerne Kirche gebaut werden konnte. Sein Wirkungskreis erstreckte sich auf etwa fünfzig Meilen im Umkreis. Die beständigen weiten Reisen zu Pferde bei Tag und Nacht, Winters in Frost und Schnee, Sommers in fast unerträglicher Hitze, waren hinreichend, auch den stärksten Mann herunterzubrechen, doch setzte er sie, wenigstens in den ersten fünfzehn Jahren, regelmäßig fort. Häufig predigte er in Häusern, Scheunen und Wäldern. Auch mehrere Indianer hat er im Walde getauft.

Sein Leben war ein beständiger Kampf mit den Elementen, und er kämpfte als ein rechter Held. Er ritt durch die feindlichen Indianer zu seinen Predigtplätzen ohne Waffen, ohne auch nur an Gefahr zu denken, und gerade das bewahrte ihn.

Dabei war er keineswegs gedankenlos. Als einst im Walde sein Pferd scheu ward, ihn abwarf und davon lief, heftete er ein Blatt Papier an einen Baum mit der Nachricht von seinem Unfall, und setzte dann seine Reise zu Fuß fort, um die Predigt nicht zu versäumen. Er erwartete, daß seine Gemeindeglieder, wenn sein Pferd allein in Shoharie einträfe, einen Unfall befürchten und ihn aufsuchen würden, und wollte ihnen unnöthige Angst ersparen. So geschah es auch. Man fürchtete, die Indianer hätten ihn ermordet. Mehrere Männer machten sich auf, ihn zu suchen. Mitten im Walde fanden sie die Stelle, wo er abgeworfen war, und dabei den Zettel. Beruhigt kehrten sie heim.

In den Jahren des englisch-französischen Kriegs ward sein stilles Thal von manchem Blutvergießen und mancher Feuersbrunst heimgesucht, denn die von Canada aus aufgehetzten Indianer waren wild und grausam; aber unbeirrt setzte Sommer seine Arbeit fort, höchstens daß er zuweilen den gegen die Indianer ziehenden Freiwilligen besonders Predigt und Abendmahl hielt.

Dann kam der Unabhängigkeitskrieg mit noch blutigeren Schrecken. Einst, im Juli 1781, während er predigte, entspann sich ein hitziges Gefecht zwischen Briten und Amerikanern in solcher Nähe, daß die Kugeln nebenan einschlugen, und seine Zuhörer unruhig wurden. Da sagte er:

„Laßt euch nicht irren; die Sache, für welche Eure Freunde draußen kämpfen, ist eine gute und gerechte. Man wird Euch nichts anhaben.“

Die Gemeinde hielt wirklich mit ihrem braven Prediger aus, bis der Gottesdienst zu Ende war.

Sommer ist gestorben am 17. Oktober 1796. Das Thal des Mohawk und Shoharie ist durch seine Arbeit mit blühenden Gemeinden und lieblichen Kirchen angefüllt, und die Mohawk Hochdeutschen, wie man seine zahlreichen Bewohner nannte, haben sich stets durch ihre Redlichkeit und Gewissenhaftigkeit so ausgezeichnet, daß jedermann ihnen in Geld- und andren Sachen williges Vertrauen schenkte. Einem Mohawk-Deutschen versagte niemand Credit, wenn er sein bedurfte, und man lieh ihm ohne Papier aufs Wort.

XIX.

Michael Schlatter.

Gründer der deutsch-reformirten Kirche.

Michael Schlatter ist am 14. Juli 1716 in St. Gallen, Schweiz, geboren und war ein Schüler des frommen Christoph Stähelin. Nach längeren Reisen ward er 1745 Vikar in seiner Vaterstadt.

Im Jahre 1746 sandte die Synode von Nord- und Südholland ihn unter die Deutschen in Pennsylvanien, um sich ihrer kirchlichen Bedürfnisse anzunehmen. Schlatter war ein hochgebildeter Theologe. In seiner Heimath, St. Gallen, standen ihm ansehnliche Stellen offen, aber ihm war durch die Reformirte Synode von Holland zu Ohren gekommen, daß in Pennsylvanien die dorthin ausgewanderten reformirten Pfälzer guter geistlicher Pflege ermangelten und in Gefahr ständen, ganz in materielles Leben zu versinken. So wie nun die Lutherischen von Halle aus durch die Stiftungen August Hermann Franke's gute Prediger unter die Deutschen Amerikas sandten, so bemühte sich die reformirte Kirche in Holland, dasselbe für ihre dortigen Glaubensgenossen zu thun.

Schlatter, sobald er in Philadelphia gelandet war, begann unter den dortigen deutschen Reformirten zu predigen. Die Stadt zählte damals zehntausend Einwohner, von denen die Hälfte deutsch war. Da gab es reichlich Arbeit. Er machte auch weite Predigtreisen ins Land, und lud die schon ansässigen reformirten Prediger ein, sich zu einem kirchlichen Körper zusammen zu schließen. Es gab darunter manche Vagabunden und Betrüger, welche vorgaben, Theologie studirt zu haben, auch fließend predigen konnten, aber ein unsittliches Leben führten. Andre waren zwar sittlich unbescholten und aufrichtiger Gesinnung, aber ohne hinreichende Schulbildung, um das Volk zu belehren. Nur vier Geistliche fand Schlatter, welche er als solche anerkennen konnte. Mit diesen hielt er eine Zusammenkunft in Philadelphia und legte so den Grund zur deutsch-reformirten Kirche in den Vereinigten Staaten. Im nächsten Jahre dehnte er seine Reisen nach Maryland und Virginien aus, und es gelang ihm, die Prediger und Gemeinden von der Nothwendigkeit eines festen Anschlusses zu überzeugen und sie so zu begeistern, daß am 29. September 1747 schon ein "Coetus" von 31 Mitgliedern in Philadelphia gehalten werden konnte.

In dieser Weise fuhr Schlatter zu wirken fort, bis im Jahre 1750 der Coetus beschloß, Schlattern auf eine Reise nach Europa, vornehmlich nach Holland, zu senden, um den dortigen Kirchen den großen Mangel an Predigern und an den zum Unterhalt derselben nöthigen Geldmitteln und Einrichtungen zu schildern, und Hilfe zu erlangen. Er begab sich auch dorthin, und seine Mittheilungen erweckten große Theilnahme, so daß er sechs gute Prediger aus Europa mit nach Amerika brachte, nebst 700 Bibeln und reichlichem Gelde. Auf diese Weise hat Schlatter den Grund zu einem der wichtigsten Kirchenkörper in Amerika gelegt, welcher jetzt nahe an 200,000 Glieder zählt und etwa zwanzig hohe Schulen, mehrere Waisenhäuser und sonstige wohlthätige Anstalten unterhält.

Schlatter selbst jedoch hat von seinen aufopfernden Anstrengungen keineswegs den verdienten Lohn geerntet. Es trug sich zu, daß sein Noth- und Hilferuf in England am

Hofe gelesen ward und einen so gewaltigen Eindruck machte, daß 30,000 Pfund ($150,000) in England für die Deutschen in Pennsylvanien gesammelt wurden. Diese Wohlthat ward aber übel angewandt. Ein hochgestellter englischer Geistlicher von Philadelphia verbreitete in England die Ansicht, daß die Deutschen Pennsylvaniens zu unwissend und den Engländern zu feindselig gesinnt wären, als daß ihnen durch deutsche Prediger geholfen werden könnte. Man mü e ihnen erst durch Gründung von englischen Schulen engli'che Bildung und Sympathien einflößen. Dem ward Glauben geschenkt und das gesammelte Geld einer Gesellschaft zur Verwaltung übergeben, welche es zur Anlegung englischer Freischulen in Pennsylvanien anwendete. Schlatter ward als ein G'ied dieser Behörde ernannt.

Die Deutschen in Pennsylvanien betrachteten diese Bewegung mit Mißtrauen und Vorurtheil, und wur'en darin durch den Zeitungsherausgeber Christoph Saur so bestärkt, daß das ganze Schulunternehmen fehlschlug. Schlatters Ansehen unter den reformirten Predigern und Gemeinden Pennsylvaniens ward durch diese, sich mehrere Jahre hinziehenden Reibungen untergraben. Es kamen noch andre Mißhelligkeiten hinzu, und er gab im Jahre 1757 seine Thätigkeit in Pennsylvanien auf. Die Regierung stellte ihn dann als Feldkaplan an. In dieser Eigenschaft hat er den Feldzug gegen Louisburg im englisch-französischen Kriege mitgemacht. Nach dessen Beendigung bezog er einen Landsitz in den Blauen Bergen, wo er, in verhältnißmäßiger Zurückgezogenheit des geistlichen Amtes wartend, ein hohes Alter erreicht hat. Im November 1790 ist er gestorben.

Die Reformirte Kirche der Vereinigten Staaten betrachtet und verehrt Michael Schlatter bis heute als ihren Vater und Begründer.

Die kindliche Arglosigkeit seines Wesens mag folgende Anekdote anschaulich machen, die von Augenzeugen erzählt wird:

In der Kirche bei Chestnut Hill, auf den Blauen Bergen, wo Schlatter seine letzten Jahre zubrachte, führte ein Gang von der Thür zur Kanzel zwischen den Kirchensitzen hindurch. Wenn nun der Gottesdienst beginnen sollte und die Leute alle auf ihren Sitzen waren, trat der alte Pastor Schlatter in die Kirchthüre und überblickte die anwesende Versammlung, um zu sehen, wer da sei und für wen er zu predigen habe. Er war aber sehr kurzsichtig und mußte beständig eine Brille tragen, welche denn öfter nicht rein und klar genug war, um gut sehen zu können. Da pflegte er dann an die Seite zu treten, wo die Mädchen mit ihren weißen, sonntäglich gewaschenen Schürzen saßen, und eine der Schürzen ergreifend, damit seine Augengläser zu reinigen. Niemand dachte sich etwas Arges dabei, oder lächelte darüber. Dazu war Schlatter allen zu ehrwürdig.

XX.

David Zeisberger.

Indianer-Missionar und Pfadfinder.

David Zeisberger, geboren am 11. April 1721 in Mähren, gehörte zu den protestantischen Familien, welche seit der Hussiten-Zeit, trotz dreihundertjähriger Verfolgungen, sich ihre Gewissens- und Ueberzeugungs-Freiheit erhalten hatten, dann auf des Grafen Zinzendorf Einladung, in einer seiner Besitzungen in Thüringen die neue Stadt Herrnhut gründeten.

Im Jahre 1740 kam er mit einer Gesellschaft von Herrnhutern nach Philadelphia und begründete mit derselben die Stadt Bethlehem in Pennsylvanien, welche nebst mehreren umliegenden Ortschaften von lauter Herrnhutern bewohnt wurde. Sie gründeten hier Erziehungsanstalten, die noch heute sich eines großen Rufes erfreuen.

Außer der Erziehung lag den Herrnhutern die Missionsarbeit unter den Heiden sehr am Herzen, und die heidnischen Indianer erregten ihr höchstes Mitleid. Wenn schon überhaupt die Deutschen in Amerika überall viel freundschaftlicher mit den Indianern umgingen, als andre Nationen, so ließen sich die Herrnhuter es ganz besonders angelegen sein, sie unter den Einfluß des Christenthums zu bringen, wobei sie sich keineswegs auf bloße Bekehrungsversuche durch Predigt beschränkten, sondern sie in feste Niederlassungen sammelten, sie in die Künste des Ackerbaus und des Handwerks einführten, und anmuthige christliche Indianerdörfer mit Kirchen, Schulen, Gärten und Aeckern gründeten.

An diesen Bestrebungen nahm Zeisberger lebhaften Antheil. Obwol an den Grenzen der Niederlassungen der englisch-französische Krieg die Indianer aufregte und sie zu gefürchteten Feinden der Weißen machte, fürchtete Zeisberger sich nicht, zur Bekehrung der Delaware-Indianer über die Allegheny-Gebirge zu ziehen und wehrlos unter ihnen in Shamokyn, sowie unter den Irokesen in Onondaga zu wohnen, wo er bis 1755 weilte.

Im Jahre 1772 erforschte er als einer der ersten Weißen das heutige Ohio, und gründete im selben Jahre die herrnhutische Indianer-Kolonie Schönbrunn am Tuscarawas. Die christlichen Indianer, welche sich an die Herrnhuter in Pennsylvanien angeschlossen hatten, wurden damals von den andren Weißen mit so mißtrauischen Augen angesehen, und waren dort so vielen Mißhandlungen ausgesetzt, daß sie es für gerathen hielten, Pennsylvanien ganz zu verlassen und sich am Tuscarawas niederzulassen. Sie gründeten nun Gnadenhütten und andre Ortschaften nahe Schönbrunn, und es ließ sich so an, als sollte hier den Indianern eine

Stätte bereitet werden, wo sie in christliche Gemeinschaften geordnet, friedlich neben den Weißen amerikanische Gesittung pflegen könnten. Nebst Zeisberger waltete hier auch Heckewelder, und hier ward damals das erste weiße Kind in Ohio geboren, Marie Heckewelder. Es haben also die Deutschen sechzehn Jahre früher als die Englischen mit der Besiedelung des jetzigen Staates Ohio begonnen; denn erst im Jahre 1788 ward Marietta gegründet.

Allein die britische Regierung hatte damals in **Detroit** ein Fort, von welchem aus sie beständig die Indianer gegen die Amerikaner aufhetzte, und es gelang ihr, die Wyandottes, die im heutigen **Upper Sandusky** wohnten, gegen die Indianer am Tuscarawas aufzustacheln, so daß dieselben gezwungen wurden, ihre Dörfer zu verlassen. Als dann im Spätjahr die christlichen Indianer in die liebe, alte Heimath auf einige Tage zurückkehrten, um ihr reifes Korn von den Feldern zu ernten, wurden sie von den Wyandottes überrascht und ihrer sechsundneunzig in einem Blockhaus förmlich abgeschlachtet, ohne daß sie sich wehrten.

Zeisberger suchte nun weiter nordwestlich, im heutigen **Michigan**, eine Niederlassung zu gründen, wo er Frieden predigen könnte, aber der Versuch mißlang. Da kehrte er in Böten über den Erie-See nach Ohio zurück und gründete am Cuyahoga, einige Meilen stromaufwärts vom heutigen Cleveland mit seinen christlichen Indianern den Ort **Pilgerruh**. Aber auch hier fand das Häuflein nicht seines Bleibens, darum ist er nach Canada gezogen und hat hier am Thomas-River die Kolonie Fairfield gegründet.

Endlich, im Jahre 1798, setzten die Vereinigten Staaten die verjagten Indianer wieder in den Besitz ihrer Ländereien am Tuscarawas ein, und der 77jährige Zeisberger durfte seine lieben Indianer nach Schönbrunn zurückführen, wo sie auf den Ruinen der alten Heimath eine neue Heimath gründen konnten.

Noch zehn Jahre hat Zeisberger hier gelebt und seine Pfleglinge als ein rechter Vater freundlich getragen, sorglich bewahrt und sie die Künste der christlichen Gesittung, nebst den Grundsätzen der Bibel: Mäßigkeit, Friedsamkeit und Fleiß gelehrt. Er war dabei der Ansicht, daß zu christlicher Bildung auch Wissenschaft gehöre, und daß es nothwendig sei, die Indianer ihre eigne Sprache lesen, schreiben und verstehen zu lehren. Er machte sich deshalb mit ihrer Sprache gründlich bekannt und erfand ein Alphabet dafür, was er besser thun konnte, als die Englischen, indem er als Deutscher die vielen Kehl- und Gaumenlaute, an denen die Indianersprache reich ist, verstehen und aussprechen konnte. Er verfaßte ein Buchstabirbuch der Delaware-Sprache, welches 1776 in Philadelphia gedruckt wurde. Auch Theile der Bibel und andre gute Bücher in der Delaware-Sprache hat er herausgegeben.

Zwei große, blutige Kriege hat er in Amerika erlebt, den französisch-englischen und den der amerikanischen Unabhängigkeit. Er hat keine der glorreichen Schlachten mitgemacht, welche die Weltgeschichte aufzeichnet, aber er hat im wilden Wald und Ungemach einen schwereren Kampf versucht, den Kampf mit des Indianers wilder Gesinnung, und trotzdem ihm derselbe durch Mord und Mordgeschrei erschwert wurde, hat er gesiegt als Bote des Friedens.

XXI.

Philipp Wilhelm Otterbein.

Gründer der Vereinigten Brüder in Christo.

Philipp Wilhelm Otterbein ist geboren am 4. Juni 1726 in Dillenburg, Nassau, wo sein Vater Rektor der lateinischen Schule war. Er erhielt eine sorgfältige Vorbereitung für das Predigtamt und konnte schon im 23. Lebensjahr als Prediger der reformirten Gemeinde seiner Vaterstadt eingesetzt werden. So jung der Prediger aber war, so kannte er auf der Kanzel keine Furcht, sondern strafte in einfachen Worten seiner Zuhörer Sünden so treffend, daß viele ihm gram wurden und die Regierung um seine Entfernung angingen. Der Magistrat von Dillenburg unterstützte amtlich das Gesuch.

In dieser trüben Zeit kam 1751 Pfarrer Michael Schlatter, der mehrere Jahre in Amerika Gemeinden gesammelt hatte, nach Deutschland zurück, und lud auch den jungen Otterbein zur Arbeit in Amerika ein. Seine Mutter ermunterte ihn, diesem Rufe zu folgen, so sehr sie an ihm hing.

„Gehe," sagte sie, „der Herr segne dich, und Seine Gnade leite dich. Auf dieser Erde werde ich dein Antlitz nie wieder sehen, aber gehe."

In der Trübsal der Verfolgung hatte sie ihm treulich beigestanden und hatte ihn ermuntert, indem sie sagte, daß es ein gutes Zeichen und Zeugniß für ihn sei, wenn seine Predigt Aergerniß errege. Sie liebte ihn und hatte volles Vertrauen zu ihm, aber diese Liebe sollte seiner Berufsthätigkeit keineswegs im Wege stehen; ihre Liebe war nicht weichlich, sondern stark.

Im August 1752 begann Otterbein seine amerikanische Arbeit in Lancaster, Pennsylvanien, aber es ging ihm hier nicht besser als in Dillenburg. Seine Predigten waren zu scharf. Er verlangte von seinen Zuhörern, daß sie ihr Leben bessern sollten. Mit dem bloßen Kirchenbesuch sei es nicht abgethan. Das erregte Anstoß. Zwar wuchs die Gemeinde, und schon im Jahre 1753 konnte eine neue, große Kirche gebaut werden, welche so groß und gut war, daß sie bis 1852, fast hundert Jahre, genügt hat. Aber die Opposition nahm auch immer zu, und im Jahre 1758 verließ er Lancaster und folgte einem Ruf aufs Land nach Tulpehocken.

Die üblen Erfahrungen, welche Otterbein gemacht hatte, bewogen ihn doch nicht, das Verfahren, welches er als richtig ansah, aufzugeben. Er wollte und konnte sich nicht mit der bloßen Form des Christenthums, Besuch der Gottesdienste und ähnlichem begnügen. Er faßte seinen Beruf dahin auf, daß er auf ein neues Leben unter seinen Gliedern hinwirken solle. Zu diesem Zweck richtete er, nach Art der Pietisten, besondere Erbauungsstunden ein, welche bei einigen ebenso viel Beifall, wie bei andren Widerstand fanden. Und wiederum mußte er weichen. Diesmal schon nach zweijähriger Thätigkeit.

Im Jahre 1760 folgte er einem Ruf an die reformirte Gemeinde in Frederick, Maryland, 1765 nach York, Pennsylvanien, und 1774 nach Baltimore, Maryland. Die Ursachen der vielen Wechsel waren wiederum seine scharfe Predigtweise und seine Vorliebe für erbauliche Privatversammlungen.

Aber das entmuthigte ihn nicht, und in Baltimore fand er endlich eine bleibende Stätte, in seiner Weise zu wirken. Er hat hier vierzig Jahre gestanden und eine große Gemeinde gesammelt. Mehr aber als das ist er auch, obwol absichtslos, Gründer einer bedeutenden Kirchengemeinschaft, der „Vereinigten Brüder in Christo", geworden.

Wie schon dieser Name zeigt, war es hauptsächlich die Vereinigung von Männern verschiedener Kirchen, wodurch diese Verbindung entstand. Der reformirte Otterbein wirkte gern mit gleichgesinnten Predigern von andren Kirchen, besonders Mennoniten und Lutheranern zusammen. Sie hielten auch gern große Versammlungen zur gegenseitigen Aufmunterung, und das führte schließlich zur Bildung einer neuen Kirche, obwol Otterbein sowol wie seine Mitarbeiter glaubten, daß sie in ihren alten Kirchen bleiben und doch sich mit andern zu gemeinsamer Arbeit verbinden könnten.

Die Vereinigten Brüder in Christo haben jetzt eine große Druckerei mit Verlag in Dayton, Ohio, auch unterhalten sie mehrere Lehr- und Wohlthätigkeitsanstalten. Sie zählen 150,000 Glieder. Ihre Heidenmissionare arbeiten in Westafrika.

Otterbein war über sechs Fuß groß, sehr voll beleibt, hatte eine ungewöhnlich hohe Stirn und große, glänzend blaue Augen. Sein Haar trug er nach beiden Seiten herunterhangend. Er hielt sich sehr grade. Seine Stimme war klar und weich, seine Redeweise sehr einfach, obwol er in alten Sprachen und in der Philosophie wolbewandert war. Er lebte so mäßig, daß er noch im 87. Lebensjahre regelmäßig predigen konnte.

XXII.

Jakob Albrecht.

Gründer der Evangelischen Gemeinschaft.

Jakob Albrecht ist zwar in Amerika geboren, aber von deutschen Eltern, und genoß eine deutsche Erziehung, hat auch ganz in deutscher Sprache gearbeitet, weshalb er mit Recht unter die Deutsch-Amerikaner gerechnet wird.

Er ist geboren im Jahre 1769 bei Pottstown in Pennsylvanien, in einer der unfruchtbaren Gegenden, von denen man sagt, daß Hasen und Füchse einander da gute Nacht sagen. Man nannte die Nachbarschaft den „Fuchsberg.“ Es gab dort wenig Geschäfte, geringe Schulen und wenig Regsamkeit überhaupt, viel zu wenig für den jungen Albrecht, welcher deshalb auch, nachdem er in den Ehestand getreten war, nach dem fruchtbaren Lancaster County zog. Hier errichtete er eine Ziegelhütte. Damals wurden in jenen Gegenden die Häuser und Scheuern noch meist mit Dachziegeln gedeckt. Diese brannte er, nebst den gewöhnlichen Ziegelsteinen, welches Geschäft er auf dem „Fuchsberg“ gelernt hatte. Er war fleißig, ehrlich und einsichtsvoll, und seine Ziegel wurden viel gebraucht; so machte er denn gute Geschäfte. Man nannte ihn weit und breit nur den „ehrlichen Ziegler.“ Seine Familie mehrte sich und sein Haushalt gedieh.

Mitten in dies Glück trat aber im Jahre 1790 der König aller Schrecken. Der Tod raffte von seinen Kindern eins nach dem andern hinweg. Bei den Leichenfeierlichkeiten ermahnte der Prediger, Anton Hautz mit Namen, zur refor=

mirten Kirche gehörig, sehr ernstlich die Ueberlebenden, daß sie an die Vergänglichkeit alles Irdischen denken und sich bei Zeiten auf die Ewigkeit vorbereiten sollten. Dies machte ihn unruhig. Er wußte nicht, wie er das machen solle. Da kam er mit einem Prediger der Methodisten, Namens Ridgel, zusammen, und dieser belehrte und tröstete ihn so kräftig, daß an die Stelle tiefer Betrübniß und großer Niedergeschlagenheit sein Gemüth voll Freude und Zufriedenheit ward, und es ihn nun drängte, oft mit ähnlich gesinnten Leuten zusammen zu sein, mit ihnen zu reden und mit ihnen zu beten. So kam es, daß er sich der Methodistenkirche anschloß und ihre Bet-, Bekenntniß- und Erbauungsstunden fleißig besuchte.

Ueberdem kam ihm oft der Gedanke, er solle unter den Deutschen predigen und ihnen die Bekehrung, wie sie in Gottes Wort gelehrt werde, erklären. Aber es schien ihm das ein zu schweres Unternehmen, weil er nur ganz geringe Schulbildung hatte, und weil in den deutschen Kirchen ganz andre Ansichten darüber herrschten. Endlich befiel ihm eine schwere Krankheit, und er war dem Tode nahe. Da machte er ein Gelübde, wenn Gott ihn wieder gesund werden lasse, wolle er dem inneren Zuge seines Herzens, den Deutschen zu predigen, nicht länger widerstreben. Nun wendete sich seine Krankheit schnell zur Besserung.

Sobald er völlig wiederhergestellt war, gab er sein Geschäft auf, ordnete alle seine Geldverhältnisse und begab sich im Jahre 1796 als freiwilliger Wanderprediger auf Reisen. Er predigte überall, wo er Zuhörer finden konnte und wo man ihm die Thüre öffnete, in Häusern und Scheunen, auf Marktplätzen und in Kirchen, auf den Straßen und in den Wäldern. Hauptgegenstände seiner Predigt waren Buße, Glaube, Bekehrung, Wiedergeburt und Heiligung nach der biblischen Lehre, nach welcher der Mensch Buße thun und sich bekehren müsse.

Die Kirche der Methodisten stimmte zwar mit seiner Lehre

und Weise ganz überein, jedoch waren ihre leitenden Männer der Meinung, daß es nicht nothwendig sei, in deutscher Sprache zu predigen. Sie meinten, daß in Amerika die Deutschen schnell Englisch lernen sollten, es auch thun würden, und daß mit der damaligen Generation die deutsche Sprache ganz aussterben würde. Als deshalb Albrecht um feierliche Ordination als Prediger unter den Deutschen bat, erklärten sie sich zwar willig, ihn zu ordiniren, aber nur als englischen Prediger. Gegenwärtig freilich hat die Kirche der Methodisten ganz andre Ansichten, zählt Hunderte von deutschen Predigern, gibt große Zahlen von deutschen Schriften heraus und unterhält mehrere deutsche Lehr- und andre Anstalten. Auch die andren großen englischen Kirchengemeinschaften, die Baptisten, Presbyterianer und Congregationalisten, zum Theil auch die Episkopalen, thun dasselbe. Aber damals dachten sie alle gerade wie die Methodisten, und gerade solche Männer, wie Albrecht, mußten auch bei ihnen erst auftreten und wirken, ehe sie die guten Eigenschaften der Deutschen würdigen und sich um sie bekümmern lernten.

Da Albrecht mit seiner Predigt unter den Deutschen nicht in geordnete kirchliche Verbindung eintreten konnte, mußte er sich selbst eine neue Genossenschaft bilden. Im Jahre 1800 organisirte er in drei Ortschaften zuerst „Klassen", d. h. regelmäßige erbauliche Zusammenkünfte seiner Nachfolger zur gegenseitigen Erbauung, und als die Zahl sich mehrte und die Glieder sich immer fester an einander schlossen, hielten sie im Jahre 1803 eine Versammlung, auf welcher sie Jakob Albrecht zu ihrem Prediger erwählten und ihn dann selbst ordinirten.

Von nun an trat er als regelmäßiger Prediger auf und sammelte feste Gemeinden, stellte auch, wo es thunlich war, Ermahner und Prediger an und reiste unermüdlich, unter großen Mühseligkeiten und Verfolgungen weit und breit umher, fand auch vielfältig Eingang, so daß schon im Jahre 1807 die erste regelmäßige Conferenz der damals sogenannten

„Albrechtsleute" gehalten werden konnte. Hier wurde ein Glaubensbekenntniß und eine Kirchenordnung angenommen, nach dem Muster der Methodisten, mit bischöflichem Regiment und genau geordneter Aufsicht über Prediger und Gemeinden. Albrecht ward einstimmig zum ersten Bischof erwählt, aber seine starke Natur war durch anhaltende Anstrengung und Entbehrungen erschöpft, Auszehrung stellte sich ein und im Frühjahr 1808 ist er gestorben.

Von Natur war Albrecht sechs Fuß hoch, von hoher Stirn, klaren durchdringenden Augen, Adlernase, schwarzem Haar und weißer Haut, ein ansehnlicher und einnehmender Mann. Es war nicht seine Absicht, eine neue Kirchengemeinschaft zu gründen. Noch kurz vor seinem Tode sprach er zu einem seiner Mitarbeiter ernstliche Zweifel darüber aus, ob die Organisation als solche fortdauern solle, es werde sich aber mit der Zeit herausstellen.

Das ist denn auch geschehen. Die Verbindung nahm einige Jahre später den Namen „Evangelische Gemeinschaft von Nord-Amerika" an und hat sich in den Vereinigten Staaten und in Canada sehr ausgedehnt, so daß ihre Gliederzahl an 140,000 beträgt. Sie unterhält in Cleveland, Ohio, ein blühendes Verlagsgeschäft, dessen Wochenblätter, englisch und deutsch, in je 30,000 bis 40,000 Exemplaren verbreitet werden. Der jährliche Umsatz des Verlags beträgt mehrere hunderttausend Dollars. Auch unterhält sie mehrere Lehranstalten und ein Waisenhaus. Ihre Heidenmissionare arbeiten in Japan.

Die Eigenschaften des einfachen deutschen Pennsylvaniers, welcher der Gründer einer so großen und einflußreichen Gemeinschaft geworden ist, Arbeitsamkeit, Enthaltsamkeit, Einfachheit und Warmherzigkeit, haben sich erhalten, befestigt und ausgebreitet, wie ein mit Früchten reich beladener Baum.

XXIII.

Johann Jakob Astor.

Millionär und Bahnbrecher am Stillen Meere.

Johann Jakob Astor ward am 17. Juli 1763 in Walldorf, nicht weit von Heidelberg, in der Pfalz geboren. Sein Vater war ein Schlächter von Profession, ein lustiger Lebemann von Charakter und ein armer Schlucker von Vermögen. Während der zwei Monate, in welchen die Walldorfer schlachteten, lebte er herrlich, die übrigen zehn Monate spärlich. Er war zweimal verheirathet, und Johann Jakob war Sohn der ersten Frau. Seine Stiefmutter brachte eine Anzahl Kinder zu den vielen schon vorhandenen, aber sie brachte weder Geld zu ihrer Ernährung, noch Liebenswürdigkeit zur Ertragung der Nothstände. In Folge dessen herrschten im Hause zuweilen Gewitter. Dann flüchtete Johann Jakob zu den Nachbarn, schlief in Scheunen und stillte den Hunger mit Brod der Trübsal.

Daß der „Nobbele," wie Jakob in pfälzischer Abkürzung genannt wurde, hierbei nicht zu Grunde ging, kam daher, daß von 1741–1779 ein trefflicher Lehrer an der Walldorfer Schule wirkte. Er hieß Valentine Jeune und stammte, wie sein Name zeigt, aus einer der vor Ludwig XIV. aus Frankreich geflohenen Hugenotten-Familien. Dieser unterrichtete den jungen Jakob gründlich im Lesen, Schreiben und Rechnen. Auch schärfte er ihm aus Bibel und Katechismus gute Sittenlehren ein, besonders den Spruch 1 Sam. 2, 7: „Der Herr macht arm und macht reich; er erniedrigt und erhöht." Und die 28. Frage des Heidelberger Katechismus: „Daß wir in aller Widerwärtigkeit geduldig, in Glückseligkeit dankbar und aufs Zukünftige guter Zuversicht" sein sollen.

Johann Jakob hatte drei ältere Brüder. Wegen der häuslichen Umstände wanderten diese, sobald sie dazu im Stande waren, in die Ferne. Einer ging nach Neuwied, einer damals aufblühenden Niederlassung der Herrnhuter, der andre nach London, der dritte nach New York. Der erste war Landwirth, der zweite verfertigte musikalische Instrumente, der dritte war Kaufmann: alle drei kamen gut vorwärts. Das legte dem Johann Jakob denselben Gedanken der Auswanderung frühe nahe.

Aus der Pfalz bewegte sich damals ein beständiger, starker Auswanderungsstrom nach Amerika, oder, wie man es nannte, „ins neue Land." Hauptsächlich trieben dazu die Religions-Bedrückungen, welche die Pfälzer unter dem Kurfürsten Karl Theodor erfuhren. Unter ihm durfte kein Beamter angestellt werden, der nicht katholisch war, und da die Zahl der Katholiken sehr gering war, so gab es wenig Auswahl. Die Zustände waren fast unerträglich. Dazu war die Auswanderung leicht. Man fuhr auf den Holzflößen, die vom Schwarzwald das Schiffsbauholz nach Holland brachten. Da konnte man als Floßknecht neben Kost und Reisegeld noch guten Lohn bekommen, bis man nach dem reichen, betriebsamen Holland kam, wo es wiederum Verdienst gab, und von wo man leicht nach England gelangte. In London konnten die arbeitsamen Deutschen wiederum Beschäftigung und Verdienst genug haben, um das Reisegeld nach Amerika zu erwerben. So konnten es wenigstens unverheirathete junge Leute machen.

Johann Jakob Astor gelangte auf diese Weise im Jahre 1779 nach England, als sechzehnjähriger Jüngling. So war der Vater seiner vier Söhne ledig. Er hängte nun zum Andenken an die Wand seines Hauses in Walldorf die vier grünen, mit Marderpelz besetzten Mützen seiner Söhne, und wenn Besucher kamen, nannte er ihnen oft die Namen ihrer früheren Besitzer, denn er gedachte ihrer gern, am liebsten aber des jüngsten. Auch sein Lehrer Jeune hatte ihn lieb und hatte beim Abschied gesagt:

„Wenn das Nobbele auch noch jung ist, so gilt von ihm das Sprichwort: ‚Was ein Dörnchen werden will, spitzt sich frühe;‘ um den ist mir's nicht bange; er kommt durch die Welt, denn er hat einen offenen Kopf.“

In London fand Astor bei seinem Bruder eine Heimath und durch ihn auch Beschäftigung. Er hatte aber nicht im Sinne, in London zu bleiben, sondern seine Gedanken standen auf Amerika. Er wollte sich hier nur das Reisegeld und ein kleines Kapital zum Beginn eines Geschäfts verdienen, sich auch mit der englischen Sprache bekannt machen. Dies behielt er fest im Auge, lebte sparsam und eingezogen, und benutzte seine freien Stunden zur Erwerbung nützlicher Kenntnisse. Wo er Gelegenheit fand, zog er Erkundigungen über amerikanische Zustände ein.

Nach vierjährigem Aufenthalt in London hatte er die nöthigen Vorbereitungen beendet. Der Unabhängigkeitskrieg Amerikas war gerade vorbei, und es fehlte nicht an Schiffsgelegenheit. Seine Ersparnisse legte er theilweise in einem Dutzend Flöten an, die in Amerika vortheilhaft verkäuflich waren. Im Spätjahr 1783 segelte er von Southampton nach Baltimore.

Der Winter von 1783 auf 1784 war ein ungewöhnlich kalter. In Europa und Amerika erfroren Hunderte von Menschen; das Wild im Wald ging todt; die Bäume barsten. Auch Astors Schiff litt von zahlreichen Eisbergen und Eisgefilden großen Aufenthalt, ja, als es in die Chesapeake Bay einfuhr, trat der unerhörte Fall ein, daß dies Gewässer völlig, mehrere Zoll dick, zufror und drei tödtliche Monate lang zugefroren blieb. Da mußte der junge Astor seine Ersparnisse, die er in Amerika zu verwerthen gehofft hatte, daran wenden, nur sein Leben im Schiffe zu fristen.

Obwol er aber sein Geld verlor, verlor er nicht seine Zeit. An Bord des Schiffes befand sich ein Deutschamerikaner, welcher nach Beendigung von Handelsgeschäften in England auf dem Rückweg nach Amerika begriffen war. Er war Pelzhändler und pflegte jährlich mit in Amerika erhandelten Pelzen nach England zu reisen und sie dort vortheilhaft abzusetzen. Auf diese Weise hatte er sich schon ein bedeutendes Vermögen erworben. Astor ward mit ihm bekannt, und in vertraulichen Gesprächen, welche der lange Aufenthalt im Eise begünstigte, erfuhr Astor, welchen ansehnlichen Vortheil solcher Handel abwarf. Auch erfuhr er, daß unter britischem Regiment der amerikanische Pelzhandel fast ganz in die Hände der großen Hudson Bay Company gefallen war, welche durch ihr Geld sich im Monopol behauptete und von den Indianern und Trappers in vortheilhaftestem Waarenaustausch die kostbarsten Pelze wohlfeil erhandelte. Der Profit war ungeheuer, denn die Glasperlen und Taschenspiegel, oder die Schießgewehre und das Pulver, oder der schlechte Branntwein, den jene begehrten, konnten sie nur von der Pelzgesellschaft beziehen, und diese konnte, beim Mangel aller Konkurrenz, ihre eignen Preise machen. Von demselben Landsmann erkundete Astor auch Markt und Absatzweg der Pelze in Europa, kurz alles, was zum Geschäft gehörte. Sein Entschluß stand fest, sich dem Pelzhandel zu widmen.

Sobald die Eisgefangenschaft beendet war, eilte Astor zu seinem Bruder in New York, welcher dort einen Handel mit Häuten betrieb. Dieser war mit der Idee des Pelzhandels einverstanden und rieth, sogleich ans Werk zu gehen. Das war jedoch nicht nach Johann Jakobs Sinn. Er hatte genug von Pelzen gelernt, um zu wissen, daß er noch vieles über ihre Beurtheilung und Behandlung zu lernen habe, und suchte sich, um das mangelnde zu ersetzen, einen Platz als Lehrling bei einem Kürschner und Pelzhändler, den er auch bald bei einem schon bejahrten Herrn fand. In Kost und Wohnung blieb er bei seinem Bruder.

Sein neuer Brodherr fand zu seinem Erstaunen, daß der junge Astor vom Geschäfte schon ganz gute Kenntnisse habe. Er hatte die Monate auf dem Eise des Chesapeake vortrefflich benutzt. Auch erprobte er bald seinen unermüdlichen Fleiß und die sittsame Zurückgezogenheit seiner Lebensweise. In Folge davon ward dem jungen Astor von Anfang an ein anständiger Wochenlohn zu Theil. Seine Flöten hatte er schon vor Antritt der Stelle vortheilhaft verkauft. Er konnte bereits hübsche Ersparnisse bei seinem Bruder niederlegen.

Nach und nach wurden ihm immer größere Verantwortlichkeiten anvertraut, und er war bald tief in das Geschäft eingeweiht. Er behielt sich jedoch auch Zeit zu Vergnügungen, nur daß seine Vergnügungen nicht die gewöhnlichen waren. Sie bestanden hauptsächlich in Lektüre und literarischem Umgang. Dadurch wurde er auch mit W a s h i n g t o n I r v i n g bekannt, der zeitlebens ihm ein vertrauter Freund war.

Als nach einigen Jahren sein Brodherr starb, konnte Astor es schon wagen, auf eigne Hand ein nach England fahrendes Schiff mit Pelzwaaren zu befrachten, wobei sein Bruder ihm mit Vorschüssen half. Der Markt war damals in Amerika gerade mit solchen Waaren überfüllt. Astor konnte billig einkaufen. In England, wohin er seine Waaren selbst brachte, fand er dagegen gute Nachfrage, und seine Art, Geschäfte zu machen, war so klar und fest, daß man sogleich wieder bedeutende Bestellungen bei ihm machte.

Als er nach New York zurückkam, war sein Bruder kinderlos gestorben, jedoch that das ihm keinen Abbruch. Mit verdreifachten Vorräthen konnte er eine z w e i t e H a n d e l s r e i s e machen. Nachdem er hier wieder sehr guten Absatz gefunden, konnte er es schon wagen, den Erlös in England in solchen Waaren anzulegen, deren Einführung in Amerika vortheilhaft war, und nun wiederholten sich diese Handelsreisen immer schneller und immer vortheilhafter. Seine von Natur kräftige, durch Mäßigkeit und Nüchternheit noch mehr erstarkte Gesundheit kam ihm dabei vortrefflich zu statten, so daß er alle Reisebeschwerden ertragen, alle Arbeiten ausführen konnte.

Der nächste Schritt war, daß er, statt seine Pelze in New York einzukaufen, nach Montreal reiste und sie von dort nach England brachte. Er machte diese Reise nach Montreal in einem eigens dazu gekauften Boot, das er in New York mit denjenigen Waaren befrachtete, die in Montreal vortheilhaft verkäuflich waren. Die Reise war ungewöhnlich beschwerlich, aber auch ungewöhnlich vortheilhaft.

Im Jahre 1800 belief sich Astors Vermögen bereits auf $125,000.

Als die Regierungen von England und Amerika ihre Pelz-Zölle abschafften, nahm Astor die Gelegenheit wahr, sein Geschäft noch mehr auszudehnen. Er wandte den Blick nach China, das die großen Quantitäten Pelz, die es verbraucht, bisher von Rußland bezogen hatte. Er beschloß, diesen Markt aufzusuchen. Das erforderte jedoch mehr Geldmittel, als er hatte. Er mußte Geld borgen. Ein reicher Mann, bei dem er anfragte, wies ihn ab. Beim Austreten aus seinem Hause sah Astor eine Stecknadel auf dem Boden. Nach seiner Gewohnheit hob er sie auf und steckte sie sich in den Rockkragen. Das sah der Reiche, rief ihn zurück und stellte ihm unbeschränkten Kredit zur Verfügung. Astor wagte alles an große Sendungen nach England und China. Und er gewann. Der Ertrag der chinesischen Sendung grenzte ans Fabelhafte.

Nun glaubte Astor an ein Werk gehen zu können, das ihm schon lange am Herzen gelegen. Die britische Hudson Bay Company hatte bis jetzt im großen Nordwesten Amerikas das Monopol. Das wollte Astor brechen und eine amerikanische Pelzhandels-Gesellschaft errichten. Sie trat 1809 als American Fur Company ins Leben. Zu ihrem Kapital trug Astor eine Million Dollars bei.

Mit Genehmigung des Congresses wurden zwei Expeditionen, die eine zu Land und die andre zu Wasser, ausgerüstet, um an der Mündung des Columbia ins Stille Meer die erste amerikanische Ansiedlung an den Ufern jenes Oceans zu gründen. Denn Californien war damals noch spanisch. Das Sternenbanner war an jenen Küsten unbekannt. Ein deutscher Mann wollte es dort aufpflanzen. Er hat es auch gethan. Sein Schiff fuhr ums Cap Horn in den Stillen Ocean, dann nordwärts bis nach dem heutigen Oregon, und hier erbaute die Bemannung Fort und Faktorei Astoria und hißte die amerikanische Flagge auf. Es entfaltete sich hier nun eine rege Thätigkeit. Gebäude wurden errichtet, Ländereien für Garten- und Feldbau urbar gemacht, Jäger zum Fang der Pelzthiere ausgesendet, Märkte für die Indianer eröffnet.

Aber man hatte bei der Wahl der leitenden Männer zwei große Fehlgriffe gemacht. Der Kapitän des Schiffes war mürrischer und unfreundlicher Art. Schon auf der weiten Seereise hatte er mancherlei Reibungen mit den andren Beamten der Gesellschaft gehabt. Noch weniger vermochte er mit den Indianern fertig zu werden. Auf einer Handelsreise, die Küste entlang, beleidigte er sie tödtlich, sie überfielen das Schiff, im Handgemenge entstand Feuer, das Pulvermagazin fing Feuer, und das ganze Schiff mit allen Vorräthen und allen, die darauf waren, flog in die Luft.

Auch der General-Agent in Astoria, McDougal, war nicht glücklich gewählt. Er hatte früher im Dienst der Hudson Bay Company gestanden; Astor hatte ihn durch großen Gehalt an sich gezogen, aber wahrscheinlich blieb er geheim im Dienst der Hudson Bay Gesellschaft und ward von ihr zum Untergang der American Fur Company gebraucht. Daraus entstanden in Astoria fortwährende Reibungen.

Die Land-Expedition dagegen war in der Wahl des Leiters, Kapitän Hunt, sehr glücklich. Das war aber auch nothwendig, denn es galt über die damals noch unbewohnten Prairien des Westens, über die Wüsteneien und die Felsengebirge hindurch nach dem Columbia zu dringen, in einer Zeit, wo in Ohio erst die Anfänge der Ansiedlungen gemacht waren, und wo noch nie eine amerikanische Gesellschaft die Felsengebirge überschritten hatte. Kein Wunder, daß viele der für diese Expedition Geworbenen schon in den ersten Tagen vor der Größe des Wagnisses zurückschreckten und heimlich davonschlichen. Manche nahmen sogar ihre Ausrüstung mit.

Bis in das Gebiet der Sioux hatte man Wasserwege benutzen können, und da hatte man keine größere Gefahr als von den Indianern zu bestehen. Der dann folgende Marsch durch die baum- und wasserarmen Prairien brachte größere Beschwerde und Noth. In den Felsengebirgen hatte man von Kälte und Hunger zu leiden, denn die erwartete Fülle des Wildprets blieb aus, und die Jäger kehrten mit leeren Händen heim. Der Abstieg von der Höhe der Gebirge war günstig. Es gab Wild, Fische und erträgliche Reise, und man fand den Columbia River. Tagelang konnte man Boote benutzen. Aber dann zwängten Felsen das Ufer des Flusses ein, viele Meilen lang gab es unbefahrbare Stromschnellen. Man mußte alle Vorräthe vergraben. So erleichtert erreichte die Expedition glücklich Astoria, und der Muth aller ward neu belebt.

Es kam aber eine andre Noth. Der Krieg des Jahres 1812 mit England brach aus. Die Vereinigten Staaten vermochten nicht, in jenen entfernten Gewässern Astoria zu schützen. Auch scheiterte das zweite Schiff, welches Astor mit neuen Vorräthen und Verstärkungen entsandt hatte. Da benutzte McDougal den Umstand, daß Hunt sich auf Jagd und Handel von Astoria entfernt hatte, und bewog alle übrigen, mit ihm Astoria zu verlassen und zur Hudson Bay Company überzugehen. Nun mußte alles aufgegeben werden. Die American Fur Company löste sich auf.

Astors Verluste waren sehr groß. Er ertrug sie jedoch mit Fassung. Er pflegte damals zu sagen, daß der Verlust des Geldes ihn bei weitem nicht so sehr schmerze, als das Mißlingen dieser seiner Lieblingsunternehmung. Das mochte auch schon deshalb so sein, weil er inzwischen durch weitsichtige Landkäufe in und um New York, bei dem ungeahnt schnellen Wachsthum der Stadt Millionen von Dollars gewonnen hatte. Als er im Jahre 1848 starb, betrug sein Vermögen 20 bis 30 Millionen.

Sein Sohn, William B. Astor, erwies sich als nicht minder guter Finanzmann, und das Vermögen der Astors gilt jetzt als eines der größesten in Amerika.

In seinem Testamente hat J. J. Astor eine halbe Million Dollars für wohlthätige Zwecke vermacht. Der bei weitem größeste Theil davon ward, getreu seiner Vorliebe für literarische Beschäftigungen, zur Gründung einer Bibliothek benutzt, deren Vermögen durch gute Verwaltung bereits auf eine Million Dollars gestiegen ist, mit einer jährlichen Einnahme von $20,000. Diese Einnahme wird zur Anschaffung von Büchern und zur Verwaltung der Bibliothek verwendet. Es sind jetzt 200,000 Bände in der Astor Library, und an 50,000 Personen benutzen dieselben. Jährlich werden über 100,000 Bände gelesen. Der Katalog umfaßt zehn dicke Bände. Das Gebäude ist dreistöckig und hat eine reichgeschmückte Front von braunem Sandstein. Der Bibliotheksaal ist 100 Fuß lang, 64 Fuß breit und 50 Fuß hoch.

Seinem Geburtsort Walldorf hinterließ Astor 50,000 Dollars, die zur Gründung einer Erziehungsanstalt für arme Kinder und zu einem Heim für Alte verwendet sind.

Außer diesen beiden Anstalten trägt Astors Namen einer der schönsten Plätze New Yorks, eine sechs Meilen von New

York gelegene Stadt von 5000 Einwohnern, sowie drei kleinere Orte in Illinois, Missouri und Oregon.

Obwohl Astors Lieblingsunternehmen mißlang, so hat er noch vor seinem Tode es erlebt, daß die Ländereien am Stillen Meere, deren Werth sein Fernblick schon vierzig Jahre früher als alle andren erkannte, durch die Goldentdeckungen in Californien zur allgemeinen Würdigung kamen.

XXIV.

Friedrich Heinrich Quitmann.

Sohn und Vater eines Offiziers.

Friedrich Heinrich Quitmann ist am 7. August 1760 in Cleve, Rheinpreußen, geboren. Sein Vater war militärischer Inspektor der dortigen preußischen Garnison, und wollte auch aus dem Sohne einen tüchtigen Offizier machen. Mitten in den Unruhen des siebenjährigen Krieges geboren und zu einer Zeit erzogen, wo der Ruhm der preußischen Soldaten alle Welt erfüllte, verrieth auch sein Körperbau, seine kolossale Statur, seine breite Brust und sein starker Knochenbau beim ersten Anblick den geborenen Soldaten. Auch war er von energischer Natur, schnell entschlossen und immer bereit zu thun, was die Stunde erheischte.

Dabei bewies der junge Quitmann auf der Schule große Gelehrigkeit, er hatte einen offenen Kopf und lernte leicht und gern. Der Vater gedachte daher, einen großen General aus ihm zu machen, und ihn zu dem Zweck alles lernen zu lassen, was zu lernen war. Er schickte ihn erst aufs Gymnasium, wo er sich mit alten Sprachen und Mathematik gründlich bekannt machte, und dann nach Halle auf die Universität, denn Realschulen gab es damals noch nicht.

Der Professor, bei welchem er sich hier zum Eintritt meldete, war ganz erstaunt beim Anblick eines solchen Riesen.

„Welche Knochen,“ rief er, „welche Stärke! Junger Mann, Sie haben in sich Lebenskraft für hundert Jahre!“

Aber trotz alledem entschloß der junge Riese sich, Theologie zu studiren. Ihn lockte nicht die Aussicht, einmal als General Regimenter zu kommandiren, Städte zu erobern und sieggekrönt heimzukehren: ein Bote des Friedens wollte er werden und lieber die Sünde und den Teufel als die Franzosen oder die Oestreicher bekämpfen. Als er das nach Hause meldete, berief der Vater ihn sogleich von der Universität zurück. Er liebte die „Pfaffen“ ebenso wenig, wie der alte Fritz, und damals war noch nicht das Zeitalter angebrochen, wo die Neigung der Kinder bei der Wahl ihres Berufs zu Rathe gezogen wurde. Das besorgte der Vater, und das Kind gehorchte. Auf des Vaters Befehl mußte er eine Stelle als Erzieher bei dem Fürsten von Waldeck annehmen. Die Hofluft sollte die Studirstubenluft vertreiben.

Sie that es jedoch nicht. Der junge Quitmann war ein entschlossener Mann. Er that, was er für recht hielt, begab sich heimlich nach Holland und studirte hier Theologie; nach Vollendung seiner Studien ward er von seiner geistlichen Behörde als Missionar nach Curazao in Centralamerika gesendet, wo er zwölf Jahre treulich arbeitete und dann, reichlich pensionirt nach Holland zurückkehrte.

Das war im Jahre 1793. Er hätte nun gern in Holland seine Tage beendet, aber in Frankreich war die Revolution ausgebrochen. Unter General Pichegru war das französische Heer gegen Holland vorgedrungen, hatte im Januar 1795 die gefrorenen Ströme überschritten und Holland mit Sansculotten überschwemmt. Pastor Quitmann, der von der

Natur und von seinem Vater zum Soldaten bestimmt war, schien auch durch die Umstände dazu getrieben zu werden. Aber er war einer von den Männern, welche nicht durch Umstände bestimmt werden. Er wollte mit Krieg nichts zu thun haben. Noch im selben Jahre schiffte er sich mit seiner Familie nach Amerika ein, landete in New York, meldete sich bei dortiger Synode und wurde als Prediger unter die Deutschen im Mohawk-Thale, am Shoharie bestimmt.

Zwanzig Jahre hat er als Prediger gewirkt. Indessen war er doch im Predigtamt nicht eigentlich zu Hause. Mit gewöhnlichen Leuten mochte er nicht viel verkehren, da er sich als Erzieher im fürstlich Waldeckschen Hause und als Missionspastor unter den holländischen Handelsherren in Curazao den Geschmack und die Bedürfnisse der vornehmen Welt angeeignet hatte. Dagegen bewegte er sich in ungezwungener Weise in der besten Gesellschaft. Die Gouverneure des Staates und andre hohe Beamte pflegten in seinem Hause aus und ein zu gehen, und er verkehrte mit ihnen auf gleichem Fuße. Seine Kenntnisse, sein scharfer Verstand und seine Beobachtungen in allerlei Ländern und Umständen machten ihn zu einem äußerst interessanten Unterhalter. Dagegen wurden die geringeren Leute durch den ernsten Ausdruck seines Gesichts und durch sein abgemessenes Wesen von aller vertraulichen Annäherung fern gehalten.

Zur Zeit seiner pastoralen Thätigkeit begannen die Erweckungen (revivals) von den englisch-amerikanischen Kirchen auf die deutschen Einfluß auszuüben, und dies war ihm sehr zuwider. Als Präsident des lutherischen Hartwick-Seminars, wo er auch den Doktortitel erhalten hatte, bekämpfte er mit dem Eindringen der englischen Sprache auch das Eindringen der Erweckungen.

Im Jahre 1815 wurde er als Glied der Staatsgesetzgebung gewählt, blieb aber nicht bei der politischen Laufbahn, sondern lehnte die ihm angebotene Wiederwahl entschieden ab. Dagegen nahm er an allen politischen Fragen lebhaft Antheil und wurde von Staatsmännern in allen schwierigen Fragen zu Rathe gezogen. Er hat bis 1832 in Zurückgezogenheit gelebt.

Was aber er werden sollte und nicht wollte, das ist sein Sohn, Johann Anton Quitmann geworden, der ihm 1798 geboren wurde. Dieser war zuerst Professor der deutschen Sprache in einem pennsylvanischen College, dann widmete er sich dem Studium der Rechte und versuchte in dem, was man damals den fernen Westen nannte, in Ohio sein Glück. Allein die Stadt Chillicothe, wo er als Rechtsanwalt arbeitete, war im Rückgang begriffen, seitdem die Gesetzgebung und das Staatskapitol von hier nach Zanesville gewandert waren. Der junge Quitmann ging nun nach dem Süden und fand in Natchez, der Hauptstadt des Staates Mississippi, einen großen Wirkungskreis. Er wurde hier erst Mitglied der Gesetzgebung, dann des Senats, dann 1835 Vorsitzer des Senats.

Um diese Zeit gehörte das damals dünn bevölkerte Texas noch zu Mexico. Es waren aber dort viele Amerikaner eingewandert, und in dem südlichen Theil der Vereinigten Staaten richteten leitende Staatsmänner ihr Augenmerk auf dies große und wichtige Gebiet. Durch deren Begünstigung entstand in Texas eine Bewegung, sich von Mexico unabhängig zu machen, und Quitmann war einer von den Amerikanern, die auf eigne Faust, mit den Waffen in der Hand, den Texanern zu Hilfe eilten. Im Mai 1836 kam es zur Schlacht von San Jazintho, in welcher der mexikanische Präsident Santa Anna gefangen genommen und für Texas die Unabhängigkeit errungen wurde.

Texas bat nun um Aufnahme in die Vereinigten Staaten, aber es vergingen noch zehn Jahre, ehe diese sich entschließen konnten, dies Gesuch, das gleichbedeutend mit Krieg gegen Mexico war, zu gewähren. In dieser Zwischenzeit machte

Quitmann Reisen in Deutschland und Frankreich, und kehrte dann nach Natchez zurück. Ihm wurde das Amt eines Ober-Bundesrichters übertragen. Während er den Pflichten dieses hohen Amtes oblag, versäumte er nicht seine Pflichten als Deutscher. Im Jahre 1839 rief er einen deutschen Leseverein in Natchez ins Leben und schenkte ihm eine große Büchersammlung, die er aus Deutschland mitgebracht hatte. Im nächsten Jahre stellte er auf eigne Kosten einen deutschen Lehrer an, bezahlte auch dessen Gehalt, damit die Kinder der Deutschen in Natchez ihre Muttersprache lernen könnten. Wenn damals Deutsche nach Natchez kamen, so fanden sie bei Richter Quitmann stets Hilfe zur Erlangung lohnender Arbeit.

Im Jahre 1845 brach der lange erwartete Krieg mit Mexico wegen Texas aus, und nun konnte Quitmann nicht länger von seiner militärischen Laufbahn zurückgehalten werden. Er ward von Präsident Polk zum Brigade-General ernannt und marschirte mit General Taylors Armee ins mexikanische Gebiet. Wie hätte sein Großvater sich gefreut, wenn er es noch erlebt hätte, daß der Enkel das wurde, was er vom Sohn vergeblich gehofft hatte!

Am 19. September 1846 langte die Armee, 6600 Mann stark, vor Monterey an, wo 10,000 Mexikaner unter General Ampudia eine feste Stellung eingenommen hatten. Ohne Zögern begannen die Amerikaner die Belagerung der Feste. Sie stürmten zuerst die befestigten Anhöhen hinter der Stadt. Am nächsten Tage erstürmten sie den Palast des Bischofs, ebenfalls hinter der Stadt gelegen, eine gewaltige Masse steinerner Gebäude. Am 23. September kam die Reihe an General Quitmann, von vorne die Stadt zu berennen. Die Mexikaner begrüßten ihn mit einer furchtbaren Kanonade aus ihren hohen Batterien, und mit einem unaufhörlichen Regen von Musketenkugeln aus allen Häusern und von den flachen Dächern. Aber an der Spitze der Seinen drang General Quitmann unaufhörlich ins Innere der Stadt, bis er die Grand Placa, den Marktplatz im Centrum der Stadt erreicht und sich desselben bemächtigt hatte. Unter lautem Siegesgeschrei ward hier die amerikanische Fahne auf höchster Thurmspitze entfaltet, und dann ging man daran, Haus für Haus in den Straßen vom Feinde zu säubern. Die Hausthüren wurden erbrochen, dunkle Treppen stürmte man hinauf, eroberte die flachen Dächer und zwang die erschreckten Mexikaner zur schmachvollen Uebergabe. Zur Belohnung für diese That ward General Quitmann zum General-Major befördert. Man hielt den Krieg für beendet. Ein Waffenstillstand von acht Wochen ward abgeschlossen.

Aber die Mexikaner wollten nur Zeit gewinnen. Sie riefen ihren Liebling, Santa Anna, wieder ins Land, gaben ihm ein Heer von 20,000 Mann und trugen ihm auf, als deren Befehlshaber die Amerikaner aus Mexico zu jagen.

Das Frühjahr 1847 brachte durch den Sieg bei Buena Vista den Feldzug im Norden Mexicos zu seinem glücklichen Ende, und es begann General Scotts berühmter Zug von Vera Cruz bis zur Hauptstadt. Im März erschien die amerikanische Flotte vor Vera Cruz, landete die Armee, bei welcher auch General Quitmann kommandirte, und begann die Laufgräben zu ziehen. Während die Flotte vier Tage lang das berühmte feste Fort San Juan d'Ullua bombardirte, das mit einem Kostenaufwand von vier Millionen Dollars im Eingang des Hafens errichtet worden war, feuerten vom Lande aus die Batterien General Quitmanns. Es war eine der fürchterlichsten Kanonaden, welche die Geschichte kennt. Vera Cruz ergab sich. Nun zog die Armee nach der Hauptstadt. In einer Reihe blutiger Gefechte suchte Santa Anna sie zurückzuhalten. General Quitmann hatte an den tapferen Thaten, durch welche Scotts Armee sich den Zugang zur Hauptstadt Mexico errang, seinen vollen Antheil.

Am 13. September erstürmte er mit seiner Brigade die

steilen, uneinnehmbar scheinenden und von mexikanischen Batterien strotzenden Höhen von Chapultepec. Dann erstürmte er das Belans Thor der Stadt. Santa Anna floh in derselben Nacht und Mexiko ergab sich, und am folgenden Tage zog das amerikanische Heer mit klingendem Spiel und fliegenden Fahnen siegreich durch die schönen Straßen nach den Hallen der Montezuma's. General Quitmann ward Gouverneur der Stadt Mexico.

Nach Beendigung des Krieges kehrte Quitmann in seine Heimath Natchez zurück, und ward bei der nächsten Wahl Gouverneur von Mississippi.

Nach diesem wurde von Amerika aus ein Versuch gemacht, die schöne Insel Cuba in derselben Weise wie Texas an die Vereinigten Staaten zu bringen. Eine Expedition unter Lopez ward ausgerüstet, um einen Aufstand zu erregen. Dieselbe scheiterte aber kläglich, und Lopez ward von den spanischen Behörden garrotirt. Man beschuldigte Gouverneur Quitmann, einer von den Anstiftern dieses Unternehmens gewesen zu sein. Er legte deshalb sein Gouverneursamt nieder und unterzog sich einer gerichtlichen Untersuchung. Dieselbe endete mit seiner Freisprechung.

In den Jahren 1855 und 1857 wurde er in den Congreß gewählt. Hier hat er sich dadurch ausgezeichnet, daß er in jeder Weise die Annexation von Cuba befürwortete. Er ist im Jahre 1858 gestorben, und hat die Schrecken des Secessionskrieges nicht mehr erlebt.

General Quitmann hat als General wie als Bürger der Vereinigten Staaten seinem deutschen Namen keine Unehre gebracht, und so oft von den tapferen Thaten der amerikanischen Armee in Mexico gesprochen wird, werden wir uns freuen, sagen zu können, daß wie in jedem andren Kriege, den Amerika geführt hat, so auch in diesem die deutsche Nationalität unter den ruhmreichen Generälen eine würdige Vertretung gefunden hat.

XXV.

Johann Georg Rapp.

(Gründer von Harmony und Economy.)

Johann Georg Rapp ist 1770 im Oberamt Maulbronn, Würtemberg, geboren und war dort ein Leiter der Separatisten, d. h. solcher Leute, denen die Kirche zu ungeistlich war. Er verwarf alle kirchlichen Formen und wollte eine Gemeinde gründen, wie die erste in Jerusalem war, wo nach seiner Ueberzeugung völlige Gütergemeinschaft herrschte. Alle Gemeindeglieder sollten „eine einzige Familie bilden, wo jeder nach seinen Kräften und Fähigkeiten, ohne allen Eigennutz, blos zum Wohl des Ganzen und seiner Mitbrüder arbeitet.“

In Würtemberg ließ sich diese Idee nicht ausführen, man beschloß deshalb, nach Amerika zu gehen. Im Jahre 1803 ward Rapp mit mehreren Freunden voraus entsendet. Sie wählten das westliche Pennsylvanien und kauften 6000 Acker Wald nicht weit von Pittsburg. Im nächsten Jahre folgte die ganze, aus etwa 300 Gliedern bestehende Gemeinde. Unter seiner Leitung ward der Wald mit unsäglichen Mühen der, solcher Urwaldsarbeit unkundigen Leute gelichtet und in fruchtbare Felder verwandelt. In der Mitte der Ansiedlung lag das Städtchen Harmony, von mehreren Dörfern umgeben. Mühlen wurden gebaut, Weinberge angelegt, Vieh bester Rasse, namentlich Schafe importirt, und vom besten Obst gepflanzt. Man verbesserte die Maschinen und erfand neue. Dann wurden Webereien, Färbereien, Gerbereien und Brennereien errichtet, auch Kaufmannshäuser und Geschäfte gegründet. Der musterhaft betriebene Landbau arbeitete dem sorgfältigen Kaufmannsgeschäft in die Hände, und die Gesellschaft ward überreich.

Indem Rapp das Heirathen verbot und alle trägen oder unfügsamen Glieder (mit Rückzahlung ihrer Einzahlungen) entließ, wuchs die Gemeinde nie über 800 Glieder und konnte in guter Zucht gehalten werden.

Im Jahre 1815 verkaufte Rapp, wahrscheinlich in Folge einer Vision, die ganze Niederlassung, um größeren Grundbesitz im Westen zu erwerben. Er kaufte 30,000 Acker Wald in Indiana am Wabash. Aber das Klima war ungesund und das Land häufigen Ueberschwemmungen unterworfen, deshalb verkaufte er 1824 auch dies Land wieder. Nun ging er nach Pennsylvanien zurück, wo er 1825 eine neue Niederlassung am Ohio gründete. Sie hieß Economy. Sie ist herrlich auf einem grünen Hügel gelegen und wird als ein Paradies gepriesen. Ebenso gute Land- und Gartenwirthschaft nebst Geschäften, wie sie in Harmony waren, blühten hier wieder auf, Baumwollen- und Seidenspinnereien würden hinzugefügt. Dann sind auch Schulen und sogar Kunstsammlungen entstanden. Das ganze Vermögen wird auf zwanzig Millionen Dollars geschätzt.

Rapp ist 1847 gestorben. Ihm folgte sein Sohn als Vorsteher. Einsichtsvolle Reisende, welche Economy vielfach besucht haben, geben dem ehrenhaften Karakter Rapps stets das beste Zeugniß und rühmen seine Schöpfung als einen der größesten Kolonisationserfolge.

XXVI.

Demetrius Augustin Gallitzin.

Fürst, Priester und Pionier.

Demetrius Augustin Gallitzin ist am 22. Dezember 1770 im gräflichen Schlosse Bischeringen, in Westfalen, geboren. Sein Vater war ein berühmter Staatsmann, eine zeitlang russischer Gesandter in Holland, dann am französischen Hof. Seine Mutter war die Tochter des preußischen General-Feldmarschalls von Schmettau. Der Vater war ein eifriger Anhänger von Voltaire, ein Bewunderer der Revolution und Genosse der freiesten Geister, aber seine Mutter ging von der protestantischen Religion zur katholischen über, und der Sohn folgte ihr, als er 18 Jahre alt geworden war.

Er verfolgte die ihm durch seine hohe Geburt offen stehende höchste Laufbahn mit gutem Glücke. Im Jahr 1790 war er Adjutant des kaiserlichen Generals, welcher Brabant und ganz Belgien besetzte. Als aber die französische Revolution zum vollen Ausbruch kam und sich zur blutigen Schreckensherrschaft entwickelte, ward er des weltlichen Wirrsals überdrüssig und floh in Begleitung eines katholischen Priesters nach Amerika. Er entsagte allen glänzenden Aussichten als Erbe von hohem Adel und großem Reichthum, um als katholischer Priester im Verborgenen Gutes zu thun, und um sich selbst in aller Selbstverleugnung und Selbsterniedrigung zu üben, denn es schien ihm köstlicher, sich selbst zu überwinden als andre Menschen.

Zu dem Zweck trat er in Baltimore in ein Priesterseminar. Nach fünfjährigem Studium zum Priester geweiht, mochte er nicht im Glanz und Gewühl reicher Städte arbeiten, sondern zog in eine bergige, noch ganz wild mit Urwald bedeckte Gegend von Pennsylvanien, Cambria County, um hier eine katholische Mission zu gründen, welche er nach dem berühmten italienischen Wallfahrtsort Loretto nannte. Hier verwendete er sein ganzes fürstliches Vermögen auf den Ankauf und die Urbarmachung einer großen Strecke Landes, damit arme Katholiken hier beisammen wohnen und nach ihren Ueberzeugungen Gott dienen könnten. Er hat sein Ziel erreicht. Ihn schreckten nicht die bittren Enttäuschungen, welche die ersten, verfehlten Versuche dem in solchen Dingen gänzlich unerfahrenen Edelmanne bereiteten, noch die Undankbarkeit und Gemeinheit derer, die ihn verkannten oder mißbrauchten. Zweiundvierzig Jahre hat er hier gearbeitet und die felsige Wildniß in einen Rosengarten verwandelt.

Die Kolonie Loretto umfaßt gegenwärtig an 7000 Seelen. Der Flecken dieses Namens ist umgeben von den Ortschaften Gallitzin, Münster und St. Augustin.

Fürst Gallitzin hat hier unter dem Namen „Vater Schmidt" mehrere Schriften verfaßt, in welchen er die Protestanten von der Richtigkeit seiner katholischen Grundsätze zu überzeugen sucht, und welche in englischer und deutscher Sprache weite Verbreitung gefunden haben.

Er starb am 6. Mai 1840.

XXVII.

Ferdinand Rudolph Hassler.

Erster Triangular-Landmesser.

Ferdinand Rudolph Haßler ist am 6. Oktober 1770 in Aarau, in der deutschen Schweiz geboren. Sein Vater war Uhrmacher, ein vermögender Mann, der auch mehrere Male Mitglied des Stadtraths war. Da er der einzige Sohn war, so gedachte sein Vater etwas rechtes aus ihm zu machen, und ließ ihn erst auf die lateinische Schule von Aarau und dann nach Bern gehen, um dort die Rechtskunde zu studiren. Aber des jungen Haßler natürliche Neigungen führten ihn dort im Jahre 1791 zu einem Landmesser, welcher im Auftrage der Berner Regierung topographische Vermessungen vornahm. Ihm war dabei hauptsächlich das neue Dreieck-System merkwürdig, welches dieser in Anwendung brachte, und dasselbe reizte seine Wißbegierde in solchem Maße, daß er sich auf weite Reisen begab, um alles dazu gehörige gründlich zu erkunden. In Paris, Gotha, Göttingen und Kassel suchte er die berühmtesten Geographen und Astronomen auf und prüfte die besten Instrumente. Auch die Sternwarten und physikalische Instrumente aller Art studirte er, wo er etwas ausgezeichnetes der Art fand. Im Jahre 1796 ging er zum gleichen Zweck nochmals nach Paris.

Unterdessen waren in Bern alle die neuen Instrumente, welche zu der neuen Vermessungskunst nöthig waren, fertig geworden, und Haßler ging im Jahre 1797 damit in voller Begeisterung an die Arbeit, den Kanton Bern zu vermessen und die Lage aller Oertlichkeiten genau zu bestimmen. Allein die in Frankreich ausgebrochene Revolution überfluthete schon 1798 die Grenzen der Schweiz, es entstand unter dem Einfluß Frankreichs die Helvetische Republik, französische Ingenieure wurden an die Stelle der einheimisch deutschen gestellt, und Haßler sah sich ohne Beschäftigung und ohne Aussicht.

Um diese Zeit erschien in der Schweiz ein gewisser Marcel, welcher in Amerika gewesen war und ein Projekt zur Gründung einer Kolonie in Louisiana ersonnen hatte. Er beschrieb das herrliche Klima, das fruchtbare Land, die tropischen Früchte, die Handelsvortheile des großen Mississippi in glühenden Farben, und hatte auch von Rousseau gelernt, das liebliche Leben im Naturzustande der Menschen zu preisen, wo man, fern von der europäischen Bildung mit all ihrem Druck und Elend, sorglos, friedlich leben könne. Es gelang ihm, eine große Aktiengesellschaft zu bilden. Jede Aktie sicherte 50–60 Acker des köstlichsten Zuckerlandes in Louisiana. Schon einmal (1716) hatte Louisiana zur Gründung einer ähnlichen Aktiengesellschaft durch den Schotten John Law in Paris Gelegenheit gegeben, welche zu den wildesten Spekulationen geführt, und damals plötzlichen Reichthum und plötzliche Verarmung von Tausenden zur Folge gehabt hatte. Das war aber in der Zwischenzeit in Vergessenheit gerathen, und überdies war Louisiana im Jahre 1803 von Napoleon um fünfzehn Millionen Dollars an die Vereinigten Staaten verkauft worden, wovon Marcel nun Gelegenheit zu seinem Kolonisationsprojekt nahm.

Haßler wurde von den herrlichen Aussichten der Kolonisationsgesellschaft so hingerissen, daß er nicht allein selbst Antheil daran nahm, sondern noch über hundert Personen auf seine Kosten mit nach Amerika brachte.

Im Jahre 1805 landete Haßler erwartungsvoll in Philadelphia, aber nur, um aufs bitterste enttäuscht zu werden. Der Agent hatte das für Aktien eingezahlte Geld unterschlagen, in Louisiana war kein Land gekauft, in Philadelphia keine Vorkehrung zum Empfang der Kolonisten getroffen worden. Dies war eine schreckliche Erfahrung. Freilich war's ein großes Glück für Haßler, denn ihm wurden nun alle die traurigen Erfahrungen erspart, die jeder gebildete Europäer in Amerika macht, wenn er meint, hier Landbau treiben zu müssen, oder zu können.

Einstweilen jedoch stand Haßler mit seiner Familie und dem kleinen Alexander, Scipio, Aeneas und Ulysses — so hatte er seine Söhne getauft — rathlos im fremden Lande unter fremden Leuten.

Aber er durfte Amerika auch von seiner guten Seite kennen lernen. Ein Mann, Namens John Vaughan, der von seinem Unglück hörte, suchte ihn auf und ward von seinem offenen Wesen so sehr zu seinen Gunsten eingenommen, daß er ihm mehrere hundert Dollars auf sein ehrliches Gesicht hin lieh. Groß war Haßlers Erstaunen und Freude, aber noch größer war John Vaughans Freude und Erstaunen, als nach Jahren Haßler ihn wieder aufsuchte und ihm das Darlehen zurückzahlte. So etwas war dem Amerikaner noch nie vorgekommen, denn er hatte es für selbstverständlich gehalten, daß das „Darlehen" nur ein milder Ausdruck für ein Almosen wäre. Aber bei dem Deutschen hieß es: „Ein Mann ein Wort." Nicht lange darauf ward Haßler auf der Kadettenschule in Westpoint als Professor der Mathematik angestellt.

Damals war Thomas Jefferson Präsident der Vereinigten Staaten, und der nahm großen Antheil an allen naturwissenschaftlichen Studien. Haßler, als hochgebildeter Mann, war schnell mit angesehenen Männern bekannt geworden, und diese führten ihn beim Präsidenten ein. Durch die wissenschaftliche Unterhaltung erfuhr Jefferson von der neuen Vermessungs-Methode und wurde aufmerksam auf die großen Vortheile für Handel und Verkehr, welche eine genaue Vermessung aller Küsten der Vereinigten Staaten bringen würde. Er empfahl die Sache dem Congreß, und dieser passirte 1807 ein Gesetz, daß alle Landesküsten genau vermessen werden sollten. Die Ingenieure des Landes wurden durch öffentlichen Aufruf aufgefordert, Pläne vorzulegen, wie diese Vermessung am besten ausgeführt werden könne. Auch Haßler reichte seinen Plan ein, und derselbe wurde angenommen.

Es fehlten nun aber wieder, wie früher in der Schweiz die für die neue Methode nöthigen Instrumente, deshalb ward Haßler im Jahre 1810 beauftragt, nach London zu reisen, um diese Werkzeuge dort anfertigen zu lassen. Leider ging es mit der Arbeit nur zu langsam. Zwei Jahre vergingen darüber, und nun brach der Krieg von 1812 aus, und Haßler ward in England als Offizier der Vereinigten Staaten angesehen und als Kriegsgefangener auf einem der für solche Zwecke hergerichteten alten Schiffe eingesperrt. Zwei Jahre mußte Haßler hier schmachten, dann freundlos sich mühsam nach Amerika zurückarbeiten, um, hier angekommen, das Land mit einer damals entsetzlich groß scheinenden Schuld von hundert Millionen Dollars belastet, unter allgemeiner Verarmung und Geschäftsstockung seufzend zu finden. Der Congreß hatte weder Geld noch Lust, das kostspielige Vermessungsunternehmen auszuführen, nahm das betreffende Gesetz zurück und beauftragte die regelmäßigen Ingenieure der Armee mit Besorgung aller nöthigen Messungen.

Unter diesen Umständen kam Haßler auf seine alte Idee, Landbau zu treiben, zurück. Er wollte ihn aber nicht in gewöhnlicher Weise betreiben, alles durch der Hände mühsame Arbeit erzwingend, sondern er wollte die Kenntnisse der Elemente, die Naturwissenschaft dabei verwerthen. Zu dem Ende kaufte er sich mit dem ihm noch übrig gebliebenen Rest des väterlichen Vermögens eine große Farm im nördlichen New York, am St. Lawrence, und erbaute hier ein sehr geräumiges Haus, groß genug, um als eine Lehranstalt der Landwirthschaft zu dienen. Dies Unternehmen scheiterte zwar daran, daß seine Geldmittel nicht ausreichten, jedoch ging die Zeit und Arbeit nicht ganz dabei verloren, denn Haßler hatte dabei Gelegenheit, seine wissenschaftlichen Forschungen fortzusetzen. Auch hat er manche werthvolle schriftliche Arbeit dabei abgefaßt.

Veranlassung dazu gaben ihm die Verhandlungen, welche im Congreß bei Widerruf des früheren Vermessungsgesetzes gepflogen worden waren. Hiebei ward nämlich manches für und gegen die neue Vermessungsmethode gesagt und dadurch in weiteren Kreisen die Aufmerksamkeit auf dieselbe gelenkt. Man wünschte mehr davon zu hören, und nun verfaßte Haßler eine ausführliche Schrift, in welcher die Methode ausführlich erklärt und deren Vortrefflichkeit gründlich nachgewiesen wurde.

Dies Buch hat Haßlers Ansehen als erster Mathematiker von Amerika und als einer der ersten in Europa begründet. Unter Fachmännern erregte es in Europa großes Aufsehen. Außerdem veröffentlichte er noch wissenschaftliche Bücher über Geometrie und Astronomie. In den Vereinigten Staaten begann man, Haßler als zuverlässige Autorität anzuerkennen. Als im Jahre 1830 es nothwendig wurde, genau festzustellen, was als Normal-Maß und Normal-Gewicht anzusehen sei, wurde ihm diese ungemein schwierige Arbeit übertragen und von ihm zu völliger Zufriedenheit auch europäischer Fachmänner vollendet. Er hatte unterdessen auch eine Anstellung im New Yorker Zollamt erhalten.

Und nun rückte endlich auch die Zeit heran, wo Haßler die große Arbeit der Küstenvermessung wieder aufnehmen und dadurch den Vereinigten Staaten eine unschätzbare Wohlthat bleibenden Werthes erweisen sollte. Im Jahre 1832 passirte der betreffende Gesetzesvorschlag den Congreß, und augenblicklich stellte Präsident Jackson den Mann dazu an, der allein in ganz Amerika die dazu nöthigen wissenschaftlichen Kenntnisse besaß. Es war zwar ein Unternehmen von riesenhaftem Umfang, dessen Vollendung ganze Menschenalter an Zeit und Millionen Dollars an Geld erforderte, welches aber heutigen Tages zur Feststellung von Grenzen, zur Sicherheit der Schiffahrt und zur Vermeidung von allerlei Streit in jedem gesitteten Lande als eine Nothwendigkeit erkannt worden ist.

In dieser Arbeit hat Haßler noch zehn Jahre gestanden. Er hat hier alle guten Elemente des deutschen Karakters zu zeigen volle Gelegenheit gehabt. Mit den umfassendsten Kenntnissen ausgerüstet, von wunderbarem Begriffsvermögen, die scheinbar verworrensten und verwickeltsten Zahlen durchschauend und im Stande, sich die abstraktesten Verhältnisse vorzustellen, konnte er unermüdet arbeiten und stellte gewissenhaft die Resultate seiner Arbeit auf das genaueste dar. Er verfuhr ohne alles Ansehen der Person bei Anstellung von Gehilfen und bei Abschätzung ihrer Leistungen. Ueber hundert Helfer hatte er selbständig anzustellen und deren Gehalt zu bestimmen. Natürlich verlangten die Politiker in Washington oft von ihm, daß er von ihnen empfohlene Männer anstelle. Aber niemand verlangte so etwas von Haßler zweimal. Nur Leute die er brauchen konnte, nur Leute, die sich durch ihre Tüchtigkeit selbst empfahlen, stellte er an. Nur solche die Gutes leisteten behielt er. Wer etwas andres von ihm verlangte, und wäre es der höchsten Beamten einer gewesen, dem wies er buchstäblich die Thür. Und doch, obwol er sich nie Mühe gab, durch Patronage seinen persönlichen Einfluß zu sichern, konnten seine Neider, deren er als „Ausländer" genug hatte, nie etwas gegen ihn ausrichten, denn seine Leistungen waren wirklich unübertrefflich.

Zu einer Zeit, wo selbst die Staatsminister nicht mehr als $6000 Gehalt bezogen, bezog er für sich selbst dieselbe Summe, und für seinen Sohn als Gehilfen noch $3000 dazu; aber da er als unentbehrlich und unersetzlich angesehen ward, durfte ihm niemand dies schmälern.

Noch als dreiundsiebzigjähriger Greis arbeitete er im Freien mit. Im Spätjahr 1843 riß ein Sturm die Zelte um, worin er mit seinen Leuten kampirte. Er ward bis auf die Haut durchnäßt, zog sich eine starke Erkältung zu und starb am 20. November, nachdem er die Vermessung von 30,000 Quadratmeilen in zehn Jahren vollendet hatte.

Er war von hagerer Gestalt, sein Kopf sehr lang, die Stirn hoch und schön geformt. Die Augen waren sprechend, voll Ausdruck, die Nase kräftig, der Mund in festem Willen geschlossen. Den langen Hals trug er bloß, den breiten niederliegenden Hemdkragen durch ein lose geknüpftes Tuch zusammengehalten.

Eines der für naturwissenschaftliche Zwecke ausgerüsteten Regierungsschiffe ist zum Andenken an ihn „Haßler" genannt.

XXVIII.

Gerhard Troost.

Erster amerikanischer Mineralog.

Gerhard Troost ward 1776 in Herzogenbusch, Nordflandern geboren, und hat sich in der Bergbauschule zu Freiberg in Sachsen unter dem berühmten Werner, dem Vater der systematischen Mineralogie, in dieser Wissenschaft ausgebildet.

Im Jahre 1810 kam er nach Philadelphia und ging 1827 nach Nashville, Tennessee, wo er ein Mitbegründer der noch jetzt bestehenden Deutschen Gesellschaft ward, von welcher schon viel Gutes ausgegangen ist. Er half hier auch einen deutschen Leseverein gründen und gab selbst einen großen Theil seiner Bibliothek dazu her.

Vorher hatte er allerlei Schicksale. Zwei Jahre gehörte er der Kommunisten-Kolonie Owens in New Harmony,

Indiana, an. Vorher war er etliche Jahre Professor der Mineralogie am Philadelphia Museum. Seine Hauptarbeit hat er jedoch in Nashville zuerst als Professor, dann als Staats-Geologe von Tennessee und nebenbei als thätiges Glied gelehrter Gesellschaften gethan. Vor seiner Ankunft in Amerika war die empirische Mineralogie hier eine unbekannte Wissenschaft. Ebenso war es mit der Chemie und der Krystallographie. Wie Troost dieselbe durch Altvater Werner, so hat Amerika sie durch Troost kennen gelernt.

Er ist 1850 in Nashville gestorben.

Troosts mineralogische und geologische Sammlungen sollen die schönsten in Amerika gewesen sein. Seine Berichte über die Geologie von Tennessee erregten auch in Europa Aufsehen und wurden dort in französischer Sprache herausgegeben.

XXIX.

Ernst Ludwig Hazelius.

Theologischer Professor.

Ernst Ludwig Hazelius, Sohn des lutherischen Predigers in Neusalz, Schlesien, ist im Jahre 1777 geboren und wurde in einer Hochschule der Herrnhuter erzogen. Seine Mutter war Jugendfreundin der Kaiserin Katharina II. von Rußland, früheren Prinzessin von Anhalt-Zerbst, und diese erbot sich, den Knaben in Petersburg erziehen zu lassen. Hätten die Eltern das Anerbieten angenommen, so hätten seine reichen Geistesgaben durch die Begünstigung der mächtigen Kaiserin ihm wahrscheinlich eine glänzende Stellung verschafft, aber schwerlich würde er unter einer so gewissenlosen Gönnerin und an einem so sittenlosen Hofe das wahre Glück gefunden haben. Das mochte die Mutter wol auch bewegen, der Kaiserin Anerbieten abzuschlagen und den Sohn lieber in Barby bei den Herrnhutern zum Prediger ausbilden zu lassen. Er bewies dort angestrengten Fleiß und vorzügliche Talente.

Im Jahre 1800, erst dreiundzwanzig Jahre alt, war er bereits ordinirter Prediger, als das Seminar in Nazareth, Pennsylvanien, ihn zum Professor der alten Sprachen berief. Er folgte dem Rufe, und als dieser Wirkungskreis ihm zu enge ward, ging er 1809 nach Philadelphia und gründete hier eine Privatschule. Als diese keinen rechten Bestand hatte, folgte er 1815 einem Ruf an das damals eben gegründete Hartwick Seminar im Staate New York. Hier verfaßte er mehrere englische Schriften, darunter eine Kirchengeschichte in vier Bänden, die ihm so großen Ruhm verschafften, daß beide Colleges der Stadt New York, Columbia College und Union College zur gleichen Zeit ihm den Doktor-Titel verliehen.

Im Jahre 1833 folgte er, nachdem er noch drei Jahre am Gettysburg Seminar amtirt hatte, einem Rufe nach Süd-Carolina, wo es damals eine zahlreiche, strebsame deutsche Bevölkerung gab. Franz Lieber kam kurz darauf ebenfalls als Professor nach Columbia. Es gab da viele deutsche Gemeinden und Vereine. Hier hat Hazelius bis an seinen Tod, 1852, gelehrt, völlig seinem Lehramt und seinen Studien hingegeben. Nur einmal, 1842, gönnte er sich eine Unterbrechung der Arbeit, indem er eine Ferienreise nach Deutschland machte. König Friedrich Wilhelm IV., welcher eine Art Vorliebe für amerikanische Institutionen hatte, bot ihm eine einträgliche Universitäts-Professur in Preußen an, aber Hazelius konnte sich von dem Lande seiner Kinder nicht losreißen.

Hazelius hat drei Jahre lang das „Evangelische Magazin" in Gettysburg und in New York ein „Leben Luthers" herausgegeben, aber seine andren zahlreichen Schriften, meist kirchengeschichtlichen Inhalts, waren alle in englischer Sprache verfaßt.

XXX.

Julius A. Barnsbach.

Unbestechlicher Gesetzgeber von Illinois.

Julius A. Barnsbach ward 1781 in Osterrode, der beträchtlichsten Fabrikstadt von Hannover geboren und genoß dort gute Schulen, worauf er als Lehrling in einem Kaufmannsgeschäft untergebracht wurde. Aber in jenen Jahren der französischen Revolution gährte es gewaltig in den jungen Köpfen. Auch den sechzehnjährigen Handelsdiener ergriff der Thatendrang, er verließ heimlich die Vaterstadt und landete 1797 in Philadelphia. Von hier wanderte er nach Kentucky, das damals noch „blutiger Grund" war. Den des rauhen Grenzerlebens ungewohnten zarten Knaben ergriff hier solches Heimweh, daß er sich gegen Ende des Jahrhunderts wieder auf dem Rückweg einschiffte. Aber noch war das Maß der Strafe für seinen jugendlichen Leichtsinn nicht erschöpft. Bei Dover erlitt das Schiff Schiffbruch, und er kam als ein rechter verlorener Sohn in Lumpen und Jammer wieder nach Osterrode zu den Seinen. Als ein verlorener Sohn wurde er aber auch in großer Liebe aufgenommen.

Indessen der Wandertrieb lag in ihm und regte sich wieder so stark, daß es ihn nicht auf die Dauer daheim litt. Nun aber verließ er nicht heimlich, sondern mit väterlichem Segen das Haus, und als er so nach Amerika kam, ging es ihm besser. Er wurde ein tüchtiger Farmer und zog schließlich nach Illinois, wo er sich in Madison County auf Congreßland niederließ. Hier lebte er friedsam und arbeitsam bis 1812, wo der Krieg mit England ausbrach.

Damals erregten im Nordwesten die Engländer, wo immer sie konnten, ihre indianischen Bundesgenossen gegen die Amerikaner, aber nicht zu regelmäßigem Kriege, sondern zu Raub-, Brand- und Mordzügen gegen die wehrlosen Farmer an der Grenze. Zum Schutz organisirten die Grenzleute sich als Rangers, und unter diesen hat auch Barnsbach zwei Jahre gedient. Es war ein mühsamer, ruhmloser Dienst. Die Expedition der Amerikaner nach Prairie du Chien, Wisconsin, welche zur Einschüchterung der Indianer unternommen ward, mißlang gänzlich und die zweihundert Mann mußten sich ergeben. Auch ein mit sechshundert Mann gegen Mackinack unternommener Zug mißlang.

Gern kehrte Barnsbach auf seine Farm zurück und schuf sie zu einer der besten und schönsten um. Durch seine Rechtlichkeit gelangte er zu solchem Ansehen, daß er gegen seinen Willen zu wichtigen Aemtern, auch zum Glied der Gesetzgebung, 1846, gewählt wurde. Er schenkte die ihm zukommenden Diäten den Armen. Er nahm nie den gesetzlichen Zins von ausgeliehenem Geld, sondern stets nur die Hälfte. Dabei, vielleicht eben darum, war er nicht reich, stand aber in seiner Umgebung in hohem Ansehen und genoß den in Amerika seltenen Ruhm eines unbestechlichen Ehrenmannes.

Im Jahre 1869 ist er im hohen Alter von siebenundachtzig Jahren gestorben.

XXXI.

Friedrich Theodor Engelmann.

Patriarch von Belleville, Illinois.

Friedrich Theodor Engelmann ist am 15. April 1779 in Bacharach am Rhein, einem der romantischsten Städtchen der weinreichen Pfalz geboren. Sein Vater war erster reformirter Prediger der Stadt, ein Mann von umfassender Gelehrsamkeit und edlem Karakter, von der ganzen Stadt wie ein Patriarch verehrt, von seiner zahlreichen Familie innig geliebt. Als die französische Revolution ausbrach und allen Menschen Freiheit, Gleichheit und Brüderlichkeit verhieß, ging es dem Pastor Engelmann wie Hunderten von edlen Deutschen. Er fühlte, daß eine neue Zeit herankomme und herankommen müsse, daß die gebildete Welt reif sei zum Selbstregiment, und daß die barbarischen Ranges-, Standes- und Kasten-Mauern fallen müßten. Das Zeitalter der Freiheit brach an, und Engelmann begrüßte es mit Freuden, mit Begeisterung.

Dann drangen die französischen Regimenter über den Rhein, besetzten auch Bacharach und richteten französische Verwaltung ein. Auch dessen freute sich die ganze Engelmannsche Familie, schloß sich dem neuen Stande der Dinge in herzlichem Einverständniß an und sie fühlte sich als freie Bürger einer großen Republik vollkommen daheim. Die älteren Söhne wurden in verschiedenen hohen Aemtern der Domainen-Verwaltung angestellt, auch Friedrich Theodor wurde nach einer sehr sorgfältigen Erziehung in dies Fach eingeführt, fühlte sich jedoch mehr zur Mathematik und zum Forstwesen hingezogen. Er trat deshalb in dies Fach über und fand seitens der Regierung freundliches Entgegenkommen, wie alle seine Brüder. Man stellte ihn als Feldmesser an, später im Forstwesen.

Indessen trat nach und nach ein Umschwung in seiner Stellung zur Regierung ein. Schon die Errichtung des napoleonischen Kaiserreichs wurde in der Engelmannschen Familie, die für republikanische Einrichtungen glühte, mit Mißfallen und Trauer empfunden. Man ließ sich dies jedoch und später, nach dem Sturz Napoleons die Wiedererrichtung der alten Throne noch gefallen, da der Code Napoleon mit seinen fortschrittlichen, der neuen Zeit entsprechenden Gesetzen nebst manchen andren Errungenschaften der Revolution in Kraft blieb. Man hoffte in jenen Tagen auf eine Durchdringung des ganzen deutschen Volkes mit freiheitlichen Ideen und auf ein baldiges Durchbrechen derselben durch alle künstlichen Schranken. Die Zeit hat auch gelehrt, daß diese Hoffnung nicht eitel war, aber längere Zeit als man ahnte, erforderte der edle Same zum Keimen und Gedeihen. Es hatte damals den Anschein, als solle die aufgehende Freiheitssonne für immer verhüllt und verdunkelt werden. Das machte die Engelmanns mißmuthig, und ihr Mißmuth machte sie bei der Regierung unliebsam. Wer aber in einem Beamtenstaat gelebt hat, der weiß, was das für einen Beamten zu bedeuten hat. Friedrich Engelmann, der als Forstmeister angestellt war, erfuhr es vollständig. Das gab vermehrte Unzufriedenheit. Als nun 1830 die Juli-Revolution in Paris ausbrach, als wiederum die neue Aera der Freiheit angebrochen zu sein schien und in Deutschland das Vorgehen der französischen Freiheitsfreunde viel Wiederhall fand und manche frische Bewegung entstand, welche hohe Hoffnungen erregte, dann aber wiederum der Gegendruck von oben die frei sich regenden Glieder in engere Bande drängte, da kam auch für Friedrich Engelmann, wie für manchen andren Deutschen die Stunde der Entscheidung. Es litt sie nicht länger in dem

Vaterlande, welches das Grab ihrer Ideale geworden war. Obwohl schon 55 Jahre alt, entschloß er sich mit seiner Familie im Jahre 1833 zur Auswanderung nach Amerika.

Er ging nach St. Louis und von hier ward er nach dem Städtchen Belleville in St. Clair County, 14 Meilen südöstlich von St. Louis geführt. Damals war dies ein unbedeutendes Städchen von 400 Einwohnern, aber seit die Engelmanns sich hier niederließen, ist ihnen eine zahlreiche deutsche Bevölkerung nachgefolgt, und es ist eine Stadt von etwa 20,000 Einwohnern geworden.

Die romantischen Berge der Umgegend sind reich an Kohlen, aber nicht diese zogen Engelmann an, sondern der ganze Karakter der Landschaft, der ihn an die fröhliche Pfalz erinnerte und ihm Hoffnung machte, daß hier der Wein- und Obstbau seiner Heimath mit gutem Erfolg betrieben werden könnte. Diesem widmete er sich mit Eifer. Seine ersten Versuche schlugen vollständig fehl, weil er europäische Reben in Amerika ziehen wollte. Er sah den Irrthum ein und versuchte es dann mit den amerikanischen Reben, und nun gelang es ihm, ausgezeichneten Catawba- und Norton-Wein zu ziehen. Engelmanns Trauben erhielten bei den Ausstellungen fast immer den Preis.

Aber nicht dies war sein größtes Verdienst. Im Verein mit gleichgesinnten Männern hat er das Dorf Belleville zu einem blühenden Mittelpunkt deutsch-amerikanischer Bildung gemacht. Belleville hat dem Staate Illinois drei Gouverneure, zwei Vice-Gouverneure, mehrere andre hohe Beamte und zwei Bundessenatoren gegeben, und in der Illinois-Gesetzgebung hat es nie an Männern aus Belleville gefehlt. Zwei tägliche deutsche Zeitungen und ebenso viele englische werden hier gedruckt.

Friedrich Engelmann war von imponirender Gestalt und seine Gesichtszüge hatten große Aehnlichkeit mit Feldmarschall Blücher. Besonders übten die großen feurig-blauen Augen auf alle, die ihm nahe traten, eine zauberhafte Wirkung aus. Dabei war er stets heiter und zuvorkommend. Seine Höflichkeit war etwas formell, steif, was ihm aber bei seinem vorgerückten Alter in Amerika niemand übel nahm; im Gegentheil machte das einen achtunggebietenden Eindruck, veredelt durch den Eindruck einer ungewöhnlichen Schönheit, die ihn noch in hohem Alter schmückte. Man hat ihm darum auf den Marmor-Obelisk, der sein Grab bezeichnet, Humboldts wahres Wort mit goldenen Buchstaben eingeschrieben:

Die Hand der Zeit ein Herz läßt unberührt,
Das fest und treu der Jugend Genius führt.

In hohem Alter ward ihm noch ein herber Schmerz. Ein Sohn, der in Deutschland gewesen war, nahm 1854 mit seiner Braut Passage auf der City of Glasgow, und dies Schiff ist spurlos verschwunden. Das hat des Vaters Herz gebrochen, und er ist noch im selben Jahre

„Hangend und bangend in schwebender Pein"

ins Grab gestiegen.

Sein jüngster Sohn, Adolph Engelmann, geboren 1824, kam als neunjähriger Knabe mit der Familie nach Belleville und wurde in seiner Jugend von den älteren Geschwistern daheim unterrichtet. Dann studirte er die Rechte bei englischen Advokaten und ließ sich in dem nicht weit entfernten und zahlreich von Deutschen bewohnten Quincy als Rechtsanwalt nieder. Aber im selben Jahre, 1845, brach der mexikanische Krieg aus, der Präsident rief Freiwillige auf, in Belleville bildete sich eine deutsche Kompagnie und Engelmann trat derselben bei. Obwol erst 21 Jahre alt, ward er von seinen Kameraden sogleich zum Korporal und bald darauf zum Lieutenant erwählt. Dem zweiten Illinois Regiment zugetheilt, zog die deutsche Kompagnie über New Orleans nach Texas und war bis Santa Rosa im Staate Coahuila vorgedrungen, als die Nachricht kam, das amerikanische Heer unter General Taylor stehe in großer Gefahr, bei Saltillo von dem mit großer Uebermacht heranrückenden Santa Anna umzingelt zu werden. In Eilmärschen (40 Meilen an einem Tage) ging es dem bedrohten Heer zu Hilfe und es ward glücklich bei Buena Vista noch vor der Schlacht erreicht.

Am 21. Februar 1847 ward die blutige Schlacht von Buena Vista geschlagen. Das kleine amerikanische Heer erfocht einen glorreichen Sieg über die mexikanische Uebermacht. Die Deutschen thaten tapfer ihr Theil, war doch auch ihr General Quitmann einer der tapfersten Stürmer. Auch Adolph Engelmann that seine Schuldigkeit, ja mehr als das. Muthig vordringend, keiner Gefahr achtend, ward er durch eine mexikanische Kugel schwer verwundet niedergestreckt. Die rechte Schulter war gefährlich verwundet. Erst im Mai, als Engelmann heimgebracht worden war, gelang es, in St. Louis die Kugel zu entfernen und es dauerte fast ein Jahr, bis die Wunde völlig geheilt war und Engelmann sich wieder der Rechtspraxis widmen konnte.

Aber nun kam eine neue aufregende Unterbrechung. Das Jahr 1848 brachte die Februar-Revolution von Paris, das Signal zu einem neuen Aufflammen des Freiheitsfunkens in Deutschland. Man hörte vom deutschen Parlament in Frankfurt. Dann kam der badische Aufstand und nach dessen Unterdrückung kam Friedrich Hecker, der beliebteste aller Revolutionsführer, nach Amerika. Dann erhob sich von neuem der Aufstand in Sachsen und in der schönen Pfalz. Hecker sammelte Geld und Männer, um übers Meer den Pfälzern zu Hilfe zu eilen. Eine große Begeisterung überkam damals das liberale Deutschthum in Amerika. Auch Engelmann ward davon ergriffen und schiffte sich unter Hecker mit vielen Genossen ein, um Deutschland befreien zu helfen.

Es sollte nicht sein. Deutschland sollte sich erheben, aber nicht in dieser Weise. Schon in London erfuhr man die

Unterdrückung der Pfälzer Erhebung durch den jetzigen deutschen Kaiser. Hecker und die andren kehrten nun nach Amerika zurück. Engelmann konnte sich nicht dazu entschließen. Es zog ihn, Deutschland zu sehen, die Heimath seiner Knabenjahre, das Land, von dem er daheim in Amerika so viel herrliches gehört hatte. Wenn er nicht für dessen Befreiung kämpfen konnte, wollte er wenigstens seine Theilnahme aussprechen, sein übervolles Herz erleichtern. So durchreiste er Berlin, Frankfurt, München. Aber was er kaum gehofft und doch so sehnsüchtig gewünscht hatte, ging in Erfüllung.

In Schleswig-Holstein erhoben sich die meerumschlungenen, sturmumbrausten Nachkommen der freien Friesen, Diethmarsen und Stedinger, um an Deutschlands Nordgrenze die deutsche Fahne zu wahren. Die deutschen Mächte ließen damals nach kurzem Kampf die deutsche Nordmark im Stiche. Aber nicht das deutsche Volk, und dazu rechnete sich auch der Deutsch-Amerikaner Engelmann. Er trat 1850 als Oberjäger in das vierte freiwillige Jäger-Bataillon der schleswig-holsteinischen Armee. Es wurde tapfer, aber vergeblich gegen die dänische Uebermacht gekämpft. Das Gefecht bei Idstädt ging verloren. Am unglücklichen Gefecht bei Missunde und auch an dem mißlungenen Sturm auf Friedrichstadt nahm Engelmann thätigen Antheil.

Im Jahre 1851 ging er nach Amerika zurück und blieb auf der väterlichen Farm in stiller Thätigkeit, bis ihn 1861 ein neuer Sturm der Zeit erfaßte. Der Sezessions-Krieg brach aus. Er verließ seine Farm und seine junge Frau, und wurde als Oberstlieutenant des 43. Infanterie-Regiments von Illinois gewählt, welcher Stellung er vermöge seiner persönlichen Erfahrungen im mexikanischen, wie im schleswig-holsteinischen Kriege wohl gewachsen war. Das Regiment bestand fast ganz aus Deutschen und hatte auch einen deutschen

Obersten, Julius Raith, denselben, der im mexikanischen Kriege Hauptmann der deutschen Kompagnie gewesen war, an welcher Engelmann als Lieutenant stand.

In der blutigen Schlacht von Shiloh fiel Raith und mit ihm der vierte Theil des ganzen Regiments, aber es hatte auch Theil an dem herrlichen Siege mit welchem der Anführer der Armee, General Grant, das glorreiche Werk krönte, welches er mit der Eroberung des Fort Henry begonnen hatte, bei welcher Engelmann ebenfalls ruhmreich betheiligt war.

Nun ward Engelmann Oberst und in Wirklichkeit General, denn er hatte von jetzt an ohne Unterbrechung bis ans Ende des Krieges eine ganze Brigade zu kommandiren. Als solcher zeichnete er sich im Gefecht bei Jackson, Tennessee aus, wo der brillante südliche Reitergeneral Forrest scharf mitgenommen und zurückgeschlagen wurde. Dann gings weiter und weiter in den Süden hinein, bis wir im Jahre 1864 ihn in Arkansas finden, wo General Banks kommandirte. Aber Banks wurde von den Conföderirten geschlagen, ehe die Abtheilung des Heeres, bei welcher General Engelmann stand, ihn erreichen konnte, und nun drängten die Sieger voran und es ging mit den Unsrigen rückwärts. Bei Jenkins Ferry, am Saline Fluß holten die Conföderirten unser Heer ein. Es fiel hier dem General Adolph Engelmann das Loos, mit seinem deutschen 43. Illinois Regiment, einem deutschen Wisconsin und einem Neger-Regiment die Nachhut zu bilden. Es galt mit Anstrengung aller Kräfte, sich auf den siegreichen, übermächtigen Feind zu werfen und ihn zurückzuhalten, bis das Hauptherr seinen Uebergang über den Saline Fluß bewerkstelligt hatte. Neger und Deutsche sollten das zusammen vollbringen. Wol trennte Rasse und Farbe, Sitte und Gemüthsart sie, aber es verband sie die gemeinsame Liebe der Freiheit und der Union zur gemeinsamen That. Mit Hurrah und Huzzah warfen sie sich so ungestüm auf den Feind, daß sie ihn mehrere Meilen zurückjagten, ihm zwei Kanonen abnahmen und viele Gefangene machten. Die Neger wurden dabei so rasend, daß sie den Gefangenen und Verwundeten keinen Pardon geben wollten. „Gedenkt an Fort Pillow!" riefen sie einander zu, und stachen mit den Bajonetten die hilflos liegenden nieder. Es war noch ein Glück, daß die besonnenen Deutschen zur Hand waren, sie davon und auch von allzu hitziger Verfolgung abzuhalten, damit die Nachhut nicht vom Hauptheer abgeschnitten würde. So aber gelang das Gefecht vollkommen. Der Rückzug war gesichert. Adolph Engelmann wurde Brigadier.

Nach beendetem Krieg ist er wieder auf seine Farm zurückgekehrt und lebte dort in stiller Thätigkeit. Vom „Engelmann-Catawba" wird noch immer viel Rühmens gemacht. Wahrscheinlich mit Recht.

Noch müssen wir in dieser Verbindung Georg Engelmann erwähnen, einen Neffen des Vater Engelmann. Nicht daß die Familie nicht noch andere hervorragende Glieder gehabt hätte. Aber der Raum gestattet nicht, alle zu nennen. Er ist schon 1833 auf des Onkels Farm nach Belleville als in Deutschland promovirter Doktor der Medizin gekommen; damals hieß diese Nachbarschaft das Settelment der lateinischen Bauern, ein Ausdruck, welcher sich von hier über ganz Amerika verbreitet hat, und sehr treffend die gemüthlichen, geistreichen Bücherhelden bezeichnet, die sich selbst in ihrer ungewohnten Beschäftigung belächeln, aber doch nicht todt zu machen sind. Der Doktor ist aber hier nicht lange geblieben. Es mögen wol zu wenig Patienten dagewesen sein. Im Jahre 1835 ließ er sich in St. Louis als Arzt nieder, beschäftigte sich aber weniger mit Bevölkerung der Kirchhöfe als mit dem Studium der Naturwissenschaften, hauptsächlich Botanik. Er gab hier zuerst eine in zwanglosen Heften erscheinende Zeitschrift „Westland" heraus, welche in Heidelberg in Deutschland gedruckt, aber in Amerika redigirt wurde. Es wurden darin wahrheitsgetreue Schilderungen amerikanischer Verhältnisse gegeben. Das Unternehmen fand aber keine rechte Empfehlung, eben weil eine nüchterne Darstellung hiesiger Verhältnisse weder bei den Amerikalustigen in Deutschland, noch bei den Einwandererlustigen in Amerika erwünscht war. Es sind nur drei Hefte erschienen.

Gern gab sich Dr. Engelmann der ihm eigenen Wanderlust hin, um den Westen Amerikas, der damals noch sehr unbekannt war, zu erforschen. Zu Pferde hat er große Reisen, einsam durch die Prairien bis ins Indianergebiet gemacht. Dann hat er sich mit andren, ähnlich gesinnten Männern in Verbindung gesetzt, besonders auch mit Fremont, dem Pfadfinder, um die Felsengebirge zu erforschen. Wie wenig man damals noch davon wußte, beweist das Projekt, welches die beiden beriethen, ein Gummiboot nach dem großen Salzsee, wo später die Mormonen sich niedergelassen haben, zu schaffen, und darin von dort aus nach dem Stillen Meer zu fahren.

Sehr eifrig unterhielt er Verbindungen mit zahlreichen gelehrten Gesellschaften in Deutschland und Amerika. Er schrieb auch über die Witterungsverhältnisse. Als er älter wurde, begab er sich mit unbeschreiblicher Geduld und Sorgfalt an die Erforschung einzelner Pflanzengattungen, z. B. des Kaktus, der Yukka, der Agave.

Er hat drei Reisen nach Europa zur Belebung seines Verkehrs mit europäischen Naturforschern gemacht und hat, je älter er wurde, desto mehr als eine der ersten Autoritäten unter den Botanikern der ganzen Welt gegolten. Er war aber auch trefflicher Geolog und Chemiker, und angesehener Arzt.

Im Jahre 1882 machte er mit Professor Gray noch eine Reise nach den Staaten am Stillen Meere, um die dortigen Eichenarten gründlich zu studiren. Er starb am 4. Februar 1884 in St. Louis.

XXXII.

Theodor Hilgard.

Vater von zwei berühmten Naturforschern.

Theodor E. Hilgard ist im Jahre 1790 in Manheim, Rheinpfalz, geboren, wo sein Vater Prediger war. Er trieb in der Jugend mit Vorliebe Mathematik und wollte Ingenieur werden, war aber dafür zu kurzsichtig. So wandte er sich dem Studium der Rechte zu und stieg dann schnell zu hohen Stellen. Im Jahre 1822 ward er Appellations-Gerichtsrath. Durch mehrere von ihm herausgegebenen Schriften zeigte er sich als einen der ersten Juristen des Landes, beschränkte sich aber keineswegs auf seine Fachstudien, sondern beschäftigte sich auch viel mit französischer und deutscher Literatur und mit Politik. Seine Freiheitsliebe verleidete ihm das Leben und Wirken in Deutschland, als in den Jahren 1832 und 1833 die Reaktion gegen die burschenschaftlichen Bestrebungen eintrat, und er entschloß sich zur Auswanderung nach Amerika.

Im Jahre 1836 kam er nach Belleville, Illinois, wo bereits mehrere seiner Bekannten und Verwandten, unter andren Engelmann wohnten, und kaufte sich nahe bei dem Städtchen ein hübsches Landgut. Dies legte er in Baustellen aus, die sich gut verkauften. Den Erlös verwandte er zu weiteren Landkäufen, welche alle vortheilhaft ausschlugen, so daß er vermögend genug ward, als seine Gattin gestorben war, im Jahre 1854 mit einer zweiten Frau nach Deutschland zurückzukehren, wo er bis 1872 in Heidelberg gelebt und eine zweite Familie gegründet hat.

Er hat mehrere englische Dichterwerke, wie Thomas Moore's „Feueranbeter" und den „König Lear" in deutsche Verse übertragen. Auch hat er „Zwölf Paragraphen über den Pauperismus und die Mittel ihm zu steuern, 1847" und „Eine Stimme aus Amerika über verfassungsmäßige Monarchie und Republik, 1849" und „Ueber Deutschlands National-Einheit und ihr Verhältniß zur Freiheit" veröffentlicht.

Sein Sohn Julius E. Hilgard, im elften Jahre mit ihm nach Amerika gekommen, ward von seinem Vater in der Mathematik unterrichtet und ist seit 1862 Vorsteher der Küstenvermessung der Vereinigten Staaten und Direktor der internationalen Behörde zur Feststellung von Maßen und Gewichten. Er ist auch thätiges Glied vieler gelehrter Gesellschaften.

Eugen Waldemar Hilgard, ein andrer Sohn, kam im dritten Jahre mit seinem Vater nach Amerika, ward von seinem Vater unterrichtet und studirte in Heidelberg, Zürich und Freiberg bis 1855. Er ward Professor an der Oxford Universität in Mississippi, wo er durch seine geologischen Forschungen großen Ruf erlangte. Ueber die Natur der Schlamm-Inseln, der Salzlager und ähnlicher Erscheinungen hat er werthvolle Forschungen veröffentlicht. Die Staats-Universität von Michigan in Ann Arbor hat ihn mehrere Male als Professor berufen, er ist auch dem Ruf 1873 gefolgt, konnte aber das Klima nicht vertragen. Seit 1875 ist er Professor an der Universität zu Berkeley in Californien. Seine Frau ist die Tochter eines spanischen Obersten aus Madrid.

XXXIII.

Friedrich Eckstein.

Bildhauer und Lehrmeister von Hiram Powers.

Friedrich Eckstein ist um 1790 in Berlin geboren und wurde als Jüngling von dem glänzenden Gestirn seines Landsmannes Schadow, der ebenfalls aus Berlin stammt, in dessen Kunstakademie gezogen. Joh. Gottfried Schadow, der große Bildhauer, Vater Friedrich Wilhelms von Schadow, des großen Malers, hatte damals einem neuen Kunstgeschmack Bahn gebrochen. Er verdrängte die unwahre, dem klassischen Alterthum nachahmende Renaissance durch der Wirklichkeit entsprechende Kraftgestalten. Von ihm stammt die Viktoria auf dem Brandenburger Thor. Die Heldengestalten Ziethens und des alten Dessauers und andre, die Berliner Plätze schmückende Bildsäulen, sind sein Werk.

Friedrich Eckstein, Schadows würdiger Schüler, kam nach Beendigung seiner Ausbildung 1825 in Cincinnati an und begründete hier die Akademie der schönen Künste. Hiram Powers, der Schöpfer der „Griechischen Sklavin," Amerikas größester Bildhauer, ist aus dieser Schule hervorgegangen.

Leider hat Eckstein sonst für Amerika wenig thun können. Nur zwei Büsten, eine von dem späteren Präsidenten Harrison, sind von ihm vorhanden; die andre stellt den Gouverneur Morrow dar und befindet sich in der Staatsbibliothek von Ohio, in Columbus. Allein er hat genug geleistet, indem er uns einen Powers ausbildete.

Im Jahre 1832 schon hat ihn die Cholera hinweggerafft, und mit ihm ging auch die „Akademie der schönen Künste" zu Grabe. Aber der Sinn für die schönen Künste ist in Cincinnati geblieben.

XXXIV.

Georg Bunsen.

Einführer von Pestalozzi's Lehrweise.

Georg Bunsen ist am 18. Februar 1793 in Frankfurt am Main geboren. Sein Vater war Vorsteher der städtischen Münze und verwandt mit dem berühmten Josias Bunsen, dem großen Gelehrten und Diplomaten. Seine Studien unterbrach er, um als Freiwilliger den Feldzug von 1814 mitzumachen. Nach Napoleons Besiegung und Deutschlands Befreiung besuchte er die Universität weiter und widmete sich dann dem Lehrfach. Ihn zog besonders die damals neu aufkommende Pestalozzische Erziehungs-Weise an, welche sich der armen Kinder annahm und ihnen das Lernen durch stufenmäßige Uebung ihrer natürlichen Gaben, mit Beseitigung alles drückenden Schulkrams zu erleichtern suchte. An Stelle der althergebrachten pädagogischen Strenge, der natürlichen Folge des unnatürlich gezwungenen Schulwesens, sollte Liebe und Freundlichkeit dem Kinde die Hand bieten und es zum Lernen und zur Ausbildung der in ihm schlummerden Bildungskeime ermuntern. Damals, nach Beendigung der Freiheitskriege stand Pestalozzi's Erziehungs-Anstalt in Yverden eben in voller Blüthe, und der Eifer seiner zahlreichen Bewunderer war noch nicht gedämpft durch das Mißlingen jener Anstalt, welches ja auch bekanntlich nicht seinen Ideen, sondern dem ihm anhangenden Mangel praktischen Geschickes zuzuschreiben war.

Von 1815 bis 1834 hat Bunsen an mehreren in Pestalozzi's Geist geführten Schulanstalten, zuletzt ganz selbständig und mit gutem Erfolg gelehrt, dann aber bewog ihn die Fürsorge für seine zahlreiche Familie nach Amerika auszuwandern.

Er kam nach Belleville, Ill. und trat hier in den Kreis heller, deutscher Köpfe, der das lateinische Settelment von Illinois zu einer überaus fruchtbaren deutsch-amerikanischen Bildungsstätte gemacht hat. Dem Lehrerberuf wurde er hier zwar nicht ganz untreu, denn er unterrichtete die eignen Kinder und die benachbarter Familien, aber hauptsächlich zog ihn das politische Leben des freien Landes an. Er nahm sehr bald Theil an Politik und ward zum Fiedensrichter erwählt. Als im Jahre 1847 eine Convention zur Entwerfung einer neuen Staats-Verfassung gewählt wurde, machte St. Clair County ihn zu seinem Vertreter.

Später ist er, wie so viele Einwanderer, welche in Amerika das neue Leben mit Erwählung eines neuen Berufs beginnen, wieder zu seinem früheren Berufe zurückgekehrt. Im Jahre 1855 errichtete er eine Musterschule in Belleville. Er lud die Distrikts-Schullehrer, welche damals noch ganz der alten mechanischen, geistlosen Methode huldigten, zum Besuch seiner Schule ein, und diese, als echte Amerikaner nahmen gern die Gelegenheit wahr, neue, verbesserte Methoden ihrer Arbeit kennen zu lernen. Neidlos erkannten sie die Vorzüge der deutschen Lehrmethode an und rühmten laut und froh ihre Wirkung. So kam es, daß der deutsche Schulmeister schon im nächsten Jahre zum Superintendenten der Freischulen in Belleville und einige Jahre später zum Schul-Superintendenten des ganzen County gewählt wurde. Dann wurde er Mitglied des Staats-Erziehungsrathes und einer der Gründer der Staats-Normalschule in Bloomington.

Schon diese wenigen Thatsachen zeigen, wie großen Eindruck auf amerikanische Schulmänner die deutsche Lehrmethode machte. An andren Orten haben tüchtige deutsche Schulmänner ähnliche Erfahrungen gemacht. Es scheint, als seien die amerikanischen Schulfreunde damals gerade reif für die Aufnahme der deutschen Lehrweise gewesen, denn ihrem praktischen Blick und ihrer vorurtheilsfreien Gesinnung konnten die Gebrechen des bisherigen Schulwesens nicht entgangen sein. So kam es auch in Illinois, daß mit Bunsen ein ganz neuer Geist in das dortige Schulwesen kam. „Gedächtnißkram und Formelwerk“ wurden verbannt, Denkübungen und Selbstentwicklung an deren Stelle gesetzt.

Ein englisch-amerikanischer Schulmann sagt in einer über Bunsens Schul-Verdienste verfaßten Denkschrift:

„Er war von außergewöhnlichem Stoffe gemacht. Selbstlos im höchsten Grade, von unbestechlicher Ehrenhaftigkeit, von reinem Wandel war sein Leben der allgemeinen Nachahmung und Bewunderung würdig. Seine Verdienste als Lehrer, als Schuldirektor, als Superintendent der County-Schulen, als Erziehungsrath des Staates, als stets thätiger Arbeiter im Gebiete der Erziehung können kaum hoch genug geschätzt werden und lange werden sie in unsrer Erinnerung bleiben.“

Er ist im Jahre 1874 gestorben, einundachtzig Jahre alt. Ihm zu Ehren ist ein in Belleville neu gebautes Schulhaus die Bunsen-Schule genannt worden, während die andren die Namen von Franklin, Washington und Lincoln tragen.

Er ist einer der Gründer der deutschen Bibliothek-Gesellschaft von Belleville, welche jetzt schon 6000 Bände zählt.

Dr. Gustav Bunsen, ein jüngerer Bruder des obigen ging nach der Pariser Juli-Revolution, 1830 nach Polen, um es von russischer Herrschaft befreien zu helfen. Dabei gerieth er in russische Gefangenschaft, ward aber frei gegeben. Im Jahre 1833 betheiligte er sich an dem Frankfurter Attentat, welches darin bestand, daß einige Freiheits-Freunde die Hauptwache erstürmten und einen Angriff auf das Bundes-Palais machten. Der Versuch scheiterte an der Theilnahmlosigkeit der Bevölkerung. Dr. Bunsen trug eine Verwundung davon. Dann kam er nach Amerika und schloß sich 1836 einer Freischaar an, die den Texanern in ihrem Unabhängigkeitskampfe beistehen wollte. Es war sein letztes Wagniß für die Freiheit. Im Jahr 1837 ward er mit der Expedition des Oberst Grant von den Mexikanern überfallen, gefangen genommen und trotz versprochener Gnade mit den übrigen niedergemetzelt.

XXXV.

Heinrich Steinweg.

Pianofabrikant in New York.

Heinrich Steinweg ist am 15. Februar 1797 in Wolfshagen, Braunschweig, geboren. Sein Vater war wohlhabend und bewirthschaftete ein schönes Bauerngut mit seinen vier Söhnen, von denen Heinrich der jüngste war, und so vergingen die Knabenjahre im freundlichen Wechsel der Jahreszeiten ohne Sorge und ohne große Beschwerde. Aber in Paris war die französische Revolution ausgebrochen und der Vulkan ergoß glühende Lavaströme über Deutschland. Vergeblich suchten verbündete Heere das ruhmesdurstige Volk innerhalb seiner Grenzen zu halten. Napoleon kam auf. Er überzog auch Preußen mit Krieg. Bei Jena unterlag der Herzog von Braunschweig mit dem preußischen Heer. Die Schrecken der Fremdherrschaft drangen auch in das stille Wolfshagen.

Im Jahre 1812 mußte Heinrichs ältester Bruder unter Napoleon gegen Rußland marschiren. Die fürchterliche Noth jenes Winters kostete ihn das Leben. Seine Gebeine bleichen auf öden Steppen. Und das war noch nicht genug des Unglücks. Eines Tages war der Vater mit Heinrichs beiden älteren Brüdern im Walde am Holzfällen, als ein Gewitter hereinbrach. Der Vater mit den Söhnen suchte Schutz unter einem hohen Baume, da fuhr ein Blitz mit krachendem Donner vom Himmel und erschlug alle drei. Nun stand Heinrich allein und wurde unter Vormundschaft gestellt, der auch das väterliche Gut übergeben ward.

Der Befreiungskrieg Deutschlands brach an, die begeisterte deutsche Jugend eilte in den Krieg. Aber Heinrich Steinweg konnte unter solchen Umständen den väterlichen Hof nicht verlassen. Ohnehin schon hatten die Kriegswirren und die französischen Erpressungen dem Erbgut hart zugesetzt,und nur mit größester Mühe konnte es dem neuen, schweren Schlage widerstehend behauptet werden.

Nach und nach klärte der Himmel sich auf. Die Franzosen wurden aus Deutschland vertrieben. Sieg auf Sieg folgte. Paris ward erobert, Napoleon verbannt, alles athmete neu auf und der vielgeplagte Landmann ging mit neuem Muth an die Arbeit, den Wohlstand seines Hauses aufzubauen. Da, wie ein Blitz aus heiterm Himmel kam die Nachricht, Napoleon habe Elba verlassen, sei wieder in Paris eingezogen, von neuem sei Europas Friede bedroht, von neuem müßten die Völker ihre Heere sammeln. Nun durfte auch Heinrich Steinweg nicht mehr daheim bleiben. Der achtzehnjährige Jüngling zog mit in den Krieg, der zum Glück nur von kurzer Dauer war.

Aber er hatte lange genug gedauert, um den Ruin des väterlichen Vermögens zu vollenden, auch hatten die Vormünder dasselbe nicht sorgfältig verwaltet. Genug, als der junge Steinweg heimkehrte, war alles hin. Er mußte, von neuem anfangend, an die Erlernung eines Handwerks denken und wählte dazu die Tischlerei, denn schon als Knabe hatte er seine Lust an der Anfertigung von allerlei Spielzeug gehabt. Und nicht ganz hatte er fehlgegriffen, denn an mechanischem Geschick fehlte es ihm nicht. Außer der mechanischen hatte er auch musikalische Gabe. Diese trieb ihn, zum eignen Vergnügen Guitarren anzufertigen und Zithern, und je mehr er sich darin versuchte, desto mehr kam es ihm zum Bewußtsein, daß dies sein natürlicher Beruf sei.

Und nun zeigte es sich, daß der echte Mann durch Unglück nicht gebrochen, sondern gestählt wird. Ihn dünkte es nicht zu schwer, von neuem in die Lehre zu gehen, um ein neues Geschäft zu lernen, obwol er bereits so viel schweres durchgemacht hatte. Er begab sich nach Goslar, erlernte dort den Orgelbau und dann, noch weiter strebend, die Anfertigung von Pianos. Dann fand der in so beschränkten und bedrängten Verhältnissen lebende Mann, der nie über die engen Grenzen seines Vaterländchens hinausgekommen, nie die Luft großartigen Verkehrs geathmet hatte, es dennoch in sich, im Jahre 1825 in Braunschweig eine eigne Piano-Fabrik zu begründen.

Wäre Deutschland damals gewesen, was es jetzt ist, so hätte Steinweg hier vermöge des ihm innewohnenden Unternehmungsgeistes und seiner Ausdauer und Findigkeit Großes leisten können. Allein nach innen beschränkte das Zunft- und Innungswesen die Fabrikation, nach außen die vielfache Zollschranke den Absatz. Der später so nützliche „Zollverein" war damals noch im ersten Entstehen. So sah der unternehmende Steinweg mit seinen fünf nicht minder strebsamen Söhnen sich allseitig gehemmt, und nach und nach reifte in ihnen der Entschluß, nach Amerika auszuwandern. Zuerst wurde der zweitälteste Sohn Karl nach New York vorausgesendet, und im Jahre 1850 folgten ihm der Vater und drei andre Söhne. Der älteste blieb einstweilen in Braunschweig zurück.

In Amerika hatte man bis 1825 fast gar keine Pianofortes angefertigt; nur importirt wurden sie; es hatte sich aber, weil die importirten Instrumente dem hiesigen schnellen Witterungswechsel nicht widerstehen konnten, das Bedürfniß nach einheimischer Fabrikation geltend gemacht und mit dem uns eigenthümlichen Erfindungsgeist hatte man hier bereits manche

Vervollkommnungen angebracht. Die wichtigste davon war 1825 die Anbringung eines eisernen Ringes zur Befestigung der Saiten, an dessen Stelle 1838 der eiserne Rahmen getreten war. Außer den Chickerings in Boston waren es bei Steinwegs Ankunft fast lauter Deutsche, welche sich mit Herstellung und Vervollkommnung der Pianos beschäftigten.

Weislich begaben Steinweg, Vater und Söhne sich nicht sogleich an die eigne Fabrikation in Amerika. Sie vertheilten sich als Arbeitsucher in verschiedene Pianoforte-Fabriken von New York, um mit den hiesigen Holzarten und deren Bearbeitung, mit den Werkzeugen, den Arbeiter- und Absatzverhältnissen u. a. sich gründlich bekannt zu machen, und erst nach drei Jahren, nachdem sie alles zu lernende erlernt, und alles vorauszuberechnende vorausberechnet hatten, im Jahre 1853 begaben sie sich an die Errichtung der eignen Fabrik. Und auch diese machten sie nur klein. Nicht mehr als ein Piano wöchentlich unternahmen sie zu liefern. Aber sie hatten bereits eine Verbesserung des Piano's ersonnen, die mehr werth war, als äußere Größe. Der eiserne Rahmen nämlich, welcher zur Befestigung der Saiten patentirt worden war, hatte das Uebel, daß er dem Klang der Saite einen schnarrenden dünnen Ton gab, weshalb er trotz seiner sonstigen Vorzüge wenig Anwendung gefunden hatte. Diesen Uebelstand beseitigten die Steinwegs dadurch, daß sie die Stege erhöhten und mehr nach der Mitte des Resonanzbodens verlegten. Auch legten sie ihre Saiten weiter auseinander und ließen die Hämmer in schräger Richtung auf dieselben fallen. So großen Vortheil gewährte diese Verbesserung, daß schon nach zwei Jahren, 1855, ein von ihnen im American Institute ausgestelltes Piano nicht allein den ersten Preis, sondern allgemeine Anerkennung davontrug, und von diesem Datum an diese Einrichtung von allen amerikanischen Pianofabrikanten zum Muster genommen wurde.

Schon im nächsten Jahre mußten sie ihr Geschäft nach

H. Steinway Sr.

einem größeren Lokale verlegen, und nach fünfzehn Jahren erbauten sie eine Fabrik, deren Gebäude mehr als drei Acker überdachen und in welchen 800 Arbeiter wöchentlich sechzig Pianofortes anfertigen. Bald darauf erbauten sie als Verkaufslokal die Steinway Halle, mit einer Marmorfront in korinthischem Style, dann eine Tonhalle mit 2500 Sitzen, gebaut nach den besten akoustischen Gesetzen, einen Sammelplatz aller Künstler und Kunstfreunde. Dann erwarben sie in Astoria, nahe New York, vierhundert Acker Land mit 4000 Fuß Front am Wasser, woselbst sie Sägemühlen, Eisengießereien und eine Reihe wohleingerichteter Arbeiter-Wohnungen errichteten.

Aus ihrer Fabrik gingen im Jahre 1872 schon 2476 Pianos hervor, das sind über achtzig die Woche, deren Verkauf die Summe von $1,442,000 ergab. Einen wie großen Theil aller in Amerika verfertigten Pianos die Firma Steinway & Söhne liefert, zeigt der amtliche Bericht des Bundes-Steueramts vom Jahre 1869, wonach in jenem Jahre in ganz Amerika etwa 20,000 Pianos fabrizirt wurden, welche für 5¼ Millionen Dollars verkauft wurden. Steinway & Söhne verkauften für $1,440,000, Chickering & Co. für $800,000, Knabe & Co. für $383,000, A. Weber für $200,000 und dann kamen die Geringeren.

Importirt werden in Amerika gegenwärtig keine Pianos von Bedeutung, exportirt für ¼ Million Dollars.

Wie weitverbreitet und wichtig der Name Steinway in Amerika ist, mag der an sich kleine Umstand beweisen, daß die englischen Grammatiken in Amerika bei den Regeln der Aussprache die Bemerkung anführen, Steinway müsse nicht mit i, sondern mit ei ausgesprochen werden.

Heinrich Steinweg, der Vater, ist am 7. Februar 1871 gestorben.

XXXVI.

Friedrich Baraga.

Indianer-Bischof in Michigan.

Friedrich Baraga ist am 29. Juni 1797 auf dem Schlosse bei Treffen, Oesterreich geboren. Seine Mutter war Tante des unter dem Dichternamen „Anastasius Grün" bekannten Grafen Auersperg. Von seinen Eltern für das Studium der Rechte bestimmt, vollendete er im neunzehnten Jahre seine Gymnasialbildung und studirte fünf Jahre Jura in Wien, machte ein glänzendes Examen, änderte dann aber seinen Sinn und ward Priester.

Im Jahre 1831 kam er nach Amerika, um den Indianern das Evangelium zu predigen. In dem katholischen Gymnasium in Cincinnati, wo er sich einige Monate aufhielt, fand er einen Ottawa-Indianer, der dort erzogen wurde; von diesem lernte er seine Sprache und begab sich noch im selben Jahre nach Michigan. Seit der Zeit Canada französische Provinz war, haben französische Missionare, meist Jesuiten, von dort aus in Detroit und andren Orten Michigans Missionen unter den Indianern gegründet, und die Zahl der Indianer in Michigan ist noch jetzt verhältnißmäßig groß. Dies bestimmte Baraga, sich dorthin zu wenden. Im nördlichen Theile der Halbinsel, am Lake Superior, wohin er sich wendete, fand er außer den Ottawa's noch zahlreiche Stämme der Pottawatomie's, Chippewa's und Otschipwa's. Seinen Wohnplatz nahm er in Arbre Crochu. Nachdem er in kurzer Zeit die Ottawa-Sprache vollständig erlernt hatte, gründete er um Neujahr 1832 bereits eine Schule für die Kinder der Indianer. Die Knaben unterrichtete er im Lesen, Schreiben, Rechnen und in der Religion, die Mädchen aber blos in Lesen und Religion. Die größeste Schwierigkeit bereitete ihm dabei der Mangel an Büchern, denn es waren nur solche in der Algonkin-Sprache vorhanden, von den Franzosen in Canada gedruckt, und diese Sprache war seinen Indianern fremd. Er verfaßte daher sogleich ein Lesebuch mit Katechismus in der Ottawa-Sprache und reiste im folgenden Sommer nach Detroit, wo es unter seiner Aufsicht gedruckt wurde.

Leider konnte auch dies Buch nur in der Ottawa-Sprache gebraucht werden. Die Chippewa's redeten eine andre Sprache und die Otschipwa's wieder eine andre. Baraga unterzog sich der Mühe, alle diese Sprachen zu lernen. Fern von den Grenzen der Gesittung wohnend, geplagt von dem zahllosen Ungeziefer, unter Entbehrung von allen gewohnten Bequemlichkeiten und Annehmlichkeiten des Lebens, fast nur mit stumpfsinnigen, schmutzigen Indianern verkehrend, verlor sein Geist doch nichts von der zur Erlernung aller dieser Sprachen nothwendigen Spannkraft. Und sobald er sie erlernt hatte, schrieb er Bücher in denselben: in der Chippewa-Sprache ein Erbauungsbuch und einen Katechismus; in der Otschipwa-Sprache einen Auszug aus der Bibel alten und neuen Testamentes und eine Grammatik nebst angehängtem Wörterbuch. Letztere hat große Berühmtheit erlangt. Andre Gelehrte haben wol auch fremde Sprachen erforscht, die sie ohne Hilfe allein erforschen mußten, und mit Recht rühmt man das als eine Großthat des menschlichen Geistes, aber diese konnten das Werk in der Stille ihres Studirzimmers, frei von äußerlichen Störungen vollbringen, und die von ihnen ergründeten Sprachen gehörten mehr oder weniger gesitteten Nationen an; aber drei Sprachen von ungebildeten und kaum bildungsfähigen Indianern, allein, unter den Störungen und Entbehrungen der öden, kalten Nordküste Michigans erlernt und grammatisch festgestellt zu haben, das ist in Wirklichkeit eine Leistung, wie sie auf diesem Gebiet größer kaum gedacht werden, und wie sie nur aus starker Menschenliebe hervorgehen kann.

Sie blieb auch nicht unbelohnt diese aufopfernde Liebe. Die Indianer vernahmen seine Worte und folgten ihnen. Sie nannten ihn nur ihren großen Vater. Zahlreiche Kapellen und Gemeinden erstanden. Im Jahre 1853 ward Baraga deshalb von seiner kirchlichen Obrigkeit zum Bischof der nördlichen Indianer-Missionen ernannt. Als solcher hat er dann seinen Wohnsitz erst in Sault Ste. Marie, dann in Marquette aufgeschlagen, wo er am 19. Januar 1869 gestorben ist.

Außer seinen indianischen Schriften hat er auch gründliche, wahrheitsgetreue Beschreibungen der Geschichte, des Karakters, der Sitten und der Gebräuche der nördlichen Indianer in deutscher Sprache verfaßt, welche bedeutenden ethnographischen Werth besitzen.

XXXVII.

Philipp Dorschheimer.

Einflußreicher Politiker in New York.

Philipp Dorschheimer ist im Jahre 1797 zu Wöllstein in der Rheinpfalz geboren. Sein Vater war ein wohlhabender Müller und schickte ihn fleißig zur Schule, aber damals war die Verwaltung französisch und die bewegten Zeiten, welche beständig Neues brachten, waren dem Schulwesen nicht günstig. Philipp Dorschheimer hat wenig Bücherweisheit gelernt. Er hatte aber großen natürlichen Verstand und studirte die Menschen mit desto größerem Fleiß.

Im Jahre 1816 ist er nach Amerika ausgewandert und hat in Pennsylvanien und in Lyons, New York auf dem väterlichen Geschäft der Müllerei gearbeitet, hat auch 1834 ein großes Gasthaus übernommen. Bei diesen Beschäftigungen hatte er sehr gute Gelegenheit, die menschliche Natur zu studiren. Es schien ihm auch nothwendig, in Amerika die Denkungs- und Handlungsweise der Amerikaner kennen zu lernen, und da er in den ersten zwanzig Jahren seines hiesigen Aufenthalts fast nur mit englischen Amerikanern zusammen kam, so lernte er ihre Sprache sowohl, wie ihre Wege gründlich kennen. Er sprach aber das Englische zwar sehr fließend, doch mit einer solchen Pfälzer Gemüthlichkeit in Aussprache und Ausdruck, daß niemand sich des Lächelns dabei enthalten konnte.

Im Jahre 1838 ward Dorschheimer, der sich schon vielfach mit Politik abgegeben hatte und bei den Amerikanern für einen sehr einflußreichen Deutschen galt, obgleich er sein Deutsch fast ganz vergessen hatte, zum Postmeister in Buffalo ernannt. Er war erst zwei Jahre vorher nach Buffalo übergesiedelt und war zur Zeit Inhaber des Farmers Hotel. Dies war zwar schon damals ein angesehenes und von Politikern sehr gesuchtes Amt, brachte aber noch wenig ein.

Im Jahre 1840 siegte die Whig-Partei, welcher Dorschheimer entgegenstand, und er verlor seine Postmeisterstelle. Er übernahm nun eins der ersten Gasthäuser, das Mansion House, welches er bis 1864 betrieben hat. Das schloß jedoch seine fortgesetzte Betheiligung an der Politik nicht aus. Er war aber gleich den meisten deutschen Politikern in Amerika ein unabhängiger, d. h. kein blinder Anhänger seiner Partei, sondern wahrte sich sein persönliches Urtheil. Es kam ihm im Verlauf der nächsten Jahre so vor, als ob die südlichen Staaten durch ihr festes Zusammenhalten und Zusammenwirken für die Negersklaverei zu viel Einfluß gewännen. Als die Aufnahme von Texas in die Vereinigten Staaten ihr Gebiet noch vergrößerte, und dann der mexikanische Krieg für südliche Männer besonders ermuthigend ausgefallen war, schien ihm die Sprache der südlichen Politiker zu anmaßend zu werden. Dorschheimer las aber nicht nur Zeitungen der Gegenwart, er hatte sich auch durch Studium der Geschichte Amerikas mit dessen Vergangenheit gründlich bekannt gemacht. Darum war er geneigt, sich sein eignes Urtheil über das zu bilden, was für das Land das Beste sein möchte. Im Jahre 1848 schloß Dorschheimer sich dem sogenannten free soil Zweig der demokratischen Partei an und arbeitete und stimmte für Van Buren. Diese Freesoilers verlangten, daß in allen, durch den Frieden mit Mexico neu erworbenen Gebieten die Negersklaverei verboten werden solle. Zwar konnte weder im Congreß das betreffende Gesetz (das sogenannte Wilmot-Proviso) durchgesetzt werden, noch konnten die Freesoilers bei der Präsidentenwahl ihren Kandidaten erwählen, aber der regelmäßige demokratische Kandidat, General Lewis Caß, unterlag, und die seit Jacksons Präsidentschaft fast ununterbrochene Reihe demokratischer Präsidenten ward wankend.

Nun begann sich eine neue Partei, die republikanische, aus Freesoilers und Whigs zu bilden, deren Hauptziel Beschränkung der Sklaverei war. Mit vielen andren Deutschen, die bisher zur demokratischen Partei gehalten hatten, ging auch Dorschheimer zu ihnen über und diese Deutschen wurden von den Republikanern als ein wichtiges Element angesehen, weil ihre Vorgänger, die etwas nativistischen Whigs fast gar keine Deutsche in ihren Reihen gehabt hatten. Als es nun bei der ersten republikanischen National-Convention in Philadelphia zur Nomination eines Präsidentschafts-Kandidaten kommen sollte und die angesehensten Leiter der Partei versammelt waren, bestieg Dorschheimer die Tribüne, um eine Rede zu halten. Das war nun so ziemlich das einzige, was er nicht konnte. Sein Englisch war den meisten unverständlich, aber seine Gestalt war über sechs Fuß hoch, sein Benehmen zeigte volles Bewußtsein des eignen Werthes, und sein Gesicht war intelligent.

Was ist das für ein Mann? fragten die Amerikaner. Was will er eigentlich?

O, hieß es, das ist Dorschheimer, ein Hauptmann der Deutschen, und er befürwortet die Nomination von Fremont.

Natürlich mußten nun die Deutschen gewonnen werden, Dorschheimers Rede, die kaum jemand verstanden hatte, ward mit donnerndem Beifall belohnt und Fremont nominirt.

Freilich ward Fremont nicht erwählt, aber die neue Partei zeigte mit ihm bei der Wahl eine nicht geahnte Stärke, und daß Fremont sehr viele deutsche Stimmen angezogen hatte, ward auch offenbar und mehrte Dorschheimers Einfluß.

Von nun an genoß er großes politisches Ansehen. In New York ward er Staats-Schatzmeister und unter Lincoln Haupt-Steuer-Einnehmer. Beide Stellen waren sehr bedeutend und gehören zu den gesuchtesten, weil solche Inhaber die ein dehnbares Gewissen haben, dabei viel Geld erwerben können. Dorschheimer hat aber dabei ebenso wenig Reichthümer gesammelt, wie bei seiner Postmeister-Stelle. Sein Vermögen blieb gering. Er konnte jedoch später sein Hotel vortheilhaft verkaufen, und das sicherte ihm nach Ablauf seiner Amtszeit ein sorgenfreies Alter, aber auch nicht mehr.

Er ist 1866 gestorben.

Einer der ihn genau kannte, schreibt:

„Dorschheimer war von sehr ruhiger Gemüthsart, sanft und wohlwollend, stets bereit, seinen Mitmenschen mit Rath und That beizustehen, und schon dadurch seinen Landsleuten von großem Nutzen. Wäre er mit großen Reichthümern gesegnet worden, so wäre er einer der freigiebigsten Menschen auf Erden gewesen. Diese Herzensgüte erwarb ihm im Laufe der Zeit mehr und mehr Freunde, so daß er am Vorabend seines Todes beliebter und populärer war, als da er das Postamt im Sturm erobert hatte.“

Sein Sohn, William Dorschheimer gleicht dem Vater in drei Eigenschaften und einer That:

Er hat dieselbe riesenhafte Statur.

Er ist ein eifriger und einflußreicher Staatsmann.

Er ist unabhängig von Parteizwang. Als die republikanische Verwaltung Grants ihm mißfiel, ward er Liberal-Demokrat.

Die demokratische National-Convention von St. Louis verdankt großentheils ihm die Nomination ihres Kandidaten Tilden.

XXXVIII.

Vincenz Nolte.

Banquier von New Orleans.

Vincenz Nolte ist im Jahre 1779 geboren und in Hamburg erzogen worden. Sein Vater war Kaufmann und hielt sich zur Zeit, als Vincenz geboren wurde, in Livorno, Italien, auf. Auch hat Vincenz nach Beendigung seiner Lehrzeit in einem Hamburger Handlungshaus mehrere Jahre in Livorno für seinen Vater Geschäfte gethan, später in Nantes, Frankreich. Im Jahre 1805 ging er nach Amerika, und zwar nach New Orleans.

Er hat hier viel Unglück gehabt. Das gelbe Fieber hat ihn ergriffen; er hat Schiffbruch gelitten; er ist vom Wagen gestürzt. Im Jahre 1809 ist er nach Deutschland zurückgekehrt, im Jahre 1812 wieder nach New Orleans gekommen. Seine Beschäftigung als Handlungs-Agent brachte das mit sich.

Seine abenteuerlichen Erlebnisse schienen kein Ende nehmen zu wollen. New Orleans ward bald nach seiner Ankunft von den Engländern streng blockirt. Es war nämlich der Krieg zwischen Amerika und England ausgebrochen. Nolte stürzte von einem Pferde und ward halb todt aufgehoben und mit

Noth am Leben erhalten. Ein Bank-Kassirer, mit dem Nolte in Streit gerieth, schlug ihn zu Boden und Nolte forderte ihn zum Duell heraus, konnte aber keine Genugthuung erlangen. Dagegen nahm ein amerikanischer Offizier, mit dem er ebenfalls Streit bekam, seine Herausforderung an, und sie schossen sich zur gegenseitigen Genugthuung mit Pistolen. In der Schlacht bei New Orleans, am 18. Januar 1815, wo die Amerikaner unter Jackson hinter ihren baumwollenen Verschanzungen das glänzende, tapfre Heer der Engländer glorreich besiegten, diente Nolte als Freiwilliger. Damit noch nicht befriedigt, hatte er noch ein Pistolen-Duell, welches ihm einen Schuß in den Schenkel brachte.

Dann ging er 1815 wieder nach Europa, knüpfte die alten Handels-Verbindungen neu an und begann in New Orleans großartige Bank-Geschäfte. Als im Jahre 1825 Lafayette als amerikanischer Ehrengast nach New Orleans kam, gehörte Nolte zum Empfangs-Ausschuß und hatte die Ehre, ihm 1200 Dollars zu leihen; er geleitete ihn auch eine ziemliche Strecke auf seiner weiteren Reise.

Aber gleich darauf brach in England ein großer Geschäftskrach aus, und Nolte ward darein verwickelt. Er reiste selbst nach England, um zu retten, was zu retten war, als er aber nach New Orleans zurückkehrte, war sein hiesiges bedeutendes Vermögen unterdessen verloren gegangen und bald darauf, 1829 ist Nolte nach Europa zurückgekehrt, nachdem er noch vorher einen vergeblichen Versuch in der Politik gegen Jacksons Wahl zur Präsidentschaft gemacht hatte.

In Paris angekommen, gerieth er hier mitten in die Juli-Revolution. Dann kam er in London in Konflikt mit dem aus Braunschweig vertriebenen, durch seine Diamanten berühmten Herzog Karl, für welchen er Geldgeschäfte verrichtete. Dieser verklagte ihn wegen Kontraktbruches, und er mußte, in Ermangelung eines Bürgen, einige Zeit ins Gefängniß wandern.

Später hat Nolte Amerika noch zweimal besucht, aber sich hier nicht wieder dauernd aufgehalten. Durch seine grossartigen und kühnen Geld-Geschäfte blieb er aber in engen und wichtigen Beziehungen mit hiesigem Geldmarkt.

In hohem Alter hat er im Jahre 1854 ein sehr lesenswerthes Buch geschrieben: „Fünfzig Jahre in beiden Hemisphären.“ Es ist in zwei Bänden bei Perthes in Hamburg erschienen.

XXXIX.

Ernst Karl Angelrodt.

Deutscher General-Konsul in St. Louis.

Ernst Karl Angelrodt ist am 9. Januar 1799 zu Thweidgen bei Mühlhausen, Thüringen, geboren. Er erhielt guten Schul-Unterricht und eine kaufmännische Ausbildung. Seine mit großem Scharfsinn gepaarte Energie ließ ihn nicht in dem gewöhnlichen Kleinhandel Befriedigung finden, es trieb ihn, größeres zu leisten, und er ward Eigenthümer einer Kammwollspinnerei. Aber auch das befriedigte seinen regsamen Geist noch nicht; er warf sich auch gleich fast der ganzen gebildeten Jugend jener Zeit auf das Gebiet der Politik. Man verlangte nach politischer Freiheit, man fühlte sich mündig, selbst am Regiment Deutschlands Theil zu nehmen, während die Regierungen immer noch den beschränkten Verstand der Unterthanen bevormunden zu müssen meinten.

Der preußische Staat gestattete damals noch keine Vertretung des Volkes bei der Gesetzgebung, Besteurung und Verwaltung des Landes; alles was man dem Drange des Volkes bewilligt hatte, waren die sogenannten Provinzial-

Landtage, in denen die Adligen, die Industriellen und die Bauern in gesonderten Ständen, jede Provinz für sich, das Recht hatte, über solche Angelegenheiten, welche die Regierung ihnen vorlegte, berathend zu sprechen. Sie hatten aber nur berathende Stimme; es stand der Regierung völlig frei, mit ihrem Rathe zu thun, was sie wollte, und es war den Ständen oder Landtagen keineswegs erlaubt, irgend einen andren Gegenstand in Berathung zu nehmen, als was die Regierung ihnen vorlegte.

Selbst in diesen beschränkten Versammlungen ward die Volksstimme laut. Angelrodt war Mitglied des Landtages der preußischen Provinz Sachsen, und als solcher redete er manches Wort, das in höheren Kreisen mißfällig aufgenommen wurde. Die schneidende Art, in welcher er den Beamten gegenüber auftrat, verwickelte ihn in mancherlei Konflikte, die ihm das Leben daheim nach und nach ganz verleideten. Dagegen wurden in Deutschland damals viele lockende Stimmen aus Amerika laut. Amerika war das Land, wo man die in Deutschland schmerzlich vermißte Freiheit genoß, wo außerdem Wohlstand und eine große Zukunft für die Kinder zu erwarten war. Ja, man ging damals in den auf Amerika gesetzten Hoffnungen noch weiter. Man hoffte ein neues Deutschland in Amerika gründen zu können. Das Land war ja so weit, und die den einzelnen Staaten gewährte Selbständigkeit so groß, daß man hoffte, jenseits des Mississippi, wo damals noch fast gar keine Ansiedlungen bestanden, durch gemeinsame Auswanderung wenigstens e i n e n deutschen Staat zu gründen.

Verschiedene Kolonisations-Gesellschaften bildeten sich zu solchen Zwecken. Auch in der Umgebung von Mühlhausen bildete sich die „Thüringische Auswanderungs-Gesellschaft,“ Angelrodt trat ihr bei. Auch der später berühmt gewordene Ingenieur R ö b l i n g gehörte ihr an. Sehr viele gebildete, strebsame Glieder gehörten zu dieser Gesellschaft, aber die hohen Erwartungen, welche man davon hegte, gingen nicht in Erfüllung. Kaum in Amerika angekommen, ging man wegen der Wahl des Landes auseinander. Röbling mit vielen blieb im westlichen Pennsylvanien. Angelrodt mit andren ging nach St. Louis und kaufte sich dreißig Meilen von St. Louis in Bonhomme ausgedehnte Landstrecken.

Hier hat er drei bis vier Jahre Landbau getrieben, so gut er konnte, hat aber gleich den meisten andren Deutschen seines Standes in Amerika gefunden, daß dies Leben für ihn nicht paßte und ist im Jahre 1836 nach St. Louis gezogen. Indem er einen großen Theil seines Landes verkaufte, bekam er die Mittel, als Miteigenthümer in ein größeres Handelsgeschäft einzutreten, und hier gelang es ihm, ein großes Import-Geschäft zu errichten, das sich mehr und mehr ausdehnte und ihn reich machte.

St. Louis war damals noch ein beschränktes Städtchen von nicht ganz 15,000 Einwohnern, welche sich durch ihren Eifer für die Negersklaverei, durch ihre häufigen Duelle (Bloody Island) und durch ihre blutigen Volksaufläufe auszeichneten. Das deutsche Element, welches aus diesem Neste eine Großstadt gemacht hat, war damals in St. Louis noch sehr gering. Angelrodt ward einer der ersten und ausgezeichnetsten Begründer deutschen Wesens in St. Louis. Durch sein ausgedehntes Geschäft, mit welchem er ein überseeisches Wechselgeschäft verband, ward sein Handlungshaus ein Mittelpunkt für alle Geschäfts-Verhandlungen und Geldsendungen der Deutschen. Dazu kam noch, daß er 1845 das preußische Konsulat für St. Louis erhielt, worauf dann nach und nach auch Sachsen, Baiern, Würtemberg, Baden, Kurhessen, Braunschweig, die sächsischen Herzogthümer, Mecklenburg, Oldenburg, selbst Oestreich ihn zu ihrem Konsul machten. In dieser Eigenschaft hatte er vielfach Gelegenheit, sich den Deutschen in St. Louis als ein treuer, eifriger und einsichtsvoller Mann zu zeigen, und ebenso den verschiedenen deutschen

Regierungen. Diese ehrten ihn dafür, obwol er seine volks=freundlichen Ansichten nicht verbarg, mit Orden und Titeln, jene mit ihrem Vertrauen, und so hatte Angelrodt Gelegen=heit, die Deutschen und das Deutsche in St. Louis allseitig zu fördern, was er auch mit dem besten Erfolg und dem ihm eignen Eifer jederzeit that.

An allen gemeinnützigen Vereinen und Unternehmungen der Deutschen war er betheiligt; sogar an wissenschaftlichen Vereinen, einem „Naturhistorischen Verein,“ der „Akademie der Wissenschaften,“ der „Zoologisch=botanischen“ und einer „Geographischen Gesellschaft“ war er Glied.

Daß bei einer so hingebenden Thätigkeit seine Gesundheit Schaden litt, war zu erwarten. Man rieth ihm eine Erholungs=Reise nach Deutschland, und im Jahre 1860 begab er sich dorthin. Es gibt ja wol schwerlich etwas, das einem Deutschen, der lange Zeit in Amerika sich müde gearbei=tet hat, größere Erholung brächte, als eine Reise nach der alten Heimath. Sie erfrischt Leib und Seele. So war es auch bei Angelrodt. Aber zu einer völligen Herstellung der Gesundheit, um das große Geschäft in Amerika wieder weiter führen zu können, wollte es doch nicht kommen. Angelrodt ging nun nach K a r l s r u h e, wo Klima und Umgebung ihm ganz besonders zusagten. Er wurde aber inne, daß die auf=gezehrten Lebensgeister gingen, um nicht wieder zu kommen; so legte er denn weislich im Jahre 1864 alle seine Konsulate nieder und konnte dann noch fünf weitere Jahre nach voll=brachtem Tagewerk den milden Abend des Lebens in Karls=ruhe genießen. Am 18. Juni 1869 ist er dort gestorben.

Angelrodts größestes Verdienst bestand darin, daß er den deutschen Einfluß in St. Louis begründet hat, und daß da=durch diese Feuerfresser=Stadt zu einem Mittelpunkt freiheits=liebender Deutscher geworden ist, denen, als später der Sezessionskrieg ausbrach, die Erhaltung Missouri's für die Union großentheils zu verdanken ist.

Angelrodts größeste Eigenschaft war neben der unermüdlichen Thätigkeit, ohne welche es überhaupt kein erfolgreiches Leben gibt, der schneidige, scharf und schnell auffassende Verstand, der neue Situationen durchschaut und richtig ergreift. Das machte ihn zum klugen Kaufmann. Nebenbei machte es ihn auch zu einem unterhaltenden Gesellschafter, von lebendigem Geist und schlagendem Witz.

XL.

Konstantin Hering.

Vater der Homöopathie in Amerika.

Konstantin Hering ist am ersten Tage unsres Jahrhunderts, am 1. Januar 1800 in Oschatz, Sachsen geboren und hat Medizin studirt. Im Jahre 1826 erlangte er den Doktorgrad, und da er sich als fleißiger Forscher auf der Universität ausgezeichnet hatte, so sandte ihn die sächsische Regierung nach Suriname in Süd-Amerika, um das dortige Pflanzen- und Thierreich wissenschaftlich zu erforschen und zum Besten der Museen Sammlungen zu besorgen. Diesem Auftrag gemäß blieb er sechs Jahre dort, aber sein Verhältniß zur Regierung löste sich bald auf, weil Dr. Hering seine medizinischen Ueberzeugungen öffentlich aussprach, welche damals als ketzerisch galten.

Hering war nämlich schon während seiner Studien, 1820, in Leipzig beauftragt worden, ein Buch gegen die damals eben aufkommende Homöopathie zu schreiben, speziell gegen Hahnemanns großes homöopathisches Werk: Materia medica. Das Buch war beinahe fertig, als Hering im dritten

Bande von Hahnemanns Materia medica ein „Notabene für meine Kritiker“ fand, das ihn bestimmte, seine ganze bisherige Arbeit umzustoßen. In diesem Notabene macht nämlich Hahnemann seinen Kritikern den Vorschlag, ehe sie den Stab über seine Ideen brächen, einmal einige Experimente damit an Kranken zu machen. Diesen nicht unbilligen Vorschlag befolgte Hering und wandte in mehreren Krankheitsfällen homöopathische Medizinen nach Hahnemanns Anweisung an. Der Erfolg war überraschend, und nun wurde Saulus zum Paulus, der Verfolger zum begeisterten, aufopfernden Apostel der Homöopathie.

In Suriname kam Dr. Hering viel in Berührung mit Herrnhuter Missionaren, welche unter der dortigen Bevölkerung arbeiteten. Der Umgang mit den liebenswürdigen, wohlgebildeten Landsleuten zog ihn an, und als er zu seinem Leidwesen bemerkte, daß es ihnen sehr schwer war, bei vorfallenden Krankheiten passende ärztliche Hilfe zu finden, machte er sie mit der Homöopathie bekannt, gab ihnen die wichtigsten homöopathischen Tinkturen und munterte sie auf, durch sorgfältige Aufzeichnung der Wirkungen sich selbst in Anwendung solcher Mittel zu üben und durch Mittheilung ihrer Aufzeichnungen ihm zur Befestigung oder etwaigen Berichtigung seiner Kenntnisse behilflich zu sein.

Außerdem war Hering, als die Unterstützung von der Regierung aufhörte, und er seine naturwissenschaftlichen Forschungen doch nicht gern aufgeben wollte, auf sich selbst angewiesen und praktizirte in Paramaribo (Surinam) als homöopathischer Arzt mit gutem Erfolg.

Hier wurde Hering mit einem deutschen Missionar und Arzte, Dr. Bute, bekannt, welcher von hier nach Pennsylvanien zu seinen Glaubensgenossen ging und im Jahre 1832, als dort die schreckliche Cholera in Philadelphia grassirte, die homöopathische Heilmethode mit gutem Erfolg angewendet hatte. Diese Bekanntschaft wuchs zur Freundschaft und bestimmte ihn im selben Jahre nach Philadelphia zu gehen, um seine persönliche Bekanntschaft zu machen und dann von hier aus seine alte Heimath in Europa zu besuchen. Allein Hering ward durch den Umgang, welchen er hier fand, so gefesselt, daß er sich entschloß, gänzlich hier zu bleiben, was er auch nie bereut hat, denn er fand hier für seine homöopathische Methode ausgiebige Praxis.

Hier ward er auch mit den in der Nähe (Bath, Pa.) praktizirenden Dr. Wesselhöfts bekannt, und nun entstand im Freundeskreise die Idee, für die neue Heilmethode eine Lehranstalt zu gründen. Da die Homöopathie ursprünglich ausschließlich von deutschen Aerzten ausgegangen war, auch von den Deutschen in Amerika zuerst eingeführt, vertheidigt, gepflegt und ausgebreitet ward, so schien es ihnen passend, in der ganz deutschen, blühenden Stadt Allentown, im östlichen Theile Pennsylvaniens, ihre Anstalt zu gründen, was denn auch im Jahre 1835 geschah. Zwar dies Unternehmen mißlang. Es fehlte an den Mitteln. Trotz der größesten Anstrengungen und Opfer ihrer Freunde mußte die Anstalt eingehen. Aber die Folgen dieses Versuches waren doch groß. Einmal wurde dadurch die englische Bevölkerung von Amerika auf das homöopathische System aufmerksam, und zum andern führte es zur Uebersetzung von Hahnemanns Hauptwerken in die englische Sprache, und obwol anfänglich die Sache als ein deutsches Hirngespinnst bei den Englischen starken Vorurtheilen begegnete, so konnte man ihnen doch Hahnemanns Aufforderung, wenigstens ein Experiment damit zu machen, nicht ganz abschlagen, und von nun an breitete die Homöopathie sich in ganz Amerika so aus, daß bis 1860 schon vier homöopathische Colleges in Philadelphia, Cleveland, New York und St. Louis entstanden, denen später andre gefolgt sind, und gegenwärtig Tausende von Aerzten nach dieser Methode heilen. So ist der deutsche Dr. Hering Vater der amerikanischen Homöopathie geworden.

Constantine Hering

Er gelangte zu hohem Alter und hohem Ansehen in Philadelphia.

Außer seiner literarischen Arbeit an medizinischen Zeitschriften und der Herausgabe verschiedener wissenschaftlicher Bücher ist Hering am bekanntesten durch seinen „Hausarzt", der bis zum Jahre 1870 schon 13 Auflagen erlebt hatte und außerdem ins Englische, Französische, Italienische, Spanische, Russische u. s. w. übersetzt, fast in der ganzen Welt gebraucht wird. Veranlaßt ward Hering zur Abfassung des „Hausarztes" durch das Bedürfniß der Missionare in Suriname, welchen mit einem umfangreichen, gründliche Studien erfordernden Werke nicht gedient gewesen wäre. Es ist durchaus populär geschrieben. Die Purgir-, Laxir- und Brechmittel, welche manche Aerzte so gern anwenden, nennt er „Pferdekuren." Wenn kleine Kinder immerfort schreien und sich nicht stille machen lassen, räth er den Eltern an, ihnen etwas Wasser mit Zucker versüßt zu geben, oder wenn das nicht helfen wolle, nachzusehen, ob vielleicht eine übel angebrachte Stecknadel sie ritze, oder sonst etwas sie beenge. Hilft aber alles nichts, so räth er den Eltern, daß sie darüber nachdenken möchten, von wem das Kindlein seine Bosheit geerbt haben möchte.

Trotz seiner unermüdlichen medizinischen Studien und seiner ausgedehnten Praxis behielt Dr. Hering Haus und Herz für deutsche Vaterlands-Angelegenheiten stets offen und nahm Antheil an allen derartigen öffentlichen Ereignissen. Als im Jahre 1844 die Deutschen Philadelphia's den berühmten Geschichtsschreiber Friedrich von Raumer als ihren Ehrengast bewirtheten, finden wir Dr. Hering als Festredner. Er rühmte in seiner Begrüßungs-Rede dem deutschen Gast die amerikanische Freiheit in solcher Weise, daß der große Raumer in herzlichen Worten ihm für die ausgesprochnen Gesinnungen dankte. Hering verstand nämlich unter Freiheit nicht die Revolution oder die Anarchie, sondern er sagte:

„Es möge wachsen, grünen, blühen und Früchte tragen in Deutschland und den Vereinigten Staaten die wahre Freiheit, welche immer mit dem Gesetz und der Ordnung Hand in Hand geht, und die wahre Wissenschaft, welche nie der ächten Religion und Sittlichkeit widerspricht."

Hering war ein Mann von mittlerer Größe und von einem überaus freundlichen Ausdruck des Gesichtes. Sein Haar trug er lang auf die Schultern herabfallend.

Im Jahre 1861 hat er im prophetischen Geiste eine kleine deutsche Schrift in den Druck gegeben, worin er die Rückkehr von Elsaß und Lothringen als eine politische Nothwendigkeit voraussagt. Der Titel heißt: „Die natürliche Grenze. Ein Gedanke für Deutschland."

XLI.

Karl Follen.

Gelehrter und Agitator gegen die Sklaverei.

Karl Follen (Follenius) ist am 4. September 1796 in Gießen, Hessen, geboren, wo sein Vater Landrichter und Hofrath war. Er erhielt eine vortreffliche, klassische Ausbildung, welche zwar 1814 im Freiheitskriege etwas unterbrochen ward, indem der Student mit Tausenden von andren begeisterten Jünglingen gegen Napoleon ins Feld zog, nachher aber desto heftiger fortgesetzt wurde. Im Jahre 1817 promovirte er als Doktor und begann als Privatdozent Vorlesungen über das römische Recht.

Follen war in der Zeit aufgewachsen, wo die edelsten Deutschen sich bestrebten, die Jugend zur Abwerfung des französischen Joches heldenhaft und freiheitsdurstig heranzubilden. Der Leib ward durch Turnen, Fechten, Schwimmen und Fußpartieen abgehärtet, der Geist durch Fichte's Philosophie für die großen Ideen der Freiheit, Wahrheit und Männlichkeit begeistert. Durch den glorreichen Befreiungskrieg wurden die Jünglinge zu Männern und trachteten nun ernstlich, Deutschland politisch frei zu machen. Als Lehrer der Studenten und als Rechtsgelehrter hatte Follen dazu die beste Gelegenheit. Er benutzte sie eifrig und sammelte um sich viele Gleichgesinnte.

Damals gährte es gewaltig auf den Universitäten. Die Fürsten waren nicht willens, die unbeschränkte Herrschaft, die sie bis jetzt ausgeübt hatten, aus den Händen zu geben. Die Völker aber, vornehmlich die Männer, welche für die Befreiung Deutschlands große Opfer gebracht hatten, erwarteten, daß dem Volk mehr Rechte anvertraut würden, und als diese Erwartungen nicht in Erfüllung gingen, bildeten sich Verbindungen unter ihnen, um solche Rechte zu erlangen. Auch Follen war eifriges Glied einer solchen Gesellschaft. Nun geschah es, daß ein zur selben Gesellschaft gehörender Student, namens Karl Sand, im Jahre 1819 den Geheime-Rath Kotzebue ermordete, weil derselbe als Spion und Werkzeug der Tyrannen angesehen wurde. Dieser Sand war ein edler, aber schwärmerischer Jüngling und, da er ergriffen und hingerichtet ward, erregte sein Schicksal beim Volk großes Mitleiden, die Regierungen aber wurden desto mehr erbittert und verabredeten unter einander harte Maßregeln gegen die „Demagogen-Umtriebe". Viele der Männer, die als Leiter jener Verbindungen galten, wurden eingekerkert.

Follen entfloh, um dem gleichen Schicksal zu entgehen, nach Paris, wo er mit Lafayette bekannt wurde. Von hier aus ging er nach der Schweiz und lehrte an verschiedenen Hochschulen als Professor. Die deutschen Regierungen verlangten aber von der Schweiz die Auslieferung Follens, der als ein gefährlicher Demagog galt, und im Jahre 1824 entwich Follen auch von hier und siedelte nach Amerika über.

In Amerika traf er wieder mit Lafayette zusammen, der damals als hochgefeierter Gast der Vereinigten Staaten hier weilte. Durch ihn mit angesehenen Amerikanern bekannt gemacht, erhielt Follen eine Anstellung als deutscher Lehrer an der Harvard Universität bei Boston.

Follen, der sich alsbald mit eisernem Fleiß auf das Studium der englischen Sprache geworfen hatte, bewegte sich hier in der besten, gebildetsten Gesellschaft. Selbst der damalige Präsident der Vereinigten Staaten, John Quincy Adams, welcher die deutschen Klassiker eifrig studirte, trat in brieflichen Verkehr mit Follen, zog ihn zu Rathe in Sachen der deutschen Literatur und behandelte ihn mit großer Achtung, da er seine Kenntnisse und seinen Geist zu schätzen wußte.

Nicht genug konnten die Amerikaner sich darüber wundern, wie vollständig Follen in wenigen Jahren alle Feinheiten und Wendungen der englischen Sprache bemeisterte, so daß kaum noch eine leise Spur von fremdartigem Ausdruck in seinen Schriften zu bemerken war. Und noch mehr bewunderten sie die reiche Fülle geistreicher Gedanken, die ihm allezeit zu Gebote stand und ihn befähigte, auch ohne Vorbereitung fesselnd, schlagend und lebendig zu sprechen.

Man interessirte sich in den höheren Kreisen so lebhaft für ihn, daß in Jahre 1830 durch freiwillige Beiträge die erste Professur für deutsche Sprache und Literatur ausdrücklich für Follen an der Harvard Universität begründet wurde, freilich fürs erste nur auf fünf Jahre, jedoch mit der besten Absicht und Aussicht, nach Ablauf dieser Zeit hinreichendes Kapital zur permanenten Fundirung der Stelle zu sammeln. Im Jahre 1831 trat Follen diese für ihn geschaffene Stelle an, und nun hatte Harvard zwei deutsche Professoren. Nämlich Dr. Karl Beck, Follen's Freund, der mit ihm aus gleicher Ursache Deutschland hatte verlassen müssen, ward um dieselbe Zeit als Professer des Lateinischen an der Harvard Universität angestellt. Diese zwei Männer standen an Gelehrsamkeit, an edler Gesinnung und an reinem Karakter einander gleich, wie sie auch in herzlicher Liebe mit einander verbunden waren.

Die kirchliche Stellung der meisten an der Universität angestellten Professoren war damals, wie sie es noch jetzt ist, unitarisch, freisinnig. Man erkannte Christus nicht als Gott, sondern nur als Muster wahrer Sittlichkeit an, wobei man aber keineswegs materialistisch, sondern in hohem Grade idealistisch gesinnt war und die großen Ideen der Freiheit, Wahrheit und Tugend als reinste Quellen menschlicher Seelenfreuden erkannte. Diese Richtung stand mit Follens religiösen Anschauungen so völlig im Einklang, daß er sich nicht nur der Kirche anschloß, sondern sich auch für das Predigtamt meldete und als Prediger aufgenommen wurde.

Das kam ihm sehr zu Statten, als er später durch seine Ueberzeugungstreue seine Professnr verlor. Es begann nämlich damals in Amerika sich die Ueberzeugung von der Sündhaftigkeit der Negersklaverei Bahn zu brechen. Gesellschaften von Abolitionisten entstanden. Als Deutscher und bewährter Freiheitskämpfer fühlte Follen sich angetrieben, der Anti-Sklaverei-Gesellschaft beizutreten. Viele Freunde widerriethen ihm das ernstlich, als für sein äußerliches Fortkommen sehr hinderlich. Denn zwar die Gelehrten und die Prediger waren in den Neu-England Staaten gegen die Sklaverei, aber die Kaufleute, welche mehr oder weniger vom Süden abhängig waren, theilten diese Gesinnung nicht. Auch gab es unter den Abolitionisten manchen Hitzkopf, der durch rücksichtsloses Verdammen der Sklaverei im Süden böses Blut machte. Mehrere südliche Staaten faßten damals Beschlüsse, wodurch sie die Neu-England Staaten ersuchten, dem Treiben der Abolitionisten ein Ende zu machen. Die

Sache kam auch vor die Gesetzgebung von Massachusetts. Damals beschloß die Anti-Sklaverei-Gesellschaft, einen Abgeordneten in die Gesetzgebung zu senden, um ihre Sache dort zu vertheidigen. Sie erwählte hiefür Follen.

Im März 1835 erschien Follen in diesem Auftrag vor der Gesetzgebung, und hier feierte seine Beredtsamkeit und Schlagfertigkeit vor einem auserwählten Publikum einen ihrer größesten Triumphe, welchen die berühmte Harriet Martineau in ihrem Reisewerke über Amerika mit folgenden Worten beschreibt:

„Der Saal war gedrängt voll, und lautes Beifallsrufen erscholl, als der Redner eine Anschuldigung nach der andern in ihr Nichts auflöste, oder mit Erfolg die impertinenten Zurechtweisungen des Vorsitzers abwies. Derselbe unterbrach Follen, als dieser nachwies, wie alle gegen die Abolitionisten gerichteten Tadels-Beschlüsse stets Volksaufläufe (mobs) nach sich gezogen hätten, und forderte Follen deshalb auf zu schweigen, oder die Versammlung mit gebührender Achtung zu behandeln, worauf Follen mit seiner sanften und doch so klangvollen Stimme erwiderte: ‚Muß ich Sie, Herr Vorsitzer, so verstehen, als ob ich der Versammlung nicht die gehörige Achtung bezeuge, wenn ich stürmische Pöbelhaufen verdamme?‘ Rauschender Beifall erscholl, während der Vorsitzer in der That eine traurige Rolle spielte. Dr. Follen eroberte sein Feld Zoll für Zoll, und es gelang ihm, alles zu sagen, was ihm auf dem Herzen lag.“

Im nächsten Jahre ward Follens Name noch bekannter, als er im Auftrag der Anti-Sklaverei-Gesellschaft eine Adresse an das amerikanische Volk erließ, welche an alle Congreßglieder und an alle höhere Beamten der verschiedenen Staaten geschickt wurde. In den darauf folgenden Gegenschriften benutzten einige Gegner den Umstand, daß Follen ein Fremdling sei, um zu sagen, ein Flüchtling, der die amerikanische Gastfreundschaft genieße, solle keinen Feuerbrand in das gesellschaftliche und politische Leben seines neuen Vaterlandes schleudern. Er antwortete darauf:

„Sollte ich in diesem Lande, dessen Volk seine Freiheit so laut rühmt und welches vorgibt für die Grundsätze der Unabhängigkeits-Erklärung und gleiche Rechte aller Menschen leben und sterben zu wollen, dieselben Grundsätze verleugnen, die ich im alten Vaterlande mit schweren Opfern verfocht und um deren willen ich die theure Mutter-Erde und meine geliebten Eltern, Geschwister und Freunde verließ?"

So verfocht Follen mit Lust und Macht die Grundsätze der Freiheit. Als aber die fünf Jahre seiner provisorischen Professur um waren — ward seine Anstellung nicht erneuert. Zu mächtig war doch auch dort das Gewicht der Sklaverei-Freunde.

Er trat nun eine englische Unitarier-Gemeinde zuerst in New York und dann in East-Lexington, nahe Boston an. Die Gemeinde wuchs unter seiner Arbeit so, daß sie eine neue Kirche bauen mußte. Am 15. Januar 1840 sollte sie eingeweiht werden. Follen war zu dieser Zeit in New York. Er bestieg am 13. Januar den Dampfer „Lexington" zur Rückfahrt. Noch in derselben Nacht ging derselbe in Flammen auf. Von allen, die darauf waren, retteten nur zwei Matrosen das Leben. Von den andren sah man nie etwas wieder.

XLII.

Seidensticker.

Vater und Sohn.

Märtyrer der Freiheit. Geschichtschreiber der Deutsch-Amerikaner.

Friedrich Karl Theodor Seidensticker, am 16. Februar 1797 in Göttingen geboren besuchte dort das Gymnasium, als das napoleonische Königreich Westfalen gegründet wurde. Obwol erst 14 Jahre alt, war er körperlich schon so entwickelt, daß er als Husar in die Armee eintreten konnte. Den schrecklichen Feldzug von 1812 nach Rußland machte er glücklich mit und wurde, als der Befreiungskrieg anbrach, bei Kulm östreichischer Kriegsgefangener. Nun konnte er wieder in deutsche, beziehungsweise östreichische Dienste treten und den Krieg gegen Napoleon mitmachen.

Nach Friedensschluß studirte er in Göttingen die Rechte und wirkte dort bis 1831, als es in Folge der französischen Juli-Revolution in vielen Theilen Deutschlands, besonders auch in Hannover zu revolutionären Bewegungen kam. Seidensticker betheiligte sich daran als Kommandant der Göttinger Bürgerwehr, und obwol weder er, noch die Bürgerschaft irgend welche Gewaltthat ausgeübt, sondern man sich nur bittend an die Regierung gewendet, auch dem einrückenden Militär keine Gewalt entgegengesetzt hatte, wurde er verhaftet und zu lebenslänglicher Einkerkerung verurtheilt.

Erst im Jahre 1845, bei einem Regierungswechsel ward er unter Bedingung der Auswanderung nach Amerika begnadigt.

Seine Reise durch Bremen, New York nach Philadelphia gestaltete sich durch die großartigen Empfangsfeierlichkeiten, die ihm veranstaltet wurden, zu einem Triumphzuge, und in allen größeren Städten bildeten sich Vereine, ihm die nöthigen Geldmittel zu sammeln, um eine neue Existenz in Amerika zu gründen. Nachdem seine Familie ihm nachgekommen, ließ Seidensticker sich in Philadelphia nieder, arbeitete zuerst als Redakteur, später als Buchhalter in einem Geschäft, bekam 1861 eine Anstellung im Zollhaus, und starb 1862.

Mit seiner Familie kam 1846 sein Sohn Oswald, geboren 1825 in Göttingen. Er wirkte zuerst als Lehrer bei Boston, und ist seit 1867 Professor der deutschen Sprache in Philadelphia an der University of Pennsylvania. Er hat stets an allen deutschen Bestrebungen regen Antheil genommen, besonders hat er sich großes Verdienst durch seine gründlichen Studien über Geschichte und Verhältnisse der Deutschen in Pennsylvanien erworben, wobei er das ihm zu Gebote stehende Archiv der deutschen Gesellschaft in Philadelphia sowie andre Archive mit eisernem Fleiße benutzt hat. Und was er erforscht, hat er in klarer und lebendiger Sprache seinen hiesigen Landsleuten durch den Druck mitgetheilt, so daß wir an seiner Hand die Erlebnisse der Deutschen in Philadelphia und Pennsylvanien von den ersten Einwanderungen an bis jetzt ebenso deutlich an uns vorüber ziehen sehen, als hätten wir selbst sie mit erlebt.

XLIII.

Franz Lieber.

Professor und Rechtsgelehrter.

Franz Lieber ist am 15. März 1798 in Berlin von unbemittelten aber strebsamen Eltern geboren. Die Zeit seiner Knabenjahre fällt mit Napoleons Zeit zusammen und das tägliche Gespräch, das er hörte, handelte von der Schmach und Noth der Fremdherrschaft und von Freiheit, Tapferkeit und Muth. Als der Befreiungskrieg anbrach, 1813, zogen seine beiden älteren Brüder mit. Beide kehrten verwundet, aber als Offiziere zurück. Als im Jahre 1815 Napoleon von Elba zurückgekehrt war, trat auch Franz, obwol noch ein Knabe als Freiwilliger unter die Jäger. Er und seine Brüder fragten vorher den Vater um Erlaubniß dazu. Der antwortete:

Fragt eure Mutter.

Als sie zur Mutter kamen, umarmte diese beide, laut schluchzend, und sagte nur das eine Wort:

Geht!

Am 16. Juni machten die beiden Brüder schon die schreckliche Schlacht bei Ligny mit. Am Abend nach der Schlacht zählte die vorher 150 Mann starke Kompagnie, der sie angehörten, nur noch 30. Auch der Bruder war verwundet.

Am 18. Juni nahm Franz Lieber Theil an der Schlacht von Waterloo. Auch diesen blutigen Tag machte er ohne Verwundung mit, aber einige Tage darauf wurde er in einem Gefecht zweimal schwer verwundet und mußte viele Monate in Spitälern liegen.

Geheilt zurückgekehrt, setzte er seine Studien fort, gerieth aber dabei in die von der Regierung als hochverrätherisch verfolgten Studenten-Verbindungen, deren Ziel ein freies einiges Deutschland war. Der Besuch preußischer Universitäten ward ihn verboten, darum studirte er in Jena. Hier aber gerieth er erst recht unter den Einfluß der dort mächtigen Freiheitsbestrebungen, und alle Aussicht auf eine ruhige Zukunft in Deutschland schwand ihm.

Um diese Zeit erhoben sich die Griechen, um das türkische Joch abzuwerfen, und ihre Sache erweckte in Deutschland viel warme Theilnahme, besonders unter den klassisch gebildeten Männern, denen die herrliche Vergangenheit des alten Griechenlands bekannt war. Die Regierungen, welche im Frieden mit der Türkei lebten, durften zwar keine offene Unterstützung der Griechen erlauben, hatten auch wol wenig Freude an solchen Freiheitsbestrebungen, aber trotzdem wurden große Geldsammlungen für die Sache der Griechen veranstaltet, und manches Hundert Hellenenfreunde zog dorthin, um in den Reihen der Griechen zu kämpfen.

Auch Franz Lieber zog nach Griechenland. Aber seine begeisterten Ideen fanden nichts als Enttäuschung. Den Griechen fehlte es nicht an kampfeslustigen, tapfern Männern, sondern an Kriegsbedürfnissen und Waffen. Und dann waren unter den nach Griechenland eilenden Freiwilligen nur wenige, die aus reiner Liebe zur Sache dorthin zogen. Manche waren Leute, die sich daheim Vergehen hatten zu Schulden kommen lassen, alle waren abenteuerlich. Unter diesen Umständen ist es kein Wunder, daß Lieber nur drei Monate in Griechenland blieb.

Mit Mühe gelangte er, mittellos aus Griechenland, nach Italien. Mit zerrissenen Kleidern suchte er in Rom den preußischen Gesandten auf, um von ihm Schutz zu erbitten. Dies war damals der berühmte Professor Niebuhr. Der nahm sich seiner Noth an und machte ihn zum Erzieher seines ältesten Sohnes, so daß er fürs erste sein Auskommen, und noch dazu die beste Gelegenheit zur eignen weiteren Ausbildung in den Bibliotheken und Kunstsammlungen Italiens hatte.

Damals hielt König Friedrich Wilhelm III. von Preußen sich im Hause seines Gesandten, dem Palazzo Orsini auf, und derselbe benutzte diese Gelegenheit, beim König ein gutes Wort für Lieber einzulegen. Der König schien auch so günstig gesinnt zu sein, daß Lieber mit Niebuhr nach Berlin zurückzukehren wagte. Aber er hatte zu viel gehofft. Bald nach seiner Ankunft ward er verhaftet und auf die Festung gebracht, wo er so lange bleiben mußte, bis Niebuhrs Fürsprache seine Freilassung erwirkte.

Lieber ging nun nach London und fristete als Literat ein kümmerliches Leben, bis er im Jahre 1827 nach Amerika auszuwandern beschloß.

In Boston, dem amerikanischen Athen, wo deutsche Gelehrte stets die meiste Anerkennung finden, ward Lieber durch Empfehlungsbriefe von Niebuhr wohlwollend aufgenommen, und ward bekannt mit vielen Gelehrten. Der Präsident der Harvard Universität, Josia Quincy ward nicht nur sein Freund, sondern auch sein Bewunderer. Unter andren gelehrten Freunden fand Lieber hier auch zwei Deutsche, Dr. Karl Follen und Dr. Karl Beck, welche beide ebenfalls auf der Universität Jena studirt und daselbst dieselbe Begeisterung für politische Freiheit eingesogen hatten, wie er, und nun in der Verbannung lebten.

Seinen Lebensunterhalt erwarb Lieber sich hier zuerst durch Errichtung einer Schwimmschule, gleichwie Follen im selben Boston mit Halten einer Turnschule sich ernährt hatte. Gleich ihm und Beck warf Lieber sich mit großem Eifer auf Erlernung der englischen Sprache, welche er ebenso gründlich und vollkommen wie jene dadurch erlernte, daß er nur die allerbesten englischen Schriften las und studirte. Als er das Englische bewältigt hatte, konnte er die Schätze seines gelehrten Wissens verwehrten, an denen er ebenso reich war, wie jene. Er ist aber nicht, gleich jenen, in Boston geblieben, sondern hat sich in New York niedergelassen; auch hat er nicht, gleich jenen eine englische Amerikanerin geheirathet, sondern aus der Zeit seiner Universitäts-Studien hatte er noch eine Braut, welche ihm treu blieb und er ihr, neun Jahre lang, trotz aller Wanderungen und Schicksalswechsel, bis er im Jahre 1829 im Stande war, in New York seinen Herd zu gründen und sie ihm mit ihrem Bruder zur Heirath zureiste. Es war eine ausgezeichnete Gattin, echt weiblichen Sinnes, liebenswürdiger Sitten und hoher Geistesgaben. Senator Charles Sumner, der ein intimer Freund Lieber's war, und viel in seinem Hause verkehrte, erwähnt sein Familienglück öfters. Einmal schreibt er: „Sie haben häusliches Glück der seltesten Art."

Die literarische Arbeit, durch welche Lieber sich so bald sein unabhängiges Auskommen sicherte, war ebenso gut gewählt, als unermeßlich mühsam. Nur ein Mann von so außerordentlicher Arbeitskraft wie Lieber konnte es unternehmen, das Brockhaus'sche Conversations-Lexicon ins Englische zu übersetzen, ein Werk von 15 starken Bänden, von der äußersten Mannichfaltigkeit des Inhalts, eine vollständige Kenntniß der ganzen Wortfülle einer Sprache erfordernd. Gegenwärtig ist Amerika reich an Conversations-Lexiken, Encyclopædias. Man findet sie in jedem besseren Hause. Damals war dies das erste derartige Unternehmen. Er hatte ganz außergewöhnlich guten Erfolg, denn es entsprach einem wirklichen Bedürfniß. Ohne ein solches Buch, worin man alphabetisch geordnet, das wissenswertheste aller Wissenschaften leicht nachschlagen und finden kann, bleibt auch der Gebildete bei seiner Lektüre und in seinen Gesprächen oft in einer drückenden Unklarheit und Verwirrung der Vorstellungen, und solche, denen gründliche Schulbildung mangelt, werden von der Betheiligung an vielen Bildungsfragen ausgeschlossen. Ohne ein solches Buch bleibt der Fachgelehrte Herr in seinem Gebiet und das Volk im allgemeinen kann ohne ihn kaum einen Schritt zum Erwerb eines selbständigen Urtheils über die meisten Fragen der Zeit thun. Daß Lieber dies herrliche Mittel zur Verbreitung von Kenntnissen unter Millionen Menschen dem amerikanischen Volke mittheilte, war eine epochemachende Begebenheit, eine große That, eine größere Wohlthat als blutige Siege eines Feldherrn oder Millionen Dollars bringende Erfindungen und Gewerbe. Und daß durch Liebers Dienst der amerikanischen Encyclopædia bei ihrer ersten Einführung das Gepräge deutscher Gründlichkeit, Sachlichkeit und Gewissenhaftigkeit aufgedrückt ward, ist ein Umstand, dessen Folgen fühlbar bleiben, so lange es hier Encyclopædias gibt.

Es war aber auch eine äußerst schwierige Arbeit. Es galt nicht blos, sklavisch das deutsche Werk übersetzen, denn vieles steht in einem deutschen Conversations-Lexicon, das in einer amerikanischen Encyclopædia außer Platz ist, weil es dem Amerikaner nicht wichtig ist, und vieles muß in der Encyclopædia dieses Landes stehen, das in jenes Landes Conversations-Lexiken nicht zu finden ist. Die richtige Wahl dessen zu treffen, was ausgelassen, und dessen, was hinzugefügt werden mußte, erforderte großen Takt.

Und dann die Unmasse Arbeit! Fünf Jahre lang schrieb er daran. Und das war seinem eisernen Fleiß noch nicht genügend. Zu gleicher Zeit, in den letzten Jahren hat er noch zwei andre umfangreiche deutsche Werke übersetzt.

Liebers Ansehen als Gelehrter ward bei der Herausgabe der Encyclopædia hauptsächlich dadurch begründet, daß er sein gründliches Studium der Rechtswissenschaften auf deutschen Universitäten hier auf ein gründliches Studium der amerikanischen Gesetze anwandte, und seinem Lexicon klar und übersichtlichen Bericht über dieselben einverleibte.

Er erhielt nun viele ehrenvolle Aufträge. Damals wurde

das Girard College in Philadelphia gegründet. Lieber bekam den Lehrplan desselben auszuarbeiten. Dies führte ihn nach Philadelphia und brachte ihn in Bekanntschaft und Umgang mit vielen dortigen angesehenen Männern. Merkwürdiger Weise ward er hier auch mit Joseph Bonaparte bekannt. Im Jahre 1835 ward er dann in die Stelle berufen, der er die beste Kraft seines Lebens gewidmet, und wo er die besten Werke geschrieben hat, als Professor der Geschichte und Staats-Philosophie an der Universität von Süd-Carolina. Zwanzig Jahre hat er hier gelehrt. Hier hat er die wissenschaftlichen Werke geschrieben, durch welche er nicht nur in ganz Amerika, sondern auch in Europa berühmt geworden ist: sein Handbuch der politischen Sittenlehre; seine Grundgesetze zur Auslegung der Gesetze; Werke die in allen höheren Unterrichts-Anstalten als Textbücher eingeführt wurden.

In den Jahren 1845 und 1848 machte er Besuche in Deutschland, es waren aber keine müssigen Erholungs-Reisen, sondern eifrig studirte er auch dort an verschiedenen Fragen der Rechts-Gelehrsamkeit und gab mehrere kleinere Schriften als Früchte dieser Studien heraus. Bei dieser Gelegenheit machte König Friedrich Wilhelm VI. von Preußen ihm glänzende Anerbietungen, um ihn in Preußen zu halten. Er schlug sie aus. Amerika war ihm Heimath geworden. Daß er dabei keineswegs aufhörte, deutsch zu denken, bewies er dadurch, daß er seine Söhne in Deutschland studiren ließ. Er nahm auch stets lebhaften Antheil an allen politischen Ereignissen in Deutschland, vornehmlich noch in seinem hohen Greisen-Alter an den Siegen von 1870. Am deutlichsten jedoch zeigt er seine deutsche Natur als gründlicher gewissenhafter Gelehrter und als feuriger Liebhaber der Freiheit.

Er bewies das in unzweideutiger Weise, als im Jahre 1850 im Süden durch die Zulassung von Californien als freier Staat, die Freunde der Negersklaverei um die

Dauer ihrer Macht besorgt, die Frage des Austritts aus der Union zu agitiren begannen. Diesen Bestrebungen entgegen zu treten, hielten die Freunde der Union eine Massen-Versammlung in Greenville, S. C. am 4. Juli 1851, und hier hielt Lieber seine berühmte "Fourth-of-July-Address on Secession." Ein mannhaftes, tapferes Wort. Es kostete ihn seine Stelle.

Im Jahre 1857 folgte Lieber einem Ruf an das Columbia College in der Stadt New York als Professor der Geschichte, National-Oekonomie und politischen Wissenschaften. Hier ist er bis zu seinem Tode im Jahre 1872 geblieben. Er hat hier aber eine sehr schmerzliche Erfahrung machen müssen. Sein Sohn Oskar, der in Deutschland studirt hatte, trat beim Ausbruch des Sezessions-Krieges auf die Seite des Südens und fiel schon in einer der ersten Schlachten, bei Williamsburgh. Seine andren Söhne dagegen kämpften in der Unions-Armee. Selbstverständlich trat auch er selbst mit ganzer Seele für die Sache der Union ein. Eine Rede, die er in New York hielt: No party now, but all for our Country, war so wirksam, daß sie vielfach verbreitet wurde. Zu alt, um mit dem Schwert für die Union zu kämpfen, gebrauchte er die Feder und die Presse. Er war Präsident der Loyal Publication Society of New York, die zu diesem Zweck über hundert Flugschriften in hundert Tausenden von Exemplaren im Volk und im Heere austheilen ließ. Auch arbeitete er im Auftrag des Höchstkommandirenden, des General Halleck Instruktionen für das Verhalten der Armee der Vereinigten Staaten im Felde aus, welche von Seiten des Generalstabs als Order 100 gedruckt an alle Stabsoffiziere vertheilt wurden. Die berühmten Fachgelehrten Laboulaye und Bluntschli haben diese Instruktionen als Meisterwerk anerkannt.

Nach Beendigung des Krieges wurden ihm die Archive der Rebellen zur Ordnung übergeben. Im Jahre 1870 ward er zum Schiedsrichter einer Commission ernannt, welche die

Grenzen von Mexico und den Ver. Staaten zu ordnen hatte. Es ist nicht möglich, alle wichtigen Aemter, die Lieber bekleidet und alle wichtigen Werke, die er geschrieben hat, aufzuzählen, aber wir müssen noch das wichtigste seiner Werke "On Civil Liberty" erwähnen, weil in ihm sein Freiheitssinn sich in den schönsten Formen und in den glänzendsten Farben kristallisirt hat. Der Wahlspruch desselben lautet:

"No right without its duties, no duty without rights."

Er schließt mit folgenden beherzigungswerthen Worten:

„Wehe dem Lande, in welchem politische Heuchelei erst das Volk allmächtig nennt, dann die Lehre aufstellt, daß die Stimme des Volkes die Stimme Gottes sei, dann das Geschrei des Marktes für die wahre Stimme Gottes ausgibt, und am Ende diese Stimme, wie man sie wünscht, selbst erst künstlich zu Wege bringt."

Und in der Vorrede ruft er seinen Studenten zu:

„Ich habe Ihnen stets zu zeigen versucht, wie Sie mir das bezeugen werden, daß der Mensch eine nicht auszulöschende Individualität besitzt; daß die bürgerliche Gesellschaft ein lebendiger Organismus ist, daß es keine Rechte gibt ohne entsprechende Pflichten, keine Freiheit ohne die Majestät des Gesetzes; daß nichts Hohes erreicht werden kann ohne Beharrlichkeit; und daß es keine wahre Größe geben kann ohne Selbstlosigkeit."

Ueber der Eingangshalle seines Hauses in New York stand in goldener Schrift:

Patria cara, carior libertas, veritas carissima.

Theuer ist das Vaterland, theurer die Freiheit, am theuersten die Wahrheit.

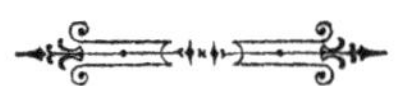

XLIV.

Friedrich Münch.

Pionier und Staatsmann in Missouri.

Friedrich Münch ist am 25. Juni 1799 in Niedergemünden, Oberhessen in einem echt deutschen Pfarrhause geboren. Seine Heimath war ein einsames Dorf, und er wurde, wie das bei den Landpfarrern in Deutschland Gebrauch ist, von der Dorfjugend fern gehalten und vom Vater unterrichtet. Seine Eltern waren nicht reich. Es gab bei ihnen weder glänzende Gesellschaften, noch großartige Vergnügungen. Aber trotzdem, oder vielmehr eben deshalb verlebte er köstliche Tage. Er selbst schreibt später davon:

„Daß es irgendwo in der Welt schöner sein könnte, als an dem Bache, welcher das Dorf durchfließt, in den Wiesengründen, auf den Bergen und in den Wäldern, welche es umgeben, fiel mir gar nicht ein. In unsren Freistunden halfen wir fleißig mit bei manchen ländlichen Arbeiten, wir Knaben lernten Axt und Säge und andre Werkzeuge gebrauchen, graben, hacken, pflanzen, pfropfen und in vielem uns selbst helfen, was alles mir später trefflich zu Statten gekommen ist."

Schon im fünfzehnten Lebensjahre bezog er das Gymnasium, im achtzehnten die Universität und im zwanzigsten war er schon ordinirter Pfarrer. Auf der Universität Gießen kam er durch den Einfluß von Karl Follen in die demagogische Strömung der Burschenschaft, und als das Frankfurter Attentat mißglückt war, trieb ihn die hoffnungslose Lage der Dinge von Deutschland nach Amerika.

Es ward damals in Deutschland viel verbreitet und gelesen

eine Schrift von Gottfried Duden, der in den Jahren 1824 und '25 in Missouri, im jetzigen Warren County lebte, etwa achtzig Meilen von St. Louis, einer waldigen und hügligen Gegend. Er beschrieb mit überschwänglichen Lobpreisungen die romantischen Berge, die klaren Quellen und die duftigen Wiesen dieser Landschaft, das neapolitanische Blau des Himmels, die Fruchtbarkeit des jungfräulichen Erdreichs und das zwanglose Leben im Lande der Freiheit. Durch seine Berichte angezogen, war schon im Jahre 1832 eine Anzahl von gebildeten Deutschen hierher gezogen.

Die Gießener Auswanderungs-Gesellschaft, welche sich um diese Zeit in Deutschland bildete, verbreitete Dudens Schriften vielfach. Sie hatte sich als Ziel gesetzt:

„Die Bildung eines deutschen Staates, der natürlich ein Glied der Vereinigten Staaten werden müßte, doch mit Aufrechterhaltung einer Staatsform, welche das Fortbestehen deutscher Gesittung und deutscher Sprache sichert und ein echtes, freies und volksthümliches Leben schafft."

Damals gab es jedoch noch kein einiges Deutschland, sondern nur uneinige Deutsche. Münch, welcher mit einem Theil dieser Gesellschaft in New Orleans landete und nach St. Louis zog, mußte hier schon die Auflösung der Gesellschaft erleben. Er zog mit Follenius nach dem Paradies Dudens in Warren County und kaufte sich hier an. Es war jedoch kein Paradies. Das Land ist hier von geringer Fruchtbarkeit und die Gegend ist von guten Verkehrswegen abgelegen. Das war nach der Auflösung der Auswanderungs-Gesellschaft die zweite große, bittre Enttäuschung. Gar mancher hätte da den Kopf hängen lassen. Sind ja doch selbst in fruchtbaren Gegenden selten gebildete Deutsche in Amerika dem ursprünglich-erwählten Landbau treu geblieben.

Aber Münch war einer von den wenigen. Er besaß eine eiserne Natur, ein eisernes Pflichtgefühl und einen eisernen Willen. Damit rodete er den Wald und zwang dem steinigen

Berg Nahrung gebende Fruchtfelder, freundliche Obstpflanzungen, erquickende Weinberge und eine bequeme Wohnung ab. Wiederholte, heftige Krankheiten überwand er durch die Stärke des Entschlusses, gesund zu sein; Entbehrungen überwand er durch Entsagung, den Widerstand der Elemente durch unerbittliche Ausführung dessen, das er sich vorgenommen. Kaum jemals hat es einen Menschen gegeben, der es mit sich selbst strenger genommen hätte.

Dabei ging ihm der Sinn für geistige Beschäftigung unter dem Druck der unsäglich schweren Arbeit keineswegs verloren. Nachdem er in den ersten fünf Jahren sein neues Heim gegründet und für das Auskommen seiner Familie gesorgt hatte, begann er schon im Jahre 1840 sich als Mitarbeiter an verschiedenen deutsch-amerikanischen Zeitschriften zu betheiligen. Dann, von 1846 an ließ er Flugschriften über Religion und Sittenlehre, über Landbau und Weinbau, über Land und Leute in Missouri erscheinen.

Nach weiteren zehn Jahren begab er sich auch in das politische Gebiet. Damals, 1856 entstand dem für Aufrechterhaltung der Sklaverei einigen Süden gegenüber im Norden die republikanische Partei und Münch schloß sich ihr eifrig an. Im Wahlkampf zwischen Buchanan und Fremont durchreiste er als Stumpfredner Missouri, New York, Pennsylvania, Ohio und Indiana. Im Jahr 1859 machte er als Commissär des Staates Missouri für Emigration eine Reise nach Deutschland. Vor der nächsten Präsidentenwahl war er als Abgeordneter seines Bezirks bei der National-Convention in Chicago betheiligt, wo Lincoln zum Kandidaten ernannt wurde.

Bald darauf brach der Sezessions-Krieg aus. In Missouri gab es damals viele Sezessionisten, auch in Friedrich Münchs nächster Nähe fehlte es nicht an solchen, und ihre Erbitterung gegen die Anhänger der Union war groß. An manchen Orten haben sie damals diese überfallen, ihre Häuser verbrannt, ihr Blut vergossen, und es war gefährliche Zeit für die, welche auf dem Lande wohnten. Indessen wich Münch nicht von seinem Heimwesen. Mit seinen älteren beiden Söhnen schloß er sich den Home Guards an, während die beiden jüngeren in die Armee eintraten und ins Feld zogen. Einer von diesen, nur 18 Jahre alt, fand schon im September 1861 den Heldentod in der mörderischen Schlacht von Wilson's Creek.

Noch im selben Herbst wurde Münch zum Staats-Senator gewählt und hat in dieser Eigenschaft, wie er selbst sagt, „gerade die für den Staat wichtigste Zeit mit durchgemacht, indem unter schweren Mühen und steten Kämpfen die neue Ordnung festgestellt werden mußte."

So hat er in den vordersten Reihen mit den Deutschen von Missouri diesen Sklavenstaat für die Union erhalten helfen, und er verdiente diesen Ehrenplatz, denn er war einer der ersten gewesen, die in Missouri die deutsche Bevölkerung zum gemeinsamen Leben und Wirken gesammelt haben, und die deutsche Bevölkerung in Missouri ist anerkanntermaßen bei der Erhaltung des Staates für die Union der wichtigste Faktor gewesen.

Im Jahre 1884 ist er reif an Jahren und reich an Ehren gestorben.

Von seinen hinterlassenen Schriften nennen wir:

„Ueber Religion und Christenthum." 1847. Auch in englischer Sprache in Boston bei Theodor Parker veröffentlicht.

„Der Staat Missouri." New York. 1859. Zweite Auflage in Bremen. 1866.

„Amerikanische Weinbauschule." 3. Auflage. 1867.

„Die sinnliche und die geistige Lebensansicht." 1871.

„Geisteslehre, für die heranreifende Jugend." 1872.

„Das Leben von Karl Follen." 1872.

„Erinnerung aus Deutschlands trübster Zeit." 1873.

Georg Münch, ein jüngerer Bruder von Friedrich

Münch, früher ebenfalls Prediger, kam 1837 nach Missouri und gründete sich mit harter Arbeit eine Farm bei Augusta. Er war gleich seinem Bruder ein eifriger Unionsfreund und guter Redner und Schriftsteller. Er ist 1879 zu Augusta gestorben, nachdem es ihm gelungen war, sich ein behagliches Heim und eine geachtete Stellung zu erarbeiten.

XLV.

Albert Lange.

Staats-Auditor von Indiana.

Albert Lange ist am 16. Dezember 1801 in Charlottenburg bei Berlin geboren. Sein Vater war ein sehr angesehener Arzt und sein einziger Bruder ein höherer Offizier in der preußischen Armee. Seine Gymnasialzeit fiel in die Zeit der napoleonischen Fremdherrschaft. Damals turnte die Jugend unter Jahn fleißig, um Geist und Leib für des Vaterlands Befreiung zu stärken. Dann kam der herrliche Befreiungskrieg. Napoleon ward besiegt, aber die Freiheit kam nicht. Auf der Universität Jena ward Lange dann Glied der Burschenschaft. Im Jahre 1819 ward Kotzebue, der frivole Verspotter der Burschenschaft, durch den Jenaer Studenten Ludwig Sand erdolcht. Dann kamen die Hochverraths-Prozesse der Regierung und Albert Lange ward verrathen und zu fünfzehnjährigem Gefängniß in der Festung Glogau verurtheilt.

Zuerst war seine Haft sehr strenge. Nach und nach wurde ihm etwas Bewegung erlaubt und Lektüre. Er las viel über Amerika und trieb fleißig Englisch; studirte die Constitution der Vereinigten Staaten und übersetzte die Reden der amerikanischen Staatsmänner, auch manches von Shakesspeare.

Nach fünfjähriger Haft begnadigt, begab er sich alsbald auf den Weg nach Amerika, im Jahre 1829.

Natürlich mußte er zuerst Landbau treiben. Er machte das in der Nähe von Indianapolis ab. Dann zog er 1836 nach Terrehaute und ward zum Friedensrichter gewählt.

In der Politik war er Whig, was unter den Deutschen sehr selten vorkam, denn die Whigs waren etwas nativistisch. Es zog ihn aber das nationale Bestreben und Bewußtsein derselben an, auch war er ein Bewunderer Henry Clay's. Als im Jahre 1849 durch Zach. Taylors Wahl die Whigs siegten, erhielt Lange erst ein Consulat in Amsterdam, dann in Washington eine Stellung im Departement des Inneren. Aber keines von beiden Aemtern sagte ihm zu, und er kehrte bald nach Terrehaute zurück, wo er County Auditor wurde.

Im Jahre 1856 schloß er sich der neuen, republikanischen Partei an und ward bei deren Sieg 1860 Staats-Auditor. In diesem Amt hat er in Indianapolis sehr werthvolle Dienste bei Aufbringung der Regimenter, welche der Staat Indiana zu stellen hatte, geleistet.

Im Jahre 1863 ist er nach Terrehaute zurückgekehrt und dort mehreremale zum Mayor erwählt, hat sich auch mit Untersuchung von Rechtstiteln beschäftigt. Als er im Jahre 1869 starb, erschien der Gouverneur des Staats und alle hohen Staatsbeamten zu seinem Begräbniß, auch R. W. Thompson, späterer Flotten-Minister kam. Ebenso betheiligten sich alle Stadtbeamten. Es war das großartigste Begräbniß, das Terrehaute je sah.

In den Beileids-Beschlüssen heißt es:

„Lange war ein ungewöhnlicher Mensch. Er war höchst gebildet, edel und gerecht. Im politischen Leben von großem Einfluß, ehrte er die Stellen, die er bekleidete. Im geselligen Leben durch Umgänglichkeit und Leutseligkeit ausgezeichnet, war er den Armen und den Unglücklichen allezeit eine gute Stütze.“

XLVI.

Franz Joseph Grund.

Gelehrter und liberaler Politiker.

Franz Joseph Grund ist im Jahre 1803 in Wien geboren. Er kam zur Zeit der Demagogen-Verfolgung nach Amerika und ward als Professor der Mathematik an der großen Harvard Universität bei Boston angestellt, wo außer K. Follenius und K. Beck noch ein andrer Deutscher Franz Gräter als Lehrer der Zeichenkunst und der neueren Sprachen angestellt war. Es wirkten also damals an der bedeutendsten Universität Amerika's vier deutsche Gelehrte aus der Zeit der Demagogen-Verfolgung. Daß Grund nicht minder hochgeschätzt wurde als Follen und Beck, bezeugt ein Urtheil des Senatoren Charles Sumner, der 1837 von ihm sagte:

„Er ist sehr fähig und zuversichtlich. Seine Unterhaltung hat großen Eindruck auf mich gemacht. Seine Worte sind Schmiedehammer-Schläge."

Schon im Jahre 1834 begann Grund, sich an politischen Versammlungen zu betheiligen und in den folgenden Jahren nahm er eifrig Partei für Martin Van Buren als Präsidentschafts-Kandidaten gegen General Harrison. Er schrieb zu dem Zweck eine Lebensbeschreibung Van Burens, welche große Wirkung unter den Deutschen hervorbrachte, weil darin Van Burens deutsche Abstammung nachgewiesen, und von ihm gerühmt wurde, daß er auf seinem Lande in Kinderhook stets die größten Krautköpfe zöge.

Van Buren ward erwählt, aber seine Präsidentschaft erfüllte keineswegs die von ihm gehegten Erwartungen, deshalb schlug Grund bei der nächsten Präsidentschaftswahl, wo Van Buren und Harrison wieder gegen einander standen, sich auf die

Seite Harrisons, und schrieb dessen Lebensbeschreibung. Und nun ward Harrison gewählt.

Von nun an beschäftigte sich Grund ausschließlich mit der politischen Literatur. Hauptsächlich schrieb er als Korrespondent für den „Philadelphia Ledger", und zwar waren seine Worte wirklich, wie Charles Sumner sie beschrieb: Schmiedehammer-Schläge. Er wird von den Amerikanern auch als Vater des sogenannten Sensations-Stils angesehen. Was er schrieb, war massiv, wirksam, eindrücklich. Das zeigte sich auch bei der Präsidentenwahl 1856 zwischen Fremont und Buchanan. Die Deutschen waren damals meistens begeisterte Anhänger von Fremont, aber Grund konnte sich damit nicht befreunden. Er trat für Buchanan ins Feld und machte Rundreisen mit Stephan A. Douglas im Westen. Buchanan wurde auch erwählt.

Wie es jedoch bei Van Burens Wahl gegangen war, so ging es auch jetzt bei Buchanan. Seine Präsidentschaft befriedigte Grund nicht. Der Süden erhob sich. Der Sezessionskrieg brach aus. Da gesellte Grund sich zur entgegengesetzten Partei, was ihm viel Feindschaft zuzog. Bald darauf ist er an einem Schlagfluß gestorben.

Von Person war Grund vollen, untersetzten Körpers. Er war lebendig in der Unterhaltung, von schlagfertigem Witz. Als sogenannter Stumpfredner, sowie als Zeitungsschreiber war er kraftvoll im höchsten Grade. Augenblicklich wußte er dasjenige Wort zu finden, welches den Ausschlag bei seinen Zuhörern zu geben geeignet war. Wie ein Gewitter blitzte und donnerte er dann und riß alles mit sich fort.

Dabei war er ein gründlicher Gelehrter, wie das seine in englischer Sprache geschriebenen Lehrbücher der Algebra, der Geometrie, der Astronomie und der Physik beweisen. Außerdem hat er mehrere deutsche und englische Werke über Amerika geschrieben, worin er die aristokratischen Ansätze mancher amerikanischer Kreise scharf mitgenommen hat.

15

XLVII.

Die Wesselhöfts.

Buchhändler und Aerzte.

Johann Georg Wesselhöft wurde im Hannoverschen am 30. Juni 1805 in einer sonst wohlhabenden, aber durch die Ungunst der Zeiten heruntergekommenen Familie geboren, in welcher viel Sinn für Bildung und Lektüre herrschte. Er hätte gern studirt, dazu reichten aber die Mittel nicht aus, so wurde er Buchhändler. Da seine ganze Familie im regen Verband mit den politischen Freiheitsbestrebungen stand, welche auf den deutschen Befreiungskrieg 1813–15 folgten, so ward er nach Jena, dem Hauptherd dieser Bewegung in die dortige Fromannsche Buchhandlung gesendet. In diesem Hause verkehrten damals außer den Freiheitsfreunden auch die ersten literarischen Größen, auch Goethe ging dort fleißig ein und aus. Außerdem genoß er hier den Umgang von drei seiner damals in Jena studirenden Vettern, von denen zwei, Wilhelm und Robert später genannt werden. Hier wurde neben tüchtigem buchhändlerischem Streben und eifriger Betheiligung an allen allgemeinen Bildungsfragen auch fleißig politisirt. Für ein freies, einiges Deutschland glüheten die Herzen, und es wurden weithin verzweigte Verbindungen zur Erreichung dieses Ziels gepflegt.

Aber anstatt der gehofften besseren Zeit gestaltete sich die politische Lage immer trüber. Schwärmerische Geister ließen sich in Verschwörungen ein, dieselben mißglückten und die Regierungen verbanden sich zur Unterdrückung aller „demagogischen" Vereine. Von Wesselhöfts Vettern wurde der eine, Robert, gefangen gesetzt und mußte 15 Jahre im

Gefängniß schmachten. Der andre, Wilhelm, entfloh rechtzeitig nach Amerika.

Im Jahre 1832 siedelte J. Georg mit einem Bruder über. In seiner Gesellschaft entkam auch Major Fehrentheil, früher zweiter Kommandant von Erfurt, der wegen demagogischer Umtriebe auf der Festung Magdeburg eingesperrt, nun aber von dort entflohen war.

In Boston, New York und Philadelphia besuchte Wesselhöft zuerst seine schon in Amerika ansässigen Genossen, Karl Follen, Karl Beck, Franz Lieber und Wm. Wesselhöft und ließ sich schließlich, 1833 in Philadelphia nieder, weil er diese Stadt als Centrum deutschen Lebens in Amerika betrachtete. Hier kaufte er die Rittersche Druckerei und verband damit eine Buchhandlung. Er verlegte amerikanische Ausgaben von Schillers, Goethes, Lessings, Herders, Körners und andrer deutscher Klassiker Werken, gründete auch 1834 die „Alte und Neue Welt", eine deutscher Bildung gewidmete Wochenschrift großen Umfangs, worin die Zeitungs-Nachrichten aus der alten und neuen Welt mitgetheilt und besprochen wurden, dabei auch Poesie und Literatur treuliche Pflege fand, wie das jetzt in fast allen größeren Zeitungen geschieht, damals aber in solchem Umfange eine Seltenheit war.

Einen sehr großen Theil seiner Kraft und Zeit widmete er der Unterstützung von jeder deutschen Vereins-Thätigkeit, mit welcher er in Berührung kam. Die Deutschen in Amerika organisch zu einigen, war seines Lebens Ziel und Streben. Als in Missouri ein Verein entstand, um einen ganz deutschen Staat in der Union zu bilden, welchem die Gründung der Stadt Herman ihre Existenz verdankt, schloß er sich diesen, nur zu schönen Bestrebungen eifrigst an.

Leider litt dabei sein Geschäft, und als 1838 eine allgemeine Handelskrisis einbrach, mußte er es ganz aufgeben. Er trat 1843 als Geschäftsführer in eine deutsche Buchhandlung in

St. Louis, machte 1854 eine Reise nach Deutschland und der Schweiz, und ist 1859 in Herman, Mo. gestorben.

Wilhelm Wesselhöft studirte in Jena Medizin, mußte nach der Schweiz und dann nach Amerika flüchten, lebte bis 1840 in Pennsylvanien als homöopathischer Arzt und lehrte als Professor an dem homöopathischen College in Allentown. Dann ging er nach Boston, wo er als Arzt in hohem Ansehen starb. Sein Haus, sein Herz und sein Geldbeutel standen deutschen Ankömmlingen stets offen.

Robert Wesselhöft konnte erst nach fünfzehnjähriger Festungshaft Amerika's gastliche Ufer erreichen. Er folgte dann seinem Bruder Wilhelm nach Boston und begründete von hier aus die in den Ver. Staaten zu großer Berühmtheit gelangte Wasserheil-Anstalt zu Brattleboro, Vermont, nach deren Vorbild viele andre ähnliche Heilanstalten in allen Staaten der Union begründet worden sind.

XLVIII.

Friedrich Aug. Rauch.

Begründer von Franklin und Marschall College.

Friedrich Aug. Rauch ist am 27. Juli 1806 in Hessen geboren, studirte bis 1827 Philosophie und promovirte als Doktor der Philosophie. Darauf studirte er noch Theologie. Bis zum Jahre 1831 wirkte er als Professor an der Universität Gießen, zog sich aber die höhere Ungnade dadurch zu, daß er sich für die damals verfolgten Demagogen günstig aussprach. Er mußte deshalb nach Amerika fliehen und fand in Easton, Pennsylvanien die erste Anstellung am dortigen Lafayette College. Bald darauf ward er als Vorsteher einer neu begründeten Akademie der reformirten Kirche in York, Pa. berufen, und er hat dieser Anstalt bis zu seinem Tode 1841 so treulich vorgestanden, daß sie 1835 zu einem College und Seminar erhoben werden konnte. Aus derselben ist dann das große Franklin und Marschall College in Lancaster entstanden. Sein Lehrbuch der Psychologie wird noch heute in vielen Lehranstalten gebraucht.

Nicht mit ihm zu verwechseln ist Christian Heinrich Rauch, geboren 1718 und nach Amerika gekommen 1740. Er ging als Missionar unter die sittlich verkommensten Indianer von New York, berüchtigt als Trunkenbolde, Diebe und Mörder. Sie nahmen ihn freundlich auf. Er predigte ihnen nicht Sittengesetze, denn diese kannten sie ohnehin, sondern Vergebung und Gnade. Vier von ihnen wurden bekehrt und blieben dem neuen Leben treu bis ans Ende. Später ist Rauch als Missionar unter die Negersklaven nach Jamaica gegangen und hat sich dort als Sklave verkaufen lassen, um den Sklaven predigen zu können. Dort ist er 1761 gestorben.

XLIX.

Wilhelm Weber.

Redakteur vom „Anzeiger des Westens."

Wilhelm Weber ist im Jahre 1808 in Altenburg, Thüringen geboren. Sein Vater starb früh und hinterließ die Familie in dürftigen Umständen, doch gelang es seiner trefflichen Mutter, dem Sohne eine gründliche Gymnasial- und Universitäts-Bildung zu ermöglichen. Er studirte die Rechte in Jena, damals dem Mittelpunkt der Burschenschaft, wo Fichtes, Schellings und Hegels Lehrstühle standen, und wo den Studenten mehr muthige Anregung, als vorsichtige Mäßigung mitgetheilt ward.

Als die Juli-Revolution, 1830, in Paris ausbrach, zog Weber nach Polen, um es von russischer Tyrannei befreien zu helfen, er wurde aber an der preußischen Grenze angehalten und zurückgeschickt. War er schon vorher kein sehr fleißiger Student gewesen, sondern hatte sich meist mit Fechten, Turnen, Schwimmen und Trinkgelagen beschäftigt, so wollte es nach diesem Abenteuer noch weniger gehen, und er versuchte es zur Abwechslung mit Anhören von Vorlesungen über Landwirthschaft. Nebenbei trieb er im Geheimen Politik. Darüber ward er 1834 in Leipzig von der Polizei ergriffen und im Stadtgefängniß daselbst eingesperrt. Das war aber für ihn nicht fest genug. Er entsprang und gelangte nach Amerika, wo er auf Engelmanns Farm bei Belleville, Illinois gleich vielen andren demagogischen Burschenschaftlern ein gastliches Dach fand. Man nannte Engelmanns Haus deshalb damals „die Herberge der Gerechtigkeit."

Da er als sehr begabt und regsam bekannt war, machte man ihn zum Redakteur des „Anzeiger des Westens" in St. Louis. Er hatte dies Amt noch kein Jahr bekleidet, als sich ein Vorfall ereignete, der ihm große Gefahr, aber auch große Bekanntschaft brachte.

Ein Polizeibeamter in St. Louis hatte einen freien Neger wegen eines Vergehens verhaftet und ward von ihm niedergestochen. Ein Gehülfe ward ebenfalls niedergeworfen. Dennoch gelang es, den Neger ins Gefängniß zu bringen. Da der Polizist Vater einer zahlreichen Familie war und sich großer Beliebtheit erfreute, der Mörder aber ein Neger war, so erhob sich noch am selben Abend Richter Lynch. Ueber tausend Menschen erschienen vor dem Gefängniß, erzwangen sich den Eingang, ergriffen den Neger, führten ihn in den oberen Stadttheil, ketteten ihn an einen Baum und verbrannten ihn mit grünem Holz. Mehr als eine halbe Stunde dauerte die Todesqual und das gräßliche Geschrei, aber obwol viele Tausende von Zuschauern versammelt waren, schritt niemand gegen die Vollstreckung der Volksrache ein.

Am nächsten Tage brachte Weber in dem „Anzeiger des Westens" einen Entrüstungs-Artikel über diese That, der mit folgenden Worten anhob:

„Wir sind in der letzten Nacht Augenzeugen des Greuelhaftesten gewesen, was man zur Beleidigung der Menschlichkeit, sowie des Gesetzes nur ersinnen mag. Bürger von St. Louis, die Flecken, womit in dieser Nacht die Geschichte eurer Stadt besudelt worden ist, wascht ihr nicht wieder aus!"

Zwar ward im weiteren Verfolg des Artikels zugegeben, daß viele Bürger die That mißbilligt, sich voll Entsetzen vom Schauplatz der Schandthat entfernt hätten, aber daß die Behörden nicht eingeschritten wären, ward streng getadelt und dabei betont, daß die ganze Handlung lange genug gedauert habe, um ihnen Zeit zur Sammlung ihrer Mannschaften zu geben.

In den englischen Tageblättern und Kreisen erregte dieser Artikel böses Blut. „Der deutsche Redakteur," hieß es, „sollte vorsichtiger sein, und nicht ein Gemeinwesen schmähen, in welchem er selbst kein Bürger ist, sondern nur das Gastrecht der Großmuth genießt." Ueberhaupt ging damals eine stark nativistische Strömung durchs Land. Es verbanden sich mehrere der so gesinnten, um in der nächsten Nacht die Druckerei des „Anzeiger des Westens" zu stürmen und zu zerstören.

So weit kam es aber doch nicht. Weber hatte Muth. Er bewaffnete sich und seine Arbeiter, auch kamen ihm mit guten Büchsen bewaffnete Freunde zu Hilfe, und der Angriff unterblieb. Es war die Zahl derer, die den Angriff beabsichtigt hatten, nicht groß genug gewesen, um solchen Widerstand leicht zu bewältigen.

Dann ließ Weber in dem englischen Blatte, welches ihn am meisten angegriffen hatte, eine sehr würdig gehaltene Rechtfertigung seines Artikels erscheinen. Er schloß denselben mit folgenden schönen Worten:

„Wie sehr wir auch die Güte und Größe des amerikanischen Volkes zu schätzen wissen, so hängen wir doch keineswegs von derselben, sondern von uns selbst und von den Mitteln ab, die wir uns durch unsre Fähigkeiten, so gering sie auch sein mögen, zu verschaffen wissen. Wir fordern nur, was uns die Gesetze des Landes zugestehen, und wenn wir, um der Freiheit willen verbannt, als Flüchtlinge an diese gastlichen Ufer steigen, um unter freisinnigen Gesetzen, unter einer vernunftmäßigen und glücklichen Verfassung zu leben, so kommen wir nicht als Bettler, um persönliche Güte und Großmuth anzusprechen, sondern als Männer, welche die Freiheit zu würdigen wissen und stets bereit sind, sie im Verein mit jedem Bürger des Landes zu vertheidigen.“

Dabei hatte es dann sein Bewenden, nur daß Weber später noch einmal in derselben Weise und in derselben Angelegenheit das Wort ergriffen hat. Als nämlich die Großgeschworenen zusammenkamen, gab der Richter ihnen ihre Instruktion dahin, daß jener Volksauflauf zwar nicht zu billigen sei, daß aber bei dem „Volksgericht“ zu viele betheiligt gewesen seien, als daß das Gericht Einzelne herausgreifen und in Untersuchung ziehen könne. Diesen Spruch des Richters unterzog Weber im „Anzeiger“ einer scharfen Kritik, welche großes Aufsehen erregt, aber keine weiteren Folgen für ihn hatte.

Vierzehn Jahre lang hat Weber den „Anzeiger des Westens“ redigirt, und dreizehn Jahre lang war er zugleich Eigenthümer. Denn damals rentirte eine deutsche Zeitung in Amerika sich nicht hinreichend, um außer dem Redakteur auch einen Eigenthümer zu belohnen. Auch lag es dem echt deutschen Gewissen Webers fern, sich den Einfluß seiner Feder auf die öffentliche Meinung von den Aemtersuchern und Kontraktsuchern bezahlen zu lassen. Außerdem war Weber überhaupt nicht zu einem Minister der Finanzen geboren, und übertrug noch dazu die Gewohnheiten eines „bemoosten Hauptes“ der Studentenschaft auf die Zeiten des Mannesalters, obwol er in glücklichen ehelichen Verhältnissen lebte.

Aber der Inhalt seines Blattes war ausgezeichnet und hat einen sehr nachhaltigen Eindruck auf das Deutschthum von St. Louis und einem weiten Umkreis gemacht. Denn er war für das Schöne und Gute begeistert, besonders liebte er die Wahrheit. Obwol eifriger Demokrat von Ueberzeugung, ließ er sich nie zum Parteibüttel machen, sondern wahrte sich die Unabhängigkeit des Urtheils, so daß er sowol die Fehler seiner Partei, als auch das Gute der Gegner zu würdigen wußte. Dazu blieb, nachdem der Rausch jugendlicher Gährung in der Sturm- und Drangzeit ausgetobt hatte, die milde Kraft in ihm, welche im klaren Bewußtsein eigner Ueberzeugung die Andersdenkenden maßvoll und würdig beurtheilt. Wie er selbst selbständig nrtheilte, so erkannte er seinen Mitmenschen das gleiche Recht zu.

Gegen die Nativisten, die sich zu seiner Zeit zu regen begannen mit dem Wahlspruch: „Nur in Amerika geborene sollen Amerika regieren und Aemter erhalten,“ lag er in beständiger Fehde. Seine ersten Erfahrungen auf dem Gebiet der Journalistik hatten in dieser Beziehung bleibenden Eindruck auf sein Gemüth gemacht. Ueberdem war die nativistische Bewegung grade damals in der ersten Kraft des Emporkommens und forderte um so mehr zum Widerstand heraus.

Das Todesjahr Webers, 1852, war zugleich das Geburtsjahr des geheimen Ordens der Know Nothings, wie die Nativisten von nun an hießen.

In der „Geschichte der deutschen Bevölkerung und Presse von St. Louis und Umgegend“ wird über Webers Redaktion folgendes Urtheil gefällt:

„Der Anzeiger des Westens zeichnet sich von jetzt ab (seit Webers Eintritt) durch schöne, klare Sprache, faßliche Darstellung und tiefes Eingehen in Parteifragen, sowie durch

Reichthum an eignen Gedanken vor den meisten deutschen Zeitschriften jener Periode aus. Weber war ein Schriftsteller, der nicht allein die Spalten füllen, sondern durch Vielseitigkeit und Gründlichkeit belehren und anregen wollte. Ungleich vielen unsrer heutigen Journalisten haschte er nicht nach Vermengung unsrer Sprache mit der englischen oder nach Verschönerung derselben durch häufig mißverstandene Zitate aus fremden Sprachen."

Der „Anzeiger des Westens" ist jetzt das verbreitetste der vier großen deutschen Tageblätter in St. Louis.

L.

Friedrich Adolph Wislizenus.

Erforscher der Felsengebirge.

Friedrich Adolph Wislizenus ist 1810 in Königssee, Thüringen geboren, wo sein Vater Pfarrer war. Er erwählte frühe die Medizin zu seinem Beruf und gab sich seinen Studien mit mehr als gewöhnlichem Eifer und Fleiß hin. Dabei war er fröhlich und gesellig, und deswegen bei seinen Mitstudenten beliebt. Hätte er in einer andren Zeit gelebt, so wäre aus dem lebensfrohen Studenten ohne Zweifel zur üblichen Zeit ein tüchtiger Arzt und friedsamer Staatsbürger geworden; aber seine Studienjahre von 1828–1832 fielen noch in die Zeit der Burschenschaft. Er trug unter der Weste verborgen ihr verbotenes Abzeichen, das schwarz-roth-goldne Band, und baute mit seinen Genossen an dem „stattlichen Hause", das ein Tempel des einigen und freien Deutschland werden sollte. Mitten in seine Studienzeit fiel die Pariser Juli-Revolution, und damals schon schienen die kühnsten Hoffnungen der

Freiheitsfreunde in Erfüllung gehen zu wollen, als an einigen Orten Deutschlands erfolgreiche Volkserhebungen ausbrachen. Als aber wieder alles stille ward und der Bundestag im Jahre 1832 die bekannten Beschlüsse faßte, durch welche alle jene Hoffnungen völlig vernichtet werden sollten, verschwur er sich mit gleichgesinnten Freunden zur gewaltsamen Befreiung. Es wurde ein Tag verabredet, an welchem an verschiedenen Orten zu gleicher Zeit losgeschlagen werden sollte. Der Plan ward jedoch verrathen, und deshalb gingen die Verschworenen vor der festgesetzten Zeit und ohne vollständige Vorbereitung an die Ausführung. Wislizenus war einer derer, die mit gefälltem Bayonett die Hauptwache in Frankfurt erstürmten. Die kühne That mißlang, und die meisten Theilnehmer wurden gefangen genommen. Wislizenus jedoch entkam in die Schweiz.

Hier war damals in Zürich eine freisinnige Universität gegründet worden. An dieser setzte Wislizenus seine Studien fort und machte sein Doktor-Examen. Dann besuchte er in Paris die dortigen Hospitäler und wanderte, weil ihm jede Aussicht in Deutschland verschlossen war, nach Amerika aus.

Zuerst praktizirte er zwei Jahre in New York, wobei er zugleich politische Flugschriften herausgab, um die deutschen Amerikaner zur Theilnahme an den burschenschaftlichen Bestrebungen für Deutschland zu bewegen. Als er die Vergeblichkeit dieser Bemühungen erkannte, ging er zu seinen alten Freunden Engelmann, Bunsen und andren nach Belleville in Illinois. Die Praxis auf dem Lande gefiel ihm aber nicht, und nun erwachte in ihm, angeregt durch Engelmann, die Reiselust.

Damals war das Felsengebirge und was davor und dahinter lag, noch unbekannt. Erst im Jahre 1842 hat Fremont die erste seiner drei großen Reisen angetreten, und auch diese ging erst nur in das Gebiet des Platte Flusses. In St. Louis war damals der Pelzhandel noch das wichtigste Geschäft, und die hiesige Pelz-Compagnie schickte jährlich ihre Expeditionen westwärts aus. Einer dieser Expeditionen schloß Wislizenus sich an. Es war eine höchst romantische Reise. Man ritt zu Pferde, man jagte die großen Büffel-Heerden, und Nachts schlief man unter freiem Himmel auf der Erde. So zog die Gesellschaft zwei Monate lang bis an den Fuß der Felsengebirge. Hier lagerte sie zum Tauschhandel mit den Indianern und Trappers, welche diese Gegenden bewohnen. Dann kehrten beim herannahenden Winter die Pelzhändler mit ihrer kostbaren Waare heim, denn sie hatten erhalten, was sie begehrten, und verlangten nicht, die Wintermonate im wilden Land unter wilden Leuten zuzubringen. Wislizenus aber, den nicht der Handelsgeist, sondern die Wißbegierde hieher gebracht hatte, unternahm es, die rauhe Jahreszeit unter den Indianern zu verbringen, weil sie in den Felsengebirgen wohnten, und er bei ihnen nähere Kenntniß davon zu erlangen hoffte.

Man sagt, der Deutsche in Amerika sei nicht so sehr Bahnbrecher und Pfadfinder der Civilisation wie der Anglo-Amerikaner. Aber das ist ein großer Irrthum. In den frühesten Zeiten zählten Weiser und Zeisberger zu den muthigsten Pionieren, welche die Alleghany Gebirge durchwanderten und dem Amerikaner den Weg durch dieselben nach Ohio bahnten; später haben Astors Leute die westlichen Wüsten erforscht und die ersten Niederlassungen am Stillen Meere gegründet, und nun sehen wir, wie Wislizenus gleich dem früher erwähnten G. Engelmann furchtlos die ungebahnten Pfade des fernsten Westens betritt.

In Begleitung der Nez Percés Indianer und der Flatheads zog er über den Kamm der großen Felsengebirge an den salzigen See und in die große Ebene des heutigen Utah, dann drang er nordwestlich durch die Gebirge des jetzigen Oregon bis an die äußersten Vorposten, welche die Engländer von Canada aus nach dem Stillen Meere vorgeschoben hatten, um dann im weiten Bogen südwärts durch Wald und Wildniß wieder den Arkansas Fluß zu erreichen und dessen Lauf durch das heutige Kansas bis Missouri zu verfolgen.

Der von Kraft und Leben strotzende dreißigjährige Mann nannte dies eine „Erholungs-Reise", und sie gefiel ihm so gut, daß er nach sieben Jahren eine neue, noch ausgedehntere Reise in den fernen Westen zu unternehmen beschloß. Während der Zwischenzeit hatte er sich mit ärztlicher Praxis in St. Louis beschäftigt, und diese hatte ihm reichen Geldgewinn eingetragen. Nun drängte es ihn, in südwestlicher Richtung die damals noch zu Mexico gehörenden Gegenden bis nach Californien zu durchforschen. Der Verkehr mit jenen Gegenden wurde damals von St. Louis aus durch große Handelskarawanen vermittelt, welche gemeinschaftlich durch die Steppen und Einöden zogen, sich gegenseitig schützend, ihre Lebensmittel mit sich führend. Hauptsächlich standen diese großen Züge unter der Leitung Speiers, eines Deutschen. Einem solchen Zuge schloß Wislizenus sich an und gelangte nach Santa Fe, im heutigen New-Mexiko bis nach Chihuahua, der Hauptstadt des gleichnamigen Staates.

Unterdessen war der mexikanische Krieg ausgebrochen, und die Mexikaner fochten mit Erbitterung gegen die von ihnen als Eindringlinge und Eroberer betrachteten Amerikaner. Selbst in jene äußersten Grenzgegenden war der Krieg gedrungen. Die Amerikaner hatten unter Fremont eine Expedition nach Californien entsendet, und dieser hatte mit seiner handvoll Leute, unterstützt durch die amerikanischen Kriegsschiffe das ganze Gebiet nicht allein erobert, sondern auch am 8. Jan. 1847 in der entscheidenden Schlacht von San Gabriel gegen die Mexikaner behauptet. Dann war Santa Fe bald nach Wislizenus Anwesenheit daselbst von den Amerikanern erobert worden und von dort war Oberst Doniphan mit nur 700 Mann zur Eroberung von dem volkreichen Staate Chihuahua ausgezogen. Die Stadt Chihuahua allein zählte damals 40,000 Einwohner, und unter andren Umständen wäre ein solches Unternehmen tollkühne Raserei gewesen. Aber damals traten die Amerikaner in Mexiko ebenso kühn und schrecklich auf, wie früher die Spanier unter Cortez. Oberst Doniphan mit seinem Häuflein traf bei Sacramento Creek, zwanzig Meilen von Chihuahua die Mexikaner in großer Zahl und schlug sie vollständig.

In diesen Zeiten wäre Wislizenus beinahe ums Leben gekommen. Als er im Spätjahr 1846 Chihuahua erreichte, war der Krieg schon ausgebrochen und es war bei der Ankunft der Amerikaner ein Volksauflauf entstanden, sie niederzumetzeln. Diese hatten sich so gut sie konnten im Hotel verbarrikadirt, entschlossen, ihr Leben so theuer wie möglich zu verkaufen. Durch Vermittlung des Gouverneurs war dann aber ihr Leben geschont und sie waren als Kriegsgefangene aufs Land gebracht worden, wo Wislizenus in leichter Haft gehalten, seine naturwissenschaftlichen Sammlungen ordnen und allerlei neue Beobachtungen über den Staat Chihuahua machen konnte, bis die Amerikaner unter Doniphan kamen und nach dem Sieg bei Sacramento Creek nicht allein die Stadt, sondern auch der ganze Staat Chihuahua sich ihnen unterwarf. Mit andren Kriegsgefangenen wurde nun auch Wislizenus frei.

Da unter solchen Wirren an eine Fortsetzung der wissenschaftlichen Reise nicht zu denken war, so nahm Wislizenus die ihm angebotene Stelle eines Militär-Arztes an. Mit Doniphans Truppe zog er dann nach Saltillo, dem Gen. Taylor zu Hilfe, wo er die glorreiche Schlacht von Buena Vista mitmachte, in welcher 5000 Amerikaner 20,000 Mexikaner besiegten und damit den westlichen Theil des Feldzuges glorreich beendeten. Mit seiner Heeresabtheilung konnte Wislizenus nun heimkehren.

Im Sommer 1847 nach St. Louis zurückgekehrt, ordnete

er hier mit Dr. Engelmanns Hilfe seine reichhaltigen Sammlungen von Pflanzen und Mineralien der durchforschten Landstrecken. Aber wichtiger noch als dies war die Zusammenstellung seiner meteorologischen und astronomischen Beobachtungen und seiner Höhenmessungen. Diese, mit einer genauen Landkarte versehen, ward dem Congreß unterbreitet, da jene Gebiete, besonders das Land zwischen Santa Fe und der Mündung des Rio Grande del Norte bisher noch nie beschrieben worden waren, und dieser hielt die Arbeit des Wislizenus für so wichtig, daß er 5000 Exemplare davon drucken ließ, unter dem Titel: Memoir of a Tour to Northern Mexico in 1846–47 by A. Wislizenus, M. D. Unter andren Autoritäten hat auch Alexander von Humboldt den Werth der Höhenmessungen von Wislizenus öffentlich anerkannt.

Das Jahr 1849 brachte die Cholera in schrecklicher Stärke und da gab es für Wislizenus Arbeit genug in St. Louis. Aber die Jahre von 1850–52 hat er wieder zu Reisen benutzt. Diesmal zog er durch Frankreich und Italien nach Constantinopel und hier traf der über vierzigjährige Junggeselle mit einer Gewalt zusammen, die sich stärker als alle bisher angetroffenen erwies. Eine Schwägerin des dortigen amerikanischen Gesandten Geo. P. Marsh nahm ihn gefangen und wurde sein Weib, ohne jedoch ihn am Reisen verhindern zu können. Er reiste mit ihr über das Schwarze Meer, die Donau aufwärts durch Deutschland und zeigte ihr seine Thüringer Heimath. Dann gings über New York und Panama nach Californien und zurück nach St. Louis.

Hier hat er dann, 1852, dauernd sein Heim als praktischer Arzt und gelehrter Forscher gegründet. Er ist auch einer der Gründer der dortigen Academy of Science geworden. Seine Specialität als Gelehrter ist der Einfluß der Elektrizität auf die Witterung und das Verhältniß von Kraft und Stoff. Als Politiker war er Sekretär des deutschen demokratischen Vereins von St. Louis.

Nicht mit ihm zu verwechseln ist Gustav Adolph Wislizenus, aus der preußischen Provinz Sachsen gebürtig, der bekannte Prediger der freien Gemeinde in Halle, welcher 1853 nach Amerika kam, bei Hoboken eine Erziehungs-Anstalt gründete, aber schon in drei Jahren nach Europa zurückkehrte. Seine beiden Söhne, Hugo Wislizenus und Johannes Wislizenus, beide als wissenschaftliche Schriftsteller nicht unbekannt, begleiteten ihn auf der Rückreise und machten mit dem Vater Zürich in der Schweiz zur dauernden Heimath.

LI.

Hermann von Ehrenberg.

Erforscher von Arizona.

Hermann von Ehrenberg ist um 1810 in Marienwerder, Preußen geboren. Sein Vater war Regierungsrath und ließ ihn in Jena studiren. Hier schloß er sich der Burschenschaft an und betheiligte sich am Frankfurter Attentat. Es gelang ihm nach Amerika zu entfliehen.

Er hielt sich zuerst in New York auf und dann in New Orleans. Als im Jahre 1835 der texanische Unabhängigkeitskrieg ausbrach, trat er mit Bunsen, Langenheim und vielen andren Deutschen in eine Kompagnie Freiwilliger, die New Orleans Greys genannt. Hier kämpften nun diese Deutschen, die als Studenten schon mit einander in der Burschenschaft die Waffen für die Freiheit ergriffen hatten, wieder mit einander unter der Fahne des Lone Star, befehligt von dem kühnen Oberst Grant. Er war bei der Eroberung von San Antonio, wo 600 Texaner unter General Houston in sechstägigem Kampfe

2000 Mexikaner erst aus der Stadt trieben und dann sie im Fort Alamo am 10. Dezember zur Kapitulation zwangen. In kurzer Zeit war fast ganz Texas frei. Leider riß aber Uneinigkeit unter den Texanern ein, und in Folge davon konnte Santa Anna, als er im nächsten Jahre mit neuen Truppen in Texas einrückte, die kleinen Abtheilungen der Texaner vereinzelt überwältigen. Der größere Theil von Grants Kommando wurde am 2. März 1836 bei San Patrizio gefangen genommen und niedergemetzelt. Eine andre Abtheilung, bei welcher auch Ehrenberg war, ward am 20. März bei Gilead von den Mexikanern eingeholt und mußte sich nach einem hartnäckigen Gefecht ergeben. Auf Santa Anna's Befehl wurde das ganze Kommando, 330 Mann stark, erschossen, nur wenige entkamen, Ehrenberg unter ihnen. Die Texaner schienen damals alles verloren zu haben. Der kleine Ueberrest unter Sam. Houston wich vor Santa Anna's siegreichem Heere weiter und weiter zurück. Aber am 21. April stellte er sich mit etwas über 700 Mann der mexikanischen Uebermacht bei San Jazinto entgegen und brachte ihr eine solche Niederlage bei, daß damit die Unabhängigkeit von Texas erkämpft war.

Ehrenberg ließ sich nun in Texas häuslich nieder und beschrieb, was er mitgemacht hatte, in einem Buch, das 1843 in Leipzig erschien, unter dem Titel: „Texas und die Revolution, von Hermann Ehrenberg, Bürger der Republik."

Nach der Aufnahme von Texas in die Union der Vereinigten Staaten und dem mexikanischen Krieg ward Ehrenberg topographischer Ingenieur bei den Grenzvermessungen in Arizona. Hier erwarb er sich ausgedehnte Ländereien, und gründete später die Sonora Exploring and Mining Company. Er verwendete seine Zeit hauptsächlich auf Erforschung von Arizona und hat einige sehr gute Karten und viele Abhandlungen über die Bodenbeschaffenheit, das Klima und den Mineralien-Gehalt des Gebiets veröffentlicht.

LII.

Karl Minnigerode.

Jefferson Davis' Pastor.

Karl Minnigerode ist am 6. August 1814 in Arensberg, Westfalen geboren und kam mit seinem Vater 1815 nach Darmstadt, wo derselbe Regierungs-Präsident wurde. Seine vortrefflichen Gaben, sowie die sorgfältige Erziehung, die er im elterlichen Hause genoß, setzten ihn in Stand, schon mit vierzehn Jahren als Primaner im dortigen Gymnasium einzutreten. Im selben Jahre wurde er durch die Konfirmation zum heiligen Abendmahl zugelassen. Er hat in späteren Jahren erzählt, daß er bei dieser Gelegenheit sehr starke Eindrücke von der Wirkung der heiligen Handlung empfangen habe.

Vier Jahre später hat er die Universität Gießen bezogen. Diese war damals neben Jena ein Hauptherd der „demagogischen" Umtriebe. Bei Gelegenheit des Durchzugs der Polen, die nach Unterdrückung ihres Aufstandes verbannt waren, brach die Liebe zur nationalen Freiheit unter den Studenten in Gießen in helle Flammen aus, und auch der junge Minnigerode wurde davon ergriffen, so daß er sich der Burschenschaft anschloß. Im nächsten Jahre zogen die älteren Burschenschafter von Gießen nach Frankfurt zu dem bekannten Attentat. Als dies an der Theilnahmlosigkeit des Volks gescheitert war, erkannte man die Nothwendigkeit, das Volk durch Verbreitung von Flugschriften auf einen allgemeinen Aufstand vorzubereiten, und an diesem Unternehmen nahm Minnigerode lebhaften Antheil. Das führte zu seiner Verhaftung.

Vor dem Untersuchungsrichter weigerte Minnigerode sich,

irgend welche Angaben zu machen, denn er wollte seine Gefährten nicht verrathen. Man hielt ihn ein Jahr lang in strengem, einsamen Gewahrsam, aber der kaum zwanzigjährige, weichherzige Jüngling blieb so standhaft, daß die Richter davon zum Mitleiden gerührt wurden und ihn entließen.

Aber andre der Verhafteten waren minder edel. Sie sagten gegen ihn aus, und nun wurde er wieder ins Gefägniß gesetzt, worin er achtzehn Monate einsam sitzen mußte, ohne auch nur einmal verhört zu werden. Er ward krank. Sein Geist umnachtete sich. Wiederum rührte des blassen Jünglings jämmerliches Schicksal die Richter. Sie entsendeten ihn ins elterliche Haus, natürlich unter beständiger polizeilicher Bewachung.

Er erholte sich aber nicht hinreichend, um wieder als gefährlich betrachtet werden zu können; die Regierung schlug deshalb 1839 den Hochverraths-Prozeß gegen ihn nieder, bedrohete ihn aber mit sofortiger Wiederverhaftung, sobald er sich wieder dem geringsten Verdacht aussetze. Unter diesen Umständen ward es für das beste gehalten, ihn nach Amerika zu senden.

Die Seereise war so lang und beschwerlich, daß sie manchem andren unter ähnlichen Umständen den Tod gebracht hätte, ihm aber stärkte die salzige Luft und das einförmige Schiffsleben die zerrütteten Nerven, und das Neue der Umgebung weckte den lebensmüden Geist wieder zur Wahrnehmung und Denklust. Völlig gesund an Leib und Seele stieg er am 1. Dezember 1839 in Philadelphia ans Land.

Er hatte die wieder erlangten Kräfte nöthig, denn völlig einsam und freundlos betrat der schüchterne, sanfte und doch so standhafte Jüngling das fremde Land, das zwar dem rüstigen Handarbeiter oder dem geschickten Handwerker bald ein erfreuliches Auskommen bietet, aber dem Studenten, dem mit der Sprache unbekannten, dem blöden, der sich selbst geltend zu machen nicht gelernt hat, meist einen nur zu kalten

Empfang bereitet. Von elf seiner Genossen, die in denselben „demagogischen Umtrieben" wie Minnigerode vergeblich gewirkt hatten und nach Amerika in die Verbannung geflüchtet waren, haben wir bereits in diesem Buche ihr Leben aufgezeichnet: Follen, Seidensticker, Münch, Lieber, Lange, Grund, Wesselhöft, Rauch, Weber, Wislizenus und Ehrenberg. Alle diese fanden Freunde und Genossen vor, als sie nach Amerika kamen, nur Minnigerode, der jüngste, eines warmen Freundes bedürftigste und doch so würdige, fand keinen. Das schwarzrothgoldne Band war zerrissen. Niemand kannte ihn.

Aber der weichmüthige, selbstlose und doch so begabte junge Mann erwarb sich Freunde und Anerkennung. Als kaum ein halbes Jahr nach seiner Ankunft in Philadelphia verflossen war, feierten die dortigen Deutschen das Guttenbergfest, am 24. Juni 1840, zur Erinnerung an die Erfindung der Buchdruckerei vor 400 Jahren. In Deutschland ward dasselbe Jahresfest mit ungewöhnlichem Eifer gefeiert und zu liberalen Kundgebungen benutzt, denn das Volk war am politischen Erwachen. In Philadelphia wollte man diese Gelegenheit zu einer gleichen Kundgebung benutzen. Es ward eines der großartigsten deutsch-amerikanischen Feste veranstaltet. In prächtiger Prozession zog eine Schwadron deutscher Uhlanen, eine deutsche Batterie, ein deutsches Bataillon, viele deutsche Vereine, worunter sich der Männerchor mit einer großen schwarz-roth-goldnen Fahne auszeichnete, durch die mit Kränzen und Fahnen geschmückten Straßen der Stadt. Unter den Festrednern waren drei aus der Genossenschaft der Demagogen, Grund, Wesselhöft und Minnigerode. Die in deutscher Sprache herausgegebene Festbeschreibung hebt Minnigerode's Rede als „besonders tiefgefühlt und herzergreifend" hervor.

Im Jahre 1842 ward die Professur der klassischen Literatur an dem alten, berühmten "William and Mary College" in Virginien vakant. Es bewarb sich eine große Zahl amerikanischer Gelehrter um diese Ehrenstelle, aber Minnigerode erhielt sie wegen der Vortrefflichkeit seiner Empfehlungen und der von ihm eingeschickten Arbeiten. Er hat hier bis 1847 gelehrt. Aber ihm war ein andres Buch werthvoller als die Klassiker. In der langen Einzelhaft hatte man ihm nichts zum Lesen gelassen als die Bibel. Er hatte sie, wie er sagt, als ein menschliches, aber höchst merkwürdiges Buch in die Hand genommen, aber, als er das Gefängniß verließ, war er zu der Ueberzeugung gekommen, daß sie Gottes Wort sei. Mehr und mehr drängte es ihn, dies Buch zu lehren. Er studirte Theologie und ward Prediger der Episkopal-Kirche.

In diesem Beruf erlangte er bald große Berühmtheit. Er war kein Sensations-Prediger, jede künstlich hervorgebrachte Aufregung war ihm verhaßt. Aber er hatte eigne Gedanken und geistiges Feuer, und wußte davon maßvoll würdigen Gebrauch zu machen. Seine Beredsamkeit war hinreißend.

Als der Sezessionskrieg ausbrach, war der inzwischen mit wohlverdientem Doktor-Titel geschmückte Minnigerode Rektor der großen St. Paulus Kirche in Richmond. Obwol kein Freund der Sklaverei noch der Sezession, glaubte er als Friedensbote, daß die Bundes-Regierung kein Recht habe, die aus der Union getretenen Staaten mit Gewalt in den Bund zurück zu bringen. Außerdem hatte er sich ganz in den speziell virginischen Patriotismus hineingelebt. Er war stolz, einem Staate anzugehören, der sechsunddreißig Jahre lang den Vereinigten Staaten ihre Präsidenten gegeben hatte. Er fühlte sich in Dankbarkeit demselben Staate verpflichtet, der ihm als Fremdling einen ehrenvollen Beruf gewährt hatte. Ueberdies steht jeder Mensch unter dem Einfluß seiner Umgebung. Follen, aus derselben Gießener Burschenschaft als Demagoge nach Amerika geworfen, ward unter dem Einfluß der Aristokratie Neu-Englands unitarischer Prediger und Abolitionist. Minnigerode ward unter dem Einfluß der Aristokratie Virginiens Rektor der bischöflichen Kirche. Lieber, aus denselben Kreisen kommend, würde vielleicht in Süd-Carolina ebenso friedfertig geblieben sein, wie Minnigerode in Virginien, wenn er nicht schon älter an Jahren dorthin gekommen wäre, oder nicht vorher in den nördlichen Staaten mehrere Jahre zugebracht hätte, oder wenn er Prediger gewesen wäre.

So kam es, daß Minnigerode an seinem Posten blieb und die ihm theure Botschaft des Friedensfürsten der ihm theuren Gemeinde zu verkündigen fortfuhr. Jefferson Davis und die Generäle Lee, Ewell, Longstreet und Cooper besuchten seine Kirche regelmäßig, weil sie die angesehenste in Richmond war. Aber in Politik hat er sich nie eingemischt. In der Episkopal-Kirche gilt mehr noch als in andren Kirchen-Gemeinschaften der Grundsatz, daß der Prediger sich von politischem Parteiwesen fern halten solle.

Der zweite April 1865 war ein Sonntag. Draußen schien die Sonne hell, und die St. Paulus Kirche war gedrängt voll, auch Jefferson Davis und seine höchsten Räthe waren anwesend. Während des Gottesdienstes bringt man ihm eine Depesche. Er liest sie und erbleicht, läßt aber sonst sich nichts merken, bis die Gemeinde, zum Gebet aufgefordert, auf den Knieen liegt. Dann verläßt er unbemerkt die Kirche. Während der darauf folgenden gottesdienstlichen Uebungen erhalten auch die andren hohen Beamten Depeschen und verlassen die Kirche. Nun wird die Gemeinde unruhig und will ihnen folgen. Doch der Prediger bleibt gelassen und bittet die Gemeinde, sich nicht stören zu lassen. Es gelingt auch bei den meisten, so daß der Gottesdienst mit dem heiligen Abendmahl in üblicher Weise beschlossen werden konnte.

Das war der Tag der Räumung von Petersburg. Das Ende der Konföderation war gekommen. Die Unions-Armee zog siegreich in Richmond ein. Nur noch ein trübes Nachspiel kam für Minnigerode. In Fortreß Monroe lag

Jefferson Davis in Banden und sandte Botschaft an Minnigerode, ihm den Trost des Evangeliums zu bringen und durch Ertheilung des heiligen Abendmahls zu versiegeln. Und der Bote deß, der die Gefangenen und Gebundenen besucht und getröstet haben will, ist getrost hingegangen und hat dem Wunsch willfahrt. Ein Unions-Offizier und mehrere wachthaltende Soldaten wohnten der Feier bei. Er aber gedachte der Zeit, als er selbst gefangen saß.

Dann ist Minnigerode zu seiner tief gedemüthigten, zerschlagenen Gemeinde zurückgekehrt und hat ihr Worte der Buße und der Hoffnung gepredigt, welche empfängliche Herzen gefunden haben. Heiliger als je ist ihm sein Beruf geworden, und viele Jahre noch ist es ihm vergönnt gewesen, Gutes zu thun und zu reden.

LIII.

Johann August Röbling.

Erbauer von großen Drathseil-Brücken.

Johann August Röbling ist am 12. Juni 1806 in Mühlhausen, Thüringen geboren, in der kürzlich nach ihm benamten Röbling Straße, besuchte das dortige Gymnasium und bildete sich auf Real-Schulen zum Ingenieur aus. Nebenbei studirte er auch Philosophie und besuchte unter andrem Hegels Vorlesungen in Berlin. In den Jahren 1827–31 war er Assistent beim Bau von Militär-Straßen. Im letzteren Jahre bildete sich in Mühlhausen durch Anregung eines gewissen Etzler eine Auswanderungs-Gesellschaft. Etzler war ein Mann von außerordentlichen naturwissenschaftlichen Kenntnissen, mit welchen er in Amerika schon großes Aufsehen erregt hatte. Er hatte sogar dem Congreß Pläne unterbreitet, das Wetter nach Belieben zu machen, und hatte den Zeitungen viel Stoff zu allerlei Betrachtungen gegeben. So abenteuerlich dies klingt, war er nichtsdestoweniger ein Mann von gründlichen Kenntnissen. Die Mühlhauser Auswanderungs-Gesellschaft bestand aus lauter gebildeten Männern und hatte den Zweck, in Amerika eine rein deutsche Kolonie zu gründen. In jenen Jahren wurden nicht wenige solcher Versuche gemacht. Sie mißlangen natürlich alle, weil die Deutschen in Amerika sich nicht gänzlich von den Englischen absondern sollen, und weil gebildete Leute nicht für die Landwirthschaft im Urwald bestimmt sind. Den lateinischen Bauern, für welche Röbling und sein Bruder als Pfadfinder der Gesellschaft voraus gesendet, eine reizende Gegend in Beaver County, Pennsylvanien ausgesucht hatte, ging es nicht anders. Die Rappsche Kolonie Harmony, welche nicht weit von der Mühlhauser gelegen war, gedieh. Aber die Mühlhauser, obwol nach Grundsätzen Hegelscher Philosophie auf Humanität und Brüderlichkeit gegründet, mißlang.

Im Jahre 1837 hielten neunundreißig deutsche Vereine aus verschiedenen Staaten der Union eine Convention in Pittsburg, um zur Aufrechterhaltung der deutschen Sprache und zur Weckung des deutschen Selbstbewußtseins in den Vereinigten Staaten zusammen zu wirken. Es war eine der wichtigsten deutschen Versammlungen in Amerika, welche zu ihrer Zeit allgemeines Aufsehen machte. Sie stellte sich als nächste Aufgabe die Gründung eines deutschen Schullehrer-Seminars, welches auch nach einigen Jahren (1841) in Philippsburg eröffnet wurde, jedoch bald wieder einging. Vorsitzer dieser Pittsburger Convention war der bekannte Gelehrte und Politiker Franz Joseph Grund. Röbling war einer der Abgeordneten.

Da weder der Landbau, noch die Humanität und Brüderlichkeit, noch der Verein zur Pflege der deutschen Sprache den gehegten Erwartungen entsprach, wandte Röbling sich wieder

John A. Roebling.

seiner Profession als Straßen- und Brückenbauer zu. Das war gut für ihn und Amerika, denn er ist unstreitig der größeste Brückenbauer in Amerika geworden. Ihm verdankt Amerika die Anwendung von Drahtseilen für den Brückenbau. Die prächtigen Drahtseilbrücke über den Monongahela bei Pittsburg, 1500 Fuß lang mit nur acht Spannungen, hat er im Jahre 1846 erbaut. Sie begründete seinen Ruf durch ganz Amerika. Dann ward ihm der Bau einer Hängebrücke über den Niagara, dicht unterhalb der Fälle anvertraut. Im Jahre 1852 hat er dies Weltwunder vollendet. Zweistöckig, unten für Fußgänger und Wagen, oben für die Eisenbahn eingerichtet, überspannt sie im Riesenbogen den schäumenden, sprudelnden Strom hoch in den Lüften. Die Tausende von Reisenden, die dorthin kommen, um die weltberühmten Niagara Fälle zu bewundern, staunen kaum mehr über das große Wunder der Natur, als über das große Wunder der Baukunst eines deutschen Mannes, das nun schon fünfunddreißig Jahre lang die Festigkeit seines zierlichen Baues bewährt hat.

Sein nächstes Wunderwerk war die Brücke von Cincinnati nach Covington über den Ohio. Sie hat eine einzige großartige Spannung von 1200 Fuß. Gleich der Niagara-Brücke erregt sie des sachverständigen Beschauers Staunen ebensowohl durch ihre Dauerhaftigkeit, als durch die Kühnheit und Eleganz ihrer gleich zarten Fäden gespannten Linien.

Wie aber ein Adler höher und höher kreisend, wenn er den Wolken nahe gekommen ist, nicht ermüdet, sondern nun erst recht Muth und Trieb zum höchsten Flug gewinnt, so faßte Röbling nach dem Gelingen der Niagara-Brücke den Plan zu dem Meisterstück deutscher Geschicklichkeit. Die Weltstädte New York mit 1,450,000 Einwohnern und Brooklyn mit 700,000 Einwohnern werden durch einen Meeresarm von einander getrennt, den man East River nennt. Die Breite beträgt eine Meile, über fünftausend Fuß. Dieses Wasser durch eine Brücke zu überspannen, und dieselbe hundert und dreißig Fuß über dem Meeresspiegel in den Lüften zu bauen, damit der ungeheure Verkehr der Schiffe auf dem Strome keinen Augenblick gehemmt werde: das war seines Riesengeistes nächster Gedanke. Zehn Jahre hat er an der Durchdenkung des Planes gearbeitet, jedes Seiles nothwendige Dicke und Länge, jedes Steines und Balkens nothwendiges Maß und Gefüge auf Zoll und Pfund berechnet, hat das Vorurtheil und Mißtrauen einflußreicher Männer Schritt für Schritt beseitigt, und nachdem alle Hindernisse überwunden, alle Pläne vollendet und die ersten Vermessungen an Ort und Stelle gemacht waren:

da hat es sich zugetragen, daß er eine Quetschung durch einen Balken erlitt, welche das Abnehmen von vier Zehen nothwendig machte, worauf sich Mundsperre einstellte, und er am 20. Juni 1869 sterben mußte.

Röbling war nicht nur ein geschickter Ingenieur, er war auch ein umsichtiger Fabrikant. Bereits im Jahre 1842 begann er bei Pittsburg die Fabrikation von Drahtseilen, und indem er dann seine Fabrik nach Trenton, New Jersey, verlegte, legte er den Grund zu einem großartigen Fabrikwesen, welches ihn zu einem der reichsten Männer des Landes machte. Mehr als 2000 Tonnen Drahtseil werden hier jährlich fabrizirt.

So großartig jedoch diese Leistungen waren, so haben wir zum Ruhm unsres deutschen Landsmannes noch etwas zu berichten, das noch mehr werth ist, als diese. In der ihm gehaltenen Leichenpredigt, welcher mehr als fünftausend Menschen beiwohnten, wird er mit Recht „einer der größten Wohlthäter der Armen" genannt. Ein Waisenhaus hat er ganz allein unterhalten. Andre Wohlthätigkeits-Anstalten hat er in liberalster Weise unterstützt. In seinem Testament hat er außerdem bedeutende Summen für wohlthätige Zwecke vermacht.

Röbling war von imponirender Statur. Sein Anblick gebot Achtung. Obwol er voll Güte, Bescheidenheit und Leutseligkeit war, so ließ sein Aeußeres diese lieblichen Eigenschaften nicht vermuthen. Es erweckte Staunen und Furcht. Seine Stirn war von mächtiger Höhe, die Augenbrauen stark und kräftig, aber die tief darunter liegenden Augen blitzten wie Diamanten unter ihnen hervor. Die Adlernase und der fest gepreßte Mund zeugten von starkem Willen und kühnem Unternehmungsgeist.

Er ist gestorben auf der Höhe seines Ruhmes, beweint von aufrichtigen Freunden, aber was er so herrlich begonnen, wurde vollendet durch den seinem Vater ebenbürtigen Sohn, Washington Röbling, Vollender der East-River-Brücke.

Die Kosten der Riesenbrücke belaufen sich auf zwanzig Millionen Dollars. Sie erforderte dreizehn Jahre Arbeit bis zur Vollendung. Die genaue Länge der Brücke ist 5989 Fuß, die Weite 85 Fuß. Auf jeder Seite des Weges für Fußgänger ist Raum für zwei Geleise für Straßenwagen und für zwei andre Wagen. Unter dem Wege für Fußgänger sind die Telephon- und Telegraphen-Drähte. Nachts dient elektrisches Licht zur Erleuchtung. Jede Spanne ist 1800 Fuß lang und wird von vier Drahtseilen getragen, jedes 15¾ Zoll im Durchmesser. Das Gewicht der vier Seile beträgt 48,800 Tonnen. Das Fundament des Thurmes auf der New York-Seite, von welchem die Seile ausgehen, beginnt 78 Fuß unter dem Wasserspiegel.

Bei der Einweihung der Brücke waren der Präsident der Vereinigten Staaten und mehr als 50,000 auswärtige Gäste anwesend. Alle Schiffe flaggten. Die Kriegsschiffe feuerten Salutschüsse. Alle Straßen, durch welche die Prozession zog, waren mit Fahnen geschmückt. Ein großartiges Feuerwerk beschloß das Fest.

LIV.

Gottfried R. Frankenstein.

Meister-Maler in Cincinnati.

Gottfried R. Frankenstein ist im Anfang dieses Jahrhunderts geboren und kam ums Jahr 1830 mit seinem Bruder Johann Peter Frankenstein nach Cincinnati. Beide waren Maler und fanden viel Anerkennung. Gottfried Frankensteins große Abbildung der Niagara-Fälle ist in Steindruck und Stahlstich oft vervielfältigt worden. Auch die Marmorbüste des Ober-Bundesrichters McLean im Bundes-Gerichtssaal von Cincinnati rührt von ihm her. Seine Gemälde sind durch warme Farben und durch Eigenart der Auffassung angenehm belebt. Die beiden Brüder gehörten derjenigen Schule an, welche sich von der falschen Renaissance frei gemacht hat und nicht mehr die unnatürlichen Nachbildungen der Griechen und Römer, sondern frische Gestalten der Gegenwart und Wirklichkeit darstellt. Ein Schüler von ihnen ist

Wilhelm Sonntag, in Ohio von deutschen Eltern geboren, berühmter Landschaftsmaler, dessen zahlreiche Sepia-Bilder von amerikanischen und italienischen Gegenden großen Anklang gefunden haben, weil die Szenen gut gewählt sind und von dichterischer Empfindung zeugen. Er ist seit 1861 Mitglied der National Academy of Design in New York.

Die Brüder Frankenstein haben im Jahre 1838 die von dem deutschen Bildhauer Eckstein gegründete und seit dessen Tode, 1832 eingegangene Kunst-Akademie in Cincinnati wieder belebt, doch hat sie wieder nicht lange bestanden

LV.

Philipp Gerke.

Meister-Maler in St. Louis.

Philipp Gerke ist im Jahre 1831 mit seinem Vater Dr. H. Ch. Gerke nach Madison County, Illinois und dann nach St. Louis gekommen. Der Vater hat 1833 in Hamburg bei Perthes das Buch „Der Nordamerikanische Rathgeber" herausgegeben, eine sehr brauchbare Zusammenstellung der besten damals erschienenen Werke über die Vereinigten Staaten.

Der Sohn war aus der Düsseldorfer Akademie hervorgegangen, aus welcher kurz vorher Peter von Cornelius, der Schöpfer der großen geschichtlichen Wandgemälde hervorgegangen war. Auch Philipp Gerke malte mit Vorliebe wichtige Begebenheiten der Weltgeschichte, und seine Figuren bezeugten in der Richtigkeit ihrer Zeichnung und der schönen Vertheilung von Licht und Schatten das Studium der Altmeister Raphael und Titian. Er malte „Columbus", „Die Rückkehr Hermanns aus der Varus-Schlacht", „Kaiser Max auf der Martins-Wand" und andres, das noch jetzt bewundert wird. Damals jedoch war man in St. Louis noch nicht im Stande, solche Schöpfungen zu würdigen oder zu lohnen. Gerke mußte Portraits malen. Im Jahre 1844 ließ Van Buren sich von ihm malen und bekannte, daß noch kein Maler ihn so gut getroffen. Dasselbe sagte Benton. Allgemein wurden seine Portraits als Meisterwerke anerkannt, dem Künstler stand eine große Zukunft bevor und zahlreiche Freunde schaarten sich um ihn. Leider starb er aber schon im Jahre 1848 im besten Mannesalter.

LVI.

Ferdinand Pettrich.

Schüler von Thorwaldsen.

Ferdinand Pettrich ist ums Jahr 1800 in Dresden, Sachsen geboren und widmete sich der Bildhauerei. Zu seiner weiteren Ausbildung nach Rom gekommen trat er in das Atelier des berühmten Dänen Thorwaldsen und ward dessen Gehilfe. Achtzehn Jahre verweilte er hier und kam dann, nach kurzem Aufenthalt in Athen unter König Otto von Griechenland, um 1835 nach Philadelphia. Hier fertigte er für den schönen „Laurel Hill" Kirchhof einige Denkmäler an, die allgemeine Aufmerksamkeit erregten. Sein Ruhm ward vermehrt durch ein „Fischermädchen", einen „besiegten Amor" und einen „Mephistopheles", welche die Bewunderung aller Kunstkenner hervorriefen.

Pettrich ward nun vom Präsidenten Tyler nach Washington berufen, und es wurden ihm große Arbeiten angetragen. Allein sie kamen nicht zu Stande, weil die Mittel nicht aufgebracht werden konnten. Eine kolossale Reiter-Statue von Washington allein sollte 50,000 Dollars kosten. Gleich seinem Vorbild Thorwaldsen war er von so hochstrebendem Geiste, daß er lieber gar nichts machen wollte, wenn er nicht die größesten Werke vollbringen konnte. Inzwischen ward ein Mordanfall auf ihn gemacht, der ihm das Leben gekostet hätte, wenn nicht Präsident Tyler ihn ins Weiße Haus aufgenommen und dessen Familie ihn aufs sorgsamste gepflegt hätte.

Als seine großen Pläne nicht ausgeführt werden konnten, verließ er Amerika wieder, aber nicht ohne für die Bildhauerei fruchtbare Anregungen zu hinterlassen.

LVII.

Julius Reinhold Friedländer.

Vater der Blinden-Anstalten in Amerika.

Julius Reinhold Friedländer ist im Jahre 1802 in Berlin geboren. Hier war im Jahre 1806 der Pariser Hauy auf seiner Reise nach Petersburg durchgekommen, welcher 1784 die erste Anstalt für Blinde in Paris errichtet hatte. Bis dahin hatte man in der ganzen Welt die Blinden sich selbst überlassen. Durch Anregung dieses Menschenfreundes wurde in Berlin eine Blinden-Anstalt errichtet, welche den berühmten Zeune zum Direktor erhielt, der große Verbesserungen in der Einrichtung von Buchstaben und Zahlen für Blinde machte. In Deutschland und in ganz Europa erwachte sehr schnell großer Eifer für Erziehung und Ausbildung der Blinden, fast alle Regierungen beeilten sich, derartige Institute zu gründen. In Amerika wurden aber erst nach dem Jahre 1830 in Boston, New York und Philadelphia fast gleichzeitig die ersten Blinden-Anstalten errichtet.

Im Jahre 1834 eröffnete Friedländer sein Blinden-Institut in Philadelphia mit vier Zöglingen. Zuerst gaben Privatleute die Mittel dazu her, aber durch Friedländers gründliche Kenntniß der damals besten Methoden des Blinden-Unterrichts, durch seine allgemeine wissenschaftliche Bildung und vor allem durch seine herzliche Liebe zu den Blinden gedieh die Anstalt so, daß bald die Gesetzgebung von Pennsylvanien sie zur Staats-Anstalt machte, und sie die Muster-Anstalt für ganz Amerika wurde. Gegenwärtig haben fast alle Staaten der Union große Blinden-Anstalten und von den 30,000 Blinden in der Union genießt etwa ein Zehntel deren Segen. Leider ist Friedländer schon 1840 gestorben.

LVIII.

Ferdinand Jakob Lindheimer.

Erforscher der Flora von Texas.

Ferdinand Jakob Lindheimer, geboren 1802 in Frankfurt am Main, war ein Stiefsohn des Pädagogen Georg Bunsen und wurde auf den besten Lehranstalten, zuletzt auf der Universität von Berlin für das Lehrfach ausgebildet. Vornehmlich studirte er Sprachen, Pflanzen und Insekten. Dann ward er Hilfslehrer und Hauslehrer. Unter andren war er auch Hauslehrer im Hause von Johann Andräi, wo er die Bekanntschaft der geistreichen Marianne Willomer (Goethe's Zuleika) machte, mit welcher er bis zu ihrem Tode Briefe wechselte. Auch bei seinem Stiefvater hat er als Hilfslehrer gestanden.

Lindheimer war von sanftem und liebenswürdigem Karakter, aber von unruhigem Geiste. Es war ihm in Deutschland alles zu alltäglich, ihn verlangte es nach Aufregung und Abenteuern. Als deshalb sein Stiefvater Bunsen mit seiner Mutter im Jahre 1834 nach Amerika auszuwandern beschlossen, ging er gern mit ihnen, in der Hoffnung, im Urwald Büffel, Bären und Indianer zu treffen.

Jedoch die Gegend von Illinois, in der Bunsen sich niederließ, war durchaus nicht romantisch und bot zwar alle Freuden des Landlebens, aber nichts von Jagd- und andren Gefahren. Er reiste deshalb nach Jalappa in Mexiko, wo ein Freund aus Hessen-Darmstadt, namens Sartorius, eine Kaffeepflanzung angelegt hatte. Nachdem er hier gesehen hatte, was es neues zu sehen gab, zog ihn im Jahre 1835 die Kunde von dem Unabhängigkeitskampf der Texaner dorthin, und er trat mit seines Stiefvaters Bruder, dem bekannten, beim Frankfurter Attentat verwundeten Dr. Gustav Bunsen und mit Hermann von Ehrenberg unter die New Orleans Grays, um für den „Einsamen Stern" zu kämpfen. Bunsen fiel bei San Patrizio, mehrere andre seiner Freunde, auch frühere Studenten aus Deutschland, wie Mattern, Curtmann und Voß bei Goliad, aber Lindheimer überstand glücklich alle Gefahren jener mörderischen, an Ueberfällen und Niedermetzelungen reichen Kämpfe und konnte noch in dem Schlußkampf bei San Jazintho an der Besiegung und Gefangennahme Santa Anna's glorreichen Antheil nehmen.

Nach Beendigung des Krieges blieb er in Texas und trieb meist Gartenbau, bis er durch seine Freunde, besonders durch Dr. Engelmann in St. Louis aufgefordert wurde, die Pflanzenwelt von Texas zu erforschen und den Gelehrten durch Sammlung von Herbarien zugänglich zu machen. Es ist dies derselbe Engelmann, durch welchen Wislizenus zur Erforschung der Felsengebirge und Ehrenberg zur Erforschung von Arizona ermuntert wurden.

Der sanfte Lindheimer war der Mann dazu. Er gehörte zu den Naturen, welche für feige gehalten werden, weil sie niemanden angreifen, welche aber in ihrer vollständigen Arglosigkeit thatsächlich nichts von Furcht wissen. Er hatte das als Texanischer Soldat bewiesen. Er bewies dasselbe nun durch die fast zehnjährigen Streifzüge, in welchen er den neuen, wilden Staat nach allen Richtungen kreuz und quer durchzog, nur mit seiner Botanisir-Trommel bewaffnet. Niemand that ihm etwas zu Leide, weil er von niemandem Beleidigung erwartete. Die Indianer betrachteten ihn als Medizin-Mann oder Zauberer und ließen ihn unangefochten gehen, wohin er wollte. Ihm gelang, was er erstrebte. Viele neue Pflanzen hat er entdeckt, manche davon haben die Gelehrten zu seiner Ehre nach seinem Namen genannt. Manche Blume, die jetzt in amerikanischen Ziergärten, ja selbst in denen von Deutschland blüht, ist durch ihn entdeckt worden.

Auf diesen Streifzügen leistete er in den Jahren 1845 bis '47 vielfach den unglücklichen deutschen Kolonisten werthvolle Hilfe, welche durch die aus namhaften deutschen Fürsten bestehende texanische Kolonisations-Gesellschaft hilflos in die Wildniß entsendet waren. Diese sogenannte Adels-Gesellschaft wollte damals die ganze deutsche Einwanderung nach Texas leiten, um diesen Staat, der damals erst 100,000 Einwohner hatte, zu einer deutschen Kolonie zu machen, unabhängig von den Vereinigten Staaten. Zu dem Zweck wurden große Landstrecken in Texas gekauft und an 4000 Kolonisten aus Deutschland in Galveston gelandet. Aber es fehlte an umsichtiger Leitung. Man hatte keine genügenden Vorkehrungen zur Verpflegung und Weiterbeförderung der Kolonisten getroffen. Ueber die Hälfte derselben ist in Texas gestorben. Die Landstraße von Indianpoint nach Neu Braunfels war mit Leichen und Gräbern förmlich bedeckt. Hier fand Lindheimer mehrfach Gelegenheit als Wegweiser und Rathgeber zu dienen, auch nach seinen beschränkten Mitteln mit Erfrischungen auszuhelfen. Besonders interessirte ihn die Kolonie Neu Braunfels um ihrer wunderschönen Lage und des fruchtbaren Landes willen. Er machte diese Stadt zu seiner Heimath, ohne jedoch seine botanischen Streifzüge aufzugeben. Schließlich ist doch die Anlegung mancher der damals geplanten deutschen Kolonien gelungen und sie sind jetzt in blühendem Zustande. Texas zählt gegenwärtig über 50,000 Deutsche.

Im Jahre 1850 war Neu Braunfels schon eine ansehnliche Stadt, und Lindheimer ward zum Friedensrichter erwählt, konnte auch 1852 die erste deutsche Zeitung in Texas gründen. Sie hieß „Neu Braunfels Zeitung.“ Man kann sich leicht denken, daß er seine Zeitung nicht blos zu redigiren, sondern auch zu setzen und zu drucken hatte, und daß er seine Abonnements nicht oft baar im voraus bezahlt erhielt. Er verlor auch dabei das Aussehen eines kühnen

Pioniers und sah in seinem dürftigen Anzuge einem heruntergekommenen deutschen Gelehrten sehr ähnlich. Aber jedermann achtete ihn.

Beim Ausbruch des Sezessionskrieges war er einer der wenigen Deutschen in Texas, welche es mit der Unabhängigkeits-Berechtigung der Staaten hielten, aber man ehrte seine Aufrichtigkeit und seinen Muth und ließ ihn in Frieden.

Am 8. Dezember 1879 ist er im hohen Alter von 77 Jahren gestorben; seine journalistische Laufbahn hatte er einige Jahre vorher aufgegeben, aber als Friedensrichter hat er bis zu seinem Tode fungirt.

LIX.

Christian Roselius.

General-Staatsanwalt von Louisiana.

Christian Roselius ist am 10. August 1803 in Thedinghausen, Braunschweig geboren. In seinem siebzehnten Jahre kam er, nachdem er eine gute Schulbildung genossen, allein und ohne Geld nach Bremen und von da auf einem holländischen Schiffe nach New Orleans. Da er als blinder Passagier mitgegangen war, wurde er nach alter Sitte gegen Bezahlung seiner Passage zum Dienst verbunden an den Herausgeber des Louisiana Courier, wo er das Druckerei-Geschäft erlernte. Man verwendete ihn hier unter andrem zum Uebersetzen deutscher Anzeigen ins Englische, denn er verlegte sich mit großem Eifer auf Erlernung der englischen Sprache. Daneben zog es ihn hauptsächlich zum Studium der Rechtswissenschaft. Er wünschte Advokat zu werden.

Er wollte aber kein Winkel=Advokat werden, sondern hatte aus der deutschen Heimath die Tugend der Gründlichkeit mitgebracht. Da er nun ausfand, daß zur gründlichen Bekanntschaft mit den Gesetzen die Kenntniß der lateinischen und der französischen Sprache nöthig sei, indem in Louisiana der Code Napoleon Geltung hatte, so begab er sich an die Erlernung dieser Sprachen und trat als Student in die Office eines damals in New Orleans hoch angesehenen Advokaten, namens Dazar. Seinen Lebensunterhalt erwarb er sich unterdessen als Lehrer der englischen Sprache in einer Privatschule.

Im Jahre 1828 ward er als Advokat am Gerichtshof zugelassen und erwarb sich bald einen großen Ruf, hauptsächlich durch seine umfassende Kenntniß des Rechts. Ihm schien es durchaus nothwendig, die Gesetze des Staates und die allgemein giltigen Rechts=Begriffe genau zu kennen, und er hatte auch eine natürliche Lust daran, sich damit bis ins Einzelne bekannt zu machen. So kam es, daß der arme Knabe, der ohne Geld, ohne Kenntniß der Sprache und ohne Freunde als Dienstknecht verkauft werden mußte, um seine Ueberfahrt zu bezahlen, binnen zehn Jahren nicht allein einer der ersten Advokaten sondern auch Professor der Rechts=Gelehrsamkeit an der Universität von Louisiana wurde. Dreiundzwanzig Jahre lang hat er dies Amt bekleidet.

Obwol Roselius sich ganz seiner gewinnbringenden Praxis als Advokat und seiner ehrenvollen Professur widmete und der Politik wenig Zeit oder Aufmerksamkeit schenkte, so ward er bald mit mancherlei öffentlichen Aemtern betraut. Im Jahre 1841 ward er General=Staatsanwalt, im Jahre 1845 Mitglied der Verfassung gebenden Staats=Convention und 1852 der Constitutionellen Convention. Er würde auch im selben Jahre als Supreme Judge erwählt worden sein, wenn nicht damals grade die Nativisten sehr thätig und eifrig gewesen wären. Diese starke Gegenströmung gab seinem Gegner eine kleine Majorität.

Im Jahre 1861 trat die Sezessions-Bewegung ein und Roselius ward als Delegat in die Staats-Convention berufen, welche über Sezession von Louisiana entscheiden sollte. Roselius war damals schon über vierzig Jahre in Amerika und hatte die deutsche Sprache fast verlernt, aber die deutsche Weise den Denkens und Fühlens war ihm geblieben. Er hielt auf der Convention die feurigste Rede für die Union, weigerte sich, die konföderirte Verfassung zu unterschreiben und zog sich von der Oeffentlichkeit zurück.

Mancher andre Mann hätte nun, als New Orleans wieder von den Unions-Truppen erobert wurde, es seine Gegner fühlen lassen, daß sie im Unrecht und er im Recht gewesen, und Gelegenheit dazu ward ihm auch gegeben, indem General Sheridan ihn zum Supreme Judge ernannte, allein sein Gerechtigkeits-Gefühl erlaubte ihm nicht, aus der Hand des Generals und während des obwaltenden Kriegszustandes die richterliche Würde anzunehmen.

Im Jahre 1869 machte Roselius noch eine Reise ins alte Vaterland und 1873 ist er gestorben.

Er war ein fließender Redner in der französischen und der englischen Sprache. In der Unterhaltung war er lebhaft und freundlich, im Umgang gefällig und mit Geld so freigiebig, daß er, obwol er sehr große Einnahmen hatte, zwar Wohlstand aber keinen Reichthum erlangte. Von Natur war er hoch gewachsen, und seine Gesichtszüge waren, wie auch seine Sprache eher scharf als schön.

Bei seinem Begräbniß, welchem sämmtliche Richter und Advokaten von New Orleans beiwohnten, sagte einer der ersten Advokaten:

„Seine Liebe für das Civil-Recht war eine Leidenschaft; täglich stellte er Betrachtungen darüber an und unterhielt sich davon. Einstimmig gesteht man ihm in diesem Fach den ersten Platz zu. Dem obersten Gerichtshof der Vereinigten Staaten würde er zur Zierde gereicht und zugleich ihn in juristischer Bildung gehoben haben.“

Richter Ogden, der bei dieser Gelegenheit den Vorsitz führte, sagte:

„Von Natur war Christian Roselius mit einem wunderbaren Sinn für Rechtswissenschaft begabt. Bei dem energischen Fleiße, den er anwendete, kam sein Urtheil einer göttlichen Eingebung gleich, außer in den Fällen, wo es von den Interessen und Leidenschaften getrübt war, denen alle Menschen unterworfen sind. Jedermann erkannte ihn offen als Louisiana's großen Juristen an, unübertroffen als Kenner des Civil-Rechts. Selbst in den Gerichtssälen von Washington hätte Niemand ihm diese Ueberlegenheit streitig machen können."

XL.

Johann August Sutter.

Pionier von Californien.

Johann August Sutter ist im Jahre 1803 in Kandern, Großherzogthum Baden geboren. Er wurde erzogen von seinem Großvater, der Pfarrer in Lörrach war. Dann nahm ihn sein Vater mit in die Schweiz, und nun ward seine Erziehung in der Kadettenschule zu Thun vollendet. Nach glänzend bestandenem Examen ward er Capitain in einem Berner Bataillon, aber weder diese Stellung, noch ein Handels-Geschäft, das er versuchte, entsprach seinem unruhig strebsamen Geist, und er beschloß nach Amerika auszuwandern.

Im Jahre 1834 kam er nach St. Louis. Hier beschäftigte man sich damals noch vornehmlich mit dem Pelzhandel. Jedes Frühjahr zogen von hier aus Handels-Karawanen westlich nach den Felsengebirgen, um Pelze von den

Trappers und von den Indianern einzutauschen. Ein andrer wichtiger Erwerbszweig war der Handel mit den nordwestlichen Gebieten von Mexiko, welche zwölf Jahre später den Vereinigten Staaten einverleibt worden sind. Diese Handelszüge gingen damals hauptsächlich nach Santa Fe, wohin man amerikanische Waaren brachte, die dort reichlich in harten mexikanischen Dollars bezahlt wurden.

Einem solchen Zuge schloß Sutter sich zuerst an und hat sich in den ersten drei Jahren damit lohnend beschäftigt. Sein lebhaftes, männliches und einnehmendes Wesen verschaffte ihm dabei viel Freundschaft und Gefälligkeit.

Aber die Deutschen von St. Louis betheiligten sich damals auch mit Vorliebe an den abenteuerlichen Zügen der Pelzhändler nach den Felsengebirgen. Deutsche Gelehrte, wie Engelmann und Wislizenus durchzogen damals als Pfadfinder die unbekannten Gegenden jenseits des Mississippi ebenso muthig und erfolgreich, wie die rauhesten Jäger. Auch Sutter fühlte sich von solchem Leben angezogen. Im Jahre 1838 schloß er sich einem Zuge von Pelzhändlern an, welcher die Felsengebirge überstieg und bis nach Van Couver, dem Hauptsitz der englischen Hudson's-Bay-Company am Stillen Meere vordrang. Von hier aus besuchte er die Russen in Sitka, Alaska, und die Sandwichs Inseln weit draußen im Stillen Meer, überall sich umsehend nach einer zur Anlegung eines neuen Handelsplatzes passenden Oertlichkeit. Als ihn hier nichts befriedigte, durchkreuzte er von neuem den Stillen Ocean, fuhr an der amerikanischen Küste entlang und landete nach einem Schiffbruch in Monterey, Californien. Bei seinem früheren Aufenthalt in Santa Fe hatte ein Händler ihm die Gegend am Sacramento Fluß in Californien, einundzwanzig Meilen nördlich von San Francisco, als überaus schön geschildert, und diese aufsuchend, ward er von ihrer Fruchtbarkeit und der dem Handel günstigen Lage so entzückt, daß er hier zu bleiben sich entschloß.

Californien gehörte damals zu Mexiko, stand aber mit dem Mutterlande in nur loser Verbindung. Das Land war seit 1776 zuerst von den Jesuiten und dann von den Franziskanern besiedelt worden, und diese hatten hier zahlreiche, blühende „Missionen" errichtet, große Landgüter mit Klöstern, Kirchen und Schulen, in denen die Indianer zu den Formen des Christenthums und zur Bebauung des Landes und Pflege des Viehes erzogen wurden. Die geistlichen Herren wurden mit den Indianern gut fertig, und diese lebten friedlich und fröhlich unter dem Krummstab. Im Jahre 1831 zählte man in Californien 18,633 bekehrte Indianer und 4,342 Spanier. Als aber Mexiko sich von Spanien losriß, suchte die liberal gesinnte mexikanische Regierung in Californien an Stelle des geistlichen ein weltliches Regiment einzuführen. Die „Missionen" verfielen in Folge dessen, und der Wohlstand von Californien ging zurück. Dann erhoben sich die Californier, machten sich von Mexiko frei und wählten Alvarado zu ihrem Gouverneur. Sie konnten aber ihre Unabhängigkeit nicht behaupten und unterwarfen sich der mexikanischen Regierung von neuem, so jedoch daß Alvarado ihr Gouverneur blieb.

In dieser Lage fand Sutter Californien. Die Missionen waren meistens von den Priestern verlassen, die Indianer waren gewohnt, für die Weißen zu arbeiten, die Regierung war so, daß ein thatkräftiger Mann Freiheit zu den größesten und weitsehendsten Unternehmungen hatte.

Capitain Sutter erlangte von Alvarado eine ausgedehnte Landschenkung unter Bedingung der Colonisation, er erbaute Fort Sutter mit starken Mauern, mit festen Bastionen und mit zwölf Kanonen. Er zog Kolonisten heran, machte mehrere hundert Acker klar, errichtete eine Gerberei, eine Mühle, eine Brennerei, umzäunte zwischen zwei Strömen (Sacramento und Feather) große Weideplätze, nahm die Indianer als Hirten und Tagelöhner in Arbeit, gab ihnen Weiße: Mexikaner, Amerikaner und Deutsche zu Aufsehern, und exerzirte das Ganze soldatenmäßig ein. Fort Sutter gedieh sichtlich, es zogen sich Jäger und Trapper dorthin, um ihre Pelze abzusetzen und ihre Bedürfnisse einzuhandeln, auch Handwerker ließen sich nieder, das Dorf Suttervill e entstand.

Sutter wurde fürstlich reich. Anfangs der vierziger Jahre eignete er 20,000 Pferde, Rinder und Schafe, und seine Weizenernte belief sich auf 40,000 Buschel des Jahres.

Im Jahre 1846 schien sein Glück den höchsten Gipfel zu erreichen. Die amerikanische Einwanderung in Californien hatte stark zugenommen, die alte Abneigung der Spanier und der Indianer in Californien gegen Mexiko erwachte wieder, Oberst Fremont war als Pfadfinder nach Fort Sutter gekommen, und von ihm ermuntert erklärte Sutter im Frühjahr 1846 sich unabhängig und zog am 11. Juli die amerikanische Fahne auf. Sie war schon einmal vorher von einem Deutschen am Stillen Ocean aufgepflanzt worden, von Astor in Astoria im Jahre 1811. Jenes war mißlungen, aber dies mal gelang es. Der Krieg zwischen Mexiko und den Vereinigten Staaten brach gleichzeitig aus, Commodore Stockton erschien mit einer amerikanischen Flotte, regelmäßige Unions-Soldaten rückten ein, und California ward Territorium der Vereinigten Staaten.

Allein das Leben des Menschen ist oft sehr wechselvoll und das Glück meistens veränderlich. Im Januar 1848 wollte Sutter eine Wassermühle bauen lassen und beim Graben fand man — Gold. Vergeblich suchte Sutter die Entdeckung geheim zu halten, bis seine nöthigste Arbeit beendet sei. Das Zauberwort ward gesprochen, und nun dachte kein Mensch mehr an etwas andres als Gold. Tausende von Goldgräbern strömten herbei. Besitztitel galten nichts. Alle Prozesse, die Sutter gegen die Eindringlinge anstrengte, waren vergeblich. Und was ihm die Goldgräber nicht nahmen, das nahmen die Advokaten. Bis zum Jahre 1865 hat Sutter prozessirt, dann sprach ihm das Gericht zwar einen Theil seines Grundbesitzes zu, aber die Schulden die er gemacht, und die Entschädigungen, die er zu zahlen hatte, waren so groß, daß ihm nichts blieb. Nur daß der Staat ihm auf sieben Jahre eine jährliche Entschädigung von drei Tausend Dollars für Steuern, die er bezahlt hatte, bewilligte.

Im Jahre 1849 ward Sutter als Glied der verfassunggebenden Convention erwählt und wirkte kräftig dahin mit, daß die Sklaverei vom Staate ausgeschlossen wurde.

Mit Worten wird Sutter gegenwärtig hoch geehrt und gepriesen, aber beim Congreß bemühte er sich vergebens um Entschädigung für seine großen Verluste. Er lebte 1873 in Litiz, Pennsylvanien, und ist arm gestorben.

LXI.

Johann Martin Henni.

Erster deutscher Erzbischof in den Vereinigten Staaten.

Johann Martin Henni ist 1805 in Obersaxen, Canton Graubündten der Schweiz geboren, wurde in verschiedenen schweizerischen Anstalten und dann in der Propaganda, der in Rom zur Ausbildung von Missionaren bestehenden Welt-Anstalt zum Priester ausgebildet. Hier hat er auch 1827 sein philosophisches Doktor-Examen bestanden.

Im nächsten Jahre nach Amerika entsendet, vollendete er in Bardstown, Kentucky, seine Vorbereitung und wurde dann nach Cincinnati als Professor und Pfarrer berufen. Von hier ist er nach kurzem Aufenthalt als Missionar in Ohio ausgesendet worden und hat in Cleveland, Akron, Massillon, Wooster, Canton und vielen andren Orten Gemeinden gegründet, bis er 1834 zum General-Vikar ernannt, nach Cincinnati zurückkehrte. Dort hat er eine große Thätigkeit entwickelt. Er gründete die erste dortige deutsche Schule, den ersten deutschen Waisen-Verein und die erste je in Amerika erschienene deutsche katholische Zeitung, den „Wahrheitsfreund.“ Zur weiteren Förderung dieser Unternehmungen machte er im folgenden Jahre eine Reise nach Deutschland und schrieb speziell dafür eine „Geschichtliche Darstellung der katholischen Kirche in Amerika, besonders der Diözese Cincinnati“, worin er die günstigen Aussichten zum Aufbau der katholischen Kirche unter den Deutschen in Amerika sachlich darlegte und in dortigen Kreisen viel Theilnahme erweckte. Die außerordentliche Zunahme der deutschen katholischen Kirche in Amerika hat später seine Darstellungen als ganz richtig erwiesen.

Im Interesse seiner Arbeiten in Cincinnati besuchte er 1843 das Provinzial-Konzil in Baltimore, aber die hier versammelten Würdenträger der Kirche glaubten, ihm einen andren Auftrag geben zu müssen. Sie ernannten ihn zum Bischof des neu zu errichtenden Bisthums von Milwaukee, der Papst bestätigte die Wahl, und im Mai 1844 langte er am neuen Bischofssitz an.

Damals betrug die ganze katholische Bevölkerung von Wisconsin nur etwa 8000 Seelen, welche von fünf oder sechs Priestern in ebensoviel hölzernen Kirchen bedient wurden. Die Kathedral-Kirche des neuen Bischofs war eine hölzerne Kirche von 30 bei 40 Fuß. In weniger als zwanzig Jahren ist die katholische Bevölkerung des Staates auf eine Viertel Million Seelen gestiegen, ein deutsches Priesterseminar, das größeste deutsche in Amerika, ein Lehrerseminar, ein Gymnasium, acht Colleges und Akademien, fünf Waisenhäuser, ein Hospital, elf Ordenshäuser und über dreihundert Pfarrschulen sind entstanden. Die deutschen Schulschwestern, welche sich 1850 in Milwaukee niederließen, bewohnen jetzt eines der größesten Gebäude in Milwaukee und entsenden ihre Lehrerinnen in alle verschiedenen Staaten. An tausend derselben sind schon ausgesendet, und es werden von ihnen etwa dreißigtausend Kinder unterrichtet.

Im Jahre 1875 ward das Bisthum durch Zertheilung in mehrere Bisthümer zum Erzbisthum und Dr. Henni zum Erzbischof gemacht.

LXII.

Karl Aloys Lützenburg.

Berühmter Arzt in New Orleans.

Karl Aloys Lützenburg ist am 5. Juli 1805 in Verona geboren, wo sein Vater, ein östreichischer Edelmann sich damals von Amts wegen aufhielt, aber erzogen wurde er im Elsaß, wo er Gymnasial-Bildung erhielt. Im Jahre 1819 wanderte sein Vater nach Amerika aus und ließ hier den Sohn Medizin studiren, besonders die Chirurgie.

Im Jahre 1829 ward er als Wundarzt in New Orleans am Charite-Hospital angestellt. Hier ergriff ihn das gelbe Fieber. Er kurirte sich selbst durch Blut-Entziehung, eine von ihm selbst erdachte Methode und setzte trotz großem Widerspruch dies Verfahren erfolgreich durch. Aehnlichen Widerspruch erregte es, daß er die Blatternkranken durch Licht-Entziehung von entstellenden Narben frei hielt. Nach drei Jahren machte er eine wissenschaftliche Reise nach allen europäischen Hauptstädten und ihren Hospitälern. Nach zwei Jahren zurückgekehrt, ward er der berühmteste Arzt von New Orleans, später auch Dekan des Medical College daselbst, und leistete in der Medizin dasselbe, wie Roselius in der Rechtskunde.

Er war Präsident der „Naturhistorischen Gesellschaft.“ Als die Gesetzgebung des Staates, 1843 die „Medizinisch-chirurgische Gesellschaft von Louisiana“ gründete, erwählte auch diese den Dr. Lützenburg zu ihrem Präsidenten. Im selben Jahre ward er auch als Arzt des „Marine-Hospital“ angestellt.

Er starb schon 1848 an einer Herzkrankheit.

LXIII.

Karl Ludwig Fleischmann.

Autorität für industrielle Fragen.

Karl Ludwig Fleischmann ist im Jahre 1806 in Amberg, Baiern, geboren. Er erhielt Gymnasial-Bildung und war Verwalter großer Landgüter, bis 1832, wo er mit beträchtlichem Vermögen nach Amerika kam, in Cincinnati eine Bierbrauerei errichtete und dabei sein Vermögen einbüßte.

Dann fand er Anstellung als Hilfs-Ingenieur an einer Eisenbahn, und dadurch bekam er, weil er sich als guter Zeichner erwies, 1836 eine Stelle als Zeichner im Patent-Amt von Washington. Hier stieg er durch seine Geschicklichkeit im Zeichnen zu höheren Stellungen, und als Professor Morse 1845 den elektrischen Telegraphen erfand, sandte dieser ihn nach Europa, wo in Paris vor Arago und andren, in Brüssel vor vielen Gelehrten, in Wien vor Metternich und dem Hofe und an andren Orten die große Einfachheit des Instruments und die Genauigkeit der Zeichen auf dem Papierstreifen allgemein gefiel.

Fleischmann besuchte dann noch Ungarn, Mähren und die Steiermark, um Beobachtungen über die Schafzucht zu machen und reichte bei seiner Rückkehr in Washington dem Patent-Amt einen ausführlichen Bericht über die Schafzucht ein, mit Beilegung von wohlgeordneten Wollmustern. Ohne sein Ansuchen bewilligte der Congreß ihm dafür Ein Tausend Dollars.

Im Jahre 1848 arbeitete er für den Bericht des Patent-Commissärs eine Abhandlung über den Zuckerbau in Louisiana aus. Er schrieb auch das Buch „Der amerikanische Landwirth“, welches viel gelobt und in mehrere Sprachen übersetzt wurde.

Seit seiner Jugend lag es ihm am Herzen, ein Buch über den Weinbau zu schreiben, und er hatte darüber schon viele Beobachtungen gesammelt. Um für diese Arbeit die noch fehlenden Nachrichten zu sammeln, erbat er sich und erhielt auch das Konsulat von Stuttgart. Hier vollendete er das Werk, es ward jedoch zu umfangreich für den Druck. Dagegen ward sein Buch über Handel, Gewerbe und Industrie in Amerika gedruckt und gut verbreitet.

Darauf zog er nach Paris und lieferte von hier industrielle Korrespondenzen für amerikanische Zeitungen, war auch 1857 Kommissär von New York für die Pariser Welt-Ausstellung. Dann hat er die ganze Küste von Nord-Afrika bereist, auch hat er 1873 die Wiener Welt-Ausstellung besucht und dabei als Korrespondent fungirt.

Zuletzt hat er in Washington gelebt und wegen seiner durch Reisen und Sammeln von Berichten erworbenen Sachkenntniß industrieller Dinge großes Vertrauen genossen. Er ist dort der gesuchte Rathgeber aller derer geworden, die über solche Dinge Auskunft suchen, und derer gibt es nicht wenige, denn je weiter die Kultur fortschreitet, desto nothwendiger wird es für solche, die in Industrie etwas leisten wollen, sich genaue Kenntniß aller dahin einschlagenden Thatsachen zu verschaffen.

LXIV.

Wilhelm Nast.

Gründer des Deutschen Methodismus.

Wilhelm Nast wurde am 15. Juni 1807 in Stuttgart geboren und studirte im Tübinger Stift unter sehr freisinnigen Professoren der Theologie. Einer seiner Studiengenossen war der durch sein „Leben Jesu" bekannte David Fr. Strauß. Nast ward durch diese Anschauungen dem Predigtamt entfremdet, studirte Philosophie und wanderte 1828 nach Amerika aus.

Er wurde zuerst Hauslehrer bei einer englischen Methodisten-Familie auf Duncan's Island, Pa., woselbst er, wie er selbst bekennt, „durch Gottes Gnade tief erweckt wurde, aber erst nach einem dreijährigen schweren Bußkampf den Herrn in der Vergebung seiner Sünden fand." Der ganz in freien Anschauungen erzogene Nast wurde zu seiner großen Verwunderung durch die denselben ganz entgegengesetzten und ihm völlig neuen Grundsätze und Ansichten so angezogen, daß er mit Leib und Seele Methodist wurde, wie er vorher mit Leib und Seele Freidenker gewesen war. Er gehörte zu den deutschen Naturen, die nichts halb sein und thun wollen.

Im Jahr 1831 und 1832 wurde er Lehrer der deutschen Sprache an der Militär-Akademie in Westpoint, wo er mit dem später Bischof gewordenen McIlvaine von der Protestant Episcopal Kirche bekannt und durch ihn später als Professor der hebräischen Sprache nach Kenyon College, Ohio, berufen wurde. Allein, obwol er sich mit Fleiß den Wissenschaften hingab, auch in Kenyon College eine Abhandlung über das griechische Zeitwort herausgab, befriedigte ihn diese Thätigkeit nicht. Die Liebe zu der ursprünglich erwählten theologischen Laufbahn drang ihn, im Spätjahr 1835 in die Ohio Conferenz der Bisch. Methodisten-Kirche als Reiseprediger zu treten, und er wurde nach Cincinnati gesandt, um daselbst als Missionar unter den Deutschen zu wirken.

Damals hatten die Methodisten noch keine deutschen Gemeinden oder Prediger, aber Nast hatte, als er Methodist wurde, auch den Unternehmungsgeist und Werbe-Eifer dieser kirchlichen Gemeinschaft voll und ganz in sich aufgenommen und war entschlossen, wo noch keine Gemeinden vorhanden waren, solche zu sammeln. Unter den denkbar ungünstigsten Umständen begann der von Natur stille, bedächtige Mann ohne imposanten Glanz der Beredsamkeit oder Persönlichkeit, in dem mit großen deutschen Kirchen bereits reichlich ausgestatteten Cincinnati seine Werbe-Arbeit, und setzte dieselbe mit scheinbar ganz geringem Erfolge unverdrossen fort, bis er nach dreijähriger Arbeit endlich eine kleine deutsche Methodisten-Gemeinde von 26 Gliedern organisiren konnte.

Die Leiter der (englischen) Methodisten-Kirche setzten trotz der scheinbar geringen Erfolge seiner Arbeit, volles Vertrauen in seine Leistungs- und Arbeitsfähigkeit und übertrugen ihm zur selben Zeit die Redaktion einer neu zu gründenden Methodisten-Zeitung, welche den Namen „Christlicher Apologete" erhielt. Für eine Genossenschaft von 26 Gliedern eine wöchentlich erscheinende Zeitung zu gründen, und als Redakteur einen Mann der Gelehrtenstube anzustellen, war zwar gewagt, aber jene Männer glaubten es wagen zu können. Der „Apologete" zählt gegenwärtig 19,000 Abonnenten, und es gibt kaum eine größere Ortschaft in Amerika, wo Deutsche wohnen, und nicht auch eine deutsche Methodisten-Gemeinde wäre.

Im Jahre 1844 kam Nast als Delegat zur Evang. Allianz in Berlin nach Deutschland, und legte durch seinen Besuch den Grund zu der Gründung deutscher Methodisten-Gemeinden im Jahr 1849.

William Nast.

Hauptsächlich hat er aber mit der Feder gearbeitet. Er hat einen Kommentar zu den vier Evangelien, mehrere dogmatische und biographische Werke, Katechismen und ähnliches neben seiner ausgedehnten journalistischen Arbeit geschrieben und hat Hunderten von jungen Predigern Anleitung zu theologischen und andren wissenschaftlichen Studien gegeben. Man nennt ihn mit Recht den Vater des deutschen Methodismus.

Unter den deutschen Theologen bewegt Dr. Nast, denn er hat den Titel als Doctor der Theologie rechtmäßig, sich frei, und seine Gelehrsamkeit, sowie die Aechtheit seiner Ueberzeugungen und seines Karakters wird von ihnen allgemein anerkannt.

Der mehr als achtzigjährige Greis ist von der Gründung des „Christlichen Apologeten" an bis jetzt (im 50. Jahrgang) von der General-Conferenz seiner Kirche ohne Unterbrechung mit der Redaktion des Blattes beehrt worden. Er lebt aber meist in Berea, Ohio, wo seine Kirche ein deutsches College unterhält, friedlich, anspruchslos und fleißig, wie immer.

LXV.

Karl Heinzen.

Radikaler Denker.

Karl Peter Heinzen ist am 22. Februar 1809 zu Grevenboich in Rheinpreußen geboren. Sein Vater, ein Forstinspektor, durchlebte die Zeiten der französischen Revolution und lernte die französischen Republikaner, als sie diese Gegenden in Besitz genommen hatten, persönlich kennen und gewann sie lieb. Er ward ein Bewunderer ihrer Ideen. Seine Mutter starb früh, und er entbehrte sie vom vierten Jahre an. Die Verwandten, bei welchen er lebte, und die Lehrer des Gymnasiums in Cleve, das er besuchte, pflegten nicht das Gefühl der Liebe in ihm, auch gewährten sie ihm keine Freiheit zur Entwickelung seiner Eigenart. Er lebte mit ihnen in ununterbrochenem Kriegszustand und übte sich beständig in Geltendmachung seiner Selbständigkeit.

Ehe er den Gymnasial-Kursus vollendet hatte, verließ er Cleve, um in Bonn Medizin zu studiren, fand aber daran kein Wohlgefallen, sondern hörte lieber ästhetische und geschichtliche Vorlesungen. Das dauerte aber nicht lange. Es gab in Bonn Konflikte zwischen der Universitäts-Behörde und den Studenten und Heinzen hielt dabei eine Rede, in Folge deren er von der Universität ausgeschlossen wurde.

Nun regte sich in ihm der Wunsch die Welt zu sehen, es fehlte ihm aber an Geld zum Reisen, darum ließ er sich, wie das damals manche von ähnlichem Unglück betroffene Deutsche guten Standes thaten, in Holland als Soldat nach Batavia anwerben, und zwar wurde er sogleich Unter-Offizier. Er bekam auf diese Weise Holland zu sehen und das Meer, lernte auch das Schiffsleben kennen, sah dann die tropische fremdartige Natur und das Leben in Batavia — viel neues. Aber nachdem der Reiz der Neuheit verflogen war, fand er, daß das Soldatenleben ihm noch weniger Gelegenheit zur selbständigen Entwicklung seiner Eigenart gab, als die Schule, erbat sich und erhielt durch Vermittlung seines Obersten die Entlassung und kehrte 1831 über Rotterdam heim.

Nun hätte er müssen drei Jahre beim preußischen Militär dienen, gleich allen andren männlichen Unterthanen, wenn nicht das preußische Gesetz jungen Leuten von guten Kenntnissen gestattete, als „Freiwillige" auf eigne Kosten ein Jahr mit mancherlei Vergünstigung zu dienen. Als ein solcher „Freiwilliger" trat er auch ein, und nach Ablauf der Dienstzeit erhielt er eine untergeordnete Stelle als Beamter im Staatsdienst. Der preußische Staatsdienst war aber damals mehr als jetzt und mehr als in andren Ländern büreaukratisch; die Amtsstube und der Dienst waren bis ins Einzelnste nach bestimmten Vorschriften geregelt, die sich auch auf Beschneidung des Bartes, auf Haltung des Körpers und auf alle Formen des Umgangs bezogen, was wiederum für Heinzen der selbständigen Entwicklung seiner Eigenart so hinderlich war, daß die ganze Zeit seines Staatsdienstes, wie er selbst schreibt, „ein achtjähriger persönlicher Kampf mit der Büreaukratie" war.

Er trat also aus. Jetzt widmete er sich literarischen Arbeiten. Er gab seine „Reise nach Batavia" heraus und lieferte Korrespondenzen für Zeitungen. Außerdem arbeitete er auch als Schreiber an einer Eisenbahn und bei einer Versicherungs-Gesellschaft.

Nach wenigen Jahren gab er jedoch diese Schreiberarbeit auf, um, wie er sagt, ungehindert den Kampf gegen die preußische Büreaukratie führen zu können. Im Jahre 1844 gab er das Buch „Die preußische Büreaukratie" heraus. Er griff dieselbe darin scharf an, aber sie war stärker als er, und er floh nach Belgien. Man verfolgte ihn mit Steckbriefen. Er antwortete mit Herausgabe einer Flugschrift unter dem Titel „Ein Steckbrief." Es half aber nichts.

Nun begab Heinzen sich nach der Schweiz und schrieb hier viele revolutionäre Flugschriften. Solche Schriften waren damals in Preußen noch der Censur unterworfen; nur Bücher von mehr als zwanzig Bogen passirten censurfrei. Heinzen gab deshalb hier eine Flugschrift unter dem Titel „Mehr als zwanzig Bogen" heraus. Auch andre. Es ging jedoch damals in der Schweiz noch so büreaukratisch her, daß die dortigen Obrigkeiten Heinzen nicht dulden wollten. Nun wanderte er nach dem freien Amerika aus.

Er kam 1846 nach New York. Hier wurde er von den zahlreichen Deutschen, welche mit den Zuständen in Deutschland sehr unzufrieden, es sich viel Geld kosten ließen, liberale und republikanische Anschauungen in Deutschland zu verbreiten, mit großen Hoffnungen empfangen. Heinzens Ankunft ward als ein sehr wichtiges Ereigniß betrachtet. Die wöchentliche New Yorker Zeitung „Schnellpost" ward ihm zur Redaktion übergeben und er bemühte sich in derselben eifrig, die Deutschen in Amerika zur Unterstützung der Revolution in Europa anzufeuern.

Im Jahre 1848 brach die erwartete Revolution aus, und Heinzen eilte zurück, um ihr weiter zu helfen. Allein Heckers Aufstand in der Pfalz war, als Heinzen kam, bereits unterdrückt, und den Männern des Frankfurter Parlaments paßte Heinzen nicht als Genosse. Ihm wurde der Aufenthalt in Deutschland versagt. Auch in Paris wollte Lamartine's Regierung ihn nicht dulden, weil er für neue Revolution agitirte, er ging deshalb nach der Schweiz und wirkte von hier aus für eine neue Erhebung in Deutschland. Dieselbe brach denn auch aus, und Heinzen konnte bei dem zweiten badischen Aufstand mit vielen andren Revolutionären von neuem Deutschlands Boden betreten.

Indeß die Erhebung mißlang. Heinzen floh wieder in die Schweiz. Die Schweiz wies ihn aus, und er ging nach London, wo er ein Jahr lang an Wieder-Erweckung der Revolution in Deutschland arbeitete. Als er sah, daß einstweilen nach dieser Richtung hin nichts auszurichten sei, ging er wieder nach New York. Das war 1850. Hier gründete und übernahm er nach einander vier verschiedene Zeitungen, mußte sie aber alle wieder aufgeben, weil sie nicht genug Leser fanden, die so weit fortgeschritten waren, wie er. Darauf ging er 1853 nach Louisville, und übernahm hier die Redaktion des „Herold des Westens." Die damals hier herrschende Negersklaverei bekämpfte er mit solcher Entschiedenheit, daß der Pöbel der Stadt, aufgestachelt von angesehenen Leuten, die Druckerei stürmte und völlig zerstörte. Zwar gelang es Heinzen durch Hilfe der dortigen Deutschen ein neues Blatt unter dem Namen „Pionier" zu gründen, dasselbe konnte sich aber in Louisville nicht halten und mußte erst nach Cincinnati, dann nach New York und schließlich im Jahre 1859 nach Boston verlegt werden.

Hier hat Heinzen dann seitdem gewirkt. Hier hat er den „Verein zur Verbreitung radikaler Prinzipien unter den Deutschen" gegründet, auch zwei Bände seiner Vorträge über „Deutschen Radikalismus in Amerika" herausgegeben, nebst vielen andren Schriften.

Heinzen wird oft als ein Kommunist angesehen, allein er verwirft den Kommunismus als eine naturwidrige Einrichtung, die nur durch den unerträglichsten Terrorismus aufrecht erhalten werden könne. Im Kommunismus kann der Mensch seine Eigenart nicht selbständig entwickeln. Auch ist Heinzen kein Idealist, sondern ein materialistischer Realist. Er hält nur solche Sätze für wahr, welche auf sinnliche Wahrnehmung und Beobachtung gegründet sind. Alles andre, auch die Religion ist ihm nur Einbildung. Hauptsächlich beschäftigte sich Heinzen mit Untersuchungen darüber, wie der Staat beschaffen sein müsse, um jedem Angehörigen die selbständige Entwicklung seines eigenartigen Wesens zu ermöglichen. Er verlangte deshalb, daß der Staat nicht allein Allen gleiche politische, sondern auch gleiche soziale Rechte gewähre. Jeder müsse Gelegenheit haben, sich unentgeltlich für den ihm passenden Beruf auszubilden. Auch die Frauen müßten völlig gleiche Rechte mit den Männern haben. Anstatt der Religion verlangt er, daß jeder die Rechte des andren achte; das genüge.

In den Vereinigten Staaten verlangte er die Abschaffung des Präsidenten-Amtes und des Senates. Von den Deutschen in Amerika erwartete er, daß sie das amerikanische Leben mit ihrer konsequenten und systematischen Weise des Denkens durchdrängen. Das sei ihre Aufgabe.

Was immer man von Heinzens Ansichten denken mag, so ist jedenfalls sein Verstand scharf und seine Sprache schön. Als kurze Probe davon führen wir folgenden Vers von ihm an:

Der Schein und Wirklichkeit vereint,
Der Spiegel, drin das Alte jung,
Das Todte lebend dir erscheint,
Es heißt: Erinnerung.

Er ist gestorben im Jahre 1880.

LXVI.

Adolph Meier.

Großhändler in Saint Louis.

Adolph Meier ist am 8. Mai 1810 in Bremen geboren und wurde auf hohen Schulen sorgfältig für den Kaufmanns=Stand ausgebildet. Nachdem er kurze Zeit in einem größeren Geschäft geholfen hatte, errichtete er schon in seinem einundzwanzigsten Lebensjahr in Bremen eine eigne Handlung, die sich mit Schiffahrt nach Amerika beschäftigte. Dadurch mit den Vortheilen, die Amerika für große Handels=Unternehmungen bot, bekannt geworden, kam er im Jahre 1837 über New Orleans nach St. Louis und errichtete hier eine Eisenhandlung.

St. Louis hatte damals erst 10,000 Einwohner. Zum Aufschwung und zur Hebung dieser Stadt hat Meier durch seine großen Handels=Unternehmungen mehr als irgend jemand beigetragen. Er war der erste, der westlich vom Mississippi eine Baumwollen=Dampfspinnerei und Weberei errichtete. Dieselbe wuchs so, daß daraus die St. Louis Cotton Factory wurde, eine große Gesellschaft, worin er das meiste Kapital besaß. Um diese Fabrik mit Kohlen zu versehen, was im Winter bei bodenlosen Wegen oft schwer war, erbaute er in Verbindung mit Freunden die "St. Clair County Turnpike Company". 1844, welche Belleville und seine Kohlenlager mit St. Louis verbindet; diese Straße trug durch Ermöglichung regelmäßiger Kohlenzufuhr, sowie durch Erleichterung des Verkehrs überhaupt ungemein viel zur Hebung der Geschäfte in St. Louis bei.

Als das Zeitalter der Eisenbahnen kam, ward er Präsident der „Kansas-Pacific“ sowie der „Illinois und St. Louis“ Eisenbahn, auch Direktor der „St. Louis, Kansas City und Northern.“ Dadurch wurden Kohlen- und Waaren-Transporte zum Besten des Handels in St. Louis außerordentlich erleichtert. Dann hat er die Bessemer Hochöfen in Ost-Carandolet errichtet, welche als Meisterwerk hinsichtlich aller neueren Verbesserungen und in solidem Bau geschildert werden. Auch erbaute er mit andren die “Pepper Cotton Press” mit zwei hydraulischen Pressen für Baumwolle, nach einem Patent seines Sohnes. Außerdem war er Präsident oder Direktor vieler Banken und Versicherungs-Gesellschaften.

Als bei dem großen Feuer in St. Louis, 1849, sein Geschäfts-Gebäude morgens um sechs Uhr vor seinen Augen einstürzte, hatte er schon um acht Uhr desselben Morgens den Plan zum Neubau entworfen und die Kontrakte für Holz- und Backstein-Lieferungen abgeschlossen.

Meier war ein Mann von ungewöhnlicher Leibesgröße, von einnehmenden Gesichtszügen voll Würde und Güte. Vier Söhne, im besten Mannes-Alter stehend, unterstützten ihn in den letzten Jahren bei den vielen Geschäften. Er hat die Stadt St. Louis in vierzig Jahren von 10,000 auf 400,000 Einwohner heranwachsen sehen, und hat selbst an Beförderung dieser Zunahme den größesten Antheil.

LXVII.

Maximilian Oertel.

Ritter des Gregorius-Ordens.

Maximilian Oertel ist der Sohn eines bairischen Professors, welcher sich durch Schriften über die Wasser-Heilkunde einen bedeutenden Namen in Deutschland gemacht hat. Er ist am 27. April 1811 zu Anspach, Baiern geboren, hat in Erlangen Theologie studirt und ist 1837 von der Rheinischen Evangelischen Missions-Gesellschaft nach Amerika ausgesandt worden, um unter den hiesigen Eingewanderten zu wirken. Er ward hier mit einer Auswanderer-Gesellschaft bekannt, die aus strengen Lutheranern bestand, denen die unirten Kirchenbehörden in Deutschland das Leben sauer gemacht hatten. Sie wurde von Pastor Stephan geleitet und ließ sich in Missouri nieder. Oertel wurde von Pastor Stephans Persönlichkeit so eingenommen und hingerissen, daß er sich der Kolonie anschloß und mit nach Missouri ging. Aber Stephan ward als Ehebrecher entlarvt.

Bitter enttäuscht trat Oertel 1840 zur römisch-katholischen Kirche über. Zuerst wirkte er kurze Zeit als Professor an katholischen Colleges in New York und Baltimore, aber im Jahre 1843 begann er seine Laufbahn als katholischer Zeitungsschreiber, in welcher er vorzügliches geleistet hat. Er hat zuerst den „Wahrheitsfreund" in Cincinnati, dann die „Katholische Kreuzzeitung" in New York herausgegeben. Dem katholischen Dogma treu ergeben und deshalb vom Papst zum Ritter des heil. Gregorius-Ordens ernannt, schreibt er einen derben, freimüthigen, humoristischen Stil, der volksthümlicher und packender nicht sein könnte. Dabei trifft er bei der Beurtheilung von Männern und Verhältnissen meistens den Nagel auf den Kopf. Er ist durch und durch original, wie nur ein Deutscher es sein kann, ohne alle Ueberspannung oder Ueberschwänglichkeit.

Im Jahre 1883 ist er gestorben.

Nicht mit ihm zu verwechseln ist: Johannes A. S. Oertel, geboren 1820 zu Fürth, auch in Baiern, ein Maler, aus der Schule Kaulbachs, welcher 1848 nach New York gekommen ist und bedeutende Historienbilder gemalt hat. Seine Gemälde werden wegen ihres zarten Kolorits und ihrer religiösen Gefühlstiefe hochgehalten. Während aber Max Oertel aus der protestantischen in die katholische Kirche übertrat, ist Johannes Oertel 1866 aus einem Katholiken ein Geistlicher der Episkopal-Kirche geworden. Er hat in Nord-Carolina als solcher fungirt, dabei aber die Malerei nicht versäumt.

LXVIII.

Die Brüder Kayser.

Civil-Ingenieur und Advokat.

Heinrich Kayser ist am 9. August 1811 in St. Goarshausen am Rhein geboren und bildete sich auf höheren technischen Schulen als Architekt aus. Im Alter von 21 Jahren wanderte er mit bedeutenden Geldmitteln nach Missouri aus und kaufte sich eine Farm. Als das Geld, die Gesundheit und die Farm in zwei Jahren aufgebraucht waren, fristete er als Zeichen- und Musiklehrer in St. Louis das Leben, ward bald als trefflicher Zeichner bekannt und schon 1835 mit gutem Gehalt im General-Vermessungsamt für die Vereinigten Staaten angestellt. Nach einigen Jahren ward er Civil-Ingenieur der Stadt und hat so gutes geleistet, daß bei allem Wechsel der Parteimehrheit er so lange im Amt blieb, bis er es von selbst niederlegte, weil durch glückliche Landspekulation sein Vermögen so sehr angewachsen war, daß dessen Verwaltung seine ganze Zeit in Anspruch nahm. Er hat mehrere Reisen nach Deutschland gemacht und war hervorragendes Glied vieler deutscher Vereine.

Sein Bruder Albert Kayser, 1815 geboren, hatte kein Geld zum Ankauf einer Farm, arbeitete daher zuerst als Knecht, dann als Schullehrer, bis er sich Land kaufen konnte. Das ließ er liegen und ging nach St. Louis, wo er im Alter von 25 Jahren die Rechte studirte und dann ein angesehener, reicher Advokat wurde. Er hat auch den mexikanischen Krieg als Lieutenant mitgemacht und sich viel mit Politik befaßt, ohne jedoch ein Amt zu suchen oder anzunehmen.

LXIX.

Karl Bösel.

Geschäftsmann.

Karl Bösel ist am 1. Februar 1814 in der Rheinpfalz von gebildeten Eltern geboren und kam 1833 nach dem Städtchen New Bremen, am Auglaize in Ohio, weil er mit den politischen Zuständen des Vaterlandes unzufrieden war. Er ließ sich zuerst als Farmer in der Nachbarschaft nieder, da aber diese Beschäftigung sich nicht vortheilhaft noch angenehm erwies, so zog er in das Städtchen und fing ein kleines Handels-Geschäft an.

Die Bewohner von New Bremen und Umgegend sind fast ausschließlich Deutsche, deren Fleiß und Ausdauer ihnen nach und nach zu Wohlstand verhalf, wodurch denn auch des fleißigen und umsichtigen Karl Bösel Geschäft im Lauf der Jahre zu einem großen Lager- und Bankgeschäft wurde. Das Vertrauen seiner Mitbürger beschränkte sich aber nicht auf seine geschäftliche Zuverlässigkeit, sondern dehnte sich auch auf seine politischen Grundsätze aus. In den Jahren 1863 bis '65 und 1866 bis '67 vertrat er seinen Bezirk in der Gesetzgebung, und 1868 bis '71 im Senat von Ohio. Darauf ward er Vorsitzer der öffentlichen Wohlthätigkeits-Anstalten von Ohio.

LXX.

Friedrich Rölker.

Urheber der deutschen Stadtschulen in Cincinnati.

Friedrich Rölker ist im Jahre 1809 in Osnabrück, Westphalen, geboren und genoß eine ungewöhnlich gute Ausbildung als Schulmann, indem er zuerst den vollen Kursus des Gymnasiums seiner Vaterstadt vollendete und dann denjenigen des Lehrer-Seminars in Münster. Dann bekleidete er kurze Zeit eine untergeordnete Lehrerstelle, in welcher er sich jedoch nicht heimisch fühlte, ebensowenig wie ihm die heimathlichen Verhältnisse zusagten, weshalb er im Jahre 1835 nach Amerika auswanderte.

Hier bekleidete er in Cincinnati mehrere Jahre lang verschiedene Lehrerstellen, theils in den katholischen Pfarrschulen, theils in den englischen Staatsschulen, ohne jedoch in einer derselben dauernde Befriedigung zu finden. Zuletzt empfahl General-Vikar Henni in Cincinnati ihn als Oberlehrer an der dortigen Dreifaltigkeits-Schule, aber er blieb nur ein Jahr in dieser Stelle und entschloß sich, das Schulfach ganz aufzugeben und sich der Medizin zu widmen. Er vollendete das Studium derselben an dem Ohio Medical College in Cincinnati, machte sein Doktor-Examen und ließ sich dann als Arzt in Cincinnati nieder, wo er auch eine einträgliche Praxis fand. Allein es war doch nicht in dieser

Thätigkeit, sondern in dem von ihm aufgegebenen Schulfach, worin er das beste für seine amerikanische Heimath leisten sollte, wie wir ja je und je beobachten, daß Deutsche, die mit gründlichen Vorkenntnissen für irgend ein Fach ausgebildet, nach Amerika kommen, obwol sie fast alle zuerst meinen, in Amerika ein neues Fach ergreifen zu müssen, schließlich doch in dem verschmäheten Beruf ihre Aufgabe als Bürger am besten lösen.

In jenen Zeiten waren in Amerika deutsche Staatsschulen noch nicht vorhanden. Kaum daß es einige deutsche Kirchen- und Privatschulen gab. Von den Staatsschulen galt es als selbstverständlich, daß sie ganz englisch sein müßten. In Cincinnati hatten im Jahre 1836 die Presbyterianer, welche dort das Lane Seminary, eine bedeutende Lehr-Anstalt unterhalten, von hier aus eine deutsche Schule gegründet, indem sie die Emigrants' Friends' Society bildeten, unter deren Verwaltung die Schule stand. Bedeutende Männer wie Richter Bell, Storer betheiligten sich an dem Unternehmen, und es schien zuerst eine große Zukunft zu haben. Man unternahm sogar durch einen dazu angestellten General-Agenten in Dayton, Louisville und andren Städten Zweigschulen zu gründen. Allein die Leitung durch eine kirchliche Gemeinschaft erweckte Verdacht und Abneigung der freisinnigen Deutschen, und es gelang nicht, tüchtige Lehrer anzustellen, die durch die Trefflichkeit ihrer Leistungen solche Abneigung hätten überwinden können. Dazu kam noch die Abneigung der katholischen Bevölkerung. Der General-Vikar Henni rief um dieselbe Zeit die erste deutsche katholische Schule ins Leben, dieselbe, an welcher Rölker angestellt ward. Auf diese Weise ging die „Emigranten-Schule“ wieder ein.

Nun entstand der Wunsch, daß in den öffentlichen Stadtschulen deutsche Lehrer angestellt werden möchten. Man wandte sich mit einem dahin zielenden Gesuch an die Schulbehörde der Stadt, diese aber wies das Gesuch ab, weil solcher Unterricht im Conflikt mit den Staatsbehörden stehe. Es war also, um deutschen Unterricht in den öffentlichen Schulen zu ermöglichen, eine Veränderung der Staats-Gesetze durch die Gesetzgebung nothwendig. Glücklicherweise waren die Deutschen in Cincinnati zahlreich genug und außerdem in politischen Vereinen fest genug verbunden, um bei Wahlen von Einfluß zu sein, und so gelang es schon im Jahre 1838, in der Staatsgesetzgebung ein Gesetz durchzubringen, welches den Schulbehörden erlaubte, deutschen Unterricht in den Staatsschulen ertheilen zu lassen, wenn Bedürfniß dafür vorhanden sei. Als aber die Freunde deutschen Unterrichts mit diesem Gesetz vor die Schulbehörde von Cincinnati kamen, wurden sie wiederum abgewiesen, weil dieselbe dadurch nicht verpflichtet war, deutsche Lehrer anzustellen. Man mußte also zu neuen politischen Wahl-Agitationen greifen, durch welche es denn auch im Jahre 1840 gelang, daß ein neues Gesetz von der Gesetzgebung erlassen wurde, welches die Schulbehörden verpflichtet, in genannten Fällen deutsche Lehrer anzustellen.

Auf diese Weise kam dann die Anstellung von einigen deutschen Lehrern zu Stande. Allein auch diese Maßregel genügte nicht. Der Schulrath gab den deutschen Lehrern englische Oberlehrer und behandelte doch die deutschen Schulen als rein deutsche. Man sah, daß um befriedigendes zu leisten, die Deutscheu im Schulrath vertreten und wirksam vertreten sein müßten.

Hier war es nun, wo Dr. Rölker von wesentlichem Nutzen war. Er war als trefflicher Schulmann bekannt; er war englischer Lehrer an der Stadtschule gewesen, hatte Fühlung mit der englischen Bevölkerung und genoß deren Achtung, und wirklich wurde er, obwol in seinem Stadtbezirk die Deutschen damals noch keine Mehrheit besaßen, als erstes deutsches Glied der Schulbehörde gewählt und später wieder und wieder gewählt. Im Schulrath gewann er schnell das

Vertrauen der andren englischen Glieder durch sein gemäßigtes, besonnenes und doch festes Auftreten. Man machte ihn zum Vorsitzer des Ausschusses für den deutschen Unterricht, und es gelang ihm die Ernennung von so tüchtigen Lehrern und die Einführung von so guten Einrichtungen durchzusetzen, daß beim nächsten Examen die Schüler, welche nach seinem Plane beide Sprachen, deutsch wie englisch lernten, nicht nur vortreffliches im Deutschen leisteten, sondern auch in der englischen Sprache ihre englischen Mitschüler gleichen Grades, obwol dieselben ihre ganze Zeit der englischen Sprache gewidmet hatten, vollständig überboten. Seitdem gilt unter Fachmännern der Erfahrungssatz, daß bei richtiger Einrichtung der Schule die Kinder deutscher Eltern, welche deutsch und englisch lernen, im Englischen mehr lernen, als diejenigen englischen Kinder, die nur englisch lernen.

Dies ist Dr. Rölkers bleibendes Verdienst. So groß war damals die Freude über das glücklich erzielte Resultat, daß eine Volksversammlung deshalb anberaumt, und hierbei ihm für seine Wirksamkeit öffentlicher Dank abgestattet wurde. Und so offenbar war die Gediegenheit seines Wesens, daß im Jahre 1845, als durch eine Veränderung der Wahlbezirke sein Bezirk fast ganz englisch wurde und die Whigs darin eine große Mehrheit hatten, während er Demokrat war, so daß seine Freunde es gar nicht wagten, dem Kandidaten der Whigs einen Gegen-Kandidaten gegenüberzustellen, Rölker ohne Nomination, auch ohne seine Bemühung wieder erwählt wurde.

Außerdem hat er sich durch Gründung und Unterstützung verschiedener deutscher Vereine große Verdienste um die Pflege der deutschen Sprache erworben. Dazu gehört der „Deutsche Lese- und Bildungs-Verein", welcher eine Bibliothek von 4000 Bänden gesammelt und welcher auch eine Reihe von wissenschaftlichen Vorträgen veranstaltet hat.

Im Jahre 1849 hat Rölker eine Besuchsreise nach Deutschland gemacht.

In Gustav Körners vortrefflichem Buche „Das deutsche Element in den Vereinigten Staaten von Nord-Amerika von 1818–1848, bei E. Steiger, New York", welchem wir viele werthvolle Mittheilungen entnommen haben, wird von Rölker gesagt:

„Wohl keinem Manne hat das Deutschthum Cincinnati's mehr für die erfolgreiche Einführung des deutschen Unterrichts in Cincinnati zu verdanken als Dr. Rölker. Seine gediegene wissenschaftliche Bildung, seine praktischen Erfahrungen als Pädagoge, und sein klarer, besonnener Geist wußten das erfolgreich zu vollenden, was Andre zwar mit heißem Blute begonnen hatten, aber nicht auszuführen vermochten."

LXXI.

Eduard Degener.

Congreßglied für Texas.

Eduard Degener ist am 20. Oktober 1809 in Braunschweig geboren, wo sein Vater Bankier war. Seinen Verhältnissen entsprechend erhielt er eine vortreffliche Erziehung, zum Theil in England, trat dann in seines Vaters Geschäft, heirathete eine hochadlige junge Dame und übernahm die Domaine Dahndorf in Dessau. Er bewegte sich überhaupt in ganz aristokratischen Kreisen, allein seine Gesinnung war nicht dem entsprechend, denn er huldigte in der Politik gänzlich liberalen, volksfreundlichen Grundsätzen und das Volk schenkte ihm auch volles Vertrauen. Er ward 1848 in das Frankfurter Vorparlament und später zweimal in die Dessauische Volksvertretung gewählt, wo er stets auf Seiten des Fortschritts und der Freiheit stand.

Als die Bestrebungen dieser Zeit mißlangen, entschloß Degener sich zur Auswanderung. Im Jahre 1850 durchreiste er die ganzen Vereinigten Staaten von Maine bis Texas, und nachdem er alles geprüft, wählte er sich ein reizendes Gebirgsthal am oberen Guadaloupe in Texas, wo auch die deutsche Kolonie Neu-Braunfels liegt, und gründete hier eine der schönsten Farmen, um welche sich ein zahlreiches Gemeinwesen von „lateinischen Bauern" sammelte und ein reges Leben entfaltete.

Der Ausbruch des Sezessions-Krieges bereitete den Deutschen in Texas, welche fast alle Gegner der Sklaverei und Freunde der Union waren, eine traurige Lage, denn sie waren zu schwach, um sich der Sezession erfolgreich zu widersetzen, und zu deutsch, um gegen ihre Ueberzeugung „mitzumachen". In Degeners Nachbarschaft bildeten 70 junge Deutsche, darunter zwei seiner Söhne eine Unions-Compagnie und versuchten sich durch die Berge nach Mexico durchzuschlagen, um so zur Unions-Armee zu gelangen. Sie wurden aber am 10. August 1862 von einem Regiment Konföderirter am Nueces eingeholt und überwältigt. Ihrer 32 blieben auf dem Platz, darunter beide Söhne Degeners; fast alle andren wurden später in den Bergen ergriffen und erschossen. Der Vater ward daheim gefangen, Monate lang in einem schmutzigen Gefängniß gehalten und ihm endlich gegen Bürgschaft, die Gustav Schleicher für ihn stellte, in San Antonio zu wohnen gestattet, wo er dann ein Kaufmanns-Geschäft begann.

Als die Union gesiegt hatte, ward in Texas den unionstreuen Deutschen derselbe politische Einfluß zutheil, wie denen in Missouri. Degener ward 1866 als Mitglied der konstitutionirenden Convention in Texas gewählt. Hier ward aber nach Präsident Andrew Johnsons Plan rekonstruirt. Ein Antrag Degeners, den Negern Stimmrecht zu gewähren, ward mit großer Mehrheit verworfen. Demzufolge nahm das so rekonstruirte Texas eine so unionsfeindliche Stellung ein, daß im Jahre 1868 eine neue Rekonstruktion vorgenommen wurde, in welcher Degener wieder Delegat zur konstituirenden Versammlung war. Diesmal gelang das Werk besser.

Im Jahre 1860 ward Degener als Congreßmitglied gewählt. Damals waren neun geborene Deutsche zu Washington im Congreß, und Degener nahm nicht allein unter ihnen, sondern auch unter den andren englischen Gliedern eine sehr einflußreiche Stellung ein, eine Stellung, welche nach ihm Schleicher in ebenso würdiger und noch erfolgreicherer Weise inne gehabt hat, so daß während fast zehn Jahren das westliche Texas im Congreß einen hervorragenden deutschen Vertreter hatte.

LXXII.

Joseph Kinike.

Freund der Freundlosen in Philadelphia.

Joseph Kinike ist im Jahre 1811 bei Brakel in Westfalen geboren und im Alter von fünfundzwanzig Jahren arm, unerfahren und unbefreundet nach Amerika gekommen. Neun Jahre lang hat er unter großen Entbehrungen die schwerste, gröbste Arbeit gethan und mancherlei Wechsel des Schicksals erlebt, ohne jedoch dabei den Muth zu verlieren. Dann ist er in den Besitz eines der einträglichsten Kaufmanns-Geschäfte, eines Großhandels mit Spirituosen in Philadelphia gekommen und hat dies zweiundzwanzig Jahre lang mit solchem Geschick und Glück betrieben, daß er darnach das Geschäft verkaufen und von seinen Zinsen als behäbiger Rentier leben konnte. Das war im Jahre 1867, bald nach Beendigung des Sezessions-Krieges, welcher manchem Geschäftsmanne jener Zeit zu großem Reichthum verholfen hat. Aber Kinike war kein Shoddy-Mann. Er trug kein Verlangen, mit seinem Reichthum zu glänzen oder zu prahlen, davon zu schwelgen oder zu prassen. Als ehrlicher Deutscher haßte er alles Schaugepränge, als edler Amerikaner wußte er, daß man nur darum reich wird, damit man viel Gutes thun kann, und als vernünftiger Mensch wußte er, daß man nicht durch willkürliches Almosengeben Gutes thut, sondern durch systematische Wohlthätigkeit.

Kinike war Mitglied des Verwaltungs-Rathes, Schatzmeister und Sekretär des deutschen Hospital-Vereins von Philadelphia. Er war Präsident des Realschul-Vereins. Er war lebenslängliches Mitglied der nördlichen Heimath für verwahrloste Kinder. Er war Präsident des Jungen-Männer-Chors. In dem Deutschen Verein von Philadelphia, einer seit dem Jahre 1764 bestehenden Gesellschaft, die schon außerordentlich viel Gutes gewirkt hat, hat er als Glied des Verwaltungs-Rathes, als Direktor und als Vorsitzer des Committees für Weihnachtsbescheerung armer deutscher Kinder außerordentlich viel Gutes gethan.

Was uns aber verpflichtet, Kinike's Namen hier unter denen der hervorragendsten Deutsch-Amerikaner zu verzeichnen, ist seine Thätigkeit als Direktor einer Gesellschaft, die sich der Gefangenen annimmt und die unschuldig Gefangenen und Verurtheilten zu rechtfertigen und zu befreien, den Schuldigen nach bestandener Strafzeit zu einem ehrlichen Fortkommen zu verhelfen bestrebt ist. Wir können es uns nicht versagen, hier einige Beispiele davon anzuführen, was Kinike für unschuldig Gefangene gethan hat.

Ein junger Deutscher, Sohn eines Predigers, der englischen Sprache nicht mächtig, wurde im Jahre 1868 wegen angeblicher Unterschlagung vor Gericht gestellt. In seiner

Unwissenheit antwortete er auf die übliche Frage des Richters: Guilty, or not guilty? mit "Guilty". Einen Rechtsbeistand hatte er nicht. Man führte ihn ins Untersuchungs-Gefängniß und ließ ihn fünf Monate daselbst unbeachtet. Im Untersuchungs-Gefängnisse von Philadelphia gibt es keine Betten, auch keine Matrazen. Die Gefangenen schlafen auf dem Fußboden, eingehüllt in eine dünne Decke. Die Zelle wimmelte von ekelhaftestem Ungeziefer, und es war Winter. Als Kinike ihn fand, war er dem Tode schon sehr nahe. Er ward befreit, und ernährt sich jetzt sehr anständig mit Musik-Unterricht.

Im Hause eines ehrlichen Handwerksmannes, der eine liebenswürdige Gattin besaß, ging ein schlechter Mensch als Hausfreund aus und ein, und dem war die Anwesenheit des Ehemannes bei seinen Absichten im Wege. Er begab sich zu einem Alderman und beschwor vor ihm eine völlig aus der Luft gegriffene Beschuldigung gegen denselben. Trotz aller Proteste ward der Ehemann verhaftet, und da er zu arm war, um Bürgschaft zu leisten, in die traurigen Mauern von Moyamensing eingeschlossen. Hier fand ihn Kinike glücklicherweise bald darauf und hatte keine große Schwierigkeit, ihn zu befreien.

Im Jahre 1870 ward ein Schlosser tiefsinnig in Folge eines Todesfalles in seiner Familie. Er hielt sich für Christus und glaubte, die Todten lebendig machen zu können. In diesem Wahne ging er auf den Kirchhof und versuchte, seines Kindes Grab zu öffnen, um es wieder lebendig zu machen. Ein Polizist traf ihn dabei und verarbeitete ihm, als er ihm nicht folgen wollte, mit seinem Knittel den Kopf in empörender Weise. Dann brachte er ihn ins gemeine Gefängniß. Hier fand ihn Kinike, überzeugte sich von seinem Geisteszustand und ließ ihn ins Hospital bringen.

Ein deutscher Schuhmacher heirathete nach dem Tode seiner ersten Frau zum zweiten Male und erlebte viel Verdruß, weil die zweite Frau das aus erster Ehe stammende Kind nicht leiden mochte. Zuletzt erwirkte die Frau einen Verhaftsbefehl gegen den Mann, indem sie schwur, er habe sie böswilliger Weise verlassen. Und dieser Verhaftsbefehl wurde an dem Schuhmacher in seinem eignen Hause vollzogen. Da half kein Protestiren, denn die Frau hatte die Bibel auf ihre Aussage geküßt. Im Gefängniß fand Kinike ihn und erwirkte seine Freilassung. Als aber der gute Mann nach Hause kam, war die Gattin mit allem Hausrath, allen Kleidern, selbst mit dem Handwerkszeug verschwunden! Nur das verhaßte Kind hatte sie im öden Hause zurückgelassen.

Ein übelberufenes Frauenzimmer glaubte sich von einem Deutschen, Namens Schmidt, einem unbescholtenen, verheiratheten Mann unhöflich behandelt. Sie drohete, sich empfindlich dafür an ihm zu rächen. Der Mann kümmerte sich um die Drohung nicht, war aber am nächsten Morgen nicht wenig erschrocken, als er auf Anklage des Diebstahls verhaftet wurde. Das elende Weib hatte vor einem Alderman geschworen, Schmidt habe ihr ein Portemonnaie mit $5.65 gestohlen. Vor dem Geschwornengericht betheuerte der Unglückliche mit vielen Thränen seine Unschuld, aber das half ihn nichts; er ward zu einem Jahre Zuchthaus verurtheilt.

Im Gefängniß klagte er Herrn Kinike sein Leid, und dieser spürte dem Thatbestande nach. Oft schon hatte er auf ähnliche Unschuldsbetheuerungen sich solcher Mühe ganz vergeblich unterzogen, aber er ließ sich's nicht verdrießen und fand, daß das verlogene Frauenzimmer an dem Tage, an welchem sie von Schmidt bestohlen sein wollte, noch keine fünfundzwanzig Cents im Besitz gehabt habe. Der Alderman, welcher die Voruntersuchung geführt hatte, ließ sich durch Kinike von der Eidbrüchigkeit jenes Weibes überzeugen und darauf hin erklärte sich der Richter willig, sein Urtheil am nächsten Samstag in Wiedererwägung zu ziehen. Leider war aber dieser Samstag der letzte der Gerichtssitzung, und als der Tag anbrach, war der Richter bettlägerig und konnte nicht im Gerichtshof erscheinen. Ging der Tag vorüber, ohne daß das Urtheil auf Grund neuen Zeugnisses umgestoßen wurde, so blieb nur der weitläuftige Weg einer Appellation oder eines Gnadengesuches beim Gouverneur, und darüber wäre das Strafjahr hingegangen. Da galt es Thatkraft. Kinike ging in des Richters Haus und bat, bei ihm vorgelassen zu werden. Die Bedienung versicherte ihm, der Kranke könne keinen Besuch annehmen. Aber Kinike drang durch, der Richter unterzeichnete im Bette liegend, das nöthige Schriftstück, und die Rettung war vollbracht.

Dies sind einige Beispiele von Herrn Kinike's unermüdlichem Eifer. Wir schließen mit den anerkennenden Worten, welche Oswald Seidensticker in seiner Geschichte der Deutschen Gesellschaft von Philadelphia darüber schreibt:

„Je lauer die öffentliche Sympathie für Personen ist, auf denen der Verdacht einer entehrenden Handlung lastet, desto verdienstlicher ist es, den unschuldig Betroffenen aus seiner bejammernswerthen Lage zu erretten. Die Wohlthaten, welche auf diese Weise erwiesen werden, sind nicht nach der Anzahl verausgabter Dollars zu messen, wol aber nach den getrockneten Thränen, der abgenommenen Unglücksbürde und der Wiederherstellung des Lebensglückes."

LXXIII.

Lorenz Herbert.

Kaufmann und Menschenfreund.

Lorenz Herbert ist im Jahre 1811 zu Gernach bei Würzburg geboren, wo er das Kaufmanns-Geschäft lernte. Während des bekannten Frankfurter Attentats 1833 hielt er sich auf Einladung von Freunden dort auf und, obwol nicht dabei betheiligt, mußte er befürchten, deshalb in Untersuchung gezogen zu werden, weshalb er nach Amerika auswanderte.

In Philadelphia begann er nach mancherlei Leiden ein Tabacks-Geschäft, in welchem er im Verlaufe von vierzig Jahren zu bedeutendem Wohlstand gelangte. Daneben widmete er einen großen Theil seiner Zeit der Beschützung von Einwanderern. Er hat z. B. im Jahre 1847 allein 1302 Einwanderern Beschäftigung verschafft, 71 kranke ins Hospital gebracht und 257 bedürftige besucht. Wenn ein Schiff mit Einwanderern erwartet wurde, so erkundigte er sich in Fabriken, bei Geschäftsleuten und Handwerkern nach unbesetzten Stellen, begab sich, wenn das Schiff ankam, mit dem Verzeichniß der Arbeitgeber dorthin und konnte in dieser Weise vielen eine Stelle anweisen, noch ehe sie das Land betreten hatten. Nur wer einigermaßen bekannt ist mit der großen Rathlosigkeit der meisten Einwanderer bei ihrer Ankunft in Amerika, kann sich eine Vorstellung davon machen, wie nützlich es für solche ist, wenn ein erfahrener, Vertrauen erweckender Geschäftsmann ihnen freundlich entgegen kommt. Außerdem sind unter den Einwanderern immer sehr viele, für welche es fast unmöglich ist, hier ein Unterkommen zu finden, Studenten, Kaufmanns-Gehülfen, Schreiber und Kammerdiener, zu schwach für körperliche Arbeit und völlig unbrauchbar in irgend einem amerikanischen Geschäft, so lange sie sich nicht des Landes Sprache und Sitten angeeignet haben. Von solchen gehen jährlich Tausende elend zu Grunde, und es bedarf ausdauernder, aufopfernder Hilfe von Menschenfreunden, ihnen irgend einen Unterschlupf zu finden, wo sie dasjenige erlernen können, was ihnen zum ferneren Fortkommen nöthig ist. In dieser Verbindung hat Herbert sich auch große Verdienste dadurch erworben, daß er im Jahre 1855 als einer der Schul-Direktoren die Einrichtung einer Abendschule für Deutsche zur Erlernung der englischen Sprache durchsetzte.

Herr Herbert war auch viele Jahre Vorsitzer der Einwanderungs-Commission und hat als solcher alle anlandenden Dampfschiffe im Interesse der deutschen Einwanderer treulich besucht.

Bei dieser Arbeit kam ihm sein hoffnungsvolles, lichtes und warmes Wesen sehr zu Statten. Auch in den schwersten Tagen und unter den trübsten Umständen verlor er nie den Muth und guten Willen, und wußte den Trübsal blasenden Einwanderern mit dem traurigen Herzen im fremden Lande Licht in Herz und Auge zu bringen, so daß sie neues Vertrauen faßten.

Außerdem war Herbert thätiges Glied der von H. Bohlen gestifteten Militair-Compagnie, auch des Männerchors. Bei großen Festlichkeiten, Gesangfesten und ähnlichen Unternehmungen der Deutschen war er mit seinem Geld und mit seiner Zeit in den Anordnungs-Committees stets ein werthvolles Mitglied.

LXXIV.

Karl Gustav Rümelin.

Politiker und Journalist.

Karl Gustav Rümelin ist am 19. März 1814 in Heilbronn, Würtemberg geboren, wo sein Vater ein größeres Geschäft hatte. Er erhielt gute Gymnasial-Bildung, und trat dann als Gehilfe in Kaufmanns-Geschäfte. Im Jahre 1832 gab es viel Auswanderung aus seiner Gegend und auch er nahm daran Theil.

Er kam zuerst nach Philadelphia in ein Grocery-Geschäft, grade zur Zeit einer Präsidentenwahl, und dadurch ward er sogleich stark in die Politik hineingezogen. Seine demokratischen Umgebungen zogen ihn zu dieser Partei hin; er bewunderte Jackson und hatte eine Abneigung gegen die reichen Kaufleute, die großen Kirchenlichter und die Fabrikbesitzer, welche meistens Whigs waren.

Im nächsten Jahre wandte er sich weiter nach dem Westen, und in Cincinnati, damals noch einer geringen Stadt, bekam er wieder eine Stelle als Clerk in einer Grocery. Als im Jahre 1836 wieder Präsidentenwahl war, kauften die Whigs das einzige, damals in Cincinnati erscheinende, deutsche Wochenblatt auf. Da half Rümelin für die demokratische Partei ein neues deutsches Blatt gründen, das „Volksblatt". Es ging dabei knapp her. Um Miethe zu sparen, brachte Rümelin die Druckerei in einem Zimmer der Grocery miethsfrei unter. Um Arbeitslohn zu sparen, lernte er selbst setzen und drucken. Das Austragen der Zeitung besorgte ein Bretzelbäcker, weil der aber meistens mehr Bretzeln als Zeitungen verbreitete, so machte Rümelin auch öfter den Zeitungs-Träger. Außerdem trat er auch als Stumpf-Redner auf.

Sein Eifer war nicht vergeblich. Der Wahlbezirk von Cincinnati, der 1834 eine Mehrheit für die Whigs gegeben hatte, ward nun demokratisch.

Ueber der Politik vernachlässigte Rümelin nicht die Grocery. Sein Arbeitgeber machte ihn wegen seiner Anstelligkeit und seines Fleißes zum Theilnehmer des Geschäftes, und Rümelin trug nun zur Hebung des Geschäftes dadurch bei, daß er unter den Deutschen gangbare Artikel aus Deutschland importirte. Er machte gute Geschäfte und legte das erworbene Geld in Grundeigenthum an, wodurch er den Grund zu großem Wohlstand gelegt hat.

Dann nahm er sich, indem er 1843 das seit sieben Jahren betriebene Geschäft verkaufte, Zeit zu seinen drei Lieblings-Beschäftigungen: Politik, Landbau und Reisen.

Er ist sechsmal nach Deutschland gereist. Nach seiner ersten Reise, 1844, wurde er zweimal in die Gesetzgebung und einmal in den Senat von Ohio gewählt. Dann studirte er drei Jahre die Rechtskunde und wurde nach bestandenem Examen als Advokat beim Gericht zugelassen, hat aber wenig Gebrauch davon gemacht.

Auf seiner zweiten Reise, 1849, schrieb er viele Korrespondenzen für die besten englischen Zeitungen, worin er manche amerikanische Schwächen und Gebrechen freimüthig zu beleuchten Gelegenheit hatte. Seine Liebe für Amerika hatte ihn nicht blind für dessen Mängel gemacht. Als er zurückkam, war er während seiner Abwesenheit als Glied der Konvention gewählt worden, welche eine neue Staatsverfassung für Ohio ausarbeiten sollte. Hiebei hat er es durchgesetzt, daß dem sogenannten „Gerrymandern" etwas gesteuert wurde durch Einfügung eines Artikels, welcher nur alle zehn Jahre eine Neu-Eintheilung der Wahlbezirke erlaubt. Dieselbe

Bestimmung ist seitdem in vielen andren Staats-Verfassungen festgesetzt worden.

In dem folgenden Wahlkampf zwischen Fremont und Buchanan bewies er sein deutsches Unabhängigkeits-Gefühl dadurch, daß er Fremont statt des regelmäßigen Kandidaten seiner Partei unterstützte.

Darauf machte er seine dritte Reise nach Deutschland in Geschäften einer Eisenbahn, deren Präsident er war. Der Gouverneur von Ohio ernannte ihn zugleich als Regierungs-Kommissär zur Untersuchung europäischer Reformschulen. Er besuchte deren mehrere, in Frankreich, Belgien, Holland, der Schweiz und Deutschland, und arbeitete einen ausführlichen Bericht darüber aus. Dies that er unentgeltlich.

Auf seiner vierten und fünften Reise, 1865 und 1866, brachte er seinen ältesten Sohn auf die Universität und bereiste Italien, Ungarn, Serbien und Bosnien, schrieb auch interessante Reiseberichte.

Auf der sechsten Reise, 1872, brachte er zwei jüngere Söhne auf die Universität Straßburg, und seine Töchter in höhere Schulen.

Der Lust am Landbau kam er auf seinem, sechs Meilen von Cincinnati gelegenen Landsitz nach.

Außer den angeführten Aemtern hat er noch viele andre Ehrenstellen im Staate bekleidet. Er hat auch mehrere englische wissenschaftliche Bücher geschrieben.

LXXV.

Arnold Krekel.

Bundes-Richter in Jefferson City, Missouri.

Arnold Krekel, geboren 1815 bei Düsseldorf, Rheinpreußen, genoß in Deutschland nur Elementar-Unterricht. Als er 1832 mit seinen Eltern nach Missouri gekommen war, half er ihnen auf der Farm. Im Umgang mit Anglo-Amerikanern eignete er sich die englische Sprache bald soweit an, daß er bei gerichtlichen Verhandlungen als Dolmetscher dienen konnte, wodurch er Gelegenheit und Anlaß bekam, sich mit den Gesetzen bekannt zu machen. So kam es, daß er bald als Friedensrichter gewählt wurde. Er bekam nun Lust zu studiren und ging im Alter von 25 Jahren in ein College, studirte aber hier nicht die Rechte, sondern Mathematik, um sich zum Feldmesser auszubilden. Doch sah er ein, daß er damit seinen Beruf verfehlt hatte und nach drei Jahren studirte er die Rechte bei einem Advokaten, 28 Jahre alt und ward im Alter von dreißig Jahren zur Praxis zugelassen.

Durch Pünktlichkeit, Fleiß und Rechtlichkeit erwarb er sich guten Eingang. Außerdem nahm er auch lebhaften Antheil an der Politik, indem er eine demokratische Zeitung herausgab. Er war aber kein knechtischer Parteimann, sondern nahm, besonders in der Sklaverei-Frage eine unabhängige Stellung ein. Dies bewies er auch in der Gesetzgebung von Missouri, in welche er 1856 als Delegat gewählt wurde.

Als der große Kampf um die Sklaverei ausbrach, ging er zur republikanischen Partei über und war 1860 bei der Convention mit Körner, Schurz und Hassaureck auf der National-Convention von Chicago bei der Nomination Abraham Lincolns thätig. Nach dessen Wahl brach der Bürgerkrieg aus, und in Missouri hatten die Unionsfreunde damals viel von Ueberfällen der Sklavereifreunde zu leiden. Man organisirte deshalb Home Guards, wobei Krekel zum Obersten erwählt, wesentlich dazu beitrug, die Streifzüge der Feinde von seiner Nachbarschaft abzuhalten.

Missouri ward nach bittren Kämpfen und viel Blutvergießen und Brandstiftung glücklich für die Union erhalten und konnte 1865 eine Staats-Convention halten, um eine neue, vom Sklavengesetze freie Staats-Verfassung zu berathen. Bei dieser Convention war das deutsche Element, welches viel zur Erhaltung Missouri's für die Union beigetragen hatte, gebührend vertreten. Auch Arnold Krekel ward dazu erwählt, und in Anerkennung der Leistungen der Deutschen wählte man ihn zum Vorsitzer, welches Amt er mit Einsicht und Würde bekleidete.

Darauf hat Präsident Lincoln ihn zum Bundes-Richter für den westlichen Distrikt von Missouri und zum Beisitzer für den östlichen Distrikt ernannt, welchem Amt er zwanzig Jahre lang mit Unparteilichkeit und Eifer obgelegen hat.

LXXVI.

Friedrich Wilhelm Horn.

Dreimal Sprecher der Gesetzgebung.

Friedrich Wilhelm Horn ist am 21. August 1815 bei Linum, Brandenburg geboren und war im Gymnasium eine kurze Zeitlang Schulgenosse von Bismarck. Er sollte Kaufmann werden, zog aber den Soldatenstand vor und diente ein Jahr bei der Garde. Da hatte er aber schon genug und ging 1836 nach Amerika.

Nachdem er ein Jahr lang sich in New York kümmerlich durchgeschlagen, zog er westwärts, an allerlei Orten Arbeit suchend, bis er 1840 in Milwaukee Clerk und im nächsten

Jahr in einem benachbarten Städtchen Friedensrichter und Postmeister wurde. Nach und nach ward er mit der englischen Sprache völlig bekannt, studirte dann Gesetzeskunde und ward, nachdem er mehrere County-Aemter bekleidet hatte, 1848 in den Senat des damals eben als Staat zugelassenen Wisconsin gewählt.

Er war anfänglich ein eifriger Demokrat, eine Hauptstütze dieser Partei, und bei deren National-Convention 1860 in Charleston, Süd-Carolina war er einer der Vize-Präsidenten. Dann aber schloß er sich der Douglas Fraktion an und ging später zu den Republikanern über.

In Wisconsin ist er zweimal in den Senat, neunmal in die Gesetzgebung und dreimal als Sprecher derselben erwählt worden. Zwei Jahre lang war er Commissär der Einwanderung. Auch war er drei Jahre lang County Schul-Superintendent.

LXXVII.

Wilhelm Horstmann.

Posamentier und Menschenfreund im Großen.

Wilhelm Horstmann aus Hessenkassel kam 1815 nach Philadelphia und gründete mit geringem Kapital eine Spitzen- und Fransenweberei, welches Geschäft er in Deutschland gelernt hatte. Nach und nach arbeitete er sich empor, erfand und importirte Maschinen und machte seine Fabrik zum unbedingt größesten Posamentier-Geschäft in Amerika. Er war ein Mann von gradem Wesen, hellem Verstand und warmem Herzen und hat Hunderte von hilflosen Deutschen befreundet. Er ist 1850 gestorben.

Sein ältester, 1819 geborener Sohn Wilhelm J. Horstmann hat in der Herrnhuter Anstalt zu Litiz, Pennsylvanien eine gute deutsche Erziehung erhalten und dieselbe in Deutschland vollendet. Er hat seines Vaters Geschäft im Jahre 1852 durch Errichtung großer Fabrik-Gebäude an der Ecke der fünften und der Cherry Straße noch mehr ausgedehnt, indem er die Emsigkeit, Umsichtigkeit und Vorsichtigkeit seines Vaters mit amerikanischem Unternehmungsgeiste aufs glücklichste verband. Dabei erbte er auch von seinem Vater die große Kunst, das Geschäft mit seinen unendlichen Verzweigungen, mit seinen täglichen Aufregungen und mit seinen lockenden Aussichten auf eine goldglänzende Zukunft doch nie zur Alleinherrschaft in seinem Herzen gelangen zu lassen. Nie vergaß er, daß er ein Mensch unter Menschen sei, und daß Millionen von Säcken voll Gold nichts sind im Vergleich mit dem Werth der geringsten Menschenseele. Er verwendete die ihm reichlich zu Gebote stehenden Geldmittel in unerhört liberaler Weise zur Unterstützung von bedürftigen Personen, besonders von Familien, und meistens wußte er es so einzurichten, daß die linke Hand nicht wußte, was die rechte that, daß niemand erfuhr, woher die wohlthätige Gabe kam.

Im Jahre 1866 erwählte die Deutsche Gesellschaft von Philadelphia ihn zum Präsidenten, welches Amt er bis zu seinem Tode, der 1872, auf einer Erholungs-Reise in San Francisco erfolgte, mit großem Eifer verwaltete. Dies Präsidentenamt ist keine bloße Ehrensache, denn die Gesellschaft betreibt eine ausgedehnte wohlthätige und literarische Thätigkeit und verfügt über ein großes Vermögen von über sieben und neunzig Tausend Dollars. Die ganze Wirksamkeit der Gesellschaft leitete er mit demselben Eifer, wie sein eignes Geschäft, dabei war er so bescheiden und taktvoll, daß alle andren Beamten, sowie die geringsten Glieder in ihrer Thätigkeit sich völlig frei und froh fühlten.

Außerdem hat er sich an dem deutschen Hospital, am

Humboldt-Verein, an der School of Design for Women, an Preston's Retreat, an der Nurses' Home, an der Teutononia Feuer-Versicherungs-Gesellschaft mit großer Liebe und Hingabe betheiligt, und viele andre wohlthätige Vereine als Ehrenglied unterstützt.

LXXVIII.

Philipp Schaff.

Theologe, Schriftsteller und Professor.

Philipp Schaaf, am 1. Januar 1819 in Chur, Schweiz, geboren, studirte in Tübingen, Halle und Berlin Theologie, machte dann ausgedehnte Reisen und ward Privat-Dozent an der Universität Berlin. Im Jahre 1844 sandte die reformirte Kirche von Pennsylvanien eine Deputation nach Deutschland, um einen gründlichen Theologen für das Prediger-Seminar zu gewinnen, an welchem Professor Rauch bis zu seinem Tode gewirkt hatte. Diese Delegation berief Schaff, und hier hat er acht Jahre gewirkt.

Von vorneherein beschränkte er sich in seiner Arbeit nicht auf seine Professur, sondern nahm lebhaften Antheil an allgemeinen Angelegenheiten. Bei dieser Gelegenheit ward sein Name oft zu spöttischen Wortspielen benutzt, weshalb er denselben in Schaff änderte.

Im Jahre 1852 ward ihm der Wirkungskreis in dem abgelegenen pennsylvanischen Landstädtchen Mercersburg zu eng; er gab die Professur auf, machte sich mit englischen Kreisen bekannt und ist jetzt, nachdem er mehrere andre wichtige Kirchen-Aemter bekleidet hat, Professor am Union Theological Seminary in New York.

Schaff ist streng bibelgläubig, aber nicht streng an eine einzelne Kirchengemeinschaft gebunden. Er hat sich um Förderung der „Evangelical Alliance" viel bemüht, auch manche große Reise gemacht. Den größesten Theil seiner Zeit hat er als Schriftsteller verwerthet, und die Zahl seiner theologischen, meistens englischen, größeren und kleineren Schriften ist sehr groß. Er ist auch Verfasser eines Kirchengesangbuchs, das weit verbreitet ist.

LXXIX.

Nikolaus Müller.

Dichter und Politiker.

Nikolaus Müller wurde im Jahre 1809 bei Ulm, Würtemberg, geboren und erlernte die Buchdruckerei. Nach vollendeter Lehrzeit begab er sich nach der alten deutschen Sitte auf die Wanderung, um durch den Anblick neuer Länder und Sitten seinen Gedankenkreis zu erweitern und sich in seinem Handwerk bei allerlei Meistern zu vervollkommnen. Nachdem er mehrere Jahre lang Oestreich und Ungarn längs der blauen Donau durchwandert hatte, ließ er sich in seiner Vaterstadt Ulm nieder, wo seine Eltern ansässig waren.

Er zeigte große Vorliebe für die Dichtkunst und seine würtemberger Landsleute Uhland, Schwab und Kerner munterten ihn in der Uebung dieser, dem schwäbischen Volksstamm in besondrem Grade eigenthümlichen Gabe auf. Auch die Cotta'sche Buchhandlung erkannte in ihm einen wirklichen Dichter und veranstaltete, nachdem schon seit einigen Jahren Lieder von ihm in dem jährlich erscheinenden „Musen-Almanach" und in dem von ihr herausgegebenen „Morgenblatt" abgedruckt worden waren, eine Sammlung seiner Gedichte, welche nicht allein gedruckt und gelobt, sondern auch gut verkauft wurde. Solch Glück wird wenigen jungen Dichtern zutheil.

Die Gedichtsammlung brachte dem Verfasser einen solchen Gewinn, daß er im Jahre 1837 eine Reise nach England machen und hier lange genug verweilen konnte, um außer der englischen Sprache auch die richtige Art Holzschnitte zu drucken, zu erlernen, welche Kunst damals den deutschen Druckereien ziemlich abhanden gekommen war. Nachdem Müller ein Jahr in England verweilt hatte, ging er noch zur weiteren Vervollkommnung nach Paris und blieb hier einige Monate, allezeit seine Kenntnisse in der Druckerkunst vermehrend. Nach seiner Rückkehr konnte er für den berühmten Cotta'schen Verlag, berühmt durch seine schönen Ausgaben der deutschen Klassiker, eine Anzahl illustrirter Werke mit Holzschnitten herstellen und hier die erlernte Kunstfertigkeit verwerthen. Waren schon dadurch seine äußeren Verhältnisse sehr gut geworden, so daß er sich verheirathen konnte, so besserten sie sich nach seiner Verheirathung noch mehr. Er konnte eine Buchdruckerei zu Wertheim am Main kaufen und sie sieben Jahre lang in schwunghafter Weise betreiben.

Unterdessen kam das Jahr 1848 heran. Die Februar-Revolution in Paris entzündete den vulkanisch seit mehr als dreißig Jahren in Deutschland unter dem Druck der Regierungen im Volk aufgesammelten Sprengstoff, und auch der bald vierzigjährige Dichter ward davon mit fortgerissen. Die badische Revolution fand an ihm einen begeisterten Freund, und gern wählte man den vermögenden und erfahrenen Mann erst als Abgeordneten in die konstituirende Versammlung der badischen Republik, dann als Civil-Kommissär seines Bezirks. Aber im Sommer 1849 rückten Bundestruppen zur Wieder-Einsetzung des Großherzogs heran, und nachdem in einer Reihe von Gefechten die badischen Truppen Schritt für Schritt durch die Uebermacht zurückgedrängt waren, erlag auch die Hauptstadt Karlsruhe.

Müller floh, gleich den meisten seiner Gefährten, in die Schweiz, und von hier wanderte er, nachdem es ihm gelungen war, seine Druckerei in Wertheim zu verkaufen, im Jahre 1853 nach Amerika. Hier ließ er sich in New York nieder und gründete als Besitzer einer Buchdruckerei sich einen neuen Wohlstand.

Seine dichterische Gabe erwachte hier von neuem. Dreimal hat er hier Liedersammlungen herausgegeben, das erstemal als der Sezessionskrieg ausbrach, das zweitemal nach dem preußisch-östreichischen Kriege, das drittemal während des deutsch-französischen Krieges. An diesen, wie an allen andren wichtigen Ereignissen Deutschlands und Amerika's nahm er lebhaften Antheil, und er übertrug nicht den Groll über die mißlungene Erhebung der Jahre 1848 und 1849 auf die herrlichen Ereignisse von 1866 und 1871. Sein Patriotismus brach vielmehr in heller Theilnahme hervor.

Am deutsch-französischen Kriege hatte er noch besonders Antheil dadurch, daß sein einziger Sohn Gustav als Korrespondent der New York Tribune auf den Kriegsschauplatz reiste und von hier den Amerikanern von den Heldenthaten der deutschen Soldaten und von der sorgfältigen Führung des Heeres erzählte. Dieser Sohn Gustav vermochte es nicht über sich, nach Abschluß des Friedens wieder in die amerikanische Heimath zurückzugehen und dem neu erstandenen Deutschland den Rücken zu kehren. Er blieb dort und fand als Professor der englischen Sprache an der Universität Jena eine ehrenvolle Wirksamkeit.

Mit Nikolaus Müller eröffnen wir die Reihe der sogenannten Achtundvierziger und werden an den Biographien von zweiundzwanzig derselben unsren Lesern nachweisen, daß unter diesen vielgeschmähten Männern eine nicht geringe Zahl solcher gewesen ist, die in Frieden und Krieg ihrem neuen amerikanischen Vaterlande gute Dienste geleistet haben.

Besonders auffallend ist es, daß eine sehr große Anzahl der Achtundvierziger es im Sezessions-Kriege durch Tapferkeit, Muth und Umsicht zu hohen Generalsstellen gebracht und mehrere hunderttausend Deutsche zur Theilnahme als Soldaten und Offiziere bewogen hat. Wir werden aber die Reihe der Achtundvierziger nicht mit den Kriegshelden aus der Sezessionszeit eröffnen, sondern erst die Lebensbeschreibungen derer mittheilen, die als Journalisten und ähnliches gearbeitet haben. Diese haben mit der Feder ebenso gut wie jene mit Trommel und Fahne viel dazu beigetragen, daß die Deutschen in Amerika sich allgemein an nationalen Fragen betheiligt und sich eine geachtete Stellung erworben haben, so sehr, daß von nun an Deutsche auch in den Congreß gewählt wurden. Ein Achtundvierziger ist der erste deutsche Bundes-Senator und der erste deutsche Kabinets-Minister der Vereinigten Staaten geworden, wird aber nicht der letzte bleiben.

LXXX.

Lorenz Brentano.

Redakteur der Illinois Staatszeitung.

Lorenz Brentano ist im Jahre 1812 in Manheim, Baden, geboren und wurde nach Vollendung seiner Universitäts-Studien Advokat. Die starke politische Bewegung, welche sich in Baden früher als in andren deutschen Staaten regte, zog ihn bald in ihren Kreis, und seine Liebe für Fortschritt und Freiheit machte ihn zu einem eifrigen Gliede der liberalen Partei.

Unter dem Großherzog Ludwig, der im Jahre 1830 starb, waren die Liberalen durch Einwirkung der Regierung auf die Wahlen heruntergehalten worden. Als dann Großherzog

Leopold folgte, welcher sich alles Einflusses auf die Wahlen enthielt und die Entwicklung der politischen Freiheit begünstigte, kam die liberale Partei ans Ruder, sie blieb aber nicht einig, sondern trennte sich in Liberale und Radikale, und diesen letzteren schloß Brentano sich an. Er wurde 1845 in die zweite Kammer gewählt, wo seine Partei in der Mehrheit war und dem liberalen Ministerium Nebenius so weitgehende Forderungen stellte, daß die Kammern aufgelöst wurden, jedoch nur um in den neu gewählten Kammern eine noch größere radikale Mehrheit zu zeigen. Nun aber vollzog sich wieder eine Theilung der Radikalen, und Brentano zog sich von dem ganz radikalen Hecker, mit welchem er bisher zusammen gewirkt hatte, etwas zurück. Als dieser im April 1848 mit andren die Republik proklamirte, hielt Brentano, der als Abgeordneter ins Parlament zu Frankfurt gewählt war, sich von der Insurrektion fern, welche auch schon am 19. April durch das Gefecht bei Kandern unterdrückt wurde. Ebenso wenig betheiligte er sich an der Struve'schen Erhebung im September, welche von noch kürzerer Dauer war. Er vertheidigte aber die Anführer der verunglückten Bewegung vor Gericht.

Im Jahre 1849 verpflanzte sich die ultra-radikale Bewegung von den Volks-Versammlungen und Aufständen in die Kammern und gelangte hier zur Mehrheit. Die vom Frankfurter Parlament angenommene, aber von den Regierungen verworfene neue Verfassung des deutschen Reiches wurde von der Mehrheit in den Kammern stürmisch zur Anerkennung und Ausführung verlangt. Brentano trat nun zwar mit siebenzehn seiner Leitung folgenden Abgeordneten aus dem Hause und hoffte es dadurch beschlußunfähig zu machen, allein es half nichts. Die Mehrheit nahm die Frankfurter Reichs-Verfassung und die „Grundrechte" an, und als in andren Gegenden von Deutschland Volks-Aufstände zu Gunsten derselben Maßregel stattfanden, erhoben sich in Baden Volk und

Armee, der Großherzog floh und ein meist selbsterwählter „Landesausschuß“ nahm die Regierung in die Hände.

An die Spitze derselben ward am 14. Mai Brentano nebst vier Ministern gestellt, und nun sollte diese Executive sich mit den Aufständischen in Würtemberg und in der Pfalz in Verbindung setzen, und so die Einführung der Frankfurter Grundgesetze in ganz Deutschland mit Gewalt durchführen. Allein Brentano hatte von vorneherein an dieser Bewegung keine Freude. Als man ihn zum Vorsitzer der Executive wählte, lag er krank im Bette. Zu der ganzen Unternehmung hatte er kein rechtes Zutrauen. Er benutzte seine Stellung, um die Aufständischen soviel wie möglich von Ausschreitungen abzuhalten, aber für eine Ausbreitung des Ausstandes wollte er nichts thun. Der Landesausschuß errichtete deshalb schon am 1. Juni eine neue provisorische Regierung, und die constituirende Versammlung ging so weit, gegen Brentano einen Steckbrief zu erlassen, und oft ist er seines Verfahrens wegen getadelt, ja sogar als Verräther gebrandmarkt worden, aber schwerlich mit Recht, denn er hatte ja am Aufruhr sich weder betheiligt, noch denselben gebilligt.

Trotz seines gemäßigten Verfahrens durfte nach Wiedereinsetzung des Großherzogs Brentano an eine Rückkehr nach Baden aus der Schweiz, wohin er sich begeben hatte, nicht denken und wanderte deshalb 1850 nach Amerika aus. Hier beschäftigte er sich zuerst in P o t t s v i l l e, Pennsylvanien, mit Herausgabe der „Leuchtkugeln“, einer wöchentlichen, politischen Zeitung. Als dieses nicht ging, kaufte er sich bei K a l a m a z o o, Michigan, Land und hat hier volle neun Jahre sich abgemüht, im Schweiße des Angesichts durch die ungewohnte, unsäglich schwere Arbeit sich redlich zu ernähren. Dabei hat er sich so wenig an politischen oder sonstigen allgemeinen Bewegungen betheiligt, daß man ihn für todt hielt. Er war verschollen.

Aber im Jahre 1859 ward er des einförmigen Lebens müde, die ermatteten Lebensgeister und der gesunkene Muth zur geistigen Arbeit erwachten von neuem, und er zog nach dem durch sein schnelles Aufblühen die allgemeine Aufmerksamkeit erregenden Chicago, vorerst um als Advokat zu praktiziren. Als dies nicht recht gelingen wollte, wandte er sich der Journalistik zu. Er ward als Redakteur der „Illinois-Staatszeitung" angestellt und erwies sich als der rechte Mann am rechten Ort. Er ließ sich nicht durch einseitige Ideen oder Gefühle hinreißen, sondern erwägte besonnen, welche Partei unter jedesmaligen Umständen zu unterstützen sei und wie weit. Er machte sich keine Illusionen, unerreichbares erreichen zu wollen, und erreichte dadurch das erreichbare. Die „Illinois-Staatszeitung" überflügelte unter seiner unermüdlichen und besonnenen Leitung alle andren deutschen Tageblätter des Westens. Sie ward die größeste deutsche republikanische Zeitung in Amerika. Durch diese erfolgreiche Thätigkeit zog er in weiten politischen Kreisen die Augen auf sich und ward zu hohen Aemtern erwählt. Im Herbste 1862 war er Mitglied der Gesetzgebung von Illinois, im Jahre 1878 Mitglied des Congresses in Washington, doch war seine parlamentarische Thätigkeit nicht der glänzendste Theil seines Wirkens.

Im Jahre 1868 war er Elektor von Illinois bei der Wahl Grants zum Präsidenten. Viele Jahre war er Glied des Schulrathes von Chicago, später auch Präsident desselben, und in dieser Stellung hat er sich große Verdienste um Einführung des deutschen Schul-Unterrichts in Chicago erworben.

Brentano hatte bald nach seiner Uebersiedelung nach Chicago sein Land in Michigan verkaufen und für den Erlös die Hälfte des Eigenthums-Rechtes an der „Illinois-Staatszeitung" kaufen können, welche damals noch geringen Geldwerth repräsentirte. Durch die ungemein große Verbreitung gewann die Zeitung so sehr an Werth, daß Brentano im Sommer 1867 seinen Antheil gegen eine hohe Geldsumme verkaufen und sich als sehr vermögender Mann von Geschäften zurückziehen konnte. Er ging nach Deutschland und lebte längere Zeit in Stuttgart.

Ein Oheim Lorenz Brentano's, namens Christian Brentano war im Jahre 1828 katholischer Geistlicher in Rom und durch diesen ist Henni, der nachmalige Erzbischof von Milwaukee bewogen worden, sich dem Missionsdienste in Amerika zu widmen.

Beide sind nicht zu verwechseln mit Clemens Brentano, einem andren katholischen Geistlichen, welcher als Schriftsteller, besonders als Mitherausgeber von „Des Knaben Wunderhorn" große Berühmtheit erlangt hat. Weder Christian, noch Clemens Brentano sind je in Amerika gewesen.

LXXXI.

Karl Daniel Douai.

Pädagoge und Schriftsteller.

Karl Daniel Adolph Douai ist im Jahre 1819 in Altenburg, Sachsen geboren. Sein Vater, einer französischen Flüchtlingsfamilie angehörig, der im Lehrerfach thätig war, gab ihm eine gute Gymnasial- und Universitäts-Bildung, um ihn zum Lehrfach aufs beste vorzubereiten. Nach Vollendung seiner Studien bot sich ihm eine Gelegenheit, als Hauslehrer nach Rußland zu gehen, welche er zur Vermehrung seiner Kenntnisse und Ausdehnung seines Gesichtskreises gern annahm.

Dort blieb er fünf Jahre und kehrte dann nach Altenburg zurück, um hier eine Privatschule zu gründen, in welcher vornehmlich Naturwissenschaften gelehrt werden sollten. Die Schule blühte auf, allein bald darauf brach das verhängnißvolle Jahr 1848 an und Douai betheiligte sich daran auf das lebhafteste. In Folge davon ging die Schule zu Grunde und Douai ward, als die Revolution unterlegen war, wegen der von ihm veröffentlichten schriftlichen Arbeiten und wegen Beleidigung der Obrigkeit mehrere male verhaftet. Zwar ward er vom Gericht freigesprochen, aber es war nun für ihn in Deutschland keine Neigung und noch weniger Aussicht zur Wirksamkeit, und er wanderte im Jahre 1852 mit seiner Familie nach Amerika aus.

Zuerst ließ er sich in Texas nieder, wo bereits mehrere seiner „achtundvierziger" Genossen sich niedergelassen hatten, wie Julius Berends, der frühere Abgeordnete zur preußischen Kammer. Er gründete hier eine Schule, mit welcher er jedoch nicht den gewünschten Erfolg hatte, weshalb er sich auf das journalistische Gebiet begab und die Redaktion der „San Antonio Zeitung" übernahm. Hierin sprach er radikale Gesinnungen über die Sozial-Demokratie aus und befürwortete allmälige Abschaffung der Negersklaverei, was ihm so viel Feindschaft zuzog, daß er 1856 den Staat verließ.

Er wandte sich nun nach Boston, Massachusetts, und gründete hier eine deutsch-amerikanische Schule, auch einen Kindergarten, den ersten der Art in Amerika. Allein diese Unternehmungen mußten wieder aufgegeben werden.

Von hier ging er nach New York und war ein Jahr lang Redakteur des „New York Demokrat." Darauf dirigirte er die Akademie in Hoboken, bis er schließlich eine eigne Schule in New York gründete, in welcher er seine pädagogischen Fähigkeiten dauernd verwerthen konnte. Nebenbei redigirte er zwei Jahre lang die „Arbeiter Union", welche jedoch keinen Bestand hatte.

Außer manchen pädagogischen Werken ist er am meisten bekannt durch die von ihm verfaßten Turner-Schulbücher und durch die von ihm eifrig vertretene entwickelnde Methode des Schul-Unterrichts. Auch sonst hat er mancherlei literarische Arbeiten geliefert.

LXXXII.

Gottlieb Theodor Kellner.

Redakteur des „Philadelphia Demokrat."

Gottlieb Theodor Kellner ward im Jahre 1819 in Kassel, Hessen, geboren und widmete sich nach Vollendung seiner Universitäts-Studien dem Advokatenstande. Dabei betheiligte er sich aber mit Vorliebe an der Politik und an der Tages-Literatur.

In Kurhessen herrschten damals zwischen Volk und Fürsten sehr gespannte Verhältnisse. Im Jahre 1830 war der wegen seines Verhältnisses mit der Gräfin Reichenbach berüchtigte Kurfürst Wilhelm II. zur Bewilligung einer Verfassung gezwungen worden, durch welche die Stände das Recht der Steuerbewilligung und Antheil an der Gesetzgebung erhalten hatten. Nachher hatte der Minister Hassenpflug mit den Ständen in beständigem Hader gelebt und hatte schließlich die Stände entlassen, war von denselben vergeblich in Anklagezustand versetzt worden und hatte es zu Stande gebracht, allen offenen Widerstand zu brechen. Das Volk aber und fast alle Beamten waren darüber bis zur Erbitterung empört. Kaum hatte Kellner deshalb begonnen, sich über politische Zustände seines Vaterlandes auszusprechen, so gerieth er mit der Regierung in Konflikt, wurde in gerichtliche Untersuchung gezogen und hielt es für's beste, das Land zu verlassen. Er wandte sich nach Göttingen, und erhielt hier 1846 nach wohlbestandenem Examen den Doktor-Titel und das Recht eines Universitäts-Lehrers. Seine Vorlesungen behandelten meist politische und soziale Fragen.

Sobald die Februar-Revolution von 1848 ausbrach, überwältigte die Bevölkerung von Hessen alsbald die auferlegten

Schranken, das Ministerium Hassenpflug ward gestürzt und es gab einen vollständigen Umschwung. Preßfreiheit, öffentliche Geschwornen-Gerichte und Volksvertretung wurden eingeführt.

Kellner war beim ersten Ausbruch der Revolution nach Kassel zurückgekehrt und hatte hier einen „sozial-demokratischen Verein" gestiftet, welcher sehr schnell an Gliedern gewann, nach allen Seiten Zweigvereine bildete und sich über ganz Hessen, Nassau und Waldeck erstreckte. Als Präsident dieses Gesammtvereins übte Kellner einen großen, dem der Regierung kaum nachstehenden Einfluß aus. Derselbe wurde noch vermehrt durch die von ihm herausgegebenen Hessenlieder und durch die bald täglich erscheinende „Hornisse", welche es auf 9000 Unterschreiber brachte.

So vollständig war der Umschwung in Hessen, daß die vom Frankfurter Parlament beschlossene neue Reichs-Verfassung mit dem König von Preußen als Kaiser, von der hessischen Regierung und dem Landtag, sammt den Grundrechten bereitwillig angenommen und auch dann noch aufrecht erhalten wurde, als der König von Preußen die Annahme der Kaiser-Krone verweigert hatte. Aber nun trennte sich die bisher in Hessen unbestritten herrschende liberale Partei in zwei feindliche Elemente, die Konstitutionellen und die Sozial-Demokraten, und dadurch kam 1850 der frühere Minister Hassenpflug wieder an das Ruder.

Das gab bewegte Zeiten, an denen Kellner großen Antheil hatte. Er wurde als Abgeordneter in den Landtag gewählt, und dieser zählte zwar viele konstitutionelle und viele sozialdemokratische Glieder, aber keinen einzigen Freund des Ministeriums Hassenpflug. Der Landtag ward aufgelöst, aber die neuen Wahlen ergaben das gleiche Resultat. Als es offenbar ward, daß keine Verständigung möglich sei, erklärten die Kammern die Steuer-Verweigerung und die Regierung erklärte diesen Beschluß für verfassungswidrig.

Die Regierung stützte sich auf Hilfe von Oestreich, die Kammern auf Hilfe von Preußen, und wirklich machten die Preußen, als die von Oestreich geführten Bundestruppen in Hessen einrückten, Miene sie zu verdrängen. Allein nach dem unbedeutenden Scharmützel von Bronzell gab Preußen unerwartet nach, und die Oestreicher und Baiern rückten in Kassel ein, wo die Zerstörung der „Hornisse" und ihrer Druckerei einer ihrer ersten Akte war.

Kellner war zwar entflohen, wurde aber bei Paderborn von der preußischen Polizei verhaftet und nach Kassel ausgeliefert, wo man ihm mit den andern Leitern der Demokratie kriegsgerichtlich den Prozeß machte. An demselben Tage jedoch, an dem ihm sein Urtheil verkündigt werden sollte, gelang es seiner jungen Frau, ihm aus dem Gefängniß mit Hilfe des Gardisten Zinn zur Flucht zu verhelfen und ihn glücklich nach Belgien zu schicken. Auch ihr gelang es nach einiger Zeit aus dem Gefängniß zu entfliehen, und nun ging er mit ihr nach Amerika.

Hier hat er zuerst in New York durch Vorlesungen seinen Lebensunterhalt erworben, dann hat er eine Zeitung „Reform" gegründet, welche erst wöchentlich und dann täglich erschien. Auch verschafften ihm seine Freunde eine Stelle in der Office der Einwanderungs-Kommissäre.

Im Jahre 1856 hat er die Redaktion des „Philadelphia Demokrat" übernommen und hier eine bleibende, erfolgreiche Thätigkeit gewonnen. Dabei hat er regen Antheil am Schulwesen und an Erhaltung und Förderung deutschen Lebens genommen. In der Deutschen Gesellschaft von Philadelphia war er ein eifriger Befürworter von Abendschulen, die denn auch in den Jahren 1868 bis 1872 von dieser Gesellschaft mit gutem Erfolg eingerichtet wurden. Im letzten Winter nahmen schon über 300 Erwachsene an diesen Abendschulen Theil. Im Jahr darauf hat die Schulbehörde der Stadt sie übernommen und weitergeführt.

In derselben Gesellschaft hat Dr. Kellner auch mehrere male Vorträge über gemeinnützige Gegenstände im Verein mit andren fähigen Männern gehalten.

LXXXIII.

Jakob Müller.

Vice-Gouverneur von Ohio.

Jakob Müller ist im März 1822 in Alsenz, Rheinpfalz geboren. Er war Notar, als die Revolution von 1848 ausbrach und nahm leitenden Antheil an der badischen Erhebung. Die provisorische Regierung ernannte ihn zum Civil-Kommissär seines Bezirks. Als durch Preußen und andre Bundestruppen die Erhebung besiegt war, floh er erst nach der Schweiz und dann nach Amerika, wo er 1849 in Cleveland, Ohio, seine Wohnung nahm.

Hier studirte er die Rechte und ließ sich als Advokat nieder, nahm auch lebhaften Antheil an der Politik. Er war 1859 Delegat zu der National-Konvention, welche Lincoln nominirte, sowie zu der republikanischen National-Konvention in Philadelphia. Im selben Jahre ward er als Vice-Gouverneur von Ohio gewählt. Damals waren im Senat von Ohio zwei Deutsche, Schiff und Bösel, und fünf im Repräsentantenhause: Brunswick, Kahn, Marx, Oesterlen und Schönfeld. Später wendete Jakob Müller sich der demokratischen Partei zu und ging in den achtziger Jahren als Konsul nach Frankfnrt.

Für deutsche Schule und Presse hat er beständig viel Theilnahme gezeigt. Er ist auch Gründer der ersten deutschen Feuer-Versicherungs-Gesellschaft in Cleveland, 1859, gewesen.

In den Jahren 1870–72 hat er sich zwei Jahre besuchsweise in Deutschland aufgehalten.

Friedrich Kapp.

LXXXIV.

Friedrich Kapp.

Deutsch-Amerikanischer Geschichtsforscher.

Friedrich Kapp ist am 13. April 1824 in Hamm, Westfalen geboren, hat die Rechte studirt und hatte mit 21 Jahren bereits seine Universitäts-Studien vollendet und als Advokat zu praktiziren angefangen, als die Februar-Revolution,1848 ausbrach.

Die stürmische Bewegung riß ihn mit fort. Er gab seine Stellung auf und ging nach Frankfurt. Hier setzte er sich mit den Pfälzer und Badischen Revolutionären in Verbindung und mußte in Folge des mißlungenen September-Aufstandes nach dem Ausland flüchten. In Belgien kam er als Hauslehrer zu Alexander Herzen, dem Begründer des russischen Sozialismus und Nihilismus, der aus Rußland verbannt als Schriftsteller und als Organisator von Arbeiter-Bewegungen dort lebte. Derselbe ist auch bekannt durch Herausgabe des Kolokol (Die Glocke). Auch kam er durch diesen in Verbindung mit Georg Herweg, dem Dichter der Sozial-Demokratie, jenem geistreichen Manne, dem einst 1842 sogar König Friedrich Wilhelm IV. Audienz gegeben hatte. Mit diesen zog Kapp erst aus Belgien, dann aus Paris vertrieben,nach Genf.

Endlich, im Jahre 1850 siedelte er, der erfolglosen Agitationen überdrüssig, nach Amerika über. Die Beobachtung republikanischer Zustände in Amerika, und geordneter auf das Selbstregiment im engen Kreise basirter Freiheit brachte ihn dahin, daß er seinen negativen mit einem positiveren Standpunkt vertauschte und sich schließlich, im Jahre 1870, als Deutschlands Einheit aus dem französischen Krieg hervorging, nach Deutschland zurückbegab, wo er bald als Stadtverordneter von Berlin, später auch als Reichstags-Abgeordneter gewählt wurde und 1884 gestorben ist.

Neben seiner Profession als Advokat und Notar beschäftigte Friedrich Kapp sich eingehend damit, das Leben und Wirken der Deutschen in Amerika zu erforschen. Ihm war das eine Lieblings-Beschäftigung, und seine Lebens-Beschreibungen von Steuben und Kalb, sowie seine „Geschichte der Deutschen im Staate New York“ sind auf gründliche Quellenstudien gegründet und zugleich durch selbständige Beurtheilung und Gruppirung, sowie Reinheit der Sprache sehr lesbar. Er hat auch ein Werk über die Sklaverei in den Vereinigten Staaten 1854, und ein andres über den „Soldatenhandel deutscher Fürsten in Amerika“, 1864 erscheinen lassen, nebst vielen andren.

In Amerika ward er 1867 vom Gouverneur von New York zum Einwanderungs-Kommissär ernannt, welches Amt er dann verwaltete, so lange er in Amerika blieb.

Als Advokat war Kapp seit 1863 in Compagnie mit dem bekannten Karl Göpp verbunden, welcher sich, gleich ihm, viel mit literarischen Arbeiten beschäftigte.

LXXXV.

Georg Hillgärtner.

Journalist.

Georg Hillgärtner ist im April 1824 zu Frankenthal in der Rheinpfalz geboren. Sein Vater war wohlhabend, und er konnte in Folge dessen als einziger Sohn nach absolvirtem Gymnasium seine Universitäts-Studien auf fünf Jahre ausdehnen und sich außer seinem Fachstudium der Rechte mit allerlei literarischen und artistischen Studien beschäftigen.

Nach Beendigung der Universitätszeit und wohlbestandenem Staatsexamen ließ er sich in seiner Vaterstadt Frankenthal als Advokat nieder, er war aber kaum einige Jahre in dieser Beschäftigung, als die Revolution von 1848 ausbrach. In der Rheinpfalz war die Bewegung heftiger als irgendwo sonst in Deutschland, und Frankenthal war außerdem Sitz von Dr. Hepps revolutionärem „Volksblatt". Hillgärtners Vater war nicht minder für republikanische Umwälzung begeistert als sein Sohn, und beide gaben sich ganz der hochgehenden Bewegung hin.

Im Mai 1849 gipfelte die Bewegung in der Berufung einer großen Volksversammlung nach Kaiserslautern, die auch von Hillgärtner mit unterzeichnet war, wo die Begeisterung für das neue, freie Deutschland in helle Flammen ausbrach. Es erfolgte der Pfälzer Aufstand, und Hillgärtner ward von der provisorischen Regierung zum Civil-Kommissär seiner Geburtsstadt ernannt. Indessen wurde die Bewegung nach nur kurzem Bestand durch Einrücken der Preußen unterdrückt. Es gelang Hillgärtner zu entfliehen, aber so hervorragenden Antheil hatte er an der Empörung genommen, daß er vom Kriegsgericht zum Tode verurtheilt, und dies Urtheil in seiner Abwesenheit an seinem Bilde vollstreckt wurde.

Nach seiner Flucht hielt Hillgärtner, mit seinem Vater, sich zwei Jahre in der Schweiz und einen Winter in London auf, von wo er im Frühjahr 1852 nach New York gekommen ist. In London war Hillgärtner mit dem Dichter und Professor Kinkel zusammen getroffen, welcher ebenfalls am Pfälzisch-Badischen Aufstand hervorragenden Antheil genommen hatte, gefangen genommen und zum lebenslänglichen Gefängniß nach der Festung Spandau gebracht worden, dort aber durch den damaligen Studenten Schurz befreit worden war.

Damals hatte grade Kossuth, der Ungarnheld, eine Art Triumphreise, 1851, durch Amerika gemacht, um in Form einer „Anleihe" Gelder für die Wiederbefreiung Ungarns zu sammeln; dies rief den Gedanken hervor, daß Kinkel eine ähnliche Reise durch Amerika machen und eine „Anleihe" für die Befreiung Deutschlands zusammenbringen sollte, welcher Gedanke auch im Frühjahr 1852 ausgeführt wurde. In vielen Städten, besonders in New York und Milwaukee ward bei dieser Gelegenheit Kinkeln ein großartiger, begeisterter Empfang bereitet, denn damals gab man die Hoffnung auf einen Sieg der Revolution in Deutschland noch keineswegs auf und hatte keine Ahnung davon, daß das heißersehnte Ziel des einigen, freien Deutschland auf ganz andre Weise erreicht werden sollte. Auf dieser Reise hat Hillgärtner Kinkeln als Sekretär begleitet und dabei volle Gelegenheit gehabt, mit den amerikanischen Großstädten und mit dem Leben der ihm ähnlich gesinnten Deutschen bekannt zu werden.

Ihm schien Chicago den besten Anhaltspunkt für eine dauernde Wirksamkeit zu bieten, und er ließ sich, nach Beendigung der Reise dort als Advokat nieder. Jedoch war sein Gemüth mit viel zu großer Vorliebe auf politische Bewegungen gerichtet, als daß er im Advokaten-Beruf seine Befriedigung hätte finden können. Mehr zog ihn das Zeitungsleben an. Schon 1854 übernahm er die Redaktion der „Illinois-Staatszeitung", welche fünf Jahre später Brentano in Hand nahm. Aber damals war die Staatszeitung noch ein geringes Blatt und Hillgärtner hielt es nur ein Jahr dabei aus. Hauptsächlich beschäftigten ihn bei dieser Arbeit die Nativisten, die er wacker bekämpfte.

Dann ging er nach Dubuque als Advokat und Schreiber von Zeitungs-Artikeln, blieb aber auch hier nur wenige Jahre und zog nach St. Louis, wo er an der „Westlichen Post" und am „Anzeiger des Westens" arbeitete, auch ein eignes neues Blatt gründete. Bei keiner dieser Arbeiten konnte er jedoch hinreichenden Lebensunterhalt erwerben und mußte sie hintereinander aufgeben. Schließlich erhielt er die lohnendere Anstellung eines Pensions-Agenten, und diese hat er bis zu seinem Tode 1865 inne gehabt.

Oswald Ottendorfer

LXXXVI.

Oswald Ottendorfer.

Eigenthümer der New Yorker Staatszeitung.

Oswald Ottendorfer ist am 26. Januar 1826 in Zwittau, Mähren (Oestreich) geboren und studirte in Prag und Wien die Rechte. Er sollte von da nach Padua und Venedig gehen, um seine Studien zu vollenden, allein die Februar-Revolution des Jahres 1848, welche in Paris den König Louis Philippe vertrieb und die Republik brachte, erregte damals ganz Deutschland. In Wien brach man zuerst los. Metternichs volksfeindliches Regiment wurde gestürzt, und die Studenten bildeten eine an der Spitze der Bewegung stehende Legion, zu welcher auch der zweiundzwanzigjährige Ottendorfer gehörte. Von Anfang März bis Anfang November war er unter den Waffen, auch nach Dänemark ist er zur Befreiung der Schleswig-Holsteiner marschirt. Als Ungarn unter Kossuth sich erhob, sollte er mit den Studenten gegen ihn marschiren, weigerte sich dessen aber. In den Herbstmonaten wurden durch Windischgrätz und Radetzky die Empörungen in andren Theilen Oestreichs niedergeworfen, und deren Armeen zogen gegen Wien, von wo der Kaiser mit seiner Familie entflohen war. In diesen Tagen schloß Ottendorfer sich an Robert Blum's Bataillon, welches tapferen, obwol vergeblichen Widerstand leistete. Wien ward erobert, Robert Blum auf der Brigitten-Aue erschossen. Ottendorfer entkam nach Sachsen, betheiligte sich im Frühjahr 1849 an dem Dresdener Aufruhr und an dem Versuch, in Prag die Revolution neu anzufachen und floh dann nach der Schweiz.

Im Frühjahr 1850, nach zwei Jahren voll höchster Aufregungen und gefährlichster Abenteuer kam er in New York an. Hier fand er Beschäftigung in der „Staatszeitung“. Diese, im Jahre 1835 gegründet, stand damals unter der Verwaltung von Jakob Uhl, welcher im nächsten Jahre starb. Das that aber dem Geschäfte keinen Eintrag. Die Wittwe Uhl besaß ungewöhnliche Gaben der Verwaltung und hatte schon bei Lebzeiten ihres Mannes den geschäftlichen Theil mit Geschick und Thatkraft besorgt. Sie fand in Ottendorfer gute Hilfe und ihren beiderseitigen Bemühungen gelang es, die „Staatszeitung“ zu hoher Blüthe zu bringen. Im Jahre 1859, acht Jahre nach Jakob Uhls Tode, traten sie in den Ehebund, aus dieser Ehe sind aber keine Kinder hervorgegangen.

Ottendorfer hatte in Oestreich gegen die Centralisation der mancherlei Nationalitäten Oestreichs unter eine gemeinsame Verwaltung gekämpft. Mit seinen Genossen hatte er für Deutsche, Italiener, Ungarn, Slavonier, Szechen und Tyroler freie Entwicklung ihrer Nationalitäten beansprucht. Es entsprach ihm daher in Amerika, sich der demokratischen Partei anzuschließen. Aber als echt deutscher Politiker beugte er sich nicht dem Machtspruch der Partei, mit ihr durch Recht und Unrecht zu gehen. Als die Frage über Sklaverei in den Territorien entbrannte, ging er nicht mit den Führern seiner Partei, sondern schloß sich dem von Stephan Douglas geführten Flügel derselben an, und als die Leiter dieses Flügels in New York sich mit den regelmäßigen Demokraten dahin einigten, daß für 1860 der südlich gesinnte Breckenridge nominirt werden sollte, lehnte Ottendorf sich wiederum gegen diese Verfügung seiner Partei auf und trat von der Kandidatur als Präsidentschafts-Elektor des Staates für Breckenridge mit energischem Protest zurück.

Während des darauf folgenden Sezessionskrieges befürwortete er die Aufrechterhaltung der Union; nach Niederwerfung der Sezession befürwortete er Versöhnung und mißbilligte die Rekonstruktions-Maßregeln.

Im Jahre 1878 bekämpfte er als Präsident des deutschen Reform-Vereins den sogenannten Tammany Ring, wurde auch 1872 von der Reform-Partei als Alderman erwählt. Als aber die Reform-Demokraten sich mit den Reform-Republikanern zur Nomination Horace Greeley's als Präsidentschafts-Kandidaten vereinigten, wiederholte er seine Handlungsweise vom Jahre 1860, denn er hielt Greeley ebenso wenig für einen gemäßigten Republikaner, wie er Breckenridge für einen gemäßigten Demokraten gehalten hatte. Von seiner Partei ward er deshalb der Unzuverlässigkeit beschuldigt, aber die meisten ehrten in ihm den Unabhängigkeitssinn. Ein populärer anglo-amerikanischer Schriftsteller, Lossing, karakterisirt Ottendorfers politische Stellung mit folgenden Worten:

„Ottendorfer wird allgemein als ein repräsentativer Deutsch-Amerikaner angesehen von klarem Verstand, ein gründlicher Kenner der Geschichte, ein Bewunderer amerikanischer Institutionen, obwol keineswegs blind für die ihnen drohenden Gefahren. In seinem furchtlosen Unabhängigkeitsgefühl hat er niemals seit Beendigung des Bürgerkrieges verfehlt, die Mängel beider politischen Parteien zu rügen, und nimmt heute eine hervorragende Stellung in unsrer Tages-Geschichte ein, als ein weiser und vaterlandsliebender Bürger der Republik, und als Befürworter jeder rathsamen Maßregel zur Reinhaltung des Stimmkastens und zur Ehrlichkeit der Verwaltung."

Die New Yorker Staatszeitung ist gegenwärtig wol die am weitesten verbreitete deutsche Zeitung in Amerika und steht den größesten englischen Zeitungen in Amerika, wie auch den großen Zeitungen Deutschlands ebenbürtig zur Seite.

Oswald Ottendorfer war stets ein freigiebiger Freund der deutschen Gesellschaft, der deutschen Sparbank, des blühenden deutschen Hospitals und aller ähnlichen deutschen Bestrebungen. Seine Frau ist als Wohlthäterin in großem Maßstab bekannt. Im Jahre 1880 gründete sie eine Abtheilung für Frauen im deutschen Hospital, wofür sie 1882 ein besondres Gebäude hinzufügte. In Folge davon konnte das Hospital im Jahre 1882 1534 Patienten pflegen. Von 1869 bis 1882, also in dreizehn Jahren hat das deutsche Hospital 10,355 Kranke aufgenommen, von denen über achtzig Prozent als geheilt entlassen werden konnten. Es ist gelegen Ecke von der siebenundsiebzigsten Straße und vierten Avenue.

Seitdem hat Frau Ottendorfer noch ein Dispensarium auf ihre Kosten erbauen lassen. Sie erhielt im November 1883 durch die deutsche Gesandtschaft in Washington folgendes Handschreiben von der Kaiserin Augusta:

„An Frau Ottendorfer in New York.

„Ich habe mit besondrer Genugthuung von Ihren menschenfreundlichen Werken gehört, vornehmlich von Ihren Bemühungen zum Besten unsrer Landsleute in Amerika, und wünsche, indem ich Ihnen den Verdienst-Orden sende, Ihnen zu zeigen, daß der im Ausland gethanen Liebeswerke auch in der Heimath dankbar gedacht wird. Augusta.

Homburg vor der Höhe, 16. Sept. 1883."

Das mitgesendete Ordenszeichen ist von Silber. In der Mitte ist ein Kreuz, umgeben von einem Eichenkranz in blauer Emaille, mit der Inschrift: „Dem Verdienst." Darunter ist das Monogramm der Kaiserin mit ihrer Krone und darüber die preußische Krone. Die Dekoration wird an weißem Bande getragen.

Das im Jahre 1873 vollendete Gebäude der Staatszeitung in Tryon-Row gehört zu den schönsten von New York und führt dem Amerikaner die Wichtigkeit des deutschen Elementes in den Vereinigten Staaten deutlich und würdig vor Augen.

Oswald Ottendorfer hat oft Ernennungen zu wichtigen Aemtern abgelehnt. Er bedarf ihrer nicht und begehrt sie nicht.

LXXXVII.

Hermann Raster.

Erfolgreicher Journalist.

Hermann Raster, am 6. Mai 1827 in Zerbst, Anhalt geboren, erwählte, nachdem er 1845 seine Gymnasial-Studien beendet hatte, die Tagesliteratur zu seinem Beruf und hörte zu dem Zwecke auf verschiedenen Universitäten Vorlesungen über Sprachen, Geschichte und Naturwissenschaften.

Er hatte soeben seine Universitäts-Studien beendet und war als Sekretär des Landtages von Dessau ernannt worden, als die Revolution von 1848 einbrach. Seine natürliche Neigung trieb ihn, in Zeitungs-Artikeln seine Meinungen zu äußern, und bei seiner großen Jugend konnte es nicht fehlen, daß er sich unter solchen Umständen freier aussprach, als die Regierung dulden mochte. Sobald daher die Revolution unterdrückt war, zog man ihn in gerichtliche Untersuchung. Schließlich ward er unter Bedingung der Auswanderung nach Amerika freigegeben.

Im Juli 1851 kam er ohne Mittel und ohne irgend welche für Geld-Erwerb zu verwerthenden Kenntnisse nach New York und durfte noch von Glück sagen, daß er durch die geringste Handhabung auf dem Lande und in der Stadt sein Leben fristen konnte. Dabei machte er jedoch mit hiesigen deutschen Zeitungen Bekanntschaft, und Arbeiten, die er für dieselben lieferte, empfahlen ihn so, daß er schon wenige Monate nach seiner Ankunft in Amerika Redakteur des „Buffalo Demokrat“ und bald darauf der „New York Abendzeitung“ wurde. Bei dieser Arbeit zeichnete er sich dadurch aus, daß er die Zeitfragen nicht blos oberflächlich besprach, sondern sie nach allen Seiten hin und mit Zuhilfenahme aller erreichbaren Hilfsquellen beleuchtete, und die nach sorgfältiger Bearbeitung und Beobachtung gewonnenen Ansichten in unzweideutiger, wirksamer Sprache darlegte.

Außerdem lieferte er Korrespondenzen für die größesten Zeitungen von Deutschland. Während des Sezessionskrieges hat er durch diese Mittheilungen wesentlich dazu beigetragen, Vorurtheile zu beseitigen, und die öffentliche Meinung der Bundes-Armee günstig zu erhalten. Auch hat er viele Artikel für Appletons Encyclopädia geschrieben.

Nachdem er in dieser Stellung fünfzehn Jahre thätig gewesen war und sich einen Namen erworben hatte, beriefen ihn die Eigenthümer der „Illinois Staats-Zeitung" zur Leitung dieses, unter Hillgärtner und Brentano groß gewordenen, nachher aber wieder etwas heruntergekommenen Blattes, und in dieser Stellung hat er die Hauptarbeit seines Lebens gethan.

Außerdem war er ein Jahr Kollektor des Hafens von Chicago und mehrere male Delegat zu republikanischen National-Konventionen, so auch im Jahre 1868, bei welcher Gelegenheit er den Artikel der Platform verfaßt hat, wodurch sich die Partei gegen die Bezahlung der Bundesschulden in Papiergeld ausgesprochen hat.

LXXXVIII.

Friedrich Hassaurek.

Redakteur des Hochwächter.

Friedrich Hassaurek, geboren am 9. Oktober 1832 in Wien, ist der jüngste von den durch die Revolution von 1848 nach Amerika geworfenen bekannten Männern, soweit sie sich nicht am Sezessions-Krieg betheiligt haben. Noch nicht sechzehn Jahre alt beim Ausbruch der Revolution in Wien, trat er in die Studentenlegion ein, welche sich solcher Beliebtheit und solchen Einflusses bei der Wiener Bevölkerung erfreute, daß sie im Verein mit der Bürgerwehr maßgebenden Einfluß ausübte, Ministerien stürzte und die Losung zu allen neuen Aufständen gab. Der fürchterlichste dieser Aufstände, im Oktober 1848 entstand, als ein Theil der Wiener Garnison zur Bekämpfung der aufständischen Ungarn abmarschiren sollte. Damals ward auch der Kriegsminister Latour ermordet. Nun zog die Regierung Truppen heran. Die Generäle Jellachich, Windischgrätz und Auersberg mit zahlreichen, zum Theil halbwilden Soldaten umlagerten Wien und eroberten es, trotz des tapferen Widerstandes der Bürgerwehr und der Studenten. Hassaurek ward bei diesen Kämpfen zweimal verwundet.

Seine große Jugend rettete ihm das Leben und er konnte im März des nächsten Jahres nach Amerika entfliehen. Er ging nach Cincinnati und hat sich seitdem hier heimathlich niedergelassen. Als Lebensberuf erwählte er die Zeitungs-Schreiberei, welche Beschäftigung ihm wegen seiner bewegten Vergangenheit am nächsten lag.

Zuerst arbeitete er an der „Ohio Staats-Zeitung", dann gründete er ein eignes Blatt, „Hochwächter" genannt, in welchem er seine radikalen revolutionären Ideen in urkräftiger und höchst populärer Weise zum Ausdruck brachte. Ursprünglich sollte der „Hochwächter" Organ des Freimaurer-Ordens sein, hauptsächlich aber diente er dazu, die bisher ganz demokratisch gesinnte Mehrheit der Deutschen von Cincinnati dem republikanischen Lager zuzuführen. Diese Thätigkeit setzte Hassaurek auch fort, nachdem er 1857 den „Hochwächter" verkauft, und sich als Advokat etablirt hatte. Denn er verwandte den größesten Theil seiner Zeit auf politische Arbeit,und seiner emsigen Bemühung und hinreißenden Beredsamkeit ist es hauptsächlich zuzuschreiben, daß unter den Deutschen am Ohio-Strom die republikanische Partei Boden gewann.

Als einer der republikanischen Leiter nahm er 1860 an der republikanischen National-Konvention in Chicago Theil, mit Krekel, Körner und Schurz. Lincoln ernannte ihn, in Anerkennung seiner Verdienste um die Partei zum Gesandten nach Ecuador, Central-Amerika, 1861, welchen Posten er bis 1865 inne gehabt hat, wo er die Redaktion des „Cincinnati Volksblattes" übernahm.

In Ecuador leistete er wichtige Dienste bei Ausgleichung der Entschädigungs-Forderungen zwischen diesem Staate und der Union. Seine Beobachtungen über dortiges Leben hat er niedergelegt in dem Buche: "Four Years among Spanish Americans."

LXXXIX.

Gustav von Struve.

Republikanischer Geschichtschreiber.

Gustav von Struve, am 11. Oktober 1805 in München geboren, widmete sich, nachdem er auf der Universität das Studium der Rechte vollendet hatte, dem höheren Staatsdienst und erhielt eine Stellung der Art beim Großherzog von Oldenburg. Was er aber von fürstlichem Leben und höfischem Treiben sah, erfüllte ihn mit Widerwillen, und er wurde aus einem Fürstendiener ein unversöhnlicher Fürstenfeind.

Nachdem er den Oldenburger Hof verlassen, ließ er sich in Manheim in der Pfalz als Advokat nieder, ohne jedoch seine Aufmerksamkeit auf dies Fach zu beschränken. Ihn zogen phrenologische Untersuchungen lebhaft an, nnd er hat in den Jahren 1843 bis '45 drei umfassende Bücher über die Grundsätze und die Geschichte der Phrenologie herausgegeben. Er versprach sich große Resultate für die Hebung und Beglückung der Menschen davon, wenn man jedes Menschen natürliche Begabung und den ihm entsprechenden Lebensberuf aus der Bildung seines Kopfes frühe erkennen und ihn demgemäß erziehen könnte. Später hat er auch die Theorie der Pflanzenkost in gründliche Untersuchung genommen, und zu zeigen gesucht, daß dadurch die Herrschsucht, Habsucht und Ehrsucht der Menschen vermindert und sie zu Friedensliebe und Duldsamkeit herabgestimmt werden könnten.

Seine größeste Aufmerksamkeit jedoch wendete er der Politik zu. Republikanische Staatsverfassungen sah er als ein Hauptmittel zur Minderung menschlicher Nöthe und zur Hebung der Menschheit an. Diesen Grundsatz verfocht er als Redakteur des „Manheimer Journals“ mit solcher Entschiedenheit, daß er verschiedene male wegen Preßvergehen in Untersuchung genommen und mit beträchtlichen Gefängnißstrafen belegt wurde. Im Jahre 1846 mußte er deshalb die Redaktion des „Manheimer Journals“ niederlegen. Aber er ließ sich dadurch nicht beirren, sondern gründete sich ein neues Blatt, den „Deutschen Zuschauer“, und bei der damals in Baden und der Pfalz mehr noch als im übrigen Deutschland schnell zunehmenden Unzufriedenheit der Bevölkerung mit den bestehenden politischen Zuständen fand sein Blatt eine große Verbreitung.

Beim Ausbruch der Revolution von 1848 war Struve selbstverständlich einer der entschiedensten Männer der That. Dreimal hat er mit den Waffen in der Hand die Fahne der Republik aufgepflanzt. Zuerst ward im März 1848 im südlichen Theil von Baden der Versuch gemacht, die Republik zu proklamiren. Hier stand Struve Heckern zur Seite. Aber das Volk fiel der Bewegung nicht zu, weil der Großherzog ihm die meisten seiner Wünsche bewilligt hatte. Struve mußte nach Frankreich flüchten. Hier ward er mit Karl Heinzen bekannt, und entwarf nun in Verbindung mit diesem einen neuen Plan, in der Schweiz bewaffnete Anhänger zu sammeln und mit ihnen einen Einfall in Baden zu Gunsten der Republik zu machen. Am 21. September 1848 führte er mit seiner Schaar den Vorsatz aus, aber schon nach vier Tagen ward er in Staufen überwältigt, gefangen genommen und nach gerichtlicher Untersuchung und Verurtheilung ins Zellen-Gefängniß nach Bruchsal abgeliefert. Er brauchte aber nur einen Tag darin zu sitzen. Am nächsten Tage brach eine neue Revolution (mit Hinzurechnung von Struve's Putsch die dritte) aus, und Struve wurde befreit.

An dieser Erhebung nahm Struve theils als Berichterstatter bei Mieroslawsky, dem Obergeneral der badischen Armee, theils als Glied der konstituirenden Versammlung in Baden Theil, und mit dem Falle derselben flüchtete er nach der Schweiz, wurde hier ausgewiesen, ging nach Frankreich, konnte auch hier nicht bleiben, dann nach England und endlich im Jahre 1851 nach New York.

Wie alle hervorragenden Flüchtlinge der achtundvierziger Bewegung fand auch Struve in Amerika viel Theilnahme, und gleich den meisten gründete er im Vertrauen darauf eine neue deutsche Zeitung. Struve's Blatt hieß „Der deutsche Zuschauer", und hatte ebenso wenig Bestand als die andren ähnlichen Blätter, da größere Bekanntschaft mit amerikanischen Zuständen und längere Erfahrung von republikanischem Leben dazu nothwendig war, als ein eben gelandeter Flüchtling haben konnte. Darauf ernährte er sich durch verschiedene literarische Arbeiten, wovon seine „Weltgeschichte" in sechs Bänden die bedeutendste ist. Sie hat mehrere Auflagen erlebt.

Beim Ausbruch des Sezessionskrieges organisirte Blenker, sein früherer Gefährte in der badischen Revolution ein deutsches Regiment, das achte New Yorker, mit Hilfe von August Belmont, und bei diesem trat auch Struve als Offizier ein. Struve war aber damals schon 55 Jahre alt, wie er denn überhaupt der älteste Achtundvierziger ist, der im Sezessionskrieg mitgefochten hat. Das Alter machte ihm natürlich den Militärdienst unlieb, dazu kam aber noch ein andrer Umstand, der ihm den Dienst vollends verleidete.

Es war nämlich Prinz Salm-Salm, ein etwas abenteuerlicher Fürstensohn nach Washington gekommen, um der Unions-Armee seine Dienste anzubieten. Von ihm wird erzählt, daß er dem Präsidenten Lincoln seine Aufwartung machte, und, als dieser ihm eine niedere Offiziersstelle anbot, bemerkte, er sei von sehr hohem Adel, worauf Lincoln ihm sehr treuherzig antwortete, daß man ihn deshalb nicht zurücksetzen würde. Es ist dies derselbe Salm-Salm, der des unglücklichen Erzherzogs Maximilian, als Kaiser von Mexiko, Adjutant war und mit ihm bei Queretaro gefangen genommen, sehr knapp dem Standrecht entging. Ihm ist schließlich auf dem Schlachtfeld von Gravelotte als Major der vierten preußischen Garde=Grenadiers ein ehrenvoller Tod zu theil geworden. Dieser Prinz ward, als Blenker zum Brigadier befördert wurde, dessen Nachfolger als Oberst des achten New York Regiments. Das konnte Struve nicht ertragen. Einem Fürsten mochte er nicht untergeben sein. Er nahm deshalb seinen Abschied und förderte die Sache der Union hinfort statt mit dem Schwerte mit der Feder.

In Anerkennung dieser Dienste ernannte der Präsident ihn als amerikanischen Konsul in Thüringen, und das gewährte dem ergrauten Revolutionär große Freude, als Herold der großen Republik wieder in Deutschland zu erscheinen. Jedoch ward ihm das Glück nicht zu theil. Die thüringischen Staaten verweigerten die Annahme seiner Konsulats=Beglaubigung, weil er noch seine fünf Jahre und vier Monate Zellengefängniß=Strafe abzusitzen habe. Struve mußte deshalb in Amerika bleiben, bis 1862 eine allgemeine Amnestie ertheilt wurde. Er ging nun erst nach Stuttgart, dann nach Koburg und Wien, und erlebte die Zeit des östreichischen Krieges, sowie den Ausbruch des französischen Krieges. Jedoch machten ihn diese Vorgänge keineswegs irre an seinen Ansichten von der positiven Schädlichkeit aller Fürstenherrschaft. Nur die Erhöhung der Fürstenherrlichkeit, aber nicht die Hebung des deutschen Volkes erwartete er von den großen Siegen jener Tage.

Im Jahre 1870 ist er gestorben, als ein neues Zeitalter anbrach, das andre Fragen zu lösen hat, wenigstens in andrer Weise, als es im Jahr 1848 versucht worden war. Seine Gattin, welche ihm treulich überall hin gefolgt ist, war schon im Jahre 1862, noch in Amerika, auf Long Island gestorben.

XC.

August Willich.

General im Sezessionskriege.

August Willich, geboren am 19. November 1810 in Braunsberg, Preußen, war Offizier in der preußischen Armee. Als im Jahre 1848 Friedrich Hecker in Baden die Fahne der Republik erhob, war Willich sein treuer Begleiter, focht an seiner Seite in dem unglücklichen Gefecht bei Kandern, am 20. April 1848, und floh mit ihm nach Nord-Amerika.

Im Sezessionskriege war er einer der ersten, die ein Regiment Freiwilliger bildeten, und als Oberst derselben leitete er schon am 17. Februar das Gefecht bei Bowling Green, Kentucky. Vier Unions-Compagnien unter Von Trebra waren durch den Feind so weit vorwärts gelockt worden, daß sie in einen Hinterhalt fielen und von Texanischer Reiterei angegriffen wurden. Sie leisteten heldenmüthigen Widerstand, indem sich immer vier Mann zusammen aufstellten, die dann von den Reitern umschwärmt wurden. In dieser kritischen Lage kam Willich ihnen mit vier Compagnien und einer Batterie zu Hilfe und widerstand mit seiner kleinen Schaar dem Feinde, welcher 1100 Mann Infanterie, 250 Mann Kavallerie und vier Kanonen besaß, anderthalb Stunden lang, bis derselbe zum Rückzug gezwungen wurde. Bald darauf ward Bowling Green und Nashville von den Unions-Truppen besetzt, so daß in Folge dieses Gefechtes Kentucky und Tennessee der Union erhalten blieben.

In Folge wurde Willich zum Brigade-General befördert. Als solcher machte er Ende Dezember die Schlacht von Murfreesboro mit. Seine Brigade ward bei dieser

Gelegenheit vorausgeschickt, um die Position des Feindes zu erforschen und entledigte sich dieses Auftrags mit Geschick. Nachher ward seine Brigade in Reserve aufgestellt, und der genaue Geschichtschreiber der Cumberland-Armee nennt bei dieser Gelegenheit Willich einen „der besten und erfahrensten Brigadeführer.“ Bald darauf wird er jedoch der Nachlässigkeit beschuldigt, weil er im entscheidenden Moment abwesend war.

Beim Vormarsch auf Tallahoma im Juni 1862 eroberte Willichs Brigade mit einer andern Liberty-Gap in tapferer Weise und hielt es am nächsten Tage trotz heftiger Angriffe.

In der Schlacht von Chickamauga schlug Willichs Brigade mit zwei andren einen Angriff Breckenridge's sehr tapfer zurück, und am Schluß der Schlacht hatte er den Rückzug zu decken.

Nach Beendigung des Kriegs zog Willich nach St. Mary's, einem ganz deutschen Städtchen im nordwestlichen Ohio, wo er in einem Hotel lebend die idyllischen Freuden des Landlebens genoß, beliebt bei jedermann, besonders bei den jungen Mädchen, denen er im Winter große Schlittenpartien auf eigne Kosten veranstaltete.

Hier ist er am 22. Januar 1878 gestorben. Ein hübsches Denkmal im Elm Grove Kirchhof bezeichnet seine Ruhestätte.

XCI.

Ludwig Blenker.

Brigade-General im Sezessionskriege.

Ludwig Blenker ist im Jahre 1812 in Worms, Rheinpfalz geboren und erhielt gute Gymnasial-Bildung. Da er keine Neigung zum studiren zeigte, so sollte er Gold-Arbeiter werden. Auch dies behagte ihm nicht, und so ließ er sich, zwanzig Jahre alt, als Soldat anwerben, um den damals zum König von Griechenland gewählten bayrischen Prinzen Otto in sein neues Königreich zu begleiten. Im Jahre 1832 ging er mit den bayrischen Truppen in dieses vor kurzer Zeit frei gewordene, aber von bittrem Bürgerkrieg völlig zerrissene schöne Land ab und half die öffentliche Ruhe und Ordnung herstellen, bestand auch manchen Strauß mit den ebenso verrätherischen wie tapfren Klephten, wobei er es zum Lieutenant brachte. Nach zwei Jahren wurden sämmtliche bayrische Soldaten heimgesandt, um neu geworbenen Platz zu machen, und so kehrte auch Blenker heim.

Er studirte nun in München Medizin, fand aber bald aus, daß er zum stillen Studium verdorben war, gab den Versuch auf und ließ sich in seiner Vaterstadt Worms als Weinhändler nieder.

Als die Revolution von 1848 ausbrach, nahm er eifrig für die Sache der Volksfreiheit Partei und bethätigte seinen Eifer vornehmlich durch Organisirung und Einübung der Bürgerwehr. Man machte ihn zum Oberst. Als die bayrische Regierung die im Frankfurter Parlament berathene neue deutsche Reichsverfassung im Mai 1849 verwarf, erhob die Pfalz sich gleich Baden und einigen andren deutschen Landestheilen in offenem Aufstand, erklärte die Republik, setzte eine provisorische Regierung ein und brachte ein Heer von etwa 10,000 Soldaten zusammen. An den militärischen Unternehmungen hatte Blenker großen Antheil. Er eroberte am 10. Mai Ludwigshafen, und von da aus besetzte er am 17. Worms. In den folgenden Tagen machte er den Versuch, die Festung Landau durch nächtlichen Angriff zu überrumpeln. Allein das mißlang. Als dann die Preußen heranrückten, lieferte er ihnen bei Bobenheim ein Vorposten-Gefecht, mußte aber mit der ganzen Pfälzer Armee aus dem Lande weichen. Mit seiner Truppe gelang es ihm, Baden zu erreichen, und hier setzte er den Kampf in Verbindung mit den hiesigen Aufständischen fort. Als die badische Armee bei Durlach von den Reichstruppen geschlagen war, vertheidigte Blenker mit zwei Kanonen und drei Bataillonen Gernsbach kurze Zeit, und da auch diese letzte Stellung unhaltbar geworden war, suchte er die unter seiner Leitung stehenden Truppen über die Schweizer Grenze in Sicherheit zu bringen, was ihm auch gelang.

Von der Schweiz, gleich vielen andren Flüchtlingen ausgewiesen, wanderte Blenker nach Amerika aus. Hier suchte er zuerst auf einer von ihm erworbenen Farm Lebens-Unterhalt und Stille, dann ging er nach New York und gründete dort sich ein Kaufmanns-Geschäft.

Beim Ausbruch des Sezessions-Krieges 1861 warb er mit Hilfe August Belmonts ein deutsches Regiment, das achte New York Freiwilligen Regiment, welches ihn zum Oberst erwählte und von ihm am 13. Mai nach Washington geführt wurde, um mit den andren die Hauptstadt zu schützen. Damals hatte Präsident Lincoln die Freiwilligen nur zu einem dreimonatlichen Dienst aufgeboten, denn man war der Meinung, daß der Bürgerkrieg in kurzer Zeit beendet werden würde. Aber es stellte sich heraus, daß man die Widerstandsfähigkeit der Südlichen weit unterschätzt hatte, und die drei Monate vergingen unter Zurüstung und nothdürftiger

Einübung der in Washington gelagerten Freiwilligen, und als dann das neue Heer am 18. Juli seinen ersten Vorstoß gegen Bull Run machte, erlitt es eine große Niederlage. Der Rückzug artete bei den meisten Regimentern in ungeordnete Flucht aus, jedoch war Blenkers Regiment eins von denen, die in Reih und Glied geschlossen blieben und den Rückzug trotz heftigem Nachdringen der siegreichen Südländer deckten. Hierfür ward Blenker zum Brigade-General befördert und bald darauf ward ihm eine ganze Division von zehntausend Mann anvertraut. Dieselbe bildete einen Theil der sogenannten Potomac-Armee, welche General McClellan als Oberbefehlshaber im Laufe des Jahres 1861 bis 1862 in der Umgegend von Washington organisirte. Während dieser ganzen Zeit war Blenker als Commandant seiner Division mit einem glänzenden aus lauter geweckten deutschen Offizieren bestehenden Stab in Washington der Gegenstand vieler Aufmerksamkeiten. Als jedoch McClellan im Frühsommer 1862 den größten Theil der Armee auf Booten nach der Mündung des James und Chesapeake Flusses führte, um von hier aus Richmond anzugreifen, ward Blenker in seiner Erwartung, mit der Hauptarmee zu kämpfen, bitter getäuscht. Sehr gegen McClellans Wunsch ward seine Division von der Potomac-Armee getrennt und ins Shenandoah Thal gesendet, weil der hier auf Seiten der Conföderirten kommandirende berühmte General Jackson die hiesigen Unionstruppen das ganze Thal abwärts bis Harpers Ferry gejagt hatte und Maryland mit einem Einfall bedrohte.

So mußte nun Blenkers und noch eine andre Division die Hoffnung der Theilnahme am Feldzuge der Hauptarmee drangeben und eilig den Potomac aufwärts nach dem Shenandoah-Thal marschieren, um in Verbindung mit dem von West-Virginien her kommenden Fremont den General Jackson abzutreiben. Man hoffte sogar ihn zu fangen. Der aber war nicht leicht zu fangen. Er schlüpfte zwischen beiden durch, das

Shenandoah Thal aufwärts. Vom 31. Mai bis zum 8. Juni waren die beiden Unions-Armeen hinter ihm her, dann kam es zu einem Doppeltreffen, in welchem Fremont von dem Feinde zurückgeschlagen wurde, während Blenkers Heerestheil den ihm gegenüberstehenden Theil des Feindes bei Croß Keys festhielt. So entkam Jackson.

Dies war die letzte Waffenthat für Blenker. Nachdem noch manche Woche in vergeblichen Märschen hingegangen und es dem gewandten Jackson gelungen war, unbemerkt sich mit der Hauptarmee von Richmond zu vereinigen, so daß McClellan zurückgedrängt und sein ganzer Feldzug vereitelt wurde, ward Blenker der Veruntreuung beschuldigt, abberufen und im nächsten Jahre ausgemustert.

Der Schlag war ihm so hart, daß er sich auf seine Farm in Rockland County, im Staate New York in völlige Abgeschiedenheit zurückzog und kurze Zeit darauf starb. Nennenswerthes Vermögen hat er nicht hinterlassen, was nicht für die Wahrheit der gegen ihn erhobenen Beschuldigungen spricht.

XCII.

Friedrich Hecker.

Der Liebling des Volkes.

Friedrich Karl Franz Hecker ist am 28. September 1811 in Eichtersheim, Baden geboren. Sein Vater war Hofrath und konnte ihm die beste Schulbildung zukommen lassen. Nach vollendetem Gymnasium studirte er in Heidelberg und München die Rechtskunde, daneben trieb er mit Vorliebe Geschichtsstudien und ward nach glänzend bestandenem Examen Doktor beider Rechte. Zur völligeren Ausbildung im Rechtswesen machte er sich in Paris mit dem französischen Gerichtsgange bekannt, dann ließ er 1836

Louis Blenker

sich in Mannheim als Advokat nieder und es währte nicht lange, so stand er in hohem Ansehen und in reichlich lohnender Beschäftigung.

In Baden erwachte das Streben nach politischer Freiheit eher als in andren deutschen Landen, wegen der Nähe der Schweiz und Frankreichs. Die Volksvertretung in Baden spielte schon in den dreißiger Jahren eine wichtige Rolle, und gegen die vierziger Jahre war der Kampf der liberalen Partei mit der Regierung sehr lebhaft. Hecker, der an allen politischen Fragen viel Antheil nahm, ward deshalb 1842 als Abgeordneter in die zweite Kammer gewählt und ward hier alsbald einer der Anführer der Opposition. Anfänglich war der liberale Theil der Abgeordneten in dieser Opposition so einmüthig, daß die, ohnehin ziemlich liberal gesinnte Regierung ihnen nachgab und mancherlei Konzessionen machte, dies führte aber zu einem Bruch in den Reihen der Abgeordneten. Ein Theil derselben nahm der Regierung gegenüber nun eine versöhnliche Stellung ein, und zu diesen gehörten mehrere von denen, mit welchen Hecker bisher eng verbunden gewesen war. Er aber hielt diese Versöhnlichkeit für verkehrt und gab 1847 unmuthig seinen Sitz in der Kammer auf. Um sich zu zerstreuen, machte er nun eine Reise durch das südliche Frankreich und von dort in das noch nicht sehr lange durch die Franzosen eroberte Algiers. Bei Durchreisung dieses damals noch recht wilden Landes suchte er Gefahren und Abenteuer eher auf, als daß er sie gemieden hätte; bis tief in das Atlasgebirge, nach der Bergstadt Medeah drang er vor. Im nächsten Jahre, 1848, beim Ausbruch der Februar-Revolution jedoch finden wir ihn wieder als Abgeordneten in der zweiten Kammer, jetzt auf der sogenannten äußersten Linken und als Republikaner klar geschieden von den konstitutionell-Liberalen.

Ihm schien es jetzt nicht an der Zeit, mit halben Maßregeln zufrieden zu sein. Er appellirte an das Volk, proklamirte die Republik, setzte den Heckerhut auf und ergriff die Büchse. Er fand Nachfolger. Aber ihre Zahl war klein. Bei Lörrach im grünen Wald gelagert fand der „edle Gagern", mit hessischen Truppen zur Dämpfung des Aufstandes gesandt, die rothen Schärpen und suchte mit Friedens-Anerbietungen sie vom Aeußersten abzuhalten. Aber von einer Kugel getroffen, starb er, und nun mußten die „Freischärler" schnell auf Schweizer-Gebiet entweichen.

Von hier ging Hecker, begleitet von seinem Schwager Dr. Tiedemann, der obwol in Amerika geboren, an seinem Aufstand theilgenommen hatte, nach Amerika. Er war der erste, der volksthümlichste und der schönste von allen nach Amerika gekommenen Achtundvierzigern, und das liberale Deutschthum Amerika's empfing ihn mit Begeisterung als einen Helden und einen Märtyrer.

In New York, in Philadelphia, in Cincinnati, kurz in fast allen Großstädten bereitete man ihm feierliche Empfänge mit Prozessionen voll flatternder Fahnen und schmetternder Musik. Die ersten Männer hielten ihm schwungvolle Reden, Tausende und Zehntausende Menschen kamen ihm zu Ehren zusammen. Die höchsten Beamten der Städte schmückten den Triumphzug mit ihrer Anwesenheit. In Cincinnati hielt Richter Stallo ihm eine seiner besten Reden. In St. Louis hielt er in der Rotunde des Gerichtshauses, welche mehrere Tausend Menschen hält, aber nicht die Hälfte der Gekommenen faßte, seine größeste, mit donnerndem Beifall begrüßte Rede. Hauptzweck war ihm dabei die Bildung von Vereinen und Sammlung von Geldern für die Befreiung Deutschlands, und überall in ganz Amerika kam eine große Bewegung in Fluß.

Das war im Spätjahr und Winter 1848. Als nun vollends im Frühjahr 1849 die Nachricht von der neuen Erhebung Badens mit Brentano als Präsident der provisorischen Regierung übers Meer kam, und Hecker erklärte, den Brüdern in Deutschland zu Hilfe eilen zu wollen, flammte die Begeisterung hell auf und Geld und Männer in großer Masse, darunter auch der an andrer Stelle erwähnte A. Engelmann strömten ihm zu. Allein es war nichts. Als Hecker, von der provisorischen Regierung Badens zurückberufen, in Straßburg ankam, kamen ihm die fliehenden Ueberreste der aufständischen Armee bereits entgegen. Es blieb nichts übrig, als nach Amerika zurückzukehren.

Hier lebte er dann auf seiner, schon früher erworbenen Farm bei Belleville, Illinois und widmete sich vornehmlich und erfolgreich dem Landbau, besonders dem Weinbau. Dabei enthielt er sich keineswegs von amerikanischer Politik. Er schloß sich, gleich fast allen Achtundvierzigern, der republikanischen Partei an, bewogen dazu durch Haß der Sklaverei. Er wirkte, obwol vergeblich, für Fremonts Präsidentenwahl, und als der Sezessionskrieg ausbrach, erwachte in dem jetzt fünfzigjährigen Manne die alte Liebe zum heiligen Herde des Vaterlandes und der Freiheit mit alter Kraft, und ebenso die Liebe und das Vertrauen seiner Landsleute zu ihm als ihrem Führer im Kampf für die Freiheit. Kaum hatte er seinen Freunden Erlaubniß gegeben, seinen Namen zur Werbung eines deutschen Freiwilligen-Regimentes zu gebrauchen, so war das für ihn geworbene 24. Illinois Regiment gesammelt und marschirte er als Oberst an seiner Spitze in Missouri hinein, um der unionsfreundlichen Mehrheit des Staates gegen den unionsfeindlichen Gouverneur beizustehen. Nachdem er durch Missouri und Kentucky hindurchgezogen war und in beiden Staaten die Sache der Union hatte retten helfen, nahm er jedoch seinen Abschied.

Aber es war, als ob seine Landsleute keine Ruhe hätten, wenn nicht Friedrich Hecker mitfocht. Von neuem ward ihm in Chicago ein Regiment geworben, das 82. Illinois Regiment, und er mußte als dessen Oberst wieder in den unterdessen immer schwerer und blutiger gewordenen Krieg ziehen.

Sein Regiment ward diesmal der Hauptarmee am Potomac zugetheilt. Nach dem Fehlschlag unter McClellan war diese Armee unter Pope's Kommando noch unglücklicher gewesen und dann war sie unter Burnside ebenfalls geschlagen worden. Im Mai 1863 kommandirte Hooker sie und führte sie über den Bull Run und über den Rapidan auf Richmond zu. Hier wurde die Armee von General Lee in der Front und von General Jackson auf der Flanke angegriffen und erlitt eine große Niederlage. Der unerwartete Flanken-Angriff Jacksons fiel mit voller Wucht auf Schurz's Armeekorps und warf es in so großer Unordnung zurück, daß es sich nur mit der allergrößesten Anstrengung wieder sammelte und Stand hielt. In dieser mörderischen zweitägigen Schlacht, welche die aus 92,000 Mann bestehende Unions-Armee über 17,000 Todte und Verwundete kostete, ward auch Friedrich Hecker schwer verwundet. Ein Schuß traf ihn in den Schenkel. Er nahm im Spätjahr desselben Jahres seine Entlassung und hat seitdem auf seiner Farm gelebt.

Um's Jahr 1880 ist er dort gestorben. Sein letztes öffentliches Auftreten ist verzeichnet beim großen Friedensfest 1871 in St. Louis, zum Schluß des deutsch-französischen Krieges. Hier hielt er die Festrede. Er erkannte an, daß für Deutschland ein neues Zeitalter mit einer großen Zukunft angebrochen sei, er selbst wollte jedoch mit Fürsten und Kaisern nichts zu thun haben.

XCIII.

August Becker.

Redakteur des Baltimore Wecker.

August Becker, geboren 1813 in Biedenkopf, Hessen, Sohn eines Pfarrers, studirte Theologie und war ein Freund von dem hessischen Pfarrer Weidig, der wegen „demagogischer" Umtriebe verhaftet, von dem Untersuchungs-Richter Georgi so mißhandelt wurde, daß er sich im Kerker selbst mittelst einer Scherbe die Adern öffnete und tödtete. Beim Frankfurter Attentat waren beide indirekt, bei der darauf folgenden Verbreitung von politisch-liberalen Schriften für das Volk direkt betheiligt. Becker wurde ebenfalls gefangen gesetzt. Nachdem er drei Jahre gesessen, ward er unter Bedingung der Auswanderung entlassen und ging nach der Schweiz.

Hier lebte er noch beim Ausbruch der Revolution von 1848 und von hier kehrte er dann nach seiner Heimath in Hessen zurück, um da als Zeitungs-Schreiber und als Landtags-Abgeordneter zu wirken, solange die Volkspartei obwaltete. Als die Regierung wieder in strengere Hände kam, mußte Becker wieder nach der Schweiz gehen.

Im Jahre 1854 wanderte er nach Amerika aus und übernahm die Redaktion des „Baltimore Wecker", welcher sich dadurch auszeichnete, daß er von allen englischen und deutschen die einzige republikanische Antisklaverei-Zeitung in ganz Maryland war. Beim Ausbruch des Sezessionskrieges ward er Feldkaplan des Steuben-Regiments von New York und war als solcher drei Jahre im Felde. Dann übernahm er wieder die Redaktion des „Wecker".

Die letzten Jahre hat er in Cincinnati erst als Mitarbeiter am „Hochwächter", dann als Redakteur des „Courier" zugebracht. Er wird oft der „rothe Becker" genannt, jedoch ist der eigentliche „rothe Becker" ein anderer Achtundvierziger, der in Deutschland blieb.

XCIV.

Theodor Kaufmann.

Historischer Fortschritts-Maler.

Theodor Kaufmann ist am 18. Dezember 1814 in Uelzen, Hannover geboren. Bis zu seinem neunzehnten Jahre war er Kaufmanns-Lehrling, dann aber kam die angeborene Gabe zur Malerei in ihm zum Bewußtsein, und er begab sich in die Lehre eines Malers in Hamburg und zwei Jahre später in die Malerschule in München. Der hier herrschenden, von der Wirklichkeit abgewendeten und die Dinge nur so wie sie sein sollten, darstellenden Richtung gab er sich einige Jahre als Schüler ganz hin, dann aber kam der, sehr realistisch angelegte, in der Gegenwart und ihren Fragen lebende Jüngling ganz davon ab. Das romantische Mittelalter mit seiner geheimnißvollen Religiosität befriedigte seinen Geist nicht. Der Zeitgeist zog ihn stärker an. Er verließ nun München und ging behufs wissenschaftlicher Studien nach Halle.

Hauptsächlich beschäftigten ihn religiöse Fragen. Die Frucht seiner Studien suchte er bildlich darzustellen in einer Reihenfolge von Carton-Zeichnungen, welche „die Entwicklung der Gottes-Idee" darstellten. Außerdem hielt er auch Vorträge über dasselbe Thema.

Ueberdem kam die Revolution von 1848. Der Zeitgeist machte sich in Dresden, wo Kaufmann damals wohnte, nicht minder als an andren Orten geltend, und Kaufmann athmete ihn mit vollen Zügen. Er ward ein glühender Revolutionär. Ueber ein Jahr lang erfreute sich damals das Königreich Sachsen freisinniger politischer Errungenschaften, und die Regierung erkannte sogar die vom Frankfurter Parlament berathene neue Reichsverfassung an. Als jedoch der König von Preußen die Kaiserkrone aus Volkshand ablehnte, schwankte die Regierung in ihrer Haltung, und nun brach in Dresden der Aufstand mit Barrikaden aus. Der König floh. Eine provisorische Regierung ward eingesetzt. Fünf Tage lang regierte sie. Dann kamen die preußischen Pickelhauben und Bayonette. Es floß viel Blut, aber der Widerstand gegen die wohlgeordneten Regimenter war vergeblich. Wer von den Revolutionsführern nicht fliehen konnte, ward gefangen.

Theodor Kaufmann entfloh nach der Schweiz, nach Belgien, nach Amerika. In New York kam er 1850 an und begann seine Cartons von der Gottes-Idee in Farben auszuführen. Englische Freunde der Kunst halfen ihm mit Geldvorschüssen, bis sie fertig waren, die ganze Reihenfolge von acht herrlichen Bildern. Aber — nach wenigen Tagen fielen sie einer Feuersbrunst zum Opfer. Nun versuchte Kaufmann durch eine Zeichenschule sein Leben zu fristen. Das gerieth auch nicht, obwol Amerika dieser Zeichenschule einen ihrer berühmtesten Künstler verdankt. Thomas Nast besuchte sie sechs Monate lang, und der Unterricht, den Kaufmann ihm gab, war leider der einzige, den er je erhalten hat.

Als Portraitmaler, als Helfer bei Photographisten ging Kaufmann nun mit der Kunst einige Jahre am Wander-, wenn nicht am Bettelstabe und wurde unter andrem auch nach Cuba verschlagen.

Hier war er, als 1861 der Sezessionskrieg ausbrach. Den

Kampf gegen die Sklaverei mußte er mitmachen. Er ließ sich anwerben und ward unter General Ben. Butler mit einer Flotten-Expedition gegen die Forts Hatteras und Clark eingeschifft, welche den Eingang in den Pemlico Sund, Nord-Carolina vertheidigten. Am 28. August 1861 wurden beide Forts erobert. Nach Ablauf seiner ersten Dienstzeit ging er unter die Fahnen des bei den Deutschen sehr beliebten Generals Fremont, der mit dem Oberbefehl in Missouri betraut war. Da aber hier wenig ausgerichtet und Fremont abberufen wurde, so ging Kaufmann nach St. Louis politisiren.

Als hier patriotische Frauen einen Bazaar zu Gunsten der Verwundeten veranstalteten, malte Kaufmann als Beitrag dazu ein kleines Bild „Columbus vor dem Rath zu Salamanca", und das fand so großen Beifall, daß Kaufmann hinreichende Aufträge erhielt, um seitdem ganz seiner Kunst leben zu können. Achtundvierzig Jahre alt mußte dieser doppelte Achtundvierziger werden, ehe sein Lebensschiff den befriedigenden Cours fand. Er hat seitdem in New York und Washington eine große Anzahl von großen historischen Bildern gemalt. Wir nennen davon nur einige der berühmtesten: General Sherman am Wachtfeuer, Commodore Farragut im Takelwerk seines Schiffes, Zur Freiheit fliehende Negerfamilie, Ueberfall eines Pacific-Eisenbahnzuges durch Indianer.

Ein gutes Studienbuch für angehende Maler ist das von ihm 1871 in Boston erschienene American Painting Book.

XCV.

Die Brüder Salomo.

Generäle im Sezessions-Kriege. Gouverneur von Wisconsin.

Karl Eberhard Salomo ist im Juni 1822 bei Halberstadt, Provinz Sachsen geboren. Sein Vater war Chaussee-Einnehmer, machte es aber trotz seiner geringen Stellung möglich, drei seiner Söhne auf dem Gymnasium in Halberstadt und später auf der Universität oder sonstiger höherer Schule studiren zu lassen. Er hatte in dem Befreiungskriege mit Auszeichnung gegen Napoleon gedient und hatte eine ehrenvolle Wunde davon getragen. Mehr als das, hatte die Liebe zur Freiheit Wurzel in seinem Herzen geschlagen und sich auf seine Söhne vererbt. Alle drei sind nach Amerika gegangen und alle drei haben hier Großes geleistet. Karl Eberhard, der älteste der Brüder, ward durch die vom Vater geerbte Freiheitsliebe in die Revolution des Jahres 1848 hineingezogen. Er war Feldmesser, hat als einjähriger Freiwilliger bei den Pionieren gedient und darauf das übliche Patent als Landwehr-Lieutenant erhalten. Durch seine Betheiligung an der Revolution zog er sich gerichtliche Untersuchung zu und entfloh im Frühjahr 1849 nach Amerika.

Seinen dauernden Aufenthalt fand er in St. Louis, wo er als County-Landmesser und Ingenieur Anstellung fand. Als der Sezessions-Krieg ausbrach, bildete er unter dem ersten Aufgebot des Präsidenten für einen dreimonatlichen Krieg das fünfte Missouri Regiment und befehligte dasselbe als Oberst.

Der Gouverneur von Missouri, Claiborne F. Jackson, war ein entschiedener Sezessionist und strengte alles an, den Staat aus der Union in die Conföderation zu bringen. In der

Nähe von St. Louis bezogen seine Anhänger das Camp Jackson, wo sich die Staats-Miliz unter General Frost's und Price's Kommando sezessionistisch organisirte und einübte, um sich des reichlich mit Waffen und Kriegsbedürfnissen versehenen Arsenals zu bemächtigen.

In diesem kritischen Augenblick traten die deutschen Regimenter unter dem späteren General Lyons ins Mittel. Sie besetzten und befestigten das Arsenal und zogen, als Camp Jackson sich durch Zuzüge aus dem Lande zu stärken begann, am 10. Mai in so fester Haltung und imponirender Ordnung gegen Fort Jackson aus, daß dessen Besatzung sich ihnen, erschrocken, ohne Schwertstreich und ohne Flintenschuß ergab.

Durch diesen Handstreich der deutschen Regimenter, sowie durch die Einnahme von Jefferson City am 15. Juni unter Oberst Börnstein ward die Sezessionsbewegung in Missouri lahm gelegt.

Später ward Salomo Oberst des 9. Wisconsin Regiments und machte als solcher mehre ruhmreiche Schlachten mit, die ihm wegen der von ihm bewiesenen Tapferkeit den Titel eines Brigade-Generals einbrachten.

Nach Beendigung des Krieges kehrte er in seinen früheren Beruf zurück.

Friedrich Salomo, geboren am 7. April 1826, war Landmesser und studirte nach Abdienung seiner Militär-Pflicht bei der Artillerie in Berlin auf der Bau-Akademie, als die Revolution von 1848 ihn aus seiner Laufbahn heraus, mit seinem Bruder Karl Eberhard nach Amerika warf.

Er ward in Manitowoc, Wis., Registrirer der Kaufbriefe und später Ober-Ingenieur einer Eisenbahn. Im Jahre 1860 siedelte er nach St. Louis über und trat beim Ausbruch des Bürgerkrieges in seines Bruders Regiment als Hauptmann.

Nachdem die dreimonatliche Dienstzeit des Regiments abgelaufen war, berief sein jüngerer Bruder, der damals Gouverneur von Wisconsin war, ihn zur Bildung des neunten Wisconsin-Regiments. Dasselbe bestand aus lauter Deutschen und Salomo ward sein Oberst. Es ward zuerst nach Kansas geschickt und marschirte gegen die den Sezessionisten freundlichen, sklavenhaltenden Cherokee-Indianer. Hier zeichnete er sich so aus, daß er zum Brigade-General ernannt ward. Als solcher kommandirte er am 4. Juli 1863 die Bundestruppen in der Schlacht bei Helena am Mississippi, als sie durch den konföderirten General Holmes mit nahe achttausend Mann angegriffen wurden, welchen Salomo nur eine weit geringere Anzahl entgegenzustellen hatte. Er schlug aber die Konföderirten mit Verlust von 1600 Mann zurück, an demselben Tage, an welchem Grant Vicksburg eroberte, und fast am gleichen Tage des Sieges von Gettysburg.

Im folgenden Jahre nahm Salomo's Division Theil an der unglücklichen Expedition nach Shreveport, wo damals die konföderirte Regierung von Louisiana ihren Sitz hatte. Drei starke Unions-Heere zogen den Red River aufwärts dorthin, aber bei Mansfield erlitt der eine Theil eine große Niederlage. Salomo war nicht hiebei betheiligt, sondern gehörte zu der Abtheilung des Gen. Steele, welche sich auf die Nachricht des Fehlschlags von Camden nach Little Rock zurückzog. Bei Jenkin's Ferry hatte General Friedrich Salomo das Kommando der Nachhut und unter ihm kommandirte Adolph Engelmann jene aus einem deutschen und einem Neger-Regiment bestehende Brigade, welche den nachdringenden Feind so züchtigte, daß Steele seinen Rückzug unbehelligt beendigen konnte.

Wegen seiner trefflichen Dienste erhielt Salomo den Titel eines General-Majors.

Nach Beendigung des Krieges ging Salomo wieder nach Missouri. Im Jahr 1871 ward er hier Register of Lands des Staates.

Eduard Salomo, am 11. August 1828 geboren, ging im blutigen März 1848 nach Berlin, um an dortiger Universität zu studiren, während sein älterer Bruder Friedrich an der Bauschule Architektur studirte und der älteste Karl Eberhard direkt an der Revolution Theil nahm.

Im Herbst des nächsten Jahres folgte er ihnen nach Amerika und lebte drei Jahre in Manitowoc, Wisconsin, als Landmesser. Dann studirte er in Milwaukee Rechtskunde, ward 1855 als Rechtsanwalt zugelassen und fand in den folgenden Jahren als solcher reichliches Auskommen.

Obwol er sich verhältnißmäßig wenig mit Politik abgab, kam er 1861 als Vice-Gouverneur auf den republikanischen Wahlzettel, denn die Deutschen waren damals in Wisconsin fast alle Demokraten, und Salomo einer der wenigen deutschen Republikaner. Man hoffte, durch Aufnahme eines Deutschen deutsche Stimmen zu gewinnen. Das gelang auch. Schon wenige Monate nach seinem Amts-Antritt starb der erwählte Gouverneur Harvey, und so ward der vier und dreißigjährige, erst seit dreizehn Jahren in Amerika ansässige Advokat Gouverneur des Staates.

Natürlich hatte er eine schwere Stellung. Den Anglo-Amerikanern war es denn doch etwas stark, einen so wenig amerikanisirten Deutschen zum ersten Beamten des Staats zu haben, und das grade zu einer Zeit, wo besondere Schwierigkeiten vorlagen. Der Sezessions-Krieg war ausgebrochen, und die Herbeischaffung der nöthigen Mannschaften und Hilfsmittel lag zum großen Theil in den Händen der Gouverneure. Die Demokraten waren meistens dem Kriege abgeneigt, und den demokratischen Deutschen war Salomo auch besonders als ein solcher zuwider, der aus ihrer Mitte kommend mit ihren Gegnern gemeinsame Sache gemacht habe. Und nun war sogar die Zeit gekommen, daß nicht mehr Freiwillige aufgerufen wurden, sondern durch gesetzliche Zwangs-Aushebung Hunderttausende ihren Familien entrissen werden sollten. Indessen gelang es ihm, sowol die Anglo-Amerikaner durch fähige und geschickte Verwaltung, als auch die Deutschen durch angemessene Berücksichtigung ihrer Ansprüche zufrieden zu stellen.

Nach Ablauf seiner Amtszeit,1864 kehrte er zur Advokaten-Praxis zurück. Daneben widmete er als Glied des Curatoriums einen bedeutenden Theil seiner Zeit und Kraft der Staats-Universität in Madison, der es damals noch sehr an den nöthigen Geldmitteln fehlte. Schon während der Verwaltung des Gouverneurs-Amtes war auf seine Empfehlung derselben das Geld des Agricultural-College zugewiesen worden.

Im Jahre 1869 zog er nach New York. Hier hat er neben seiner Praxis als Advokat sich an der Reformbewegung und an den Geldsammlungen für deutsche Verwundete im deutsch-französischen Kriege hervorragend betheiligt.

XCVI.

Alexander Schimmelpfennig.

General im Sezessions-Krieg.

Alexander Schimmelpfennig ist im Jahre 1824 in Deutschland geboren. Durch die Revolution von 1848 ward er bewogen, nach Ungarn zur Unterstützung Kossuths zu gehen. Er diente unter ihm als Offizier. Nachdem die ungarische Armee im Anfang des Jahres 1849 große Vortheile errungen hatte, wurden die Oestreicher durch 130,000 Russen verstärkt, und dieser Uebermacht mußten die Ungarn im August erliegen.

Schimmelpfennig ging nun nach Amerika und beschäftigte sich mit literarischen Arbeiten. Im Jahre 1854 gab er sein Buch: „Der Krieg zwischen Rußland und der Türkei“ heraus.

Beim Ausbruch des Sezessions-Krieges ward er als Oberst eines pennsylvanischen Regiments erwählt und hatte an dessen Spitze seinen Dienst meist in der Potomac-Armee, welche in den ersten Jahren ein sehr starkes deutsches Element enthielt, wie denn auch zwei deutsche General-Majore, Schurz und Sigel dazu gehörten. Unter Sigel machte Schimmelpfennig die zweite Schlacht am Bull Run mit. Bei dieser Schlacht erfochten die deutschen Abtheilungen mehrere Vortheile, deckten auch den Rückzug mit Festigkeit, so daß sie sich Anerkennung erwarben. Schimmelpfennig ward hier zum Brigade-General befördert. Im nächsten Jahre nahm er an der Schlacht von Gettysburg ruhmreichen Antheil.

Bei der Reorganisation der Potomac-Armee wurden die deutschen Generäle alle aus derselben entfernt und theils zur Aufsicht über solche Militärbezirke kommandirt, in denen es wenig zu fechten gab, theils nach entlegenen Gegenden des Kriegsschauplatzes gesendet. Schimmelpfennig ward im Februar 1864 zur Belagerungs-Armee von Charleston, Süd-Carolina befohlen. Im vorhergehenden Jahre hatte die Unions-Flotte unter Admiral Dahlgren, mit den Landtruppen unter General Gillmore die den Hafen beherrschenden Außenwerke von Charleston genommen und war bis auf vier Meilen an die Stadt hinangedrungen. Von dieser Zeit an ward Charleston mit geringen Unterbrechungen beständig bombardirt und eine starke Land-Armee mußte die Batterien beschützen; doch war die Lage der Stadt so, daß man ihr von den sumpfigen Ufern aus nicht beikommen konnte, bis im Februar nächsten Jahres durch Shermans Operationen im Inneren des Staates die konföderirte Besatzung abzog, während grade ein fürchterliches Bombardement die letzten Reste von Gebäuden zerstörte. Da kapitulirte der Mayor der Stadt.

General Schimmelpfennig war der erste, der mit seinen deutschen Regimentern am 14. Februar 1865 nach einer

F. Sigel

mehrjährigen Belagerung in diese Hauptfeste der Konföderation einzog und die amerikanische Flagge von neuem hier aufpflanzte.

Bald darauf ward der Krieg beendet. General Schimmelpfennig aber genoß den Sieg der Union nicht lange. Im September 1865 ist er in Minersville, Pennsylvanien gestorben.

XCVII.

Franz Sigel.

General-Major im Sezessions-Krieg.

Franz Sigel, am 18. November 1824 in Sinsheim, Baden geboren, Sohn eines Oberamtmanns, erwählte, nachdem er bis zum achtzehnten Jahre das Gymnasium besucht hatte, die militärische Laufbahn, machte den vollen Cursus in der Kriegsschule von Karlsruhe mit durch und wurde dann erst Fähnrich und nach wenigen Monaten Lieutenant. In Manheim, wo sein Regiment stand, machte er Heckers, Struve's und andrer liberaler Leiter Bekanntschaft und nahm deren Grundsätze an. Dadurch kam er mit seinen Offiziers-Genossen in viele Conflikte und erschoß in einem daraus entstehenden Duell seinen Gegner. In Folge dessen nahm er gegen Ende des Jahres 1847 seinen Abschied, um die Rechtswissenschaft in Heidelberg zu studiren.

Als die Revolution von 1848 ausbrach, sammelte er in Manheim eine Freischaar und zog damit nach Konstanz, als Hecker dort die Republik proklamirte. Er brachte hier 4000 Mann und zwei Kanonen zusammen, und zog an deren Spitze über den Schwarzwald gegen Freiburg. Am 23. und 24. April bestand er einige Gefechte, welche jedoch ebenso unglücklich verliefen, wie das bei Lörrach unter Hecker. Es war mit Freischaaren gegen regelmäßiges Militär nichts auszurichten. Sigel floh mit seinen Freunden über die französische Grenze in die Schweiz und hielt sich hier bis zur badischen Erhebung im Mai 1849 auf. Die provisorische Regierung übertrug ihm zuerst den Oberbefehl der Neckar-Armee und dann das Kriegs-Ministerium. Indessen hatte das von Mieroslawsky befehligte Volksheer schlechten Erfolg in der Pfalz; Mieroslawsky mußte abdanken und Sigel mußte an seiner Stelle den Oberbefehl übernehmen. Er konnte nun zwar trotz tapferer Gefechte bei Waghäusel und andren Orten der großen Uebermacht der anrückenden Reichstruppen nicht Einhalt thun, aber er bewerkstelligte mit seinen 15,000 Mann einen meisterhaften Rückzug zwischen drei feindlichen Heeren von zusammen 100,000 Mann hindurch über Heidelberg und brachte am 11. Juli die Trümmer des Heeres glücklich über den Rhein in neutrales, Schweizer-Gebiet.

Hier lebte er bis 1851, wo er ausgewiesen wurde, ging dann nach England und 1852 nach Amerika.

In New York ward er mit dem Prediger Dulon bekannt, welcher die achtundvierziger Zeit in Bremen als Pastor verlebt hatte und wegen seiner freisinnigen Predigten und Schriften vom Senat abgesetzt, in New York eine Privat-Schule eröffnet hatte, die sich guten Rufes und Fortgangs erfreute. Diese Schule hat zehn Jahre lang bestanden. Dulons Tochter machte solchen Eindruck auf Sigels Herz, daß er um ihre Hand anhielt und dieselbe auch erhielt. Sigel trat nun als Lehrer in Dulons Schule ein und fühlte sich in dem freisinnigen deutschen Kreise heimisch. Er hatte hier auch Gelegenheit, als Privatlehrer, als Adjutant des fünften New York Miliz-Regimentes und als Instrukteur von Offizieren freiwilliger Regimenter das amerikanische Leben kennen zu lernen.

Dies Verhältniß dauerte sechs Jahre. Dann ward er als Professor der Mathematik und Geschichte an eine Schule in St. Louis gewählt, und hier erweiterte sich sein Wirkungskreis. Er ward als Glied der Stadt-Schulbehörde erwählt. Er nahm an amerikanischer Politik durch Mittheilungen für die Tagespresse Theil. Die damals wogenden Kämpfe um Beschränkung der Sklaverei nahmen seine Theilnahme in hohem Grade in Anspruch. Selbstverständlich stellte er sich den Gegnern der Sklaverei zur Seite.

Als 1861 der Sezessions-Krieg ausbrach, war es ganz selbstverständlich, daß Sigel ein Regiment von Freiwilligen organisirte; sogar eine Batterie Kanonen schloß sich demselben an, und das ging so schnell, daß Sigel mit den Seinen einer der ersten bei der Besetzung des Arsenals und einer der thätigsten bei der Aufhebung des sezessionistischen Camp Jackson nahe St. Louis war. Bekanntlich ward damals St. Louis ausschließlich, und ganz Missouri vornehmlich durch die deutschen Regimenter der Union erhalten. Von diesem Tage an, dem 10. Mai 1861, war Sigel einer der thätigsten Offiziere auf Unionsseiten in Missouri. Den Südlichen lag viel daran, Missouri für den Sonderbund zu sichern. Im Norden des Staates zog Clayborne Jackson, als Gouverneur des Staates mit voller Autorität ausgerüstet die meist südlich gesinnten englischen Missourier zusammen. Im Südwesten erschien von Arkansas kommend General Price mit einer Abtheilung Konföderirter, um von dort her den Freunden der Konföderation einen Sammelpunkt zu bieten. Schnell, schon wenige Wochen nach dem Ueberfall des Camp Jackson zog Sigel mit seinem Regiment und zwei leichten Batterien quer durch ganz Missouri, das von sezessionistischen Streifbanden wimmelte, über dreihundert Meilen weit bis Neosho und jagte dort den General Price nach Arkansas zurück. Dann ging er mit seiner kleinen, nur aus 1000 Mann Infanterie und den zwei Batterien bestehenden Schaar nordwärts dem Gouverneur Jackson entgegen. Er traf mit diesem bei Carthage zusammen, aber, o weh, der hatte 4000 Mann und war reichlich mit Kavallerie versehen, deren Sigel völlig entbehrte. Ueberdies bot die offene Prairie dortiger Landschaft keinerlei Schutz. Am 5. Juli ward heiß gefochten. Sigel konnte gegen die Uebermacht unter solchen Umständen nichts als einen geordneten Rückzug zu erkämpfen suchen. Und das gelang ihm völlig. Unter stetem Fechten, wobei er dem Feind empfindliche Verluste beibrachte, wich er in bester Ordnung zurück, bis nachrückende Verstärkungen ihn erreichten.

Einen Monat später hatte er wieder Gelegenheit, seine Meisterschaft in Leitung eines Rückzugs zu bewähren. Unter General Lyons' Oberbefehl war er mit dessen Heerestheil bis Wilson's Creek vorgedrungen, und hier ward Lyons von einer großen feindlichen Uebermacht angegriffen. Die Schuld davon lag an Fremont, welcher als Oberbefehlshaber nur auf Vertheidigung von St. Louis und Cairo bedacht war und dem General Lyons zu wenig Truppen für den Kampf im Inneren Missouri's gab. Lyons ward geschlagen und fiel tapfer kämpfend auf dem Schlachtfeld. Da übertrugen die überlebenden höheren Offiziere das Kommando an Sigel und es gelang ihm, das Heer in leidlicher Ordnung nach Rolla zurück zu bringen. Dafür ward Sigel zum Brigade-General ernannt. Im November desselben Jahres deckte er ebenso tapfer General Hunters Rückzug aus Springfield, indem er drei Tage lang allein den Platz hielt.

Aber nicht im trutzigen Rückzug allein sollte Sigel sich als guter General bewähren, auch in offener Feldschlacht sollte er sich Lorbeeren erwerben. Nach manchem heißen Gefecht und eiligen Marsch war Missouri im folgenden Winter für die Union gewonnen und früh im Frühjahr rückte General Curtis ins westliche Arkansas ein. Mit 11,000 Mann traf er bei Pea Ridge auf 20,000 Konföderirte unter General Van Dorn. Drei Tage lang, am 6., 7. und 8. März dauerte das Gefecht. General Sigel befehligte unter Curtis die deutschen Regimenter. Am letzten Tage der Schlacht erkannte Sigels geübter Blick den passenden Moment des Eingreifens mit den Seinigen und dadurch entschied sich der Sieg für die Unionstruppen. Die Konföderirten mußten den Rückzug antreten. Zum Lohne dafür ernannte der Kriegsrath in Washington Sigel zum General-Major und berief ihn nach dem wichtigsten Schauplatz des Krieges in Virginien.

Damals führte Pope den Oberbefehl am Potomac und sein unglücklicher Feldzug endete mit der zweiten Schlacht am Bull Run. Sigel befehligte bei dieser Schlacht am ersten Schlachttage den rechten Flügel von Pope's Armee und drängte den ihm gegenüberstehenden Jackson tapfer zurück. Am nächsten Tage jedoch gingen alle Vortheile vor der feindlichen Geschicklichkeit verloren und Pope wurde schimpflich geschlagen. Sigel deckte den Rückzug.

Dies war jedoch für's erste das Ende von Sigels Theilnahme an Schlachten oder wichtigen Bewegungen. Es fiel ihm das Loos zu, nur Beobachtungs-Corps und Reserve-Corps, zum Schutz von Washington und ähnlichen Zwecken zu befehligen. Während ein Major-General der Potomac-Armee nach dem andren als Oberbefehlshaber versucht wurde, nach McClellan und Pope, Hooker, Burnside und Meade, blieb Sigel, der doch im Range der älteste General-Major war, unbeachtet, doch wol hauptsächlich, weil er kein geborener Amerikaner war. Das kränkte ihn so, daß er sich mehr und mehr zurückzog. Im Jahre 1863 kommandirte er die Reserve in Pennsylvanien während Lee's Invasion, die mit dem Siege von Gettysburg endete. Im Frühjahr 1864 ward er wieder mit dem Oberbefehl im Shenandoah Thal betraut, und als er hier bei New Market eine Niederlage erlitt, ward er sogleich abberufen und ihm wieder ein Reserve-Corps am oberen Potomac übergeben, mit welchem er Harpers Ferry und die Ohio- und Baltimore-Eisenbahn zu schützen hatte.

Hier bekam Sigel noch einmal Gelegenheit, sich auszuzeichnen und der Unionssache einen wichtigen Dienst zu leisten. Harpers Ferry liegt in einem Thale, das vom Einfluß des Shenandoah-Flusses in den Potomac gebildet wird, und dies Thal wird strategisch beherrscht von drei hohen Bergrücken, deren höchster, wichtigster die sogenannten Maryland Hights sind. Im Jahre 1862 hatte der in Harpers Ferry kommandirende Unions-General, als die Konföderirten ihn umzingelten, diese Höhe unvorsichtigerweise preisgegeben und hatte sich in Folge dessen mit 12,000 Mann, 73 Kanonen und ungeheuren Vorräthen den Feinden ergeben müssen. Als nun das Shenandoah Thal bald wieder in die Hände der Konföderirten fiel, bekamen diese Gelegenheit, unter ihrem General Early in großer Zahl auf Harpers Ferry loszugehen in der Hoffnung, wieder wie im Jahre 1862 die Besatzung gefangen zu nehmen und sich der ungeheuren, hier aufgehäuften Kriegs-Vorräthe zu bemächtigen. Allein Sigel hatte klüglich die Maryland Hights besetzt und befestigt und konnte alle Angriffe des Feindes auf diese Stellung siegreich abschlagen.

Nach Beendigung des Krieges übernahm Sigel die Redaktion des „Baltimore Wecker", blieb aber nicht lange in dieser Stellung, sondern siedelte nach New York über als Vicepräsident einer Eisenbahn-Gesellschaft. Im Spätjahr 1869 ernannte die republikanische Partei ihn zum Staats-Sekretär von New York, er unterlag aber in der Wahl. Um so erfolgreicher war er 1871 als Kandidat für das Amt des Register der Stadt New York auf dem Reform-Ticket. Er erhielt die außerordentliche Stimmenmehrheit von 82,000 gegen 55,000 Stimmen in dem sonst immer stark demokratischen Bezirk. Sigel ist auch kurze Zeit Kommissär für San Domingo gewesen, durch Präsident Grants Ernennung, und Steuer-Kollektor von New York. Gegenwärtig lebt er als General-Agent im Pensions-Büreau in Washington.

XCVIII.

Max Weber.

General im Sezessions-Krieg.

Max Weber, geboren am 24. August 1824 in Baden, war Offizier in der badischen Armee, als das Frankfurter Parlament seine neue deutsche Reichs-Verfassung beendet hatte und am 13. Mai 1849 die Leiter der badischen Volkspartei gleich denen mehrerer andrer deutscher Länder für diese Verfassung den Aufruhr proklamirten. Auch ein großer Theil der badischen Armee schloß sich der Bewegung an, und Weber war einer der eifrigsten. Er machte den unglücklichen Feldzug unter Franz Sigel mit und floh.

Im Jahre 1850 nach Amerika gekommen, ward er 1861 Oberst des 20. New York Freiwilligen-Regiments, das meist aus Turnern bestand. Das erste Jahr des Krieges brachte ihm keine erfrischende Thätigkeit. Sein Regiment ward nach der einzigen eigentlichen Festung der Vereinigten Staaten, dem einzigen im Süden gelegenen befestigten Punkt gesendet, der nicht in die Hände der Konföderirten fiel. Das war Fortreß Monroe, in Virginien gelegen, die Hampton Rhede oder den Eingang in den James River und die Chesapeake Bay beherrschend. Die Konföderirten hatten nicht weit davon Norfolk mit den Schiffs-Werften inne und machten bekanntlich mit ihrem hier angefertigten eisengepanzerten Ungethüm, der Merrimac, den anfänglich sehr glücklichen Versuch, die Kriegsflotte auf der Hampton Rhede zu zerstören, der aber durch den glücklicherweise zeitig genug ankommenden Monitor vollständig vereitelt wurde.

Oberst Weber kommandirte das befestigte Lager unter den Mauern von Fortreß Monroe und hatte hier Gelegenheit, den epochemachenden Zweikampf zwischen Monitor und Merrimac mit anzusehen und im eignen Gemüth alle damit verbundenen Schwankungen von tiefster Angst und höchstem Jubel mit durchzumachen, aber das war auch das einzige anregende Ereigniß, das den eintönigen Lagerdienst in diesem abgelegenen Winkel unterbrach. Indeß ließ er sich nicht entmuthigen, sondern erfüllte seine Pflichten mit solcher Treue und Fähigkeit, daß er zum Brigade-General befördert ward.

Endlich im Mai 1861 gab es Veränderung. McClellan führte, nachdem die Potomac-Armee reorganisirt und einexerziert war, dieselbe zu Wasser nach Fortreß Monroe, landete hier und begann den Feldzug der Halb-Insel. Wie gern hätte Weber mit seinen Deutschen daran Antheil genommen! Aber die ersten Wochen hatte er nur die Freude des lang entbehrten Verkehrs und mußte zusehen, daß Brigade nach Brigade weiter ins Feld zog, die seine aber zur unthätigen Ruhe verurtheilt blieb. Endlich am zehnten Mai verkündeten dumpfe Detonationen, große Dampfwolken und der von einer großen Feuersbrunst geröthete Himmel in der Richtung von Norfolk, daß die Konföderirten, um alle Streitkräfte zu Richmonds Vertheidigung zu sammeln, ihre Schiffswerften und Vorräthe in Norfolk zerstörten, selbst die stolze Merrimac in die Luft sprengten und den Platz verließen. Nun schlug auch für Weber die ersehnte Stunde. Am 11. Mai rückte seine Brigade unter General Wood aus und besetzte Norfolk. Das gab wenigstens etwas Abwechselung. Dann zogen die Kanonenboote der Union den offen gewordenen breiten James-Strom aufwärts an Norfolk vorbei nach Richmond, jubelnd beglückwünscht von dessen Besatzung, aber leider kehrten sie nach wenigen Tagen arg zerschossen zurück. Beim Fort Darling waren sie heimgeschickt worden. Und leider ward auch McClellans Armee vom Chickahominy heimgeschickt, ohne daß General Weber Gelegenheit gehabt hätte, mit dreinzuschlagen.

Endlich am 17. September 1862 kam diese Gelegenheit. Nach McClellans Rückzug war die konföderirte Armee von Richmond über den Potomac in Maryland eingedrungen und wurde von der Unions-Armee dort am Antietam angegriffen. An dieser großen Schlacht durfte Webers Brigade Theil nehmen. Die Konföderirten standen nördlich, die Unirten südlich vom Antietam. Ein Theil der Unirten, der rechte Flügel überschritt den Antietam und griff dann an. Eigentlich sollte der andre Theil das gleiche thun, that es aber lange nicht. So konnten die Konföderirten ihrem angegriffenen Flügel immer neue Verstärkungen zuschicken, und die Unions-Armee mußte ebenfalls ihrem Flügel, dem angreifenden, immer neue Verstärkungen senden. Dadurch gab es ein beständiges Vordringen und Zurückweichen mit ungeheuren Verlusten an Menschen.

Webers Brigade gehörte mit zu denen, die zuerst über den Antietam gegangen waren, doch kam sie nicht sogleich ins Treffen, weil sie mehr im Centrum als auf dem Flügel stand. Erst gegen Mittag wurde sie nebst einer andren zum Vorrücken kommandirt. Diesen zwei Brigaden standen drei zu Jacksons Corps gehörige gegenüber, von denen man unter einem solchen Führer wol tapfern Widerstand erwarten konnte, aber so ungestüm drang Weber mit den Seinigen vor, daß die feindlichen Brigaden von panischem Schrecken ergriffen, sich fast ganz auflösten. In den amtlichen Berichten ward diese Panik dadurch erklärt, daß unter ihnen jemand gerufen habe, sie seien überflügelt. General Weber selbst, als einer der Vordersten vordringend, fiel tödtlich verwundet.

Leider ward dieser Erfolg im Centrum damals nicht in seinem Werthe erkannt oder benutzt. Später hat man erfahren, daß die feindliche Linie hier mit größter Leichtigkeit hätte völlig durchbrochen werden können.

Am nächsten Tage zogen die Konföderirten sich über den Potomac nach Virginien zurück.

Glücklicherweise erholte General Weber sich unter sorgfältiger Pflege wieder, jedoch nicht hinlänglich, um ferner im Felde dienen zu können. Zur Belohnung hat man ihm die sehr einträgliche Stelle eines Steuer-Kollektors in New York gegeben, welche er auch viele Jahre verwaltet und behalten hat.

XCVIV.

Julius Stahel.

General-Major im Sezessions-Krieg.

Julius Stahel, geboren 1825 in Deutsch-Ungarn, nahm Theil an der Erhebung von Ungarn gegen Oestreich, 1848, und kämpfte unter Kossuth, bis die Ungarn unter Mithilfe der Russen überwältigt wurden. Dann ging er über England nach Amerika und beschäftigte sich in New York mit literarischen Arbeiten, zuletzt als Herausgeber der „Deutschen Illustrirten Familien-Blätter."

Als der Sezessions-Krieg ausbrach, trat er in das von August Belmont unterstützte achte New Yorker Freiwilligen-Regiment, dessen Oberst Blenker ward. Stahel war Oberstlieutenant. Es war eines der ersten, das zum Schutz Washingtons dorf eintraf. Bekanntlich leistete dies Regiment auch treffliche Dienste als Reserve bei der ersten Schlacht am Bull Run, zur Beschirmung des ordnungslos fliehenden Heeres. Stahel kommandirte dabei das Regiment in Blenkers Abwesenheit.

Bei der Organisation der Potomac-Armee unter dem neuen Obergeneral McClellan ward Stahel ebenso wie Blenker zum Brigade-General erhoben und machte als solcher die vielbeneideten Herrlichkeiten des darauf folgenden Winters in Washington mit. Im folgenden Frühjahr begab sich McClellan auf den unglücklichen Halbinsel-Feldzug, Stahel aber mußte mit Blenker bei den zum Schutze von Washington zurückbehaltenen Truppentheilen bleiben. Bekanntlich jagte damals der konföderirte General Jackson die Unionstruppen das Shenandoah Thal abwärts mit solcher Kraft, daß man in Washington sehr um die eigne Sicherheit besorgt, zahlreiche Verstärkungen dorthin sendete, welche eigentlich zu McClellan hätten stoßen sollen. In Verbindung mit Fremont aus West-Virginien kommend, schlugen diese Truppentheile, zu denen auch Stahels Brigade gehörte, sich dort hin und her. Aber Jackson entschlüpfte ihnen, nachdem er mehrere Divisionen einzeln geschlagen hatte, in der Schlacht bei Croß Keys. Hier hielt Stahels Brigade sich fest und tapfer, ebenso wie die andre Brigade unter Blenker, es half aber nichts, weil Fremont selbst an seinem Theile gänzlich unterlag. Dann ging Jackson nach Richmond und fiel am Chikahominy der Armee McClellans so muthig in die Flanke, daß sie sich „rückwärts konzentrirte.“

In der zweiten Bull Run Schlacht, 29. August 1862, stand Stahel auf dem rechten Flügel, wo es die heißeste Arbeit gab, indem beide kommandirenden, Pope von der Unions-Armee und Jackson von den Konföderirten, jeder um den andren zu überlisten, ihre stärksten Truppenmassen auf diese Seite gestellt hatten. Da gab es heiße Arbeit für Stahel, und er that sie tapfer, aber leider war bei der schlechten Oberleitung alles vergeblich. Ebenso vergeblich waren alle Anstrengungen, die Stahel mit vielen andren fähigen Generälen unter Burnside machte, worüber das Jahr 1862 für die Potomac-Armee hinging. Jedoch hatte

Stahel trotzdem seine Fähigkeit und Zuverlässigkeit in so hohem Grade bewiesen, daß er im März 1863 zum General-Major erhoben wurde.

Es folgte der Feldzug unter Hooker. Das elfte Corps, zu welchem unsre deutschen Regimenter gehörten, überschritt durch einen prächtigen Ueberfall bei Fredericksburg den Rappahannok und fiel dem Feind in die Flanke, während die andren Corps von vorne angriffen. Aber so geschickt Hooker den Angriff eingeleitet hatte, so ungeschickt führte er ihn fort. Das elfte Corps ward ungeschützt einem Flankenangriff Jacksons ausgesetzt und in ungeordnete Flucht gejagt.

An den folgenden Kämpfen hatte General Stahel keine Gelegenheit, theil zu nehmen. In der Potomac-Armee, welche als die Blüthe des ganzen Unionheeres angesehen wurde, hatten Nicht-eingeborene zuerst wenig, später gar keine Gelegenheit zu thätiger Theilnahme. Einer nach dem andren wurde beiseite geschoben, bis zuletzt unter Grants reorganisirter Potomac-Armee, bestehend aus vier Corps, dem 5., 2., 6. und 9., von zusammen 140,000 Mann, keine einzige Brigade, Division oder Corps von einem Deutschen kommandirt wurde. Dem General Stahel gab man ein Nebenkommando, wo es keinen Felddienst gab.

Nach Beendigung des Krieges ward er Konsul in Yokahoma, Japan; später hat er den Bau eines Kanals durch Maryland beaufsichtigt.

C.

Karl Schurz.

General-Major, Senator und Minister.

Karl Schurz, der jüngste von den im Sezessions-Krieg hervorragend thätigen Achtundvierzigern, ist am 2. März 1829 bei Köln am Rhein geboren, absolvirte in seinem achtzehnten Jahre das dortige katholische Gymnasium, um die Universität Bonn als Student der Philosophie und Geschichte zu beziehen. Professor Kinkel lehrte hier, und durch ihn ward Schurz in allen liberalen Gesinnungen befestigt. Im nächsten Jahre brach die Revolution von 1848 aus, und der junge Schurz betheiligte sich mit den Waffen in der Hand daran. Als das Frankfurter Volks-Parlament die Berathungen über die neue Reichsverfassung beendet hatte, und die Regierungen dieselbe nicht annehmen wollten, erhob sich, wie an vielen andren Orten, so auch am Rhein das Volk und suchte deren Einführung mit Gewalt durchzusetzen. Schurz war bei denjenigen, welche das Zeughaus von Siegburg stürmen wollten, mußte aber fliehen.

In Baden war damals der Aufstand noch im Gange, und hierher wandte Schurz sich nun mit Kinkel und andren. Er trat in das dortige Volksheer und wurde Adjutant von Gustav Tiedemann, dem Chef des Generalstabs und Commandanten der in die Hände des Volksheeres gefallenen Festung Rastadt. Hier war er wieder zusammen mit seinem Lehrer, dem Professor Gottfried Kinkel, unter welchem er in Bonn studirt hatte. Professor Kinkel war ein freisinniger früherer Theologe, welcher nach seiner Verheirathung die geistliche Laufbahn aufgegeben hatte und in Bonn als außerordentlicher Professor der Kunst-Geschichte angestellt war. Bei der Revolution hatte Kinkel seine, ihn sehr hochschätzenden Studenten im Widerstand gegen die Regierung angeleitet und hatte gleich Schurz nach dem Mißlingen des Aufstandes am Rhein sich nach Baden geflüchtet, um hier den Kampf fortzusetzen. Aber auch hier unterlag der Aufstand, nur die Festung Rastadt hielt sich bis zuletzt. Schon am 30. Juni ward sie mit dem größesten Theil des Volksheeres von den Preußen unter Prinz Wilhelm, dem spätern Kaiser von Deutschland, eingeschlossen. Am 6. Juli begann die Beschießung. Die Belagerten schickten, als sie von der Außenwelt abgeschlossen waren und die Belagerer sie zur Uebergabe aufforderten, weil alles verloren sei, Boten in das Oberland, um sich selbst davon zu überzeugen, und als diese mit Bestätigung der Angabe zurückkehrten, kapitulirten sie. Nun wurden sie in die Kasematten gefangen gesetzt, und das Kriegs-Gericht begann sein blutige Arbeit. Der Kommandant Tiedemann ward erschossen und außer ihm noch an dreißig andre der Anführer. Gottfried Kinkel ward zu lebenslänglichem Zuchthaus verurtheilt und als preußischer Unterthan auf die Festung Spandau bei Berlin gebracht. Schurz entkam nach der Schweiz.

Tief ergriffen von dem schrecklichen Ende seiner standrechtlich erschossenen Freunde und betäubt von den schweren Schlägen, die ihn selbst betroffen, waren das Leben und die Freiheit, die er selbst gerettet hatte, ihm von geringem Werthe. Besonders schmerzte ihn der Gedanke, seinen theuren Lehrer Kinkel in der Zuchthausjacke zu wissen, den liebenswürdigen Gelehrten und Dichter, dem eine solche Erniedrigung und Einkerkerung den Tod, ja schlimmeres als den Tod, die Verzweiflung bringen mußte. Er beschloß ihn zu befreien. Ein verzweifelter Entschluß für einen hilflosen Flüchtling, wie er war, jung, unerfahren und ein Fremdling im fremden Lande, viele hundert Meilen weit von dem in einer der bestbewachten, stärksten Festungen der preußischen Monarchie schmachtenden

Freunde. Aber er wollte lieber alles wagen, als seinen Lehrer verlassen.

Unter angenommenem Namen begab er sich als Student nach Berlin, von wo Spandau nur wenige Meilen entfernt ist. Er machte Bekanntschaft mit Wächtern des Zuchthauses, bestach sie, bereitete in Rostock, einem Hafen an der Nordsee, Schiffsgelegenheit nach England, rüstete im Voraus Eilfuhren von Spandau nach Rostock und — das Werk gelang. Der treue, muthige Schüler brachte seinen hilflosen Lehrer aus dem Zuchthaus nach England. Das geschah im November 1850.

Kinkel ging im nächsten Jahre nach Amerika, wo er in den verschiedenen großen Städten von den Deutschen mit großer Begeisterung aufgenommen, eine Art Triumph-Reise machte und die Anleihe zur Befreiung Deutschlands, wie vor ihm Hecker und noch früher Kossuth für Ungarn betrieb. Schurz, sein Befreier, dessen Name in aller Mund und Herzen war, begleitete den Befreiten auf dieser Reise nicht, zu edel, um Dank oder Ehre für eine der edelsten Thaten zu suchen, die je Menschen gethan haben. Kinkel kehrte 1856 nach London zurück und lebte hier zehn Jahre als Professor und als Redakteur des „Hermann", mußte aber das traurige Schicksal erleben, daß seine Frau durch einen Sturz aus dem Fenster 1858 das Leben verlor. Dann ward er als Professor der Kunstgeschichte nach Zürich in der Schweiz berufen.

In London und in Paris ernährte Schurz sich zwei Jahre als Zeitungs-Korrespondent und als Musiklehrer, dann ging auch er nach Amerika und ließ sich in Watertown, Wisconsin, nieder, nachdem er sich schon in London mit der Tochter eines Hamburger Kaufmannes verheirathet hatte. Seinem ganzen bisherigen Lebenslauf und seiner inneren Neigung gemäß widmete er sich mit Vorliebe der Tages-Literatur und der Politik. Gleich fast allen Achtundvierzigern schloß er sich der republikanischen Partei an. Im Jahre 1856 hielt er

Reden für Fremont. Im Jahre 1858 fand der große politische Zweikampf in Illinois zwischen Stephan Douglas, dem nördlichen (liberalen) Demokraten, und Abraham Lincoln statt, in dem beide sich um die Bundes-Senatoren-Würde des Staates bewarben. Beide bereisten mit einander den Staat als Stumpf-Redner, während das ganze amerikanische Volk mit athemloser Spannung dem Redekampf dieser seiner schärfsten Denker und beredtesten Redner lauschte, denn es handelte sich darum, ob der Nordwesten mit dem Osten vereinigt gegen des Südens Sklaverei vorgehen sollte, oder nicht. Bei diesem Titanenkampfe betheiligte sich auch Schurz und zwar meist schon in englischer Sprache, die er völlig bemeistert hatte. Großes Aufsehen erregte besonders seine Rede in Chicago über den „unvermeidlichen Konflikt". Douglas ward damals gewählt, obwol, alle Stimmen zusammengerechnet, Lincoln eine Mehrheit von 5000 hatte. Es war aber die Eintheilung der Wahlkreise für ihn ungünstig.

Die junge republikanische Partei rüstete sich nun, ermuthigt durch das Resultat dieses Kampfes, auf die bevorstehende Präsidentenwahl. Sie wußte aber, daß sie zu ihrem Siege, besonders im Nordwesten, der deutschen Stimmen bedurfte, und die Deutschen waren bisher in großer Mehrheit mit den Demokraten gegangen, weil diese sich den Einwanderern und ihren politischen Rechten gegenüber stets freundlich gezeigt hatten, während die Whigs, die Vorgänger der Republikaner, stark nativistisch angehaucht waren. Um den Republikanern bei den Deutschen Eingang zu verschaffen, mußte nun der Beweis angetreten werden, daß sie nicht nativistisch gesinnt seien. Gelegenheit dazu bot sich, als im Frühjahr 1859 in Boston das nativistische Zwei-Jahrs-Amendement betrieben wurde, mit der Bestimmung, daß Einwanderer erst zwei Jahre nach Erwerbung des Bürgerrechts stimmfähig sein sollten. Auf Einladung der republikanischen Partei ging nun Schurz nach Boston, dies Amendement zu bekämpfen, welches Auftrages er sich auch bestens erledigte. Noch klarere Stellung nahm die Partei bei ihrer National-Konvention in Chicago, 1860, wo Schurz auch Delegat war, und im Auftrag der Konvention ihrer Platform folgenden Satz einverleibte:

„Die republikanische Partei ist jeder Umänderung der Naturalisations-Gesetze der Union oder irgend eines einzelnen Staates entgegen, durch welche die bisher den Einwanderern aus fremden Landen bewilligten Bürgerrechte verkürzt oder beeinträchtigt werden könnten; sie ist vielmehr dafür, den Rechten aller Klassen von Bürgern, mögen diese eingeboren oder naturalisirt sein, vollen und wirksamen Schutz angedeihen zu lassen, sowol im In- wie im Auslande."

Bekanntlich nominirte diese Konvention Lincoln. Schurz war Glied des Ausschusses, welcher nach Springfield ging, um Lincoln feierlich von seiner Wahl zu benachrichtigen. Eifrig redete er in dem Wahlkampf für ihn, obwol er ursprünglich auf der Konvention nicht für ihn, sondern für Seward gestimmt hatte. Am berühmtesten ist die Rede, die er im August in St. Louis über den „bevorstehenden Untergang der Sklaverei" hielt. In Anerkennung dieser Dienste ernannte Lincoln nach seiner Wahl ihn zum Gesandten in Spanien, und Schurz ging auch wirklich nach Madrid, wo er von der Königin Isabella feierlich empfangen wurde. Es litt ihn aber nicht hier in verhältnißmäßiger Unthätigkeit, während daheim der furchtbare Sezessions-Krieg immer gefahrdrohender und erbitterter sich entwickelte.

Er kehrte zurück und übernahm die Führung einer Brigade unter General Sigel, welcher damals in der Potomac-Armee mitkämpfte. Dadurch hatte er Antheil an drei großen Schlachten: an der zweiten Schlacht am Bull Run, wo die von Pope schlecht geführte Potomac-Armee eine große Niederlage erlitt und Sigel den Rückzug nach Centerville deckte; an der Schlacht bei Chancellorsville, wo General Hooker über den Rapidan zurückgedrängt wurde; und an der Schlacht bei Gettysburg, wo Meade die in Pennsylvanien eingedrungenen Konföderirten zurücktrieb. Bei dieser Hauptschlacht stand Schurz auf der nordöstlichen Seite des in einem Keil auf den steilen Anhöhen aufgestellten Unionsheeres, während der berühmte mörderische Ansturm der Konföderirten unter Picket gegen die südwestliche Seite der Unions-Armee gerichtet war.

Hierauf ward Schurz zum General-Major ernannt, und dann mit Hookers Armeekorps der hartbedrängten Armee des Cumberland unter General Thomas zu Hilfe gesendet, welche in Chattanooga von den Konföderirten belagert wurde. Hier ward seine Division nebst andren über den Tennessee River südwestlich von Chattanooga gesendet und hatte vollen Antheil an dem unvergeßlichen Tagewerk des 24. Oktober, wo die Unions-Truppen den Wauhatchie entlang gegen die am Fuß des Lookout Mountain verschanzten Feinde anstürmten, ihre Stellung wegnahmen und begeistert durch den ersten Erfolg, den steilen Berg aufwärts stürmten, so daß sie wider Erwarten sich des Gipfels bemächtigten. Schurz's Division hatte hier die schwierige Aufgabe, während des Front-Angriffes die Flanke des Feindes zu umgehen, und löste sie glänzend.

Während des Krieges benutzte Schurz jede Gelegenheit, welche sich in den Pausen darbot, um bei großen Volks-Versammlungen im Norden die Gemüther auf die Größe der Aufgabe hinzuweisen, die in nichts geringerem als Aufhebung der Sklaverei bestehe.

Nach Beendigung des Krieges gerieth Schurz in Konflikt mit dem Präsidenten Andrew Johnson, welcher haben wollte, daß die in Rebellion gewesenen Staaten auf dem Civil-Wege wieder in die Union aufgenommen werden sollten, während der Congreß der Ansicht war, daß dies unter Aufsicht der Militär-Behörden geschehen solle. In diesen Konflikt ward Schurz dadurch verwickelt, daß Präsident Johnson ihn nach dem Süden sendete, um das Verhältniß zwischen Weißen und Farbigen dort zu untersuchen. Schurz kam dem nach, aber sein sorgfältig und erschöpfend abgefaßter Bericht fiel nicht nach des Präsidenten Wunsch aus, und derselbe wollte ihn unterdrücken, was jedoch nicht gelang.

In den nächstfolgenden Jahren war Schurz an verschiedenen großen Zeitungen thätig, theils als Korrespondent, theils als Redakteur und Eigenthümer, ohne jedoch dauernde Befriedigung dabei zu finden. Dann machte er eine Reise nach Deutschland, bei welcher Gelegenheit der ehemalige Revolutionär eine denkwürdige Unterredung mit Bismarck hatte. Derselbe Schurz, der vor 17 Jahren einen Zuchthaus-Sträfling befreit hatte, wurde vom ersten Minister als Freund empfangen! So ändern sich die Zeiten.

Bald darauf erwählte die Gesetzgebung von Missouri Schurz zum Bundes-Senator. Er ist der erste eingewanderte Deutsche, der es je zum Bundes-Senator gebracht hat. Aber er sollte noch höher steigen: damals war Grant Präsident. Derselbe machte einen Versuch, die Insel San Domingo den Vereinigten Staaten anzufügen. Unter seiner Verwaltung wurden während des deutsch-französischen Krieges den Franzosen Waffen verkauft. Grant huldigte auch dem Grundsatze, daß er zu seinen Freunden unbedingt stehen müsse. In allen diesen Punkten war Schurz andrer Meinung, und so geschah es, daß er aufhörte, sich ganz zur republikanischen Partei zu halten, sondern erst eine unabhängige Stellung einnahm, dann wesentlichen Antheil an der Bildung einer neuen, der liberal-demokratischen Partei nahm. Diese Partei hielt eine National-Convention in St. Louis, und Schurz ward zu deren Vorsitzer erwählt. Ihr Präsidentschafts-Kandidat jedoch, Horace Greely, ward im Wahlkampf geschlagen.

Im nächsten Frühjahr trat Schurz seine dritte Reise nach Europa an, scheinbar geschlagen und erfolglos. Allein nur scheinbar: Als bei der nächsten Wahl Rutherford B. Hayes Präsident wurde und sich nach gemäßigten Männern umsah, die ihm helfen sollten, in jener Zeit gegenseitiger Erbitterung in versöhnlicher, unparteiischer Weise sein Amt zu verwalten, glaubte er als Minister des Inneren keinen passenderen Mann ernennen zu können, als Karl Schurz, welcher es durch die That bewiesen hatte, daß er für die Grundsätze seiner Partei zwar große Opfer bringen, und daß er für seine Freunde zwar alles wagen könne, daß er sich aber auch die Unabhängigkeit seiner persönlichen Ueberzeugungen zu wahren willig und fähig sei. Und Schurz hat das in ihn gesetzte Vertrauen völlig gerechtfertigt. Ihm und seiner Verwaltung verdanken wir die Idee der Civil Service Reform, die Idee, daß die Aemter nicht eine persönliche Beute für die Anhänger der siegenden Partei sein, sondern von einem fähigen, erfahrenen Beamtenstand verwaltet werden sollten. Man kann freilich nicht erwarten, daß eine solche Idee mit einem male durchdringen sollte, und das ist auch nicht geschehen, denn solche Sachen wollen ihre Zeit haben. Aber daß die Idee im amerikanischen Volke Wurzel geschlagen hat, und daß besonders die deutsch-amerikanischen Bürger die Civil Service Reform für wünschenswerth, für ausführbar und für nothwendig halten, das beweisen die immer wiederkehrenden Aeußerungen in Reden und der Tagespresse zu ihren Gunsten.

Gegenwärtig (1888) wohnt Schurz in New York und beschäftigt sich mit schriftstellerischen Arbeiten. In diesem Fache ist er, was zu wenig bekannt ist, ganz außerordentlicher Leistungen fähig, weil er klar denkt, warm fühlt und deshalb schön schreibt. Als Probe feines Stiles fügen wir das folgende, von ihm „Ueber Musik" geschriebene bei:

„Die Musik ist eine Sprache, die sich nicht in Worte übersetzen läßt; jeder mag sie anders verstehen, aber jeder fühlende

Mensch versteht sie richtig für sich selbst. Für diese Sprache trägt jeder sein eignes Wörterbuch in der eignen Brust, in jedem ruft sie andre Gedanken und Empfindungen wach, aber in allen nur gute.

Ein obscönes Bild oder eine obscöne Sculptur mag unsre Phantasie beflecken, aber noch niemand hat aus Tönen oder Harmonien etwas schlechtes gelernt. Einer Melodie mag man schlechte Worte hinzufügen, aber die Melodie selbst, den Worten entzogen, ist unschuldig. Entkleiden wir die schlüpfrigste Oper von Offenbach ihres Textes, und die Musik mag nichtssagend erscheinen; aber sie sagt nichts, was vom Uebel ist. Die Musik hat viele erhoben; sie hat noch niemand erniedrigt; durch sie ist noch niemand zum Schlechten verführt worden. Sie mag Gefühle erregen, ja Leidenschaften entflammen, aber nur die edlen. Die Musik ist die reinste, die tugendhafteste aller Künste. Sie hebt uns vom Gemeinen hinauf zu dem, was über uns schwebt. Sie ist die Stimme des Unaussprechlichen, die Farbe des Unsehbaren, ihr Genuß läßt kein Flecken, keine Reue zurück. In ihr finden sich die Menschen in ihren reinsten Empfindungen vereinigt."

CI.

Gustav Körner.

Lieutenant-Gouverneur von Illinois.

Gustav Körner, geboren am 20. November 1809, ist der älteste von den hervorragenden Deutschen, die sich am Sezessions-Kriege betheiligten, und nicht zu den sogenannten „Achtundvierzigern" gehören. Dagegen gehört er noch zu den sogenannten „Demagogen". Nachdem er in Jena, dem Hauptherde der revolutionären Bestrebungen in den dreißiger Jahren seine juristischen Studien begonnen hatte, mußte er wegen Verdachtes der

Theilnahme an jenen Bestrebungen vier Monate im Gefängniß sitzen, wurde aber, weil ihm nichts bewiesen werden konnte, wieder freigelassen. Nachdem er sein juristisches Doktor-Examen gemacht hatte, betheiligte er sich an dem Frankfurter Attentat, half die Hauptwache erstürmen und ward dabei leicht verwundet, konnte aber noch entfliehen und wanderte 1833 nach Amerika aus.

Er kam in Begleitung der schon früher in diesem Buch genannten Familie Engelmann, aus welcher er auch später eine Tochter geheirathet hat, nach Belleville, Illinois, studirte dann nochmals englisches und amerikanisches Recht und ward 1835 als Advokat beim höchsten Gerichtshof zugelassen, worauf er dann als Advokat zu praktiziren begann.

Wie sich Körner schon als Student in den „demagogischen" Verbindungen durch Eifer und Fähigkeit ausgezeichnet hatte, und von denselben mit vielen wichtigen Aufträgen und Reisen betraut worden war, so zog er auch als Advokat in kurzer Zeit wegen seines klaren Verstandes und seiner systematisch thätigen Natur allgemeine Aufmerksamkeit auf sich. Wichtige Prozesse wurden ihm anvertraut. In den politischen Kreisen, an deren Arbeiten er von vorneherein den lebhaftesten Antheil nahm, übertrug man ihm ebenso bald höchst ehrenvolle Aufträge. Schon im Jahre 1840, fünf Jahre nach seiner Zulassung als Advokat sandte ihn das Wahlkollegium von Illinois nach Washington, um dort das amtliche Resultat der Präsidentenwahl abzugeben, und hier lernte er die bedeutendsten Staatsmänner jener Zeit kennen. Zwei Jahre später ward er als Glied der Staats-Gesetzgebung erwählt und drei Jahre darauf ward ihm die sehr verantwortliche Stelle als Glied des obersten Gerichtshofes von Illinois zu theil. So hatte also der als völliger Fremdling eingewanderte Student in dem kurzen Zeitraum von zwölf Jahren seit seiner Einwanderung es zu einer der höchsten Stellungen seiner juristischen Profession gebracht.

Allein er sollte noch höher steigen. Im Jahre 1856 ward er von der demokratischen Partei zum Lieutenant-Gouverneur von Illinois mit großer Mehrheit gewählt, und kraft dieses Amtes führte er nun den Vorsitz im Senat. Es wird gesagt, daß er sich hiebei durch seltenen Takt und durch die Richtigkeit seiner Entscheidungen in schwierigen parlamentarischen Fragen großen Beifall erwarb, und daß ihm in seiner Partei die glänzendsten Aussichten bevorstanden. Es traten jedoch bald darauf politische Entwicklungen ein, die ihn seiner Partei entfremdeten. Die Sklavereifrage begann in den Vordergrund zu treten, und gleich vielen deutschen Demokraten jener Zeit fühlte Körner sich getrieben, gegen dieselbe Partei zu nehmen. Die demokratische Partei spaltete sich, und mit Körner, unter seiner Leitung trat eine bedeutende Zahl Deutscher aus ihren Reihen, um sich an der Bildung einer neuen republikanischen Partei zu betheiligen.

Es war natürlich, daß unter solchen Umständen Körner nach Ablauf seines zweijährigen Amtstermins sich wieder ins Privatleben zurück zog, wo sich ihm als praktizirendem Advokaten reichlich lohnende Arbeit bot, aber es war auch natürlich, daß er beim Ausbruch des Sezessions-Krieges alsbald zu den Waffen griff. Als Oberst organisirte er das 43. Illinois Regiment und an der Spitze desselben half er in den sogenannten hundert Tagen, als der Gouverneur von Missouri diesen Staat der Konföderation zuführen wollte, denselben der Union erhalten. Allein sein vorgerücktes Alter von 53 Jahren war den Strapazen im Felde nicht mehr gewachsen, eine langwierige Krankheit nöthigte ihn, seine Offiziersstelle niederzulegen.

Um diese Zeit legte Karl Schurz den Gesandtschaftsposten in Spanien nieder, um im Felde für die Union zu kämpfen. Da glaubte Präsident Lincoln keinen würdigeren Nachfolger finden zu können als Gustav Körner, und dieser nahm die Stelle auch an. Seine Hauptaufgabe am Hof zu Madrid bestand darin, die spanische Regierung von aller direkten oder indirekten Unterstützung der Konföderirten abzuhalten, und das war damals nicht leicht, denn in den ersten Jahren des Bürgerkrieges erlitt die Unions-Armee in Virginien eine Niederlage nach der andren, so daß die europäischen Regierungen wol auf die Meinung kommen konnten, die Konföderation werde sich behaupten, und es lag im Vortheil der europäischen Regierungen, die Zersplitterung der Union und den Sturz der großen Republik zu begünstigen. Bekanntlich löste jedoch Körner seine Aufgabe. Spanien blieb neutral. Es war jedoch mit der dortigen Gesandtschaft ein mißlicher Umstand verbunden. Als Gesandter einer Großmacht mußte Körner viel kostspieliger leben, als sein Gehalt erlaubte, und das bewog ihn, nach zwei Jahren die Stelle nieder zu legen. Wir verdanken seinem dortigen Aufenthalte jedoch noch die Herausgabe eines sehr gut geschriebenen Buches, das in Frankfurt unter dem Titel „Aus Spanien" erschienen ist.

Ueberhaupt hat Körner als Schriftsteller nicht geringes geleistet. Abgesehen von einer großen Anzahl Zeitungs-Artikel, die für englische, für deutsch-amerikanische und für deutschländische Zeitungen aus seiner Feder geflossen sind, hat er ein höchst werthvolles, umfassendes Buch über „Das deutsche Element in den Vereinigten Staaten von Nord-Amerika" geschrieben, das bereits mehrere Auflagen erlebt hat. Auf nahe an fünfhundert Seiten in kleinem Drucke führt er die Leser durch die verschiedenen Staaten der Union und beschreibt das Wirken derjenigen Deutschen, die sich darin ausgezeichnet haben, wobei er sich jedoch auf diejenigen beschränkt, die nach 1818 und vor 1848 eingewandert sind. Einen beträchtlichen Theil der in Körners Buch enthaltenen Thatsachen hat der Verfasser dieses Buches hier verwerthet und nur in einem Punkte hat sich eine von Körners Angaben als vollständig falsch erwiesen. Er sagt nämlich im Vorwort, daß er sich selbst keine scharfe Beobachtungsgabe zutraue! da hat er sich gründlich geirrt.

Seine eingestreuten Bemerkungen lassen überall den scharfen und richtigen Beobachter menschlicher Natur und menschlicher Thätigkeit erkennen, und sein auf solche Beobachtungen gegründetes Urtheil ist um so werthvoller, als es stets in möglichst milder und maßvoller Weise ausgesprochen wird.

Außer den bereits angegebenen Aemtern hat er auch das eines Präsidentschafts-Elektoren für Lincoln und des Vorsitzers der Eisenbahn-Kommission des Staates Illinois bekleidet. Als Schurz und viele andre deutsche Republikaner im Jahre 1872 diese Partei verließen, um unter dem Namen der Liberal-Republikaner sich den Demokraten zu nähern, ward Körner von dieser neuen Partei sowol als von den Demokraten zum Gouverneur von Illinois nominirt, aber ebenso geschlagen wie der große Horace Greeley als Präsidentschafts-Kandidat der gleichen Partei.

Gegenwärtig, 1888, lebt Körner in Belleville, Illinois.

Sein gleichnamiger Sohn Gustav Körner, 1846 in Belleville, Illinois geboren, war mit ihm in Spanien, studirte in Heidelberg die Rechte und ward 1872 als Glied der Gesetzgebung von Illinois erwählt.

CII.

Heinrich Bohlen.

General im Sezessions-Krieg.

Heinrich Bohlen ist geboren am 19. Oktober 1810 in Bremen. Seine Eltern wohnten in Philadelphia, sie entstammten dem berühmten Bremer Handlungshaus Bohl-Bohlen und befanden sich bei Heinrichs Geburt grade auf einer Vergnügungsreise durch Europa. In seinen Jünglingsjahren ward er von den Eltern, nachdem sie ihm in Amerika die zum Kaufmannsstande gehörenden Kenntnisse zu lernen Gelegenheit gegeben hatten, wiederum nach Deutschland gesendet, um seine Ausbildung zu vollenden. Er hatte jedoch eine unwiderstehliche Lust am Soldatenwesen und brachte auch einige Zeit auf einer Kriegsschule in Deutschland zu. Die hier erworbenen Kenntnisse benutzte er bei dem belgisch-holländischen Krieg, in welchem er 1832 an der Belagerung von Antwerpens Citadelle theilnahm. Er war dabei Adjutant des französischen Generals Gerard. Der holländische General Chassee vertheidigte die Citadelle ebenso tapfer, wie die Verbündeten sie muthig angriffen und nach fürchterlicher Beschießung sie erstürmten.

Hier bekam Heinrich Bohlen genug vom Krieg und kehrte nach Philadelphia heim, um sich dem Kaufmanns-Geschäft in seines Vaters großer Handlung zu widmen, auch bald darauf in den Ehestand zu treten.

Nach einigen Jahren friedlichen Geld-Erwerbs erwachte jedoch die Soldatenlust von neuem, nur daß er sich nicht in den Krieg begab, sondern sich das Vergnügen machte, eine Freiwilligen-Compagnie zu bilden, welche auf seine Kosten unterhalten wurde. Und das gefiel ihm so gut, daß er noch eine zweite gründete, welche er dann mit einer stattlichen Musik-Bande von 32 Mann ausstattete, alles auf seine Kosten, wie seine Vermögensverhältnisse es ihm erlaubten. Berühmte Männer gehörten diesen Compagnien an. Erster Hauptmann war Ernst Ludwig Koseritz, der zur Zeit des Frankfurter Attentats 1833 als Würtemberger Oberlieutenant in Ludwigsburg eine weitverzweigte Verschwörung von Offizieren und Unteroffizieren zustande gebracht hatte, um in Würtemberg das neue freie Deutschland zu proklamiren, sobald Frankfurt gewonnen sei. Die Sache ward aber verrathen, Koseritz verhaftet, zum Tode verurtheilt und zur Exekution abgeführt. Schon waren die Gewehre auf ihn angeschlagen, als — er begnadigt ward.

Mit Koseritz diente sein ebenfalls zum Tode verurtheilter Feldwebel Lehr in Bohlens Compagnie. Beim Ausbruch des Krieges in Mexiko, 1846, ward die Soldatenlust wieder unwiderstehlich. Er mußte mit. Bei seinen Vermögens- und Gesellschafts-Verhältnissen konnte er jedoch, wie bei der Belagerung von Antwerpen, als Adjutant im Generalsstab den ganzen Krieg bis zum Einzug in Mexiko mitmachen.

Im Jahre 1854 befand er sich mit seiner Familie auf einer Besuchsreise in Europa, als der Krim-Krieg ausbrach. Da schloß er sich der französischen Armee an und hielt bei ihr aus, bis Sebastopal erobert war. Viel beschwerlicher noch war dieser Feldzug als der mexikanische; höchst ungesund, entbehrungsreich und langwierig war die Belagerung von Sebastopol, aber gerne opferte er alle Annehmlichkeiten des Wohlstands und des Familienglückes, um nur Zeuge von tapferen Kämpfen und Heldenthaten zu sein. Denn nichts schien ihm köstlicher, als für eine gerechte Sache das Leben einzusetzen.

Er lebte darauf ein paar Jahre still und glücklich mit seiner Familie in Holland und gedachte nicht anders, als seine Tage hier in Ruhe zu beschließen, da er schon über 50 Jahre alt war: da schallte über's große Meer der Donner der Kanonen, mit denen die Konföderirten Fort Sumter zusammengeschossen und genommen hatten. Sogleich beschloß er, noch einmal für eine gute Sache, für die Sache der amerikanischen Union das Leben zu wagen. Er kehrte nach Philadelphia zurück, warb dort ein deutsches Regiment, das 75. Pennsylvania, und traf als dessen Oberst damit am 27. September 1861 in Washington ein. Und wie in seinen Freiwilligen-Compagnien zwei zum Tode verurtheilte Freiheitshelden gedient hatten, so diente auch in diesem Regiment Fr. Tiedemann, Sohn von Friedrich Heckers Schwiegervater, der mit ihm im badischen Aufstand zum Tode verurtheilt worden war.

Bald nach seinem Eintreffen in Washington ward Bohlen mit Führung einer Brigade betraut, auch im nächsten Jahre zum wirklichen Brigade-General ernannt, als welcher er Blenkers deutscher Division zugetheilt wurde.

Seine erste Gelegenheit zu heißer Blutarbeit erhielt er in dem viel bestrittenen, oft und wieder eroberten und zurückeroberten Shenandoah-Thale, im nordwestlichen Virginien. Er war am 7. Juli 1862 in der heißen Schlacht bei Croß Keys, wo über 1000 Mann fielen, ohne daß es eine Entscheidung gegeben hätte. Viele deutsche Brigaden kämpften dort unter Fremont. Und alle zeichneten sich durch ihre unverwüstliche Standhaftigkeit aus, denn der deutsche Soldat kann, wie kein andrer, im Feuer stehen. Das wurde auch damals rühmlich anerkannt.

Sechs Wochen später mußte Bohlen, um zu recognoszieren, den Rappahannok mit seiner Brigade überschreiten, er war aber dabei, wie immer, auf seines Lebens Sicherheit nicht bedacht. Nachdem er den Strom überschritten, ward er von vier feindlichen Regimentern mit mörderischem Feuer empfangen. Um die Seinigen zu ermuntern, zog er ihnen voran in die feindlichen Reihen, da durchbohrte ihm eine Feindeskugel die Brust. Seines Lebens Ziel und Ende war gekommen.

Seine Freunde sangen ihm nach aus dem für sein Regiment verfaßten Gesangbuch:

Und opferst du dich auch: wolan!
Vergebens stirbt kein Ehrenmann.

CIII

August Moor.

General im Sezessions-Krieg.

August Moor, am 28. März 1814 in Leipzig, Sachsen geboren, studirte auf der königlichen Forst-Akademie, als 1830 in Paris die Juli-Revolution ausbrach und an mehren Orten Deutschlands, wie auch in Sachsen Unruhen hervorrief. In diese wurde auch der sechzehnjährige Forst-Akademiker verwickelt, mußte lange in Untersuchungshaft und dann in achtmonatlichem Strafgefängniß sitzen.

Im Spätjahr 1833 wanderte er nach Amerika aus und fand in Philadelphia Beschäftigung als Pelzfärber. Hier bildete bald darauf Heinrich Bohlen unter höchst liberalen Geldspenden zwei deutsche Freiwilligen-Compagnien, in welchen manche politische Flüchtlinge, wie Koseritz und Lehr Offiziersstellen inne hatten. Auch Moor schloß sich ihnen an und wurde Lieutenant. Dadurch ward seine Lust am Soldatenleben so verstärkt, daß er im Jahre 1836 sich einer Freiwilligen-Dragoner-Compagnie anschloß, um den kühnen Seminolen-Häuptling Osceola in Florida bekämpfen zu helfen, welcher sich dem von Jackson erzwungenen Vertrag zur Auswanderung nicht anschließen wollte. Moor ward Oberlieutenant, aber Ruhm war dabei nicht zu holen. In den undurchdringlichen Sümpfen südlich vom Okeechobee-See spotteten die hinterlistigen Indianer und Halbneger aller Kriegsführung, bis, 1837, Osceola durch Verrath gefangen wurde.

Darauf ging Moor nach New Orleans, und als er hier keine passende Beschäftigung fand, den Mississippi aufwärts nach Cincinnati, wo er eine Bäckerei und Wirthschaft übernahm und auch guten Verdienst dabei hatte.

Als jedoch 1846 der mexikanische Krieg ausbrach, ließ er sein gutes Geschäft wieder liegen, um als Hauptmann eine deutsche Freiwilligen-Kompagnie zu bilden. Auch das entmuthigte ihn nicht, daß bei der ersten Einmusterung seine Kompagnie zu Gunsten andrer nicht-deutscher zurückgewiesen wurde. Er beharrte und konnte doch nach als Hauptmann den Krieg mitmachen, als derselbe sich langwierig herausstellte. Rasch ward er wegen Tapferkeit in mehren Gefechten zum Obersten befördert.

Darauf war er einige Jahre General-Major der Ohio Miliz in Friedenszeit, was ihm jedoch nicht zusagte, weil es da mehr Offiziere als Soldaten gab.

Beim Ausbruch des Sezessions-Krieges organisirte er als Oberst ein deutsches Regiment, hatte aber wenig Gelegenheit sich auszuzeichnen, da er seine ganze Dienstzeit in West-Virginia und dem Shenandoah-Thal zubringen mußte. Jedoch vertraute man ihm beständig die Führung einer Brigade an, machte ihn auch schließlich zum Brigade-General. Wäre er nicht ein Deutscher gewesen, und hätte er mehr Schmiegsamkeit und weniger von der ihm eignen ernsten Zurückhaltung gezeigt, welche oft als Stolz angesehen wurde, so wäre er vielleicht höher aufgerückt.

Nach dreijähriger Dienstzeit nahm er seinen Abschied.

CIV.

Hugo Wangelin.

General im Sezessions-Krieg.

Hugo Wangelin ist im Jahre 1818 von einer altadligen Familie von Mecklenburg geboren. Sein Vater stand als Hauptmann in sächsischen Diensten, hat den Feldzug in Rußland mitgemacht und ist in Folge von den dort erlittenen Strapazen frühe gestorben, als Hugo erst sechs Jahre alt war. Mit seinen älteren Brüdern erhielt er eine militärische Erziehung. Jene waren Offiziere in preußischen Diensten, als die Mutter im Jahre 1834 mit den jüngeren Söhnen nach Amerika auswanderte, wo sie sich auf einer Farm nahe bei Cleveland, Ohio, niederließ. Ein älterer Bruder Hugo's ward 1847 Mitbegründer der „Cleveland Germania", aus der später der „Anzeiger" entstanden ist.

Hugo folgte 1839 einigen seiner Freunde nach St. Clair County, Illinois, und trieb hier verschiedene Geschäfte, bis der Ausbruch des Sezessions-Krieges in ihm die alten Soldaten-Gedanken wieder erweckte, und er als Major in Osterhaus' Regiment trat. Als im März 1862 General Sigel den Sieg bei Pea Ridge erfocht, ward Osterhaus zum Brigade-General befördert und Wangelin rückte in seine Stelle als Oberst. Das 12. Illinois Infanterie-Regiment, welches er zuerst als Oberst, bald aber als Befehlshaber der ganzen Brigade kommandirte, hatte überhaupt an sehr vielen wichtigen Gefechten Theil. Nach Sicherung Missouri's diente es unter Grant vor Vicksburg und verlor beim Sturm auf diese Feste im Mai 1863 ein Drittel seiner Mannschaft. Dann focht es bei Chattanooga mit, half das Lookout-Gebirge erstürmen, und als der Feind sich zurückzog, half es denselben bei Ringgold einholen. Dies war eines der blutigsten Treffen des ganzen Krieges, auch Wangelin's Regiment litt fürchterliche Verluste, und er selbst, der bisher stets ohne Verwundung davon gekommen war, büßte seinen linken Arm ein. Vier Monate brauchte die Heilung der Wunde, dann trat er muthig wieder in den Dienst unter Sherman und kämpfte wacker unter ihm um Atlanta, bis die Dienstzeit des Regiments abgelaufen war. Er wurde als Brigade-General entlassen, im September 1864.

Während nun Sherman seinen weltberühmten Zug von Atlanta nach Savannah antrat, benutzten die in seinem Rücken zurückgelassenen Konföderirten die Zeit, um Tennessee und Missouri zu bedrohen. Tennessee ward von Thomas wacker und erfolgreich vertheidigt, aber Missouri, das schon sehr viel von Raub- und Brandzügen der Südlichen gelitten hatte, war fast von Truppen entblößt. Da ward ein Aufgebot von Freiwilligen auf hundert Tage zum Schutz Missouri's erlassen und als Oberbefehlshaber derselben General Wangelin ernannt. Indessen ward aus dem Einfall der Konföderirten diesmal wenig oder gar nichts, und die Freiwilligen, welche zahlreich in St. Louis zusammengeströmt waren, wurden wieder entlassen.

Nach Beendigung des Krieges ward Wangelin Postmeister in Belleville, Ill., und genoß wegen seines anspruchslosen und zuverlässigen Charakters allgemeine Achtung.

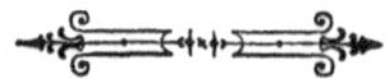

CV.

Peter Joseph Osterhaus.

General-Major im Sezessions-Krieg.

Peter Joseph Osterhaus ist um's Jahr 1820 in Koblenz, Rheinpreußen geboren und ward für den Offiziersdienst in der preußischen Armee erzogen, hat auch kurze Zeit eine Offiziersstelle in derselben inne gehabt, wanderte aber um's Jahr 1850 nach Amerika aus und ließ sich in Lebanon, nicht weit von St. Louis nieder. Hier erwarb er sich in kurzer Zeit das Zutrauen seiner Mitbürger in so hohem Grade, daß man ihn beim Ausbruch des Sezessions-Krieges 1861 zum Major im 2. Missouri Freiwilligen Regiment machte. Als solcher nahm er an den ersten Kämpfen um Erhaltung Missouri's in der Union thätigen Antheil. Am 2. August 1861 focht er unter General Lyons bei Dug Springs und half ihm den konföderirten General McCulloch besiegen und die Stadt Springfield schützen. Acht Tage später machte er das unglückliche Gefecht an Wilson's Creek mit, wo General Lyons den Heldentod fand und General Sigel, an die Spitze der kleinen Armee gestellt, den meisterhaften Rückzug bewerkstelligte.

Bei diesen Gelegenheiten zeichnete Major Osterhaus sich so vortheilhaft aus, daß er bald darauf als Oberst mit der Bildung des 12. Infanterie Regimentes beauftragt wurde, welches fast ganz aus Deutschen bestand. Dies Regiment, welches drei volle Jahre im Felde war, und achtundzwanzig Schlachten und Gefechte mitgemacht hat, soll eines der besten in der Unions-Armee gewesen sein. In der Schlacht bei Pea Ridge, in Arkansas, nicht weit von Missouri, wo

11,000 Unions-Truppen in dreitägigem Ringen mit einem doppelt so starken Feinde denselben so zurückschlugen, daß seitdem Missouri von ferneren Invasionen befreit war, zeichnete dies Regiment sich ganz besonders aus. In dieser Schlacht, im März 1862, kommandirte Osterhaus schon eine ganze Division, ward jedoch erst drei Monate später zum Brigade-General ernannt, obwol er sowol vorher, wie bald nachher stets eine Division befehligte. Im Januar des nächsten Jahres half er der Mississippi Flotilla die stark befestigte Stadt Arkansas Post, am Arkansas Fluß erstürmen, welche von 5000 Konföderirten vertheidigt wurde.

Nun wurde seine Division der Armee des General Grant zugetheilt und belagerte unter ihm Vicksburg. General Grant schonte bekanntlich seine Truppen nicht, sondern wenn es ihm nothwendig schien, ließ er sie in der allerverwegensten Weise gegen die festesten Stellungen des Feindes anstürmen. Auch Vicksburg suchte er, ehe er zur regelrechten Belagerung schritt, im Mai 1863 durch Sturmläufe seiner Divisionen vergeblich zu gewinnen, wobei Osterhaus' Soldaten ein volles Drittel ihrer Kameraden auf dem blutigen Schlachtfeld ließen.

Von hier folgte General Osterhaus nach der Uebergabe von Vicksburg dem General Grant zum Entsatz von Chattanooga. Er hatte sich das Vertrauen desselben durch seine Unerschrockenheit, Besonnenheit und Zuverlässigkeit in so hohem Grade erworben, daß dieser ihm ein ganzes Armee-Corps, das 15. zur Führung übergab. Hiermit machte er unter Hooker den berühmten Angriff auf den Lookout-Berg mit, welcher ursprünglich nur eine Demonstration zu Gunsten des in der Front angreifenden General Sherman sein sollte, aber mit dem historisch denkwürdigen „Kampfe in den Wolken", auf dem Gipfel des so unerwartet eroberten steilen Berges endete. Osterhaus' Division allein verlor hiebei über 400 Mann.

Im nächsten Jahre war General Sherman sein Oberbefehlshaber, indem er an dessen berühmten Zuge von Atlanta nach Savannah theil nahm. Sherman hatte aber eine nicht minder große Meinung von ihm als Grant, und ließ ihn während des ganzen Zuges im Oberbefehl über das 15. Armee-Corps. Am 7. Mai 1864 zog er mit Shermans Armee von Chattanooga aus und drängte unter beständigen Gefechten das konföderirte Heer bis Atlanta. Hier gab es Ende Juli wieder eine Reihe von blutigen Gefechten, die damit endeten, daß die konföderirte Armee sich wieder nördlich nach Tennessee wendete, um Sherman nach sich zu ziehen. Der aber ließ sich nicht irre machen, blieb in Atlanta bis anfangs November und zog dann quer durch's Feindesland bis zum Ozean nach Savannah, welches er im Dezember einnahm. Bei allen diesen Zügen führte Osterhans sein Armee-Corps mit solchem Geschick, daß er, während die Armee vor Atlanta stand, zum General-Major ernannt wurde.

Im folgenden Jahre ward er der Armee des General Canby, jenseit des Mississippi zugetheilt, welcher ihn zum Chef seines Stabes machte. In dieser Eigenschaft kontrollirte er im Mai 1865 die Kapitulation der letzten konförderirten Armee unter Kirby Smith.

Nach Beendigung des Krieges ward er zum Konsul in Lyons, Frankreich, ernannt.

CVI.

Julius Raith.

Gefallen im Sezessions-Krieg.

Julius Raith, geboren im Jahr 1820 in Göppingen, Würtemberg, besuchte eine dortige Gewerbsschule und hatte die obersten Klassen derselben erreicht, als seine Eltern nach Amerika auswanderten und sich bei Belleville, Illinois, auf dem Lande niederließen. Nach kurzer Zeit trat er bei einem Mühlenbauer in die Lehre, und war, als 1846 der mexikanische Krieg ausbrach, bereits ein geschickter Mühlenarbeiter.

Man wählte ihn zum Lieutenant im zweiten Illinois Freiwilligen Regiment, er ward aber bald Hauptmann und machte als solcher den ganzen Feldzug mit. In der Schlacht bei Buena Vista zeichnete er sich besonders durch Muth und Besonnenheit aus. Seine Kameraden schätzten ihn wegen seiner Leutseligkeit, seine Obern wegen seiner Treue und Dienstfertigkeit.

Nach beendetem Kriege kehrte er zu seinem Mühlengeschäft zurück und erlangte den Ruf eines der geschicktesten Mühlenbauer. Viele der größesten Dampfmühlen im südlichen Illinois sind von ihm gebaut. Zuletzt baute er in Gesellschaft mit einem Theilhaber eine eigne Dampfmühle, und setzte sie in Betrieb. Da brach der Sezessions-Krieg aus, und man wählte ihn als Oberst des 43. Illinois Regiments. Sein Regiment ward erst gegen die Streifzüge der Konföderirten in Missouri verwendet, dann stieß es zu Grant. Aber schon nach kurzer Zeit, am 6. April 1862 traf ihn bei Shilo eine feindliche Kugel, während er eine Brigade führte, und wenige Tage darauf ist er gestorben und unter großer Betheiligung begraben.

CVII.

Adolph von Steinwehr.

General im Sezessions-Krieg.

Adolph Wilhelm August Friedrich von Steinwehr, geboren am 25. September 1822 zu Blankenburg, Braunschweig, entstammte einer Familie, die seit mehren Geschlechtern dem höheren Offiziers-Stand angehörte. Er erhielt deshalb, nach Beendigung seiner Gymnasial-Studien seine fernere Ausbildung in einer Kadettenschule und ward dann Lieutenant.

In jenen Zeiten war der Garnisondienst in Friedenszeiten sehr eintönig, und bei der großen Zahl von niederen Offizieren war die Aussicht auf Beförderung äußerst gering, weshalb eine große Zahl von deutschen Offizieren in Spanien, in der Türkei und allerlei mit Krieg heimgesuchten Ländern Dienste zu suchen pflegte. So kam es, daß beim Ausbruch des amerikanisch-mexikanischen Krieges, 1846, Steinwehr nach den Vereinigten Staaten eilte und auch wirklich in Alabama Gelegenheit fand, einem Regiment Freiwilliger beizutreten, in welchem er als Offizier gewählt wurde und dann den Feldzug unter General Winfield Scott mitmachte, und unter ihm Vera Cruz erobern und von hier aus in den an glorreichen Kämpfen reichen sechs Monaten bis in die Hauptstadt eindringen und den Krieg beenden half.

Es waren damals nicht wenige in Deutschland geborene unter den Offizieren der amerikanischen Armee in Mexiko, Männer wie Christian Kribben und Heinrich Bohlen leisteten nicht mindere Dienste als Steinwehr, aber zu höheren Stellungen rückte keiner von ihnen hinauf, hauptsächlich wol aus dem Grunde, daß damals das deutsche Element in

Amerika überhaupt noch wenig allgemeine Anerkennung genoß. So kam es, daß selbst ein so gründlich ausgebildeter Offizier wie Steinwehr war, und ein so tapferer und umsichtiger Soldatenführer, als der er sich später zeigte, wenig Beachtung fand. Vergeblich bemühte er sich nach Friedensschluß mehre male um Anstellung als Offizier in der regulären Armee: das höchste, was er erreichen konnte, war eine Anstellung als Landmesser bei der Küstenvermessung.

Als der Sezessions-Krieg ausbrach, lebte Steinwehr, der sich unterdeß mit einer englischen Amerikanerin verheirathet und vier Jahre darauf mit derselben eine Reise nach Deutschland gemacht hatte, auf einem Landgut in Connecticut. Er begab sich sogleich nach New York, um ein deutsches Regiment, das neunundzwanzigste New Yorker zu organisiren, was auch so schnell gelang, daß dieses und das achte, ebenfalls deutsche, unter Oberst Blenkers Führung schon im Mai in Washington erscheinen und die bedrohte Hauptstadt schützen half. Mit demselben Regiment zusammen bildete das seinige bei der schmachvollen ersten Schlacht von Bull Run die Reserve, und stemmte durch seine feste Haltung das jähe Nachdringen der siegreichen Konföderirten.

Darauf wurden beide, Blenker und Steinwehr zu Brigade-Generalen ernannt, es wurde aber ihm, dem erprobten und geschulten Offizier kein so angenehmer Auftrag, wie Blenkern, welcher während des ganzen Winters in Washington mit dem Fürsten von Salms-Salms und andren fröhlichen Stabs-Offizieren das Leben genoß, sondern er mußte hinaus ins rauhe Leben über die unwirthlichen Gebirge, um mit dem General Fremont das Shenandoah-Thal zu befreien und den dort eingedrungenen womöglich den Rückzug abzuschneiden. Bei Croß Keys jedoch gelang es denselben in dem bekannten hitzigen Gefecht am 7. Juni 1862 durchzubrechen. Dieses Treffen mit all den vorhergehenden aufreibenden Märschen und Gegenmärschen und mangelhafter

Verpflegung kostete Steinwehrs Brigade fast erschöpfende Verluste.

Nun ward er mit seiner Brigade zwar der Potomac-Armee unter General Sigels Befehl zugetheilt, wo es bessere Verpflegung und weniger Wintermärsche gab, aber mörderische Schlachten gab es deshalb nicht weniger, und leider endeten sie alle in Niederlagen.

Die Potomac-Armee unter McClellan war unterdessen von Richmond schmählich zurückgetrieben, auch der General Blenker, der übrigens den Frühsommerfeldzug im Shenandoah-Thale mitgemacht hatte, war wegen angeblicher Veruntreuung aus den Reihen der Generäle verschwunden. Pope ward nun als Oberbefehlshaber ernannt und verlor die zweite Bull Run Schlacht, Burnside die von Fredericksburg, Hooker die von Chancellorsville, und alle diese großen Schlachten machte Steinwehr mit. Bei der letzten zeichnete er sich durch den festen Stand aus, den seine Division einnahm und dadurch dem rechten, in Unordnung gerathenen Flügel Zeit gab, sich wieder zu ordnen.

Zwei Monate später ward die dreitägige Schlacht bei Gettysburg geschlagen. Auch hier zeichnete sich Steinwehr durch die feste Haltung seiner Division äußerst vortheilhaft aus. Sie gehörte zu Howards Corps, dem elften, welches den berühmten Cemetery Hill inne hatte. Nach dem großen Siege von Gettysburg änderte sich endlich der ganze Karakter des Krieges. An Stelle der beständigen Niederlagen trat nun ein beständiges Vorrücken. Einer der herrlichsten solcher Angriffs-Siege war die Erstürmung der feindlichen festen Positionen von Chattanooga, auf den wolkenhohen, steilen Gebirgszügen des Lookout Mountain und der Missionary Ridge. An diesen beiden Siegen hatte Steinwehrs Division, welche nach der Schlacht von Gettysburg dorthin gesendet wurde, ehrenvollen Antheil.

In den letzten Zeiten des Krieges konnte Steinwehr keinen

thätigen Antheil mehr am Feldzug nehmen, indem seine Gesundheit geschwächt war. So mußte denn der erst fünfundvierzigjährige Mann dem Lieblingswunsch und Hauptziel seines Strebens, einer Anstellung in der regelmäßigen Armee der Vereinigten Staaten, mit widerstrebendem Herzen entsagen, obwol seine ausgezeichneten Kenntnisse und die soldatische Entschlossenheit seines Wesens ihn dazu als besonders geeignet erwiesen hatten. Er hat sich dann mit literarischen Arbeiten beschäftigt, wobei er sich in Albany, der Hauptstadt von New York, in Philadelphia und in New Haven aufhielt. Durch seine Militärschule und durch seine Beschäftigung bei der Küstenvermessung ward ihm die Abfassung geographischer Werke und Zeichnung von Karten besonders nahe gelegt, und als Frucht dieser Arbeit ist eine Schul-Geographie mit Karten von ihm erschienen, welche nach wenigen Jahren eine zweite Auflage erlebte. Er hat auch in dem bekannten großen Stieler'schen Atlas die Karten von Amerika gezeichnet. Gar oft findet in amerikanischen Schulen auf den Karten sich Steinwehr's als des Zeichners Name. Dann machte er sich an die Herausgabe einer großen Karte von den Vereinigten Staaten in Nord-Amerika in zweiunddreißig Platten, welche er in Schottland einem berühmten Kupferstecher zur Herstellung übergab. Da ereilte ihn auf der Reise in Buffalo der Tod am 24. Februar 1877. Er starb ohne Kampf im Lehnstuhl sitzend, die Feder in der Hand, mit der er eben einen Brief an seine Tochter in Koblenz schrieb. Seine Familie hielt sich damals dort auf.

Er ward mit hohen militärischen Ehren zur letzten Ruhe geleitet.

H. Rattermann, der treffliche Geschichtschreiber der Deutsch-Amerikaner, sagt von ihm:

„Er war ein Soldat im wahren Sinne des Worts, und ein Edelmann, nicht blos dem Namen und der Geburt nach, sondern auch in der That. Einen angenehmeren und interessanteren Gesellschafter als Herrn von Steinwehr konnte man sich in Wirklichkeit nicht vorstellen. Er war ein Mann von hervorragender Bildung, von kavaliermäßigem Benehmen und überaus geistreich in jeder Gesellschaft."

CVIII.

August Kautz.

General-Major im Sezessions-Krieg.

August V. Kautz ist im Jahre 1828 in Pforzheim, Baden geboren. Seine Eltern wanderten, als er noch jung war, nach Amerika aus, und wohnten in Ripley, im südlichen Ohio, als im Jahre 1846 der mexikanische Krieg ausbrach und Freiwillige dazu aufgerufen wurden.

Auch der junge Kautz trat in ein Freiwilligen-Regiment, aber jung wie er war, erst achtzehnjährig, und ohne förderliche Bekanntschaften, war er froh, daß man ihn nur als Gemeinen annahm. Von festem Körperbau, munterm Geist und strebsamen Karakter suchte er nicht allein in dem Anblick der vielen neuen Gegenden in Mexiko, oder im Genuß des fröhlichen Lagerlebens, oder in der Aufregung von Kampf und Abenteuer seine Befriedigung, sondern wollte etwas rechtes werden, und dazu bedurfte er Kenntnisse und Karakter. Von Deutschland hatte er eine gute Elementar-Schulbildung mitgebracht, und darauf bauend benutzte er alle freie Zeit, um sich mit den Regeln der Disziplin und des Exerzitiums bekannt zu machen. Seinen Karakter bildete er durch gewissenhafte Uebung in Befolgung aller Vorschriften und treuer Ausführung jedes Auftrages. Er ward Soldat in seinem ganzen Wesen. So kam es, daß er nicht allein viele Gefechte und Schlachten mitmachte, wir nennen hier nur Monterey, sondern sich auch das Vertrauen der Oberen in hohem Grade erwarb, so daß er, der als Gemeiner unter den Freiwilligen eingetreten war, nach Schluß des Krieges eine Offiziers-Stelle in der regulären Armee der Vereinigten Staaten erhielt, obwol er in keiner hiesigen Kriegsschule studirt hatte.

Und der Erfolg bewies, daß man in ihm sich nicht getäuscht hatte. Er, der Fremdling, behauptete sich nicht allein in seiner Stellung, sondern rückte zum Kavallerie-Kapitän vor. Diesen Rang nahm er beim Ausbruch des Sezessions-Krieges ein.

Bei der Organisation der Potomac-Armee übertrug man ihm das Kommando eines Kavallerie-Regimentes, und in dieser Eigenschaft machte er den ganzen Feldzug auf der Halbinsel mit. Hier bewährte er sich als ein Offizier, dessen Regiment stets in guter Bereitschaft und Zucht war, und als ein schneidiger Führer, der durch unvorhergesehene Widerwärtigkeiten nie verblüfft, sondern nur zu desto größerer Findigkeit und Tapferkeit angeregt wurde. Er ward deshalb zum Oberst und darauf zum Befehlshaber der zum dreiundzwanzigsten Armee-Corps gehörigen Kavallerie erhoben.

Im May 1864 kommandirte Kautz eine Division Kavallerie in Norfolk und Portsmouth, Virginia, als Grant, nach den blutigen Schlachten in der Wildniß mit seiner Hauptarmee auf Richmond losging und zwei Seiten-Bewegungen, die eine durch Sigel im Shenandoah-Thale, und die andre durch Butler auf der Halbinsel machen ließ. Dieser letzteren war Kautz mit seiner Kavallerie zugetheilt.

Am 4. Mai setzte sich General Kautz von Suffolk aus nordwärts in Bewegung, während Butler von Yorktown aus Scheinbewegungen gegen den York River machte, um seine eigentliche Absicht auf den James River zu verdecken. Kautz konnte seinen Zug, ohne auf einen Feind zu stoßen, vollenden, aber Gen. Butler ward, nachdem auch er zuerst gute Fortschritte gemacht hatte, auf Bermuda Hundred zurückgeworfen und auf dieser, durch den James River gebildeten Halbinsel eingeschlossen, „eingebottelt", wie man es nannte.

Damit war der ganze Heerestheil zur Unthätigkeit gezwungen, bis, nach den verunglückten Angriffen auf Cold Harbor, General Grant Mitte Juni mit seiner ganzen Armee am York River erschien und einen Vorstoß zur Einnahme von Petersburg machte. Der Angriff geschah in drei Kolumnen. Kautz's Kavallerie machte den Anfang. Man kam zuerst an eine Linie von Schützengräben, beschützt durch eine leichte Batterie. Dagegen konnte natürlich die Kavallerie nichts machen, sondern mußte sich seitwärts ziehen und zur Deckung der Angreifer bereit bleiben. Diese erstürmten denn auch während des Tages einen bedeutenden Theil der Vertheidigungslinien.

Nachdem man sich überzeugt hatte, daß Petersburg selbst jetzt nicht erstürmt werden könne, begannen die bekannten Flankenbewegungen. Grant dehnte seine Stellungen immer weiter im Westen von Petersburg aus, um von da nördlich vordringend Petersburg von Richmond abzuschneiden. Die erste dieser Bewegungen ward am 21. gemacht, mit dem zweiten und dem sechsten Corps. Während diese vordrangen, ward Kautz befehligt, die Weldon und Southside Eisenbahnen zu durchschneiden. Leider mißlang der Angriff jener beiden Armee-Corps großentheils. Die Kavallerie jedoch hatte glänzenden Erfolg. Die Weldon-Bahn zerstörte sie bei Ream's Station, die Southside-Bahn von Burkesville bis Nottoway, etwa dreißig Meilen. Auf dem Rückweg fand sie Ream's Station nach dem Fehlschlag des Hauptangriffs bereits in Feindeshand und konnte sich nur mit der größesten Mühe und mit bedeutendem Verlust durchschlagen.

Von jetzt an hatte Kautz' Reiterei beständig Arbeit. Während die Hauptarmee die schwere Arbeit that, mußte die Kavallerie in der Flanke, ja zum Theil im Rücken der Feinde operiren, oft von allen andren Heerestheilen abgeschnitten, sich durch unbekannte Regionen schlagen, um des Feindes Verbindungen und Vorräthe zu zerstören. Und so kühn und umsichtig benahm Kautz sich dabei, daß man ihn zum General-Major beförderte.

Als endlich im Frühling 1865 das Ende nahte, und die Konföderirten sich aus Richmond ins Innere der Carolinas zurückziehen wollten, um in den Gebirgen noch den verzweifelten Kampf fortzusetzen, da hatte noch die Kavallerie den letzten, wichtigsten Theil der Arbeit zu vollbringen. Schnell vordringend schnitt sie ihnen den Rückzug ab und machte der langen, bangen Qual ein Ende.

Nach Beendigung des Krieges ist General Kautz bei der regulären Armee verblieben und hat eine, seinem hohen Range angemessene Stelle erhalten.

CIX.

Gottfried Weitzel.

General-Major im Sezessions-Krieg.

Gottfried Weitzel ist am 1. November 1835 in Würzlen in der Rheinpfalz geboren, von wo seine Eltern einige Jahre später nach Amerika auswanderten und sich in Cincinnati niederließen. In den dortigen Schulen zeigte er solchen Fleiß und solche Gaben, daß ihm eine Kadetten-Stelle in der Militär-Akademie in Westpoint ertheilt wurde. Er bezog die Akademie 1851 und graduirte vier Jahre später mit den höchsten Ehren, so daß ihm eine Lieutenants-Stelle im Corps der Ingenieurs gegeben wurde, wo man nur die besten Kräfte brauchen kann. Auch zeigte es sich bald, daß man ihn keineswegs überschätzt hatte, denn schon nach wenigen Jahren konnte er zum Hauptmann befördert werden.

Als der Sezessions-Krieg ausbrach, ward er dem Corps des General Butler zugetheilt. Dieser energische General, nachdem er als einer der ersten mit seinen drei Regimentern Baltimore gesichert hatte, bekam das Kommando in Fortreß Monroe, machte aber schon im August 1861 die Expedition gegen Fort Hatteras in Nord-Carolina mit und half diesen wichtigen Platz dauernd besetzen. Dann eroberte er im April 1862 New Orleans mit seiner Land-Armee, während Farragut mit der Flotte operirte. Hier leistete Weitzel als Ober-Ingenieur besonders wichtige Dienste. Bekanntlich konnte Butler in New Orleans nicht bleiben, weil er als zu strenge galt und man die Bevölkerung durch Milde gewinnen wollte. Er ward abberufen und Banks ward im Dezember 1862 sein Nachfolger. Nun trat Weitzel aus dem Stabe und übernahm als Brigade-General die Führung mehrer Regimenter. General Banks, welcher sich im Shenandoah-Thale keine Lorbeeren erworben hatte, war anfangs in Louisiana sehr erfolgreich im Felde. Er belagerte das starke Port Hudson, nach dem Falle von Vicksburg die letzte Festung der Konföderirten am Mississippi, und eroberte sie wenige Tage nachdem Vicksburg gefallen war. Dann besetzte er ganz Louisiana und einen großen Theil von Texas. An diesen Bewegungen hatte Weitzels Brigade ruhmreichen Antheil. Als Banks aber im März 1864 versuchte, die Stadt Shreveport am Red River, über 500 Meilen vom Mississippi, durch drei dagegen entsendete Heerestheile zu nehmen, erlitt er eine schwere Niederlage, und auch hieran hatte Weitzel sein Theil.

Banks gab nun die Thätigkeit im Felde auf und befestigte mit besserem Erfolge die bürgerliche Ordnung in New Orleans. Ein großer Theil seiner Truppen, darunter auch Weitzels Brigade, ward deshalb durch den neuen Oberbefehlshaber, General Grant, nach dem Norden zurückbeordert und gegen den Schluß der Operationen vor Richmond, speziell Petersburg, ward Weitzel als einziger deutscher Offizier höheren Ranges der Potomac-Armee einverleibt. Man hielt ihn, weil er in Westpoint studirt hatte, für einen geborenen Amerikaner. Er erhielt den Rang eines General-Majors und den Oberbefehl über eine Division, die zum Theil aus Farbigen bestand, welche sich übrigens bei mehren Gelegenheiten gut schlugen.

Jedoch gehörte seine Division nicht zur eigentlichen Potomac-Armee, sondern zu dem Heerestheil, der unter Butler die Halbinsel aufwärts nach Richmond vordringen sollte. Da diente also Weitzel wieder unter seinem alten Oberbefehlshaber.

Nachdem Butler bei Bermuda Hundred gelandet war und den Marsch nach dem James River quer über die Halbinsel angetreten hatte, ward er am 16. Mai von den Konföderirten bei starkem Nebel unvermuthet angegriffen. Eine ganze Brigade ward von ihnen auseinander geworfen, als sie aber dann gegen Weitzels Division heranrückten, wurden sie fest zurückgeworfen. Weitzel hatte am Tage vorher eine Masse Telegraphendraht an Ort und Stelle gefunden und hatte diesen von Baum zu Baum nahe am Grund vor seinen Linien befestigt. Das brachte die Angreifer zu Fall, so daß sie leicht geschossen wurden. Durch diesen festen Widerstand gewann Butler Zeit, sich hinter die Verschanzungen von Bermuda Hundred zu retten.

Die nächsten Monate mußte Weitzel in ziemlicher Unthätigkeit verbringen, auch während der Flanken- und andren Bewegungen kamen seine Brigaden nicht ins Gefecht, sondern mußten fast alle Zeit in den Schanzen am James River zubringen. Aber General Weitzel scheint sich doch das Vertrauen des Obergenerals als ein zuverlässiger und sorgfältiger Mann erworben zu haben. Denn als nach Beendigung aller

Vorkämpfe im April der letzte entscheidende Kampf angeordnet wurde, übertrug Grant dem General Weitzel den Oberbefehl über alle am James River zurückbleibenden Truppen, und es ward ihm zur Pflicht gemacht, gute Ausschau zu halten und zu beobachten, ob der Feind im Norden von ihm irgend welche Zeichen von Schwäche gebe, in welchem Falle Weitzel sogleich gegen Richmond vorrücken solle. So lautete der Tagesbefehl vom 24. März.

Es war am Montag den 3. April, daß General Weitzel, als eben der Morgen graute, von Richmond her großes Geschrei und dumpfe Detonationen hörte und gleich darauf den Himmel mit rothem Feuerschein überzogen sah. Er befahl seiner Kavallerie vorzurücken und fand Richmond verlassen. Die Nachhut der fliehenden Konföderirten hatte die eisengepanzerten Schiffe im Strom und die Brücken gesprengt, um die Verfolgung aufzuhalten, sie hatten außerdem die mit ungeheuren Vorräthen von Taback gefüllten Waarenhäuser angezündet und hatten einen großen Theil der Stadt dem Feuer-Dämon überliefert. Schnell rückte nun Weitzel mit seinen Truppen nach und befahl ihnen, das Feuer zu löschen, was sie auch redlich thaten, nicht jedoch, ohne daß es vorher großen Schaden gethan.

Und so ist es gekommen, daß ein geborener Deutscher es war, der die ersten Regimenter der Unions-Armee in die lange umstrittene Hauptstadt der Konföderirten führte. Dann wieder, kurze Zeit darauf, als Präsident Lincoln in Richmond einzog, war General Weitzel es, der an seiner Seite ritt, ein treuer Repräsentant der vielen deutschen Soldaten, Offiziere und Generäle, welche dies Ziel hatten erreichen helfen.

General Weitzel nimmt noch jetzt eine hohe Stelle im Ingenieur-Corps der regelmäßigen Armee ein.

Rückblick.

Indem wir hiermit die Lebensbeschreibungen derjenigen berühmten Deutschen beschließen, welche im Sezessions-Krieg für die Union gekämpft und geblutet haben, können wir nicht unterlassen, zur besseren Uebersicht deren Namen noch einmal zusammenzustellen:

Elf Generäle haben wir genannt und sieben General-Majore.

General Adolph Engelmann fiel ruhmreich bei Shiloh.

General August Willich siegte bei Bowling Green und rettete Kentucky für die Union.

General Ludwig Blenker schützte die Flucht nach der Schlacht am Bull Run.

General Friedrich Hecker focht tapfer im Osten und im Westen.

General Karl Eberhard Salomo half Missouri für den Westen erhalten.

General Alexander Schimmelpfennig war der erste, welcher in das besiegte Charleston einzog.

General Max Weber sank in der Schlacht bei Antietam, siegreich vordringend.

General Heinrich Bohlen opferte sein Leben am Rappahannok.

General August Moor erntete Lorbeeren im Shenandoah-Thale.

General Hugo Wangelin kämpfte siegreich bei Pea Ridge, Atlanta, Ringgold und Lookout Mountain.'

General Adolph von Steinwehr half bei Gettysburg und Chattanooga siegen.

A. von Steinwehr

General-Major Friedrich Salomo befehligte siegreich in Arkansas.

General-Major Franz Sigel war Meister im Rückzug und Sieger bei Pea Ridge.

General-Major Julius Stahel, der Held von Shilo, avancirte vom Oberst-Lieutenant zum General-Major.

General-Major Karl Schurz, Theilnehmer am Potomac-Feldzug und am Siege von Gettysburg.

General-Major Peter Joseph Osterhaus, Theilnehmer an der Eroberung von Vicksburg, Chattanooga, Atlanta und Savannah.

General-Major August Kautz rückte vom Gemeinen bis zum General-Major, der kühne Reiter-General.

General-Major Gottfried Weitzel, Befehlshaber am James River, führte die ersten Regimenter in das besiegte Richmond.

Angesichts solcher Namen sagen wir getrost und unbestritten, daß die eingewanderten Deutschen an der Erhaltung der Union und Unterdrückung der Sezession nicht allein ihren vollen Antheil gehabt, sondern im Verhältniß zu ihrer Zahl in Amerika mehr geleistet haben, als irgend erwartet werden konnte.

CX.

Johann Andreas Wagener.

General in der Konföderirten-Armee.

Johann Andreas Wagener ist am 23. Juli 1816 in Sievern, Hannover, geboren und kam im Jahre 1831 als fünfzehnjähriger Knabe nach New York, wo er zwei Jahre in einem größeren Handelsgeschäft die Kaufmannschaft erlernte und sich durch Fleiß und Strebsamkeit so viele Kenntnisse sammelte, daß er 1833 eine Stelle als Buchhalter in Charleston, Süd-Carolina erhielt.

Nachdem er sich hier einige Jahre hindurch etwas Geld, gute Bekanntschaften und viel Kenntniß dortiger Verhältnisse gesammelt hatte, begann er selbständig Geschäfte zu thun. Er handelte mit Grund-Eigenthum und mit Zeitungen, hauptsächlich unter den in Charleston ziemlich zahlreichen deutschen Arbeitern, welche derartige Geschäfte gern durch einen mit amerikanischen Wegen bekannten Agenten besorgen lassen. Es waren damals etwa 1200 Deutsche in Charleston. Er erwarb sich auch das zur Agentur von Grund-Eigenthum sehr förderliche Notariats-Recht. Nach der großen Feuersbrunst, 1838, rief er eine deutsche Feuerwehr-Kompagnie ins Leben und blieb zwölf Jahre lang thätiges Mitglied derselben. Bald darauf regte er auch die Gründung einer deutschen Gemeinde an und versah in der ersten Zeit selbst die Befugnisse eines Predigers. Bald darauf gründete er eine deutsche Zeitung, die unter dem Titel „Der Teutone" zweimal wöchentlich erschien und sich, wie nach vorhergehendem zu erwarten war, durch edle und unparteiische Sprache von dem demagogischen und skandalösen Gehetze mancher ähnlichen Blättchen höchst vortheilhaft unterschied. So gelang es ihm, der Zeitung einen hinreichenden Leserkreis zu verschaffen, obwol die Zahl der Deutschen in Charleston verhältnißmäßig gering war. Einige Jahre später hat Wagener auch eine deutsche Freimaurer-Loge und kurz vor dem Jahre 1848 einen Turn-Verein gründen helfen.

Die scheinbare Vielgeschäftigkeit war aber keineswegs ein bloßes Abspringen von einem Versuch zum andern, sondern er blieb an allen diesen Unternehmungen beharrlich und kräftig thätig, und alle hatten dauernden Bestand, ja bestehen noch heute. Begünstigt wurde das durch die damals stetig zunehmende Zahl deutscher Einwanderer in Süd-Carolina, besonders seit 1848. Dieser Umstand legte ihm denn auch den Gedanken nahe, eine neue Stadt für solche Deutsche zu gründen, die sich weiter ins Land hinein, an einen gesünderen Ort begeben und dort Landbau mit kleinerem Gewerbe betreiben wollten. Er rief im Verein mit etwa sechzig bemittelten Deutschen zu dem Zweck einen Verein ins Leben, der 20,000 Acker Land für etwa $1\frac{1}{2}$ Dollar den Acker in Oconee County ankaufte und daselbst den Ort Walhalla anlegte, welcher sich eines guten Fortgangs erfreute und nächst Columbia der bedeutendste Stapelplatz im Innern des Landes geworden ist. Die Einwohnerzahl beläuft sich gegenwärtig auf über tausend.

Seine nächsten Gründungen waren eine deutsche Feuer-Versicherungs-Gesellschaft und eine Schützen-Gesellschaft, welche beide Gesellschaften ebenfalls erfolgreichen Bestand hatten.

Durch seine umfassende, alles gemeinsame Gut fördernd Thätigkeit ward er von der englischen Bevölkerung in maßgebenden Kreisen als der einflußreichste Mann unter den Deutschen anerkannt. Das zeigte sich schon vor dem Ausbruch des Sezessions-Krieges, indem der Gouverneur ihn zum Major im ersten Miliz-Regiment von Süd-Carolina ernannte, in der Berechnung, daß Wagener das deutsche Element hinter sich habe. Außerdem hatte die Ernennung ihre Begründung auch darin, daß Wagener an mehren freiwilligen deutschen Kompagnien in Charleston lebhaft betheiligt war. Als dann der Sezessions-Krieg ausbrach, ernannte Gouverneur Pickens ihn zum Oberstlieutenant, und wenige Monate später zum Oberst des ersten Artillerie-Regiments von Süd-Carolina.

Es thut uns leid, hier einen Deutschen zu finden, der auf die Seite der Sezession trat. An andren Orten des Südens standen die Deutschen fast immer, selbst in Zeiten der größesten Gefahr auf Seiten der Union. Aber in Charleston war die deutsche Bevölkerung verhältnißmäßig klein, mitten in einer großen, fanatisch-sezessionistischen Bevölkerung, und daß sie sich unter solchen Umständen mit fortreißen ließ, ist wenigstens zu entschuldigen. Wir haben übrigens in diesem Buch keinen einzigen andren deutschen General auf Seiten der Konföderirten zu verzeichnen.

Daß Wagener nicht in Friedenszeiten allein ein brauchbarer General war, hatte er nun Gelegenheit zu beweisen, und bewies es Zwar sein Antheil an der Beschießung und Einnahme von Fort Sumter wäre keine Heldenthat zu nennen, aber als die Bundesflotte an der Küste von Süd-Carolina erschien, zeigte Wagener, was er war.

Schon im Spätjahr des Jahres 1861 griff die Bundesflotte die Befestigungen auf Hilton Head an, durch welche Walker im Auftrag seiner Regierung den Eingang in den wichtigen Hafen von Port Royal, am Beaufort geschützt hatte. Wagener hatte das Fort mit 200 deutschen Artilleristen besetzt. Ihm zur Seite standen 2000 Infanteristen. Am 7. November ward Fort Walker von der aus 19 Kriegsschiffen mit 400 Kanonen bestehenden Bundesflotte, darunter die Dampffregatte „Wabash“ mit 40 Kanonen, und einer Landmacht von 15,000 Mann angegriffen. Fünf Stunden lang dauerte die Beschießung. Nach amtlichem Bericht des Unions-Generals wurden 2100 Schüsse auf Fort Walker abgefeuert. Fast alle Kanonen des Fort wurden zusammengeschossen. Da blieb denn den tapfern Vertheidigern nichts als der Rückzug übrig, den sie denn auch in bester Ordnung, alle ihre Verwundeten mit sich nehmend, bewerkstelligten.

Im Bericht des Unions-Generals heißt es:

„Die Rebellen antworteten nur noch mit zwei Kanonen. Innerhalb zwanzig Minuten platzten in ihrer Mitte nicht weniger als zweihundert Bomben. Ueber den unbezwinglichen Muth, mit welchem diese unter dem vernichtenden Bombenhagel ihre Geschütze bedient hatten, herrschte im ganzen Geschwader der Unions-Armee nur eine Stimme. Derselbe wäre einer besseren Sache würdig gewesen."

Die Gesetzgebung von Süd-Carolina passirte Beschlüsse, worin sie dem General Wagener und dem deutschen Artilleriebataillon für die ausgezeichnete Tapferkeit, die sie bei der Vertheidigung von Fort Walker bewiesen, und welche die Versammlung mit der höchsten Befriedigung vernommen habe, ihren tiefgefühltesten Dank ausspricht.

Zur Belohnung ward Wagener zum Brigade-General und zum Platzkommandanten von Charleston ernannt.

Unter seiner Leitung ward später das nach ihm benannte Fort Wagner auf der nördlichen Spitze von der vor dem Charlestoner Hafen liegenden Morris-Insel erbaut. Im Juni 1863 landeten die Unionstruppen am südlichen Ende der Insel und auf Folly Island, pflanzten ihre Batterien von den besten, weittragendsten Belagerungsgeschützen auf, bombardirten und beschossen Fort Wagner mehre Tage lang mit aller Macht und liefen dann auf das Fort Sturm. Aber die Besatzung schlug den Sturm tapfer ab. Die Unionstruppen verloren dabei 1500 Mann. Die Unions-Armee mußte sich zu einer regelmäßigen Belagerung mit fortgesetzter Beschießung entschließen, welcher das Fort erst im November wich.

Nach Beendigung des Krieges söhnte Wagener sich gern

mit der Wiederherstellung der Union aus, und schämte sich nicht einzugestehen, daß er gefehlt habe. Er ward deshalb von der Unions-Regierung zum Brigade-General in der Miliz von Süd-Carolina ernannt. So versöhnt konnte er bald wieder seiner gewohnten friedlichen, bürgerlichen Thätigkeit nachgehen. Er gründete die „Deutsche Gesellschaft von Süd-Carolina" zur Unterstützung von Einwanderern, ward 1871 als Kandidat der unabhängigen Bürgerpartei im Gegensatz zu den radikalen, sogenannten Carpetbaggers mit 777 Stimmen Mehrheit zum Mayor von Charleston gewählt, auch zwei Jahre später wieder erwählt, aber von der republikanischen Zählungsbehörde (Returning Board) hinausgezählt, und zwei Jahre später ward die ganze Wahl durch Vertreibung der Stimmgeber von den Stimmkästen seitens sogenannter Bundesmarschälle vergewaltigt. Bald darauf ist er in seinem geliebten Walhalla gestorben.

Bei seinem Tode erschienen sämmtliche Zeitungen von Charleston mit Trauer-Rand und füllten ohne Unterschied der Partei ihre Spalten mit Lobpreisungen seines Karakters.

Wagener war einerseits ein überaus nüchterner, praktischer Mann, wie hätte er auch sonst eine so vielseitige Thätigkeit erfolgreich hinausführen können? Andrerseits war er aber auch fast schwärmerisch in seiner Hingabe an das Deutsche. Er hatte seinen Patriotismus aus Deutschland noch aus der idealen Zeit des „Teutschthums" mitgebracht. Daß er kernhaft war, hat er unwiderleglich bewiesen. Auf seinen Grabstein wünschte er sich die Inschrift:

Er war ein echter Deutscher
Und liebte seine Landsleute.

Als höchst karakteristische Proben seiner Denkweise mögen folgende zwei Lieder dienen, die Wagener das eine vor, das andere nach dem Kriege gedichtet hat:

I.

Arise, arise, with main and might,
Sons of the sunny clime!
Gird on the sword, the sacred fight
The holy hour doth chime. —
Arise, the Northern hosts draw nigh
In thundering array!
Arise, ye brave, let cowards fly:
The hero bides the fray.

Strike hard, strike hard, thou noble band,
Strike hard with arms of fire;
Strike hard for God and fatherland,
For mother, wife and sire.
Let thunders roar, let lightening flash,
Bold Southorns never fear
The bayonet's point, the sabre's clash!
March on, we'll do, and dare.

Bright flowers spring from the hero's grave,
The craven finds no rest.
Thrice cursed the traitor and the knave,
The hero thrice be bless'd!
Then let each noble Southorn stand
With bold and manly eye:
We'll do for God and fatherland,
We'll do, we'll do, or die.

II.

Mein Traum ist aus, das war das Ende
Von meiner langen Schmerzensnacht!
Mein Traum ist aus, die schwärze Blende
Hat nun dem Lichte Platz gemacht!
Und neue Kraft gibt neues Leben
Zum männlich wahren Pflichtbestreben.
Fort mit den Klagen, weg mit Sorgen,
Die Sonne blinkt zum neuen Morgen!

Mein Traum ist aus. Gott hat die Seele
Mir wieder frei und rein gemacht.
D'rum will ich sühnen jede Fehle,
Seit ich vom langen Schlaf erwacht.

Ein Alp hat schwer auf mir gelegen,
Ein schwerer Fels auf meinen Stegen,
Und hat mir schier das Herz erdrückt,
Den Markstein meines Sinns verrückt.

Mein Traum ist aus, ich fühle wieder
Den hohen Zweck, dem ich bestimmt;
Es kommen wieder Geist und Lieder,
Die biedre Kraft ist nicht verglimmt.
O bitter, bitter das Erwachen!
Das Herz umkrallt von tausend Drachen! —
Doch fort mit Klagen, weg mit Sorgen,
Die Sonne blinkt zum neuen Morgen.

CXI.

Karl Gustav Memminger.

Finanzminister der Konföderation.

Karl Gustav Memminger, geboren am 7. Januar 1803 in Würtemberg, kam 1806 mit seinen Eltern nach Charleston und wurde, da dieselben bald darauf starben, im dortigen Waisenhause erzogen. Hier wurde Thomas Bennett, Gouverneur des Staates, bei einem amtlichen Besuch auf die ungewöhnliche Begabung und Liebenswürdigkeit des kleinen Landsmannes von Schiller aufmerksam, nahm ihn in sein Haus und ließ ihn erst einen vollen College-Kursus nehmen, dann die Rechte studiren. Schon im Alter von 22 Jahren war Memminger mit diesen Studien fertig und ward als einer der hoffnungsvollsten Advokaten zur Praxis zugelassen. So ward das schmerzlichste Unglück, der Verlust beider Eltern in frühester Jugend im fremden Lande, für ihn die Ursache des größesten Glückes, denn wie hätten die armen deutschen Eltern aus ihm machen können, was Gouverneur Bennett vollbrachte!

Im Jahre 1832 brach in Süd-Carolina der Nullifikations-Streit aus. Der Congreß hatte einen Tariff angenommen, welcher die gewerbetreibenden Staaten des Nordens gegenüber den ackerbautreibenden Staaten des Südens begünstigte, und dagegen protestirte eine zahlreiche Partei in Süd-Carolina und beanspruchte für den Staat das Recht, solche Gesetze des Congresses, welche ihm ungesetzlich schienen, zu „nullifiziren", oder ihnen den Gehorsam zu verweigern. Damals führte Präsident Jackson strenges Regiment, schickte ein Kriegsschiff und Soldaten nach Charleston und unterdrückte jeden offenen Widerstand. Memminger nahm lebhaften Antheil an dem Streit, aber nicht für, sondern gegen Nullifikation. Er schrieb ein in biblischer Sprache verfaßtes Buch dagegen, in welchem er die Vertheidiger der Staaten-Rechte mit bittrer Satire geißelte. Der Titel war: The Book of Nullification.

So bekannt geworden, wurde er 1836 in die Staats-Gesetzgebung gewählt. Hier hat er sich in verschiedenen Finanzfragen durch die Klarheit und Unabhängigkeit seiner Stellung einen Namen gemacht, auch die Ehrlichkeit des deutschen Blutes bewiesen. Während des Geschäftskrachs vom Jahre 1837 wollten viele den Banken erlauben, ihre Baarzahlungen zu suspendiren, ohne ihre andren Geschäfte einzustellen. Dem widersetzte Memminger sich auf das kräftigste und geistreichste, indem er nachwies, daß grade die Banken an dem Unglück schuld waren, indem sie leichtsinnig unvernünftige Massen von Papiergeld ohne Baar-Basis verausgabt hatten. In ähnlicher Weise trat Memminger im Jahre 1848 auf, als es sich um Erneuerung des Freibriefs für die Bank of South Carolina handelte.

Im Jahre 1854 trat er mit bestem Erfolg für eine Reform des öffentlichen Schulwesens ein. Die öffentlichen Schulen von Süd-Carolina zeichnen sich seitdem sehr vortheilhaft vor denen andrer südlicher Staaten aus.

Als die Sezession ausbrach, war in Washington kein energischer Präsident wie Jackson, der die Bewegung im Keime zu ersticken versucht hätte, sondern die Flamme konnte ungestört entzündet werden und sich so ausbreiten, daß jedermann die Unmöglichkeit einer schnellen Löschung sehen mußte. Daher kam es, daß Memminger, der 1832 dem Staate nicht das Recht zuerkennen wollte, den Bundesgesetzen ihre Unterwerfung zu weigern, jetzt bereit war, für ihn sogar das Recht des Austritts aus der Union zu beanspruchen. Memminger stand übrigens in diesem Umschwung der Meinungen nicht allein. Tausende von südlichen Staatsmännern hatten in den letzten Jahren denselben Wechsel durchgemacht. Memminger sagt hierüber: „Kein Mensch auf dieser weiten Erde hat unsre Union mit treuerer Seele geliebt als ich; als aber die Stunde der Trennung Süd-Carolina's von der Union schlug, vermochte ich nicht, mich von denen loszureißen, die mir so lange ihr Vertrauen geschenkt, und die mich einst als hilflosen Waisenknaben beschützt und erzogen hatten."

Nachdem Memminger schon im Dezember 1860 zum Schatzmeister von Süd-Carolina ernannt war, berief Jefferson Davis im Februar 1861 ihn in sein Kabinet als Finanz-Minister. Eine dankbare Stellung war es nicht, denn wenn schon die Bundes-Regierung durch den langen Krieg oft an den Rand des Bankerottes kam, so ging es der konföderirten noch hundertmal schlimmer. Papiergeld über Papiergeld mußte fabrizirt werden, bis es zuletzt kaum noch irgend welchen Werth besaß. Memminger sah auch früher als andre die Vergeblichkeit des Kampfes ein und zog sich schon 1864 von dem Ministerium zurück.

Er hat ein hohes Alter erlebt. Noch im Jahre 1884 lebte er und war thätig als Präsident der Eisenbahn, die von Charleston nach Cincinnati gebaut wurde.

Er ist gestorben im März 1888.

CXII.

August Rauschenbusch.

August Rauschenbusch ist am 13. Februar 1816 in Altena, Westfalen, geboren. Sein Vater war daselbst Pfarrer, ein alter Kämpfer aus der Zeit der Befreiungskriege. Während er das Gymnasium Elberfeld besuchte, ward er in Kreise erweckter Christen eingeführt, deren Umgang großen Eindruck auf sein junges Gemüth machte, ohne daß jedoch diese Gefühle darin die Oberhand gewannen, denn das war meist von der Freiheits- und Vaterlandsliebe erfüllt, welche damals die gebildete Jugend Deutschlands bewegte. Dasselbe war auch anfangs während seiner Universitäts-Studien der Fall, welche er in Berlin begann. Daneben machte er öfter große Fußreisen, welche ihm körperliche und geistige Erfrischung brachten. Auf einer derselben, als er den Königssee in den Salzburger Alpen besuchte, fand er in den Felsen gehauen die Inschrift: „Ewiger, dich spricht das Gestein, dich das Rauschen der Gewässer! Wann wird meine Seele dich schauen?“

Diese Worte machten einen unbeschreiblichen Eindruck auf ihn, indem sie die Sehnsucht, Gott zu schauen, in ihm erweckten. Von nun an entstand ein langwieriger Kampf in seinem Gemüthe. Es hatte in Berlin Professoren ganz entgegengesetzter Richtung: Rationalisten und Bibelgläubige. Diese lehrten, daß man Gott erkennen könne, jene nicht. Schließlich ward Rauschenbusch nach schweren inneren Kämpfen bibelgläubig.

Der Widerstreit der Gedanken seines Gemüthes hatte ihn so angegriffen, daß er nicht weiter studiren konnte. Er begab sich deshalb zu einem Gärtner als Lehrling und hiebei erholte sich sein Nervensystem, so daß er seine Studien, in Bonn, vollenden und sein theologisches Examen machen konnte.

Bald darauf, 1840, starb sein Vater und die Gemeinde wählte den Sohn als Nachfolger. Er nahm auch die Stelle an, begab sich aber, ehe er sie antrat, erst auf einige Monate zu benachbarten Erweckungspredigern und ward dadurch in Stand gesetzt, von Anfang an in Altena kräftig Buße zu predigen. Viele Zuhörer bekehrten sich, andre dagegen erregten Widerstand. Es kam zu Straßen-Aufruhr. Das waren Jahre großer Aufregung für den jungen Prediger, die sein Gemüth in große Unruhe brachte. Er fühlte, daß er das nicht lange aushalten könne. Da nun um diese Zeit durch christliche Kreise in Nordamerika Schilderungen von der kirchlichen Verwahrlosung der Deutschen im fernen Westen in Deutschland verbreitet wurden, so fühlte Rauschenbusch sich gedrungen, dorthin zu gehen.

Im Jahre 1846 angekommen, zog er nach Missouri und wirkte hier zuerst einige Monate als Kolporteur der amerikanischen Traktat-Gesellschaft, dann, als die Strapazen ihm das Wechselfieber zuzogen, als Prediger. Während dieser Zeit kam er zu der Ueberzeugung, daß es nicht recht sei, kleine Kinder zu taufen, und schloß sich den Baptisten an. Diese hatten damals noch fast gar keine deutschen Gemeinden, aber durch Rauschenbusch's Arbeit bildete sich bald eine deutsche Baptisten-Gemeinde in St. Louis, und andre folgten nach. Seit dem Jahre 1850 bis 1888 hat sich dann, großentheils durch Rauschenbusch's Thätigkeit, die Zahl der regelmäßigen deutschen baptistischen Gemeinden auf mehre hundert vermehrt. Sie haben eine eigne Druckerei in Cleveland, wo ihre Zeitschriften und Bücher gedruckt werden, auch wurde im Jahre 1857 Rauschenbusch als Professor einer deutschen Abtheilung an der Baptisten-Universität zu Rochester, N. Y., berufen, und hieraus ist seitdem ein Seminar mit einer Akademie entstanden, an welcher jetzt mehre deutsche Professoren lehren.

Außer dieser Arbeit hat Rauschenbusch in weiteren Kreisen als Redakteur von deutschen Zeitschriften und Herausgeber von deutschen Büchern der amerikanischen Traktat=Gesellschaft eine ausgebreitete Thätigkeit entfaltet. Er war auch mehre Jahre Superintendent der deutschen, von dieser Gesellschaft ausgesendeten Kolporteure, deren sie zu einer Zeit gegen siebenzig unterhielt. Als solcher hielt er mit denselben von Zeit zu Zeit größere Versammlungen zur Erweckung christlichen Eifers und Bewußtseins. In dieser Weise ist er der Anfänger und Begründer der ausgedehnten Thätigkeit geworden, welche diese Gesellschaft gegenwärtig den Deutschen zuwendet. Ebenso hat er der Bibelgesellschaft und der Gesellschaft zur Beförderung der Sonntags=Heiligung für die Arbeit unter den Deutschen wichtige Dienste geleistet.

Als 72jähriger Greis lehrt er noch rüstig in Rochester. Drei Kinder leben ihm. Eine Tochter ist Missionärin unter den Telugus in Indien, eine andre Gattin eines Lehrers am Baptisten=Seminar in Hamburg, Deutschland, und ein Sohn deutscher Baptisten=Prediger in New York.

CXIII.

Emanuel Leutze.

Historischer Maler in Washington.

Emanuel Leutze ist am 24. März 1816 in Schwäbisch Gmünd, Würtemberg von armen Eltern geboren und kam mit ihnen jung nach Philadelphia, wo sein Vater bald darauf starb. In großer Armuth besuchte er bis zum vierzehnten Lebensjahre die Stadtschulen, und es fehlte ihm dabei jegliche Gelegenheit, Aufmunterung oder Anleitung zu einem höheren Beruf. Er war aber ein Genie, nicht ein eingebildetes, wie das deren so viele gibt, die es zu sein glauben, sondern ein wirkliches, wie sich das an dem unaufhaltsam siegreichen und prachtvollen Hervorbrechen seiner außergewöhnlichen Begabung vor jedermann zeigte.

Schon in seinem vierzehnten Jahre malte er Portraits, ohne je einen Lehrer in der Kunst gehabt zu haben, und ernährte sich selbst damit, sowie mit Dekorations-Malerei. Nachdem er hierdurch einigermaßen bekannt geworden war, ging er im siebzehnten Jahre in die Zeichenschule eines englischen Malers, namens John A. Smith, ohne jedoch hier viel lernen zu können. Dann erhielt er von einem englischen Verlag den Auftrag, den damaligen Präsidenten Jackson zu portraitiren, und dadurch kam er nach Washington und wurde mit manchen südlichen Aristokraten bekannt, auf deren Aufmunterung hin er sich auf eine Kunstreise durch den Süden begab und dabei viele Portraits zu malen bekam. Hierdurch kam er mit Gönnern und Kennern der Malerei in manche freundschaftliche Berührung, auf deren Anrathen und mit deren Hilfe er ums Jahr 1841 gern nach der Malerschule in Düsseldorf ging, um die ihm fehlenden Schulstudien in der Malerei nachzuholen. Auch hier gab es jedoch für ihn nicht mehr viel zu lernen. So außerordentlich war seine Begabung, daß man ihn in Düsseldorf sogleich in die oberste Klasse aufnahm, und er bald an die Herstellung seines ersten historischen Gemäldes gehen konnte, welches dann so großen Beifall fand, daß der Kunstverein von Düsseldorf es käuflich erwarb. Es stellte Columbus vor dem hohen Rath von Salamanca dar. In diesem Bilde sprach sich die ganze Kraft des ungeschulten Talentes in echt urwüchsiger Weise aus, und das war es gerade, was daran gefiel. Das nächste Bild dagegen, welches schon die Einwirkung der Schule zeigte, gefiel weniger. Der Fehler lag jedoch nicht an der Schule, sondern daran, daß Leutze sich deren Regeln noch nicht hinlänglich angeeignet hatte, um sich frei darin zu bewegen. Mit dem folgenden Bilde: Columbus in Ketten, ging es schon wieder viel besser. Es trug ihm eine goldne Medaille in Brüssel ein und machte ihn in Amerika berühmt.

Von hier konnte er nun, da ihm größere Geldmittel zur Verfügung standen, zur weiteren Ausbildung nach München, Venedig und Rom gehen, wo er sich Titian's Chiarobscuro, die effektvollen Licht-, Farbe- und Schattenkontraste zum besondren Gegenstand des Studiums machte. Hier malte er Die erste Landung der Normannen in Nord-Amerika.

Seine glänzendste Zeit des Schaffens fällt in die Jahre 1845 bis 1858. Sie begann mit seiner Rückkehr von Rom nach Düsseldorf und mit seiner sehr glücklichen Verheirathung daselbst, und das größeste Gemälde dieser seiner Glanzperiode ist Washingtons Uebergang über den Delaware, gemalt im Jahre 1851, von Marshall O. Roberts in New York angekauft und seitdem in Hunderttausenden von Exemplaren durch Stahlstich und Steindruck vervielfältigt, das populärste Bild in ganz Amerika, mit Ausnahme von des Maler Trumbull Darstellung der Unabhängigkeits-Erklärung. Es brachte ihm auch die „große preußische Medaille für Wissenschaft und Kunst" ein. Das rauh gezimmerte Boot, welches den General und seine Gefährten durch den mit Eisschollen bedeckten breiten und hochströmenden Fluß trägt, die kräftigen Gestalten der Ruderer, die entschlossene Stellung und der ernste Gesichts-Ausdruck Washingtons, die den bevorstehenden Sieg im voraus gewährleisten, die durchaus naturgemäß und stimmungsvoll aufgefaßte Winter-Landschaft: das alles ist so lebensvoll und eindringlich dargestellt, die Färbung ist der Scenerie so entsprechend, die Gruppirung so gelungen, daß das Bild auf jedermann, Kenner und Nicht-Kenner eine tief ergreifende, unvergeßliche Wirkung ausübt.

Obwol Düsseldorf Leutze's zweite Heimath geworden war, wo er sich in sympathischen Kreisen hoher Anerkennung erfreute, auch den amtlichen Professor-Titel erhielt, zeigt doch schon die Wahl der Gegenstände seiner Gemälde, daß sein Herz der amerikanischen Nation angehörte. Dasselbe bewies er auch, als ihm im Jahre 1859 von Washington der ehrenvolle Auftrag zu Theil wurde, in den Neubauten zum Kapitol die Wandgemälde herzustellen. Er leistete der Aufforderung bereitwillige Folge. Sein erstes Wandgemälde war ein großes Tableau im Treppenhause des Repräsentantenhauses: Westward the Star of Empire takes its Way. In den matten Farben der Münchener historischen Gemälde ausgeführt, stellt es in lebensgroßen Gruppen einen Zug Auswanderer dar, mit allen Werkzeugen des Bergbaues und des Ackerbaues versehen, aber auch mit der Büchse in der Hand von jung und alt. Der Zug hat eine Höhe der Felsengebirge erreicht und blickt mit freudiger Ueberraschung auf die Länder am Stillen Meere.

Darnach hat er noch fast hundert andre große Bilder gemalt. In Amerika sind seine Gemälde oft gehässig und mißgünstig kritisirt worden und haben bei weitem nicht die Anerkennung gefunden, welche Gönner und Künstler in Deutschland ihm freudig zollten. Als er im Jahre 1863, nach Vollendung des Westward the Star of Empire, einen Besuch in Deutschland machte, bereitete ihm die Künstlerschaft in Düsseldorf einen wahren Triumphzug, ja man wollte ihn zum Direktor der Akademie machen. Dennoch hat er seine glänzenden Talente hauptsächlich zur Verherrlichung der amerikanischen Geschichte verwendet und hat es nie vergessen, daß Amerika seine milde Pflegerin in den Tagen jugendlichen Ringens war.

Leider hat er sich durch Ueberanstrengung bei großer Sommerhitze im Jahre 1868 einen Gehirnschlag zugezogen, woran er am 17. Juli in Washington gestorben ist.

CXIV.

August Belmont.

Einflußreicher Politiker und Bankier.

August Belmont ist am 6. Dezember 1816 in Alzei, Rheinhessen geboren, also ein ächter Pfälzer. Sein Vater war reich und er wuchs auf dessen großem Landgut in sehr angenehmen Umständen auf. Gute Pferde und die Jagd waren seine Freude. Er opferte aber wolweislich dies Vergnügen während seiner Jugend den nützlichen Beschäftigungen des Lernens und des Erwerbs, woher es denn kommt, daß er im Mannesalter alles desto reichlicher genießen kann.

Schon im vierzehnten Lebensjahre trat er als Lehrling in das Bank-Geschäft der Gebrüder Rothschild in Frankfurt, wo er sich so fleißig und anstellig erwies, daß er nach vier Jahren in deren Zweig-Geschäft nach Neapel und nach weiteren vier Jahren (1837) nach New York gesendet wurde, und hier fast ganz selbständig unter seinem eignen Namen eine Zweigbank der Rothschilds eröffnen konnte.

Damals herrschte grade eine schlimme Finanzkrisis. Alle großen Geschäfte brauchten Credit, um die Krisis zu überstehen und waren willig, hohe Zinsen zu zahlen. Das war eine gute Gelegenheit für einen geschickten Mann, dem Geld genug zum Ausleihen zu Gebote stand, und der dabei Einsicht und Geschäftskenntniß genug besaß, um unterscheiden zu können, wem Credit zu geben und wem nicht. August Belmont besaß beides, und so wurde sein Bankgeschäft bald eines der ersten von New York, wie es das bis auf den heutigen Tag ist.

Es war ihm aber nicht um's Geld allein zu thun. Das galt ihm nur als Mittel, um eine hervorragende

Stellung in der Gesellschaft und im Staate einzunehmen. Er benutzte seine Reichthümer, um einen glänzenden Haushalt zu führen, welchen er mit den schönsten Kunstschätzen zu schmücken verstand. Sein Aufenthalt in Neapel hatte seinen Geschmack für Malerei und Bildhauerei ausgebildet, und da er sich in Europa stets in bester Gesellschaft bewegt hatte, wußte er auch in Amerika mit solcher Sicherheit aufzutreten, daß sein Haus als eines der nobelsten, und sein Geschmack als mustergiltig in der feinsten Gesellschaft von New York galt. Diese gesellschaftliche Stellung wurde noch erhöht, als der berühmte Seeheld, Commodore Perry, ihm seine Tochter zur Frau gab.

Im Jahre 1844 ernannte der Kaiser von Oestreich ihn zum General-Konsul in New York, welchen Posten er fünf Jahre bekleidet hat. Aber Belmont wollte nicht Unterthan eines europäischen Potentaten sein, sondern amerikanischer Bürger, und legte das Konsulat nieder. Und er wollte nicht nur amerikanischer Bürger, sondern auch einflußreicher Politiker werden, nicht um gewinnbringende Aemter zu erlangen, sondern um seine politischen Ansichten zur Geltung zu bringen und den Kandidaten seiner Partei zu Amt und Würden zu verhelfen. Er schloß sich der demokratischen Partei an, und als ein deutscher Karakter mochte er nichts halb oder oberflächlich thun, sondern wenn er in der Bank war, war er mit ganzem Herzen mit Gelderwerb beschäftigt, und wenn er Politik trieb, so trieb er auch diese mit ganzer Seele.

Belmonts politischer Einfluß wuchs schnell. General Pierce hatte 1852 ihm seine Wahl als Präsident nicht zum geringsten Theile zu verdanken und belohnte ihn dafür mit dem Gesandschafts-Posten in Holland. Hier hat Belmont die meisten der Gemälde holländischer Meister gesammelt, mit denen sein Heim in New York geschmückt ist. Hier hat er aber auch seine Lehrzeit in der Diplomatie durchgemacht, indem er hier mit den leitenden Staatsmännern und mit der großen Politik Europa's bekannt wurde

Als im Jahre 1860 der große Wahlkampf entbrannte, der mit der Niederlage des Südens endete, und dann die Sezession zur Folge hatte, nahm Belmont, wie das die meisten deutschen Politiker Amerika's zu thun pflegen, seiner Partei gegenüber eine unabhängige Stellung ein. Er entzog sich den Banden der Partei und empfahl die Nomination von Stephan A. Douglas, der zwar auch Demokrat, aber Gegner der Sklaverei und ihrer Ausbreitung war. Belmont ward Vorsitzer des nördlich-demokratischen National-Kommittees. Zwar gelang Douglas' Wahl nicht. Aber auch die Wahl eines südlich-demokratischen Präsidenten ward durch diese Spaltung der demokratischen Partei verhindert. Lincoln ward gewählt und, obwol mit ungeheuren Opfern von Gut und Blut, ward nicht allein die Herrschaft der Sklavenbesitzer gebrochen, sondern die Sklaverei selbst aufgehoben.

Als die Sezession anhub, suchte Belmont zuerst all seinen politischen Einfluß zum Frieden und zur Versöhnung anzuwenden, dann aber, als das mißlang, befürwortete und unterstützte er mit aller Kraft den Krieg zur Erhaltung der Union. Das erste deutsche Freiwilligen-Regiment unter General Blenker verdankt ihm zum großen Theil sein Entstehen, und er überreichte ihm beim Abmarsch mit feuriger Rede die Regimentsfahne. Dann ist er nach London und Paris gereist, und ihm zum großen Theil verdankt Amerika es, daß weder Palmerston in England, noch Napoleon III. in Frankreich die Anerkennung der Konföderirten ausführten, wozu sie die größeste Neigung hatten, wie es ja auch in ihrem Vortheil lag, Amerika zu theilen, um in Amerika zu herrschen.

Außerdem war Belmont oft als Vorsitzer oder Leiter großer politischer Konventionen thätig, und den maßgebenden politischen Einfluß, den er erstrebte, hat er reichlich erlangt. Er ist aber keineswegs in Politik verrannt. Er weiß als

Deutscher Maß zu halten. Seinem Geldgeschäft widmet er nicht weniger Zeit als der Politik, und für die schönen Künste, die schnellen Pferde und andres Spiel des Wetteifers, sowie für Geselligkeit und Unterhaltung bleibt ihm auch noch immer die nöthige Zeit.

CXV.

Eberhard Faber.

Bleistift-Fabrikant in New York.

Eberhard Faber ist um's Jahr 1820 in Stein, einem Dorfe bei Nürnberg geboren. Hier hatte im Jahre 1761 sein Urgroßvater eine Bleistiftfabrik gegründet, welche von dessen Nachkommen fortgesetzt, um's Jahr 1830 es zu einem jährlichen Umsatz von 12,000 Gulden in billigen Bleistiften gebracht hatte. Um diese Zeit übernahm Johann Lothar Faber, nach seines Vaters Ableben, das Geschäft. Er ging sogleich an die Arbeit, das Geschäft zu heben; feinere Sorten von Bleistiften wurden angefertigt, geeignet für Künstler; im Jahre 1856 sicherte er sich die ausschließliche Ausbeute der in Süd-Ost-Sibirien entdeckten Graphitlager. Bisher hatten die Engländer fast ein Monopol in Bleistiften gehabt, da sie in Borrowdale, in den Cumberland-Gebirgen die besten Graphitlager besaßen. Aber die Ergiebigkeit derselben war um diese Zeit nahezu erschöpft, und so gelang es nun dem deutschen Hause, die englischen Bleistifte überall durch ihre besseren und billigeren zu verdrängen.

Nun gewann das Geschäft in Stein eine ungeheure Ausdehnung. In Folge dessen wurde Faber zum lebenslänglichen Reichsrath in Baiern ernannt. Das Dorf Stein ward zu einer Stadt, welche aus lauter Fabrikgebäuden der Faber

Eberhard Faber

und Wohnungen ihrer Angestellten besteht. Die Faber bauten Kirchen, Schulen, Kindergärten, Bibliotheken, Sparbanken und Vergnügungsplätze. Ihr Verkehr dehnte sich über alle Welttheile aus.

Im Jahre 1849 kam Eberhard Faber nach New York. Er ist der jüngste Bruder von Johann Lothar, hatte in Erlangen und Berlin die Rechte studirt, war aber von seinem älteren Bruder als Theilhaber des Geschäfts aufgenommen und wurde bald darauf zur Errichtung eines Zweig-Geschäfts nach Amerika gesendet. Eberhard Faber verband mit deutscher Sorgfalt und Emsigkeit den Unternehmungsgeist seines älteren Bruders. Er legte in Florida eine Sägemühle an, um Cedernholz billig zu beziehen. Er erfand, als 1861 durch hohen Schutzzoll der Import von Bleistiften aus Deutschland und durch den hohen amerikanischen Arbeitslohn deren Fabrikation hier erschwert wurde, neue Maschinen, verlegte sich dann auch auf Herstellung von allerlei Schreibmaterialien und dehnte das Geschäft so aus, daß er Hunderte von Arbeitern beschäftigt, auch eine Gummifabrik durch seine Bedürfnisse ausschließlich in Arbeit setzt. Das Hauptgeschäft ist in William Straße, das Verkaufslokal im Broadway.

Eberhard Faber ist 1879 gestorben. Sein Sohn, Eberhard, in New York geboren, studirte im Columbia College daselbst und ging 1876 nach Deutschland zu seinem Onkel, um dort das Geschäft zu erlernen. Im Jahre 1879, nach seines Vaters Tode, ist er nach New York zurückgekehrt und hat das Geschäft mit gutem Erfolg weiter geführt.

CXVI.

Christian Kribben.

Sprecher der Gesetzgebung von Missouri.

Christian Kribben ist am 5. Mai 1821 bei Köln geboren und als sechzehnjähriger Jüngling nach beendetem Besuch der Bürgerschule mit seinen Eltern nach Amerika gekommen. Sein Vater errichtete in St. Charles, nicht weit von St. Louis ein Handelsgeschäft und hier studirte er bei einem englischen Advokaten die Rechte. Im Jahre 1843 ließ er sich in St. Louis als Advokat nieder und bekam auch, als in jeder Beziehung gewandter Mann, viel zu thun, aber die eigentliche Advokaten-Arbeit sagte ihm nicht recht zu, indem sie für ihn zu viel trockene Stuben- und Bücherbeschäftigung erforderte. Dagegen war er ein großer Freund der schönen Literatur englischer und deutscher Sprache, machte sich mit allen klassischen Werken gründlich bekannt, fertigte Uebersetzungen an, schrieb auch Artikel für Zeitschriften und sammelte sich eine große, auserlesene Bibliothek.

Als 1846 der Krieg mit Mexiko ausbrach, trat er als freiwilliger Artillerist ein und ward als zweiter Lieutenant erwählt. Seine Batterie ward der Heeresabtheilung zugetheilt, welche südwestlich durch das jetzige New Mexiko ziehend, die ganze nördliche Reihe der mexikanischen Staaten eroberte. Er nahm ruhmreichen Antheil an dem Gefechte von Sacramento Creek, wodurch die volkreiche Stadt Chihuahua erobert wurde. Die Kreuz- und Querzüge dieses Feldzugs beschrieb er in Briefen an eine englische Zeitung, welche wegen ihrer lebhaften Sprache und trefflichen Beschreibung der dortigen Zustände, sowie des ganzen Kriegslebens allgemeine Aufmerksamkeit erregten.

Nach der Einnahme von Chihuahua lag sein Regiment mehre Monate daselbst, abgeschnitten von aller Verbindung. Ein andrer hätte diese langweilige Zeit zu Vergnügungen und Zerstreuungen benutzt, aber Kribben hatte mehr Neigung, seine Feder zu rühren, und so gründete er eine Zeitung, die in englischer und spanischer Sprache herausgegeben wurde. Er hatte nämlich in dieser Zeit spanisch gelernt.

Nach Beendigung des Krieges bereiste er zwei Jahre lang Deutschland und Europa und schrieb geistreiche Reisebriefe für ein großes englisches Blatt, wodurch er als Literat großen Ruhm erwarb. Besonders richtete er sein Augenmerk auf die Kunstwerke der alten Welt und beschäftigte sich mit Musik.

Nach seiner Rückkehr arbeitete er wieder als Advokat, aber wiederum konnte die eigentliche Advokaten-Arbeit seinen lebhaften Geist nicht fesseln. Mehr als in dieser Arbeit war er auf der Rednerbühne daheim. Er war in Wirklichkeit einer der besten Redner. Als im Jahre 1856 die demokratische Partei einen Riß bekam und die meisten deutschen Wortführer derselben sich erst an die nördliche Demokratie und später an die Republikaner anschlossen, blieb Kribben bei den regulären Demokraten und ward nun als Stumpf-Redner außerordentlich in Anspruch genommen, da der deutschen demokratischen Redner wenige geworden waren. Er mußte den Stumpfen besteigen im Wahlkampf zwischen Fremont und Buchanan, 1856, und zwei Jahre später, als Douglas und Lincoln sich beide um die Bundes-Senatoren-Würde von Illinois bewarben, und wiederum zwei Jahre später, als dieselben beiden sich um die Präsidentschaft bewarben.

Diese aufreibende und damals ziemlich erfolglose Arbeit sagte ihm dennoch außerordentlich zu. Er hatte da beständig Gelegenheit, sich in immer neuen geselligen Kreisen zu bewegen, die er durch seine ausgezeichnete Gabe der Unterhaltung zu beleben wußte. Kam er in eine Stadt, so gab es feierliche

Empfänge, große Versammlungen, angenehme Aufregungen von allerlei Art. Dabei war er in seinem Element.

Er erwarb sich dabei auch so viel Einfluß und Ansehen, daß er 1858 in die Gesetzgebung von Missouri gewählt wurde, und zwar durch die Wähler der Stadt St. Louis, und hier machte man ihn zum Vorsitzer.

Allein bald darauf brach der Sezessions-Krieg aus, der seiner Partei in Missouri alle politische Aussicht raubte. Dazu kam noch, daß ihm seine Frau starb. Das nahm ihm Muth und Kraft und nicht lange nachher ist er am 15. Juni 1864 gestorben.

CXVII.

Georg Adler.

Namhafter Philologe.

Georg J. Adler ist im Jahre 1821 in Leipzig geboren und im Jahre 1833 nach Amerika gekommen. Da er erst zwölf Jahre alt war, konnte er seine Ausbildung in New York, wo seine Familie sich ansässig gemacht hatte, in englischen Schulen vollenden und sich mit beiden Sprachen gründlich bekannt machen. Er promovirte im Jahre 1844 auf der Universität von New York und ward zwei Jahre später Professor der deutschen Sprache an derselben.

In dieser Stellung hat er die Hauptarbeit seines Lebens, die Vergleichung der englischen und der deutschen Sprache gethan. Sein vortreffliches, großes Wörterbuch beider Sprachen, eines der besten vorhandenen, erschien schon 1848 zum ersten male, als er erst siebenundzwanzig Jahre alt war. Er hat auch treffliche Lehrbücher und Schulausgaben deutscher Klassiker mit englischen Anmerkungen herausgegeben, welche selbst bei Gelehrten in Deutschland großen Beifall gefunden haben. Außerdem war er fleißiger Mitarbeiter von mehren englischen Monatsschriften und hielt freie Vorträge über deutsche und lateinische Klassiker.

Leider stellte sich im Jahre 1860 in Folge seiner angestrengten geistigen Thätigkeit eine Geistesstörung bei ihm ein. Er litt an einer fixen religiösen Idee und mußte in einer Irren-Anstalt untergebracht werden, wo er bis zu seinem Tode, der im Jahre 1868 erfolgte, mit wenigen Unterbrechungen geblieben ist. In einer der gesunden Zwischenzeiten hat er noch eine gute Abhandlung über Lessings „Nathan der Weise" geschrieben.

CXVIII.

Ferdinand Schumacher.

Großer Geschäfts- und Enthaltsamkeitsmann.

Ferdinand Schumacher ist in Celle, Hannover, am 30. März 1822 geboren, wo sein Vater als Kaufmann lebte. Er erhielt in dortiger Bürgerschule eine gute Ausbildung und kam im fünfzehnten Jahre nach Harburg an der Elbe, gegenüber von Hamburg, bei einem Materialien-Händler in die Lehre. Nach bestandener fünfjähriger Lehrzeit half er seinem Vater zwei Jahre lang, arbeitete später als Versender in einer Zucker-Raffinerie und wanderte 1850 nach Amerika aus.

Hier bearbeitete er zwei Jahre lang mit seinem Bruder eine Farm in Euclid, Ohio, und entschloß sich dann wohlweislich, wieder ins Kaufmanns-Geschäft zu gehen.

Leider fehlte es ihm an den Mitteln dazu, er griff deshalb, wie viele Deutsche in Amerika unter ähnlichen Umständen, zu dem sogenannten Saloon-Geschäft; in Akron, wo er sich niedergelassen hatte, war aber die englische Bevölkerung damals in einer starken Temperenz-Bewegung, und es kamen auch zu Schumacher Amerikaner, die ihm wegen seines Geschäfts Vorstellungen machten. Er antwortete ihnen, daß er selbst diese Art des Geld-Erwerbs nicht liebe, daß er aber nicht das zu einem andren Geschäft nöthige Kapital besitze, sonst wüßte er wol, was er zu thun hätte. Ein Wort gab das andre, und die Freunde der Enthaltsamkeit erkannten aus Schumachers Reden, daß er ein verständiger Mann sei. Sie machten ihm deshalb das Anerbieten, ihm mit Geld und Fürsprache zur Etablirung eines andren Geschäfts zu verhelfen, wenn er den „Saloon" aufgäbe. Das ließ Schumacher sich nicht zweimal sagen. Die Bier- und Whiskey-Fässer, die Krüge und Botteln wurden auf die Straße geworfen und angezündet, dann wurden die Cigarren-Kästchen hineingeworfen und seitdem hat Schumacher nie wieder von Taback oder Spirituosen Gebrauch gemacht. Er hatte schon in Deutschland seine eignen Gedanken über schmackhafte Speisen, die aus allerlei Getreide, sonderlich Hafer zubereitet werden könnten, und beschloß diese in Amerika auszuführen. Obwol ihm nur 150 Dollars Kapital zu Gebote standen, pachtete er in Akron die nöthige Wasserkraft, nicht weit vom Ohio-Kanal, stellte Maschinerie auf und begann die Herstellung von Avena.

Großer Erfolg krönte sein Unternehmen. Im nächsten Jahre konnte er sein Geschäft schon durch Herstellung von Graupen ausdehnen. Man nannte seine Mühle die German Mills. Im Jahre 1863 mußte er schon ein neues Brickgebäude, die Empire Mills errichten. 1867 dehnte er sein Geschäft noch weiter aus durch Ankauf der Cascade Mill.

Im Jahre 1872 befiel ihm ein großes Unglück, indem die alte German Mills abbrannten, er bauete sie aber sogleich wieder auf. Im Jahre 1875 und '76 vermehrte er die Triebkraft seiner Maschine durch Anbringung eines Mammuth-Rades von 35 Fuß Durchmesser, und von nun an sah fast jedes Jahr neue Bauten, Maschinen und Fabrikate, so daß seine Mühlen jetzt täglich 2000 Faß Hafermehl, Weizen- und Gersten-Graupen, Farina u. s. w. produziren, wozu noch zehn "Carloads Feed" als Abfall kommen. Er produzirt jährlich Waaren im Werth von zwei Millionen Dollars.

Er war nicht allein der erste Mann in den Vereinigten Staaten, der Hafermehl machte, sondern er macht es auch gründlich gut.

Er ist ein eifriger Prohibitionist, und schenkt jährlich große Summen zur unentgeltlichen Vertheilung von Enthaltsamkeits-Schriften, und unterstützt mit aller Liberalität die Woman's Christian Temperance Union.

In kirchlicher Beziehung ist er Universalist, d. h. er glaubt nicht an ewige Höllenstrafen, sondern daß alles Böse schon in dieser Welt bestraft werde und daß einst alle Menschen selig werden. Eine sehr große Kirche dieses Bekenntnisses ist in Akron vornehmlich durch seine Freigebigkeit erbaut. Aber auch andren Kirchen hat er gern geholfen. Die Vorsteher der deutschen reformirten Kirche wußten es jedesmal, wenn er ihrem Gottesdienst beigewohnt hatte, denn dann fand sich immer eine Fünf-Dollar Note in der Kollekte.

Deutschland hat er zweimal besucht.

CXIX.

Samuel R. Pike.

Millionär und Opernhaus-Erbauer.

Samuel R. Pike ward im Jahre 1822 in Schwezingen, Baden, von jüdischen Eltern geboren. Sein Vater, Hecht, kam 1827 mit ihm nach Amerika und trieb in New York und in Stanford, Connecticut, Handels-Geschäfte. An letzterem Orte amerikanisirte er seinen Namen. Der Sohn erhielt hier eine gute Schulbildung und suchte dann an vielerlei Orten vergeblich sein Glück zu machen.

Im Alter von siebzehn Jahren wanderte er nach Florida und hielt dort einen „Store“, dann gründete er in Richmond, Virginien ein Import-Geschäft von Wein, dann einen Ellenwaaren-Laden in Baltimore, desgleichen in St. Louis, desgleichen in Cincinnati. Fünf Jahre gingen über diesen vergeblichen Versuchen hin, und doch waren sie nicht ganz vergeblich, denn obwol der junge Handelsmann keine Schätze und Geld erwarb, so sammelte er desto mehr Erfahrungen, und diese sind für junge Leute mehr werth als Geld. Außerdem fand er bei seinem Ellenwaaren-Geschäft in Cincinnati noch einen werthvolleren Schatz, nämlich die jüngste Tochter des dortigen Richters Miller, und von da an wendete sich das Blatt seines Schicksals.

Er begann ein Liqueur-Geschäft und ward dabei „riesig reich“. Ehe er dies erreicht hatte, im Jahre 1850, kam Jenny Lind, die „schwedische Nachtigall“ auf ihrer amerikanischen Tour nach Cincinnati und Pike wurde gleich Tausenden von andern von ihrer “divine voice”, wie er sie nannte, so hingerissen, daß er den Entschuß faßte, sollte er jemals reich werden, der Kunst des Gesanges einen Tempel in Cincinnati zu bauen, wie die ganze Welt ihn nicht herrlicher habe. Da er nun reich ward, ging er alsbald, 1856, an die Ausführung seines Vorsatzes. Der Unterbau ward begonnen, ohne daß jemand wußte, was der Zweck des Gebäudes sein sollte, denn Samuel Pike hatte unter andren werthvollen Erfahrungen im Handel auch die des weisen Salomo gemacht und zu Herzen genommen, daß man mit Reden viel Geld machen kann, mehr aber noch mit Schweigen. „Reden ist Silber, Schweigen Gold.“ So hatte er auch bisher niemand wissen lassen, daß er ein Deutscher sei. Erst als er sich viel Geld, Ruhm und Ansehen erworben hatte, offenbarte er einer auserlesenen Gesellschaft von deutschen Kunstliebhabern, daß er ein geborener Deutscher sei und zum größesten Erstaunen aller seiner Bekannten fing er nun an, wieder deutsch zu sprechen, nachdem er die Muttersprache fast verlernt hatte.

Nicht minder groß war das allgemeine Erstaunen, als nach Vollendung des 1856 begonnenen Unterbaues das Gebäude sich im Winter 1858 bis '59 als ein Opernhaus entpuppte. Der Bau wäre früher fertig geworden, wenn er nicht durch eintretende Geschäftsstockung aufgehalten worden wäre. Und es war keine geringe Genugthuung für den Erbauer, daß bei der feierlichen Eröffnung von "Pike's Opera House", am 22. Februar 1859, es mit Recht „das größeste und schönste in Amerika und eines der größesten in der ganzen Welt" genannt werden konnte.

Pike fand großes Vergnügen am Gelderwerb und hatte dazu Geschick und Glück, aber das Geld war ihm mit Recht nicht Zweck, sondern nur Mittel zu einem höhern Zweck, und das war ein ähnlicher wie bei August Belmont, mit dem Pike auch sonst manche Eigenschaft gemein hatte. Hauptzweck war ihm die Erlangung einer angesehenen und einflußreichen Stellung in der Gesellschaft, und gleich Belmont erstrebte er diese durch Pflege der schönen Künste, wie sie dem wohlhabenden Weltmann geziemt.

Nach Vollendung des Opernhauses in Cincinnati mehrte sich durch den bald darauf eintretenden Sezessions-Krieg Pike's Vermögen so schnell, daß er im Jahre 1866 den Gedanken faßte, auch in New York einen Prachtbau für die Oper aufzuführen. Er ging auch an die Arbeit und das "Grand Opera House" in New York war das Resultat. Der jüngere James Fisk hat es später für achthundertundfünfzig tausend Dollars gekauft. Im selben Jahre aber, wo Pike den Prachtbau in New York begann, ward seine Spannkraft auf eine nicht geringe Probe dadurch gestellt, daß sein Opernhaus in Cincinnati abbrannte. Allein er wurde dadurch keinen Augenblick entmuthigt, sondern ging sogleich an die Wiederherstellung des Baues mit mancherlei Verbesserungen, und wieder gelang das Werk auf's beste. Es ist im Elisabethstyl aufgeführt und enthält, außer dem Opernhause, noch eine geräumige Conzerthalle.

Ein Mann, der die erworbenen Reichthümer in solcher Weise zur Pflege und Hebung der schönen Künste verwendete, und dazu muß man doch die Architektur und die Musik vorzüglich rechnen, da sie des Menschen Geist heben und sänftigen, ein Mann, der das erworbene Geld mit vollen Händen zur Beschäftigung von Arbeitern aller Grade wieder ausgab, verdiente es wol, daß sich in seinen Händen die Reichthümer mit stets wachsender Schnelligkeit mehrten. Und so geschah es auch. Er kaufte in der Nähe von Hoboken, New Jersey, große Land-Complexe auf und verkaufte sie in Baustellen mit solchem Gewinn, daß bei seinem Tode im Jahr 1875 sein Vermögen mehre Millionen Dollars betrug.

Pike war nicht nur ein Gönner der schönen Künste, er übte sie auch selbst, denn er hatte ein tiefes, warmes Gemüthsleben und einen feinen Kunstsinn, der ihn antrieb, seine Gefühle in Musik und Versen zur äußeren Darstellung zu bringen. Er spielte selbst mehre musikalische Instrumente, hat auch einige namenlos gedruckte Lieder verfaßt. Mit der Literatur machte er sich allseitig bekannt. So beugte er der beim eifrigen Gelderwerb sich leicht einschleichenden Gemüthslosigkeit in sich selbst erfolgreich vor.

In der Politik war er wie Belmont, Demokrat, und ebenso verweigerte er die Uebernahme irgend eines politischen Amtes, obwol er z. B. im Jahr 1864 als Mayor von Cincinnati nominirt ward.

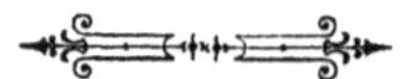

CXX.

Eduard Dorsch.

Arzt, Literat und Staatsmann.

Eduard G. F. Dorsch ist im Jahre 1822 in Würzburg, Bayern geboren, und hat auf der Universität München seine medizinischen Studien gemacht. Nach Beendigung derselben wurde er von der bayrischen Regierung mit einer Sendung nach Wien beauftragt, und von hier ging er im Herbste desselben Jahres 1849 als Führer einer Anzahl von Auswanderern nach Amerika.

Hier ließ er sich in Monroe in Michigan, einem schönen Städtchen von über 5000 Einwohnern, südlich von Detroit nieder, wo er als Arzt lohnende Beschäftigung fand, dabei aber auch sich viel mit Politik abgab. Er gab mehre Jahre lang ein republikanisches Blatt heraus, trug viel zur Wahl Lincoln's bei und war einer seiner Elektoren.

Seine wichtigste Thätigkeit jedoch hat Dorsch auf belletristischem Gebiet entfaltet. Schon in Deutschland hat er an den weltbekannten „Fliegenden Blättern" und den „Leuchtkugeln" mitgearbeitet, auch von Amerika aus wichtige Korrespoudenzen für namhafte Zeitschriften in Deutschland geliefert. In Amerika ist er besonders bekannt durch seine Arbeiten für das Sonntagsblatt der „Illinois Staats-Zeitung", und durch ein 1851 in New-York erschienenes Heftchen Sonette, unter dem Titel: „Kleine Hirtenbriefe an das deutsche Volk diesseits und jenseits des Ozeans."

Des deutschen Dichters Loos in Amerika ist nicht glänzend, um so höher sollen die Glücklichen ihn ehren, die an der Dichtkunst Freude haben.

CXXI.

Franz Hoffmann.

Lieutenant-Gouverneur von Illinois.

Franz A. Hoffmann ist im Jahre 1823 zu Herford, Westfalen geboren und hat dort bis zu seinem siebzehnten Lebensjahre das Gymnasium besucht. Im Jahre 1839 ist er aus unbekannten Ursachen nach Amerika ausgewandert. In New-York ohne Freunde und ohne Kenntnisse eines Erwerbs angekommen, bewies der unerfahrene Jüngling mehr Klugheit als mancher ältere Mann, denn er verwendete seine ganze Baarschaft darauf, soweit nach dem Westen zu reisen, als das Geld reichte. Er fuhr den Hudson Strom aufwärts, dann mit Kanalboot nach Buffalo, dann in einem Schooner durch den Erie, Huron und Michigan See bis nach Chicago. Hier war sein Geld zu Ende, darum blieb er hier.

Damals war Chicago zehn Jahre alt und hatte etwa fünftausend Einwohner, worunter kaum ein Deutscher war. Die dortigen rauhen, des Grenzler-Lebens gewohnten Amerikaner konnten mit dem schmächtigen Gymnasiasten nichts anfangen, sie schickten ihn deshalb nach der nächsten deutschen Niederlassung, und die war im nahen Du Page County, Dunkley's Grove genannt. Man suchte hier einen deutschen Schullehrer, und die deutschen Farmer fanden den jungen Hoffmann passend. Er erhielt die Stelle. Sie brachte jährlich fünfzig Dollars ein nebst freier Beköstigung bei den Eltern von Haus zu Haus. So hatte er also einstweilen Brot und Amt, wenn auch nicht grade Ueberfluß.

Hoffmann versah sein Lehramt so treulich und führte dabei ein so zurückgezogenes, ernstes Leben, daß man ihn aufforderte, sich dem Predigtamt zu widmen. Er ward auf Empfehlung in ein deutsches lutherisches Prediger-Seminar in Michigan aufgenommen, dort unentgeltlich ausgebildet, examinirt, ordinirt und nach einem Jahre als Missionar oder Reise-Prediger nach Du Page County zurückgesandt, mit dem Auftrag, in den drei Counties, Cook, Du Page und Will den Deutschen zu predigen.

Wie man sich leicht denken kann, stand das Einkommen mit der geleisteten Arbeit in keinem Verhältniß und reichte nicht zu seinem Lebens-Unterhalt aus. Aber Hoffmann war von thätiger Natur und scheute keine Arbeit, wußte sich auch überall Freunde zu machen, und so kam es, daß er außer dem Predigtamt auch die Stelle eines Postmeisters, eines Schuldirektors und eines Township-Sekretärs erhielt. Außerdem gab er auch noch unter dem Namen „Missionsbote" eine Zeitung heraus. Allmälig führte ihn diese Viel-Geschäftigkeit aus dem stillen, beschaulichen Leben des Lehramts ganz in die Oeffentlichkeit, und er begann, für politische Blätter zu schreiben, an politischen Konventionen theil zu nehmen, und fand daran so viel Freude, daß er nach neun Jahren (1851) sein Pfarramt ganz niederlegte.

Er zog nun nach Chicago und errichtete eine Land-Office. Damals waren die Umstände für ein solches Geschäft in Chicago die denkbar günstigsten, und Hoffmann war dafür auch besonders geeignet. Er hatte in seinem ganzen Wesen eine urwüchsige Freimüthigkeit, welche ihm schnell Vertrauen erweckte, dabei war er im Umgang außergewöhnlich liebenswürdig und wußte die Unterhaltung mit frischem Humor zu würzen. Diese Eigenschaften, verbunden mit seinem regen Geiste und seiner raschen Auffassungsgabe kamen ihm bei seinem Landgeschäfte so zu statten, daß er in wenigen Jahren zu Vermögen und Ansehen kam, und man ihn im Jahre 1853 schon in den Stadtrath wählte. Im nächsten Jahre konnte er sogar eine Bank errichten, die denn auch rasch emporkam und ihm großen Gewinn brachte. Dabei vernachlässigte er die Politik nicht. Ursprünglich eifriger Demokrat, ward er durch die in den Vordergrund tretende Sklaverei auf die republikanische Seite gedrängt, als es sich darum handelte, ob die Sklaverei in den neuen Territorien eingeführt werden solle, oder nicht. Besonders eifrig bethätigte er seine politische Gesinnung in dem berühmten Stumpf-Wettkampf zwischen Lincoln und Douglas, als beide den Staat Illinois zusammen bereisten, indem sie sich um die Bundes-Senatoren-Würde bewarben. Hoffmann machte damals, gleich Schurz die Rundreisen durch den Staat mit und redete, gleich jenem ebenso gewandt in der englischen wie in der deutschen Sprache.

Schon im Jahre 1856 hatte die republikanische Partei Hoffmann als Lieutenant-Gouverneur auf ihren Wahlzettel gesetzt, aber er konnte damals die Nomination nicht annehmen, weil die Constitution von Illinois vorschrieb, Gouverneur und Lieutenant-Gouverneur müßten wenigstens vierzehn Jahre Bürger gewesen sein, Hoffmann aber seinen Bürgerschein erst einige Jahre nach seiner Ankunft herausgenommen hatte. Im Jahre 1860 ward er, da er nun hinreichende Zeit Bürger gewesen war, wieder nominirt und mit großer Stimmenmehrheit erwählt. Merkwürdigerweise war er also beinahe unmittelbarer Nachfolger von Gustav Körner, der im Jahre 1856 als Demokrat zu diesem Amt erwählt worden war, und folgten also zwei Deutschgeborene in wenigen Jahren als Inhaber dieses hohen Amtes.

Seine Wahl und der Sieg seiner Partei brachten ihm jedoch bei allem politischen Ruhm große finanzielle Verluste. Der Ausbruch des Sezessions-Krieges führte eine Geschäfts-Krisis herbei, welcher seine Bank erlag, so daß sie ihre Zahlungen einstellen mußte. Indeß war Hoffmann nicht so schwächlich, daß selbst ein so schwerer Schlag ihn hätte entmuthigen sollen. Mit Aufbietung aller Kräfte verrichtete er seine Arbeiten als zweiter Beamter des Staates, die grade in in dieser Zeit des Sezessions-Krieges doppelt verantwortlich waren. Auch ward ihm nach zwei Jahren eine finanziell sehr gewinnbringende Stellung zutheil, indem die Illinois Central Eisenbahn ihn zum Superintendenten ihres Land-Geschäfts machte. Dadurch verbesserten sich seine Vermögens-Zustände wieder so sehr, und erwarb er sich das Vertrauen seiner Mitbürger, besonders der wohlhabenden Deutschen in so hohem Grade, daß er im Jahre 1867 die International Bank of Chicago begründen konnte, welche bald zu einem der größesten derartigen Institute im ganzen Nordwesten wurde. Er bekleidete darin das Amt eines Präsidenten und Kassirers.

Wie fernsehend und umfassend seine Thätigkeit, und wie weit entfernt er von der Kurzsichtigkeit und Engherzigkeit derer war, die nur für den unmittelbaren Nutzen ihres eignen Geschäfts Unkosten und Arbeiten anwenden, bewies Hoffmann unter andrem dadurch, daß er während vieler Jahre jährlich auf eigne Kosten eine Uebersicht des Handels und der Gewerbe von Chicago veröffentlichte und in Tausenden von Exemplaren nach allen Handelsstädten Deutschlands versandte. Er wußte wohl, daß das, was für ganz Chicago förderlich war, auch für sein Geschäft Nutzen bringe.

Neben diesen ausgedehnten Geschäften vernachlässigte er keineswegs die Politik. Für die Wiederwahl von Lincoln arbeitete er mit demselben Eifer, wie für dessen erste Wahl, indem er den Staat nach allen Richtungen durchreiste und Wahlreden in beiden Sprachen hielt. Er ward auch einer seiner Präsidentschafts-Elektoren.

Seit dem Jahre 1875 hat Hoffmann, durch nervöse Schwäche gezwungen, sich von allen aufreizenden Arbeiten zurückziehen müssen und hat sich auf eine Farm in Wisconsin begeben, um sich hier in stiller, ländlicher Beschäftigung Geist und Körper zu erfrischen.

CXXII.

Johann Bernhard Stallo.

Amerikanischer Vertreter in Italien.

Johann Bernhard Stallo ist am 16. März 1823 in Oldenburg von echt friesischen Eltern geboren. Sein Vater war Schullehrer, wie es auch sein Großvater gewesen war, und er bereitete sich auf dem dortigen Schullehrer-Seminar zum selben Beruf vor, erhielt aber auch Gelegenheit, sich alle die Kenntnisse zu erwerben, die zum regelmäßigen Beziehen einer Universität in Deutschland erforderlich sind. Jedoch zum Universitäts-Studium fehlten die Mittel, und ein niederer Volksschullehrer mochte der junge Stallo nicht werden; dazu hatte er fast zu viel gelernt. Das bewog ihn, den Einladungen eines Onkels, Franz Joseph Stallo zu folgen, welcher im Jahre 1831 nach Amerika ausgewandert war und es sich sehr angelegen sein ließ, Ansiedler für eine neu von ihm gegründete deutsche Niederlassung in Auglaize County, im Staat Ohio herbeizuziehen, aus welcher das Städtchen Minster erwachsen ist, jetzt mit etwa 2000 Einwohnern.

Der Neffe, Johann Bernhard, wanderte also im Jahre 1839 aus, ging aber nicht in den schwarzen Sumpf, wie damals das nordwestliche Ohio, einschließlich Auglaize County hieß, sondern fand an einer Privatschule in Cincinnati eine Stellung als Lehrer. In dieser hat er seine literarische Thätigkeit mit Herausgabe eines A-B-C-Buches begonnen, welches sich vor vielen andren dadurch vortheilhaft auszeichnete, daß es nicht über das Fassungs-Vermögen des Kindes hinausging. Bald darauf ward er als Lehrer an ein damals neu gegründetes katholisches College in Cincinnati berufen, wo er zwei Jahre blieb und dann einem Rufe an ein katholisches College in New York folgte, an welchem er vier Jahre lehrte. Während dieser Jahre beschäftigte er sich sehr eifrig mit naturwissenschaftlichen und philosophischen Studien, und ist solchen auch sein ganzes Leben lang treu geblieben, obwol er sich im Jahre 1847 zum Studium der Rechte an das Law College in Cincinnati begab, im nächsten Jahre schon als Advokat zugelassen wurde und seitdem im Advokatenstand gearbeitet hat. Neben seinen juristischen Arbeiten blieben philosophische Forschungen beständig seine Lieblings-Beschäftigung, und er hat sich auf diesem Gebiet auch eine sehr bedeutende Bibliothek gesammelt.

Daß Stallo trotz der kurzen Studienzeit und der vielen auf seine Lieblingsbeschäftigung verwendeten Zeit sich vorzügliche Rechtskenntnisse und große Geschicklichkeit in diesem Beruf erworben, bezeugt die Thatsache, daß er schon 1853 vom Gouverneur bei Gelegenheit einer Vakanz zum Judge of Common Pleas ernannt wurde. Bei der nächsten Volkswahl wurde er auch dazu gewählt, hat aber nur einen zweijährigen Termin als Richter fungirt und nach Ablauf desselben das Amt nicht wieder gesucht, weil es finanziell nicht lukrativ genug war.

An gemeinnützigen Gesellschaften, sonderlich an solchen, die auf Bildung und Forschung gerichtet waren, nahm Stallo frühe lebhaften Antheil. Sein Umgang mit Dr. Rölker brachte ihn in Verbindung mit dem durch denselben 1844 gegründeten „Deutschen Lese- und Bildungs-Verein", er hielt vor demselben öfter wissenschaftliche Vorträge, wurde auch nach Rölkers Rücktritt Präsident desselben. Dadurch ward er schon frühe in den Kreisen gebildeter Deutscher bekannt und hochgeschätzt. Als im Herbst 1848 die Deutschen in Cincinnati dem Patrioten Friedrich Hecker einen glänzenden Empfang bereiteten, mußte Stallo die Empfangs-Rede halten und entledigte sich der Aufgabe zur allgemeinen Befriedigung.

Von seinen öffentlichen Leistungen als Advokat sind es vornehmlich zwei, die ihm großen Ruhm gebracht haben.

Im Jahre 1856 hatten die Turner von Cincinnati einem Feste im nahen Covington beigewohnt und waren auf dem Rückwege von einer Bande Kentuckier Knownothings angegriffen worden. Als sie sich gegen dieselbe vertheidigten, wurden sie verhaftet und wegen Friedensstörung in Anklagezustand versetzt. Stallo übernahm ihre Vertheidigung und trug durch seine hiebei gehaltene Rede viel dazu bei, daß mancherlei Vorurtheil gegen die Deutschen beseitigt wurde.

Im Jahre 1859 hatte der Schulrath von Cincinnati durch Beschluß das Lesen der Bibel, das Singen geistlicher Lieder und das öffentliche Gebet in den Stadtschulen untersagt. Dagegen protestirten viele angesehene Einwohner von Cincinnati und erwirkten einen gerichtlichen Einhaltsbefehl. Stallo erhielt den Auftrag, die Handlungsweise des Schulraths vor Gericht zu vertreten und hielt dabei eine mehrstündige Rede, welche durch die Klarheit der Gedanken und rednerische Schönheit der Form allgemeines Aufsehen erregte. Er führte aus, daß die gegenwärtige Wissenschaft, vornehmlich die Naturwissenschaft, viele ihrer Entdeckungen unter lebhaftem Widerspruch von Seiten der christlichen Kirche zur Geltung gebracht habe, und deshalb nicht als eine christliche bezeichnet werden könne; daß die Grundgesetze des amerikanischen Staatswesens nicht von der christlichen Kirche, sondern von den Ideen der französischen Revolution und von Gegnern des Bibelglaubens, wie Franklin, Jefferson und Paine herrührten, und daß deshalb der amerikanische Staat nicht ein christlicher genannt werden könne. Er verlangte darum scharfe Scheidung zwischen Kirche und Staat.

Der Gerichtshof von Cincinnati entschied 1870 zwar gegen den Schulrath, dieser appellirte aber an das Ober-Gericht von Ohio, und das hielt 1873 die Handlung des Schulraths aufrecht.

An der Politik nahm Stallo lebhaften Antheil, ohne jedoch je ein Amt zu suchen oder sich sklavisch an eine Partei zu halten. Im Jahre 1856 wirkte er für Fremont. Im Jahre 1872 schloß er sich mit Schurz und vielen andren Deutschen denjenigen Republikanern an, die mit ihrer Partei brachen und sich liberal=republikanisch nannten. Als aber diese neue Partei Greeley nominirte, sagte Stallo sich auch von ihr wieder los. Man sieht, Stallo ist nichts weniger, als ein Parteiklepper. Auch ist es klar, daß er nie aus niedrigen Beweggründen Partei ergriffen, sondern stets nach innerster Ueberzeugung gehandelt hat.

Gegenwärtig (1888) bekleidet Stallo die ehrenvolle und seiner Bildung angemessene Stelle eines amerikanischen Vertreters in Italien, wo er auch Gelegenheit hat, seine Kenntniß vieler neuer Sprachen zu verwerthen.

CXXIII.

Wilhelm Heilmann.

Fabrikant und Congreßglied.

Wilhelm Heilmann ist am 11. Oktober 1824 in Albig, Hessen=Darmstadt geboren. Sein Vater, ein Bauer, starb ihm frühe. Sein Stiefvater, auch ein Bauer, gab ihm gute Dorfschul-Gelegenheit, ließ ihn dann bei sich arbeiten und nahm ihn im Jahre 1843 nach Amerika mit. Hier kaufte derselbe eine Farm im südlichen Indiana und Wilhelm Heilmann arbeitete für ihn, bis er sich fünfhundert Dollars erspart hatte. Vielleicht kommt das einigen Lesern unglaublich vor, allein dem Schreiber dieses Buches sind nicht wenige deutsche junge Leute persönlich bekannt, die ähnliches gethan haben. Es ist eine viel zu wenig bekannte Thatsache, daß ein Knecht auf der amerikanischen Farm sich ganz leicht über hundert Dollars das Jahr ersparen kann, wenn er fleißig, anstellig und spar=

sam ist, denn wenn der Arbeitslohn auch gering ist, etwa 15 bis 20 Dollars den Monat während der Monate, in welchen man draußen arbeiten kann, so sind dafür die Ausgaben noch viel geringer, wenn man ein eingezogenes Leben führt und auch während der Wintermonate sich für geringe Vergütung nützlich machen will.

Also Heilmann, der bei seiner Ankunft in Amerika keinen Dollar in der Tasche hatte, hatte deren nach wenigen Jahren fünfhundert in baar. Um diese Zeit wurde ein im Maschinenbaue erfahrener Mann sein Schwager, und dieser hatte Lust ein eignes Geschäft anzufangen, hatte aber kein Geld. Heilmann hatte keine Lust an der Landwirthschaft, und so machte es sich, daß die beiden einig wurden, eine Maschinen-Fabrik anzulegen. Sie verfügten freilich nur über ein geringes Kapital, aber sie hatten starke Arme, klare Köpfe und ebenso viel Unternehmungsgeist wie ein echter Yankee. Dazu besaßen sie noch viel Genügsamkeit und Ausdauer, wovon der Deutsche gewöhnlich mehr hat, als der Yankee.

Evansville ist am Ohio Fluß günstig gelegen. Die Bevölkerung ist zur Hälfte deutsch und in allen Stadtschulen wird deutsch gelehrt. Die Stadt zählt gegenwärtig etwa 30,000 Einwohner, damals war die Bevölkerung aber noch ganz gering, wie auch ganz Indiana damals als der Schüttelfieber-Staat mit seinen vielen Sümpfen wenig Aussicht auf eine gewerbreiche Zukunft hatte. Die Anglo-Amerikaner gingen gern an Indiana vorbei, aber die Deutschen siedelten sich desto zahlreicher an, und wenn jetzt Indiana einer unsrer gewerbreichsten und besten Staaten geworden ist, so verdankt es das den Deutschen in sehr hohem Grade.

Für die Art und Weise, wie die Deutschen in Indiana eine blühende Gewerbthätigkeit gründeten, ist Heilmanns Gründung seiner Maschinen-Fabrik sehr bezeichnend. Als Fabrikgebäude wurde ein behauenes Blockhaus errichtet. Als Triebkraft diente ein blindes Pferd, denn zur Anschaffung der Dampfkraft fehlte Kapital. Der Arbeiter waren anfänglich sechs. Aber alles, was hier gegossen und geschmiedet ward, war solide und gut; alles was den Kunden versprochen ward, ward gehalten; alles Geld und alle Zeit, welche den Besitzern des Blockgebäudes zu Gebote stand, ward in kluger Berechnung da angewendet, wo es sich am besten lohnte, und die Besitzer richteten ihre Augen nicht blos auf ihr eignes Thun, sondern hielten sie offen zur Beobachtung dessen, was andre thaten und begehrten, so daß immer neue Verbindungen angeknüpft und immer neue Verbesserungen gemacht werden konnten. Das brachte Heilmanns Maschinen-Fabrik schnell in die Höhe. Schon im Jahre 1850 wurde ein Gebäude von Backsteinen errichtet und mußte der blinde Gaul einer Dampfmaschine Platz machen. Gegenwärtig beschäftigt diese Eisengießerei über zweihundert Arbeiter und ist nicht allein die größeste unter den acht, welche in Evansville bestehen, sondern eine der größesten im ganzen Westen.

Außerdem nahm Heilmann als rechter Geschäftsmann an allem, was zum Aufbau der Stadt diente, lebhaften Antheil. Er gründete eine Gas-Kompagnie, eine Straßen-Eisenbahn, eine Bank, eine Baumwollenspinnerei und mehre nach Evansville führende Eisenbahnen, und von allen diesen ward er Präsident. Auch war er mehremal Glied des Stadtraths.

Seit dem Jahre 1870, da sein Geschäft fest begründet und seiner persönlichen Aufmerksamkeit nicht mehr benöthigt war, betheiligte er sich an der Politik. Er ward in die Gesetzgebung, einige Jahre später in den Senat von Indiana, und im Jahre 1878 in den Congreß gewählt. Der Partei nach gehört er zu den Republikanern. Im Jahre 1879 hielt er eine Rede über die Papiergeld-Frage, welche viel Aufsehen machte und spezielle Erwähnung verdient.

Indem er gegen die Vermehrung des Papiergeldes sprach, protestirte er zugleich gegen die deshalb gegen ihn erhobene Verdächtigung, als sei er ein „geschwollener Kapitalist“, welcher mit Hilfe seines Geldes die Arbeiter aussauge. Er erzählte, wie er sein erstes Kapital mit harter Landarbeit verdient, und wie er sein erstes Geschäft mit geringem Kapital in ganz kleinem Maßstab angefangen habe. Nur wenn diejenigen Leute, die da glauben, daß zwischen zwei Punkten die grade Linie die kürzeste ist, und daß Ehrlichkeit am längsten währt, und welche nach diesen Grundsätzen Geschäfte treiben, nur wenn das „geschwollene Kapitalisten und Mastbürger“ seien, wolle er zugeben, daß er diesen Schimpfnamen verdiene. Dann sagte er:

„Ich rühme mich keines Rednertalents, fast mein ganzes Leben war geschäftlicher Thätigkeit gewidmet, und zum Theil auch grade deswegen, weil ich Geschäftsmann bin, wurde mir seitens der Bevölkerung des ersten Distrikts von Indiana die Ehre zu theil, dieselbe hier zu vertreten, nachdem dieser Distrikt Jahre lang stark demokratisch gewesen. Das Volk fühlt, glaube ich, daß die Welt zu viel regiert wird, und daß die Fabrikation von Gesetzvorschlägen beim Tausend und die Ueberkleisterung des Landes mit Gesetzen, Beschlüssen und Verbesserungen jetzt ebenso gut ein Weilchen eingestellt werden könnte.“

„Dies Gesetzemachen im Großen erregt übrigens keine Verwunderung, wenn man bedenkt, daß immer ungefähr fünf Sechstel der Congreßglieder Advokaten sind, die ja am Gesetzmachen ebenso viel Vergnügen finden, als viele Leute am Geldmachen.“

Heilmann ist ein starkgebauter Mann von hoher Statur und breiter Brust. Seine freimüthige, kräftige Redeweise verschafft ihm überall Aufmerksamkeit und sein gesunder Menschenverstand wirkt schlagend, ohne daß er Rednerkunst nothwendig hätte.

CXXIV.

M. Strouse.

Congreß-Glied von Pennsylvanien.

Meyer Strauß (amerikanisirt M. Strouse) ist am 16. November 1825 in Deutschland geboren und im Jahre 1832 mit seinen Eltern nach Amerika gekommen. Sie ließen sich in Pottsville, Pennsylvanien nieder und gaben hier ihrem Sohne erst eine akademische Ausbildung und dann Gelegenheit zum Studium der Rechte.

Nach beendigtem Studium fand der junge Strauß vorerst kein Wohlgefallen an diesem Beruf, sondern fühlte sich mehr zur journalistischen Laufbahn hingezogen. In Philadelphia fand er Gelegenheit dazu, indem er vier Jahre lang Editor des dort erscheinenden North American Farmer war. Aber mit den Jahren verschwand ihm die Lust am Zeitungsschreiben, besonders an den weisen Rathschlägen, die ein auf seinem Officestuhl sitzender Schriftsteller, der den Ackerbau nur aus Büchern kennt, den hart arbeitenden Farmern mit „wenig Witz und viel Behagen" ertheilt. Er kehrte zur Praxis als Advokat zurück, ohne jedoch darüber seine Theilnahme den staatswirthschaftlichen Fragen zu entziehen. Das führte ihn denn auf das politische Gebiet und er erwarb sich hier so viel Ansehen und Einfluß, daß er im Jahre 1862 in den Congreß gewählt, auch im Jahre 1864 wiedergewählt wurde. Hier war er Glied von finanziellen und volkswirthschaftlichen Ausschüssen und hat da manche werthvolle Arbeit geleistet. Er war damals der einzige Deutsche im Congreß.

CXXV.

Alexander Jakob Schem.

Pädagoge und Encyclopädist.

Alexander Jakob Schem ist am 16. März 1826 in Wiedenbrück, Westfalen geboren und hat von 1843–1846 in Bonn und Tübingen Theologie und Philologie studirt, sich dann aber weniger mit dem theologischen oder dem Lehramt, als mit journalistischen Arbeiten beschäftigt, wozu die bewegten Jahre der Revolution ganz besondre Veranlassung gaben. Nachdem er Redakteur und Mitarbeiter verschiedener Zeitungen gewesen, kam er im Jahre 1851 nach Amerika.

Hier fand er zuerst in New Jersey an dem Collegiate Institute von Mount Holly und dann in Pennsylvanien an dem alten Dickinson College in Carlisle Anstellung als Sprachlehrer, indessen genügte dieser engbegränzte Wirkungskreis seinem Geiste nicht, und er zog sich 1860 vom Lehrfach ganz zurück, um allgemein literarisch thätig zu sein. Seine Lieblingsbeschäftigung ward die Sammlung von Statistiken und die Zusammenstellung von encyclopädischen Werken, welche eine Uebersicht über das ganze Gebiet des Wissenswerthen geben. In dieser Weise hat er viele Jahre, von 1859 bis in die siebenziger Jahre an verschiedenen solchen Sammelwerken mitgearbeitet, zuerst an der New American Cyclopedia, dann an der Annual American Cyclopedia, dann an der Cyclopedia of Theological, Biblical and Ecclesiastical Literature, zuletzt an Johnson's Universal Illustrated Cyclopedia, und ebenso an vielen Jahrbüchern, die reich an Statistiken sind, wie American Ecclesiastical Yearbook und dessen vermehrten Fortsetzungen. Den durch die Genauigkeit und Vollständigkeit seiner politischen Statistiken berühmten Tribune Almanac hat er drei Jahre lang redigirt, sowie das Hartforder American Yearbook and National Register.

Zugleich mit der Niederlegung seines Lehramts und Uebernahme encyclopädischer Arbeiten trat er in die Redaktion der New York Tribune ein und übernahm die Leitung des ganzen auswärtigen Departements dieser damals als der lebendigsten und unternehmendsten geltenden großen Zeitung.

Sein verdienstvollstes Werk ist sein Deutsch-Amerikanisches Konversations-Lexikon, welches 1873 in elf großen, enggedruckten Bänden erschienen ist. Es ist außer der zu einem solchen Lexikon gehörenden Sammlung allgemein nützlicher Angaben, für Deutsch-Amerikaner besonders werthvoll durch seine reichhaltigen, genauen Angaben über amerikanische Zustände, Personen und geschichtliche Ereignisse, wobei die deutsch-amerikanischen Persönlichkeiten und Leistungen mit großer Vorliebe behandelt sind. Wir verdanken diesem Konversations-Lexikon sehr viele der in diesem Buch enthaltenen Angaben.

Seinen Wohnort hatte Professor Schem während dieser ganzen Zeit selbstverständlich in New York, er ist auch seit dem Jahre 1874 bis zu seinem 1881 erfolgten Tode Superintendent des deutschen Unterrichts in den New Yorker Stadtschulen gewesen.

Als Muster eines fleißigen deutschen Gelehrten und Sammlers sollte Schem von seinen Landsleuten in Amerika nie vergessen werden.

CXXVI.

Karl Göpp.

Deutsch-Englischer Schriftsteller.

Karl Göpp ist am 4. September 1827 in Gnadenfeld, Schlesien geboren. Sein Vater war Lehrer an dem dortigen Prediger-Seminar der Herrnhuter, zog aber bald darauf, 1833, von hier nach Herrnhut und im nächsten Jahre über New York nach Bethlehem, Pennsylvanien, wo er lange Jahre Verwalter des beträchtlichen Gemeinde-Eigenthums der Herrnhuter war.

In Bethlehem ward der junge Göpp bis zu seinem achtzehnten Lebensjahre wissenschaftlich und theologisch ausgebildet und dann zur Vollendung seiner Studien auf das Seminar der Herrnhuter in Niesky in der Lausitz gesendet. Die dortige strenge Zucht mit den vielen Andachtsübungen hatte jedoch auf ihn, wie auf manche andre die Wirkung, daß er alles religiösen Lebens überdrüssig ward und sich nach seiner Rückkehr nach Amerika, 1847, nicht dem Predigtamt, sondern der Rechtswissenschaft und der Politik widmete. Bereits im Jahre 1848 arbeitete er für die "Freesoilers".

Mehr jedoch, als die amerikanische Politik zog ihn die deutsche an. Es war damals die Zeit der Revolution von 1848, und sein Gemüth ward davon gänzlich hingerissen. Der junge Göpp schwärmte besonders für Karl Heinzen, Kossuth und Kinkel; er schrieb auch unter dem Titel "E pluribus unum" eine Flugschrift, worin er die Idee ausführte, daß von Amerika aus Europa befreit werden müsse, was ihm jedoch mehr Spott als Beifall einbrachte.

In den nächsten zwölf Jahren beschäftigte er sich mit literarischen Arbeiten, mit Advokaten-Praxis und mit Politik. Nach Ausbruch des Sezessions-Krieges diente er drei Monate als Hauptmann im 9. Pennsylvania Regiment. Dann hat er in New-York mit Kapp gemeinsam Advokaten-Praxis getrieben, wiederum aber den größesten Theil seiner Zeit literarischen Arbeiten gewidmet.

Endlich im Jahre 1874 wendete sich sein Lebensschicksal so, daß er zu einem festen Beruf gelangte. In diesem Jahre wollte man in New York den deutschen Unterricht in den öffentlichen Schulen abschaffen, und um das zu verhindern, hielten die Deutschen eine Massenversammlung im Cooper-Institut, bei welcher Göpp als Redner so großen Beifall erntete, daß die Reformpartei ihn zum Richter der Marine Court nominirte und er mit bedeutender Majorität erwählt wurde.

Nicht allein hat er dies Amt zur größesten Zufriedenheit verwaltet, sondern er ist auch durch seine eingehende Beschäftigung mit deutscher und englischer Literatur und durch seine liebevolle Theilnahme an den Bildungsfragen beider Nationalitäten zu einem verdienstvollen Vermittler zwischen beiden geworden und hat, da er sich an dem öffentlichen Leben mit großem Eifer durch Reden und Schriften betheiligt hat, viel zum gegenseitigen Verständniß beigetragen.

CXXVII.

Anton Eickhoff.

Congreßglied von New York.

Anton Eickhoff ist am 11. September 1827 in Lippstadt, Westfalen geboren und hat sich auf den Lehrerberuf vorbereitet. Im Jahre 1846 bestand er sein Examen als Real-Lehrer, aber er hatte während seiner Studienzeit sich auch vielfach in Beiträgen für das Provinzial-Blatt versucht, und diese waren so freisinnig, daß die Polizei und das Gericht ihm mit Bestrafung drohte, wie sie in den Zeiten vor 1848 noch sehr scharf war. Er zog es daher vor, im selben Jahre nach Amerika auszuwandern.

Indessen war das Glück ihm zu Anfang nicht hold. Schon die Ueberfahrt, nach New-Orleans, dauerte vierundachtzig Tage, natürlich mit Segelschiff und hartem Schiffszwieback, und endlich in New Orleans angekommen, fand der mittellose und freundlose neunzehnjährige preußische Schulamts-Kandidat absolut keine andre Gelegenheit sein Leben zu fristen, als daß er Arbeiter auf einem Mississippi-Dampfer wurde. Es gab da harte Arbeit, hartes Essen, harte Behandlung und harte Kameraden, welches Leben für einen gebildeten, noch dazu dichterisch angehauchten Jüngling allerdings sehr hart war. Er hat es aber ausgehalten und ist bei dieser Beschäftigung im Laufe eines Jahres den Mississippi bis Minnesota, den Missouri bis über die Grenzen der Gesittung, den Ohio bis Pittsburg und den Arkansas bis Little Rock hinauf gekommen, hat also ein gut Theil von Amerika in Augenschein genommen.

Nicht oft geschieht es, daß gebildete Deutsche, einmal in solch rauhes Leben geworfen, wieder Gelegenheit finden in einen passenderen Wirkungskreis zurückzukehren, aber bei Eickhoff geschah es, daß er in St. Louis in Berührung mit den Jesuiten kam und deren Vertrauen erweckte, so daß sie ihn als Lehrer an der von ihnen geleiteten University of St. Louis anstellten. Das war im Januar 1848. Wie aber zu erwarten war, diente ihm diese Stelle nur zu einem Anhalts- und Uebergangspunkt, um aus dem Arbeiterkittel in einen feinen Rock zu kommen. Schnell ward er mit den freisinnigen Deutschen der Stadt bekannt; bei der dortigen Heckerfeier ernannte man ihn schon zur Abfassung einer Adresse an die Deutschen. Nach wenigen Monaten trat er aus dem Kreise der Jesuiten heraus, gründete im Sommer desselben Jahres die zweimal wöchentlich erscheinende

„St. Louis Zeitung“ und studirte daneben die Rechte, ohne jedoch als Advokat je praktizirt zu haben.

Bekanntlich gleichen die Journalisten den Medizinern darin, daß ihnen erst manches mißlingt und unter den Händen stirbt, ehe sie lernen, das Leben zu erhalten. Bei Eickhoff geschah es auch. Die „St. Louis Zeitung“ starb. Darauf hat er im Laufe von elf Jahren sechs Zeitungen redigirt, den „Beobachter am Ohio“ in Louisville, die „Abendzeitung“, die „New York Staats-Zeitung“, das „New Yorker Journal“ und die „Presse“. Auf diese Weise ward er mit dem Treiben der Deutschen im Westen, im Süden und im Osten sowohl als auch mit den politischen Strömungen und Fragen des amerikanischen Volkswesens genau bekannt und lernte den inneren Zusammenhang der politischen Partei, ihre Triebfedern und Wege so genau kennen, daß er einer der einflußreichsten Politiker unter den Deutschen seiner (der demokratischen) Partei in New York wurde und im demokratischen General-Committee eine hohe Stellung einnahm. Seinem Einfluß entsprechend wurden ihm denn auch wichtige Aemter anvertraut. Im Sezessions-Kriege ernannte Gouverneur Seymour ihn zum General-Kommissär für Verpflegung der New Yorker Truppen. Im Jahre 1863 ward er in die Gesetzgebung von New York gewählt, lehnte aber nach Ablauf seines Termins die Wiederwahl ab, weil die Wirren und die Korruption, die in seiner Partei eingerissen waren, ihm das ganze Treiben gründlich verleideten. Erst zehn Jahre später bewarb er sich wieder um ein öffentliches Amt und zwar um das in einer Stadt wie New York ebenso verantwortliche als gewinnreiche eines Coroners oder Leichenbeschauers; er ward auch erwählt. Im Jahre 1876 ward er sogar in den 45. Congreß erwählt, wo damals noch ein Deutscher aus New York, Nik. Müller saß. Mit diesem hat er sich bei dem Tode Schleichers 1878 in einer öffentlichen Rede zu dessen Verherrlichung vereinigt und damit viel Beifall geerntet, obwol er im allgemeinen sich nicht für zum öffentlichen Reden berufen hielt.

Gegenwärtig (1888) beschäftigt er sich mit literarischen Arbeiten. Von ihm ist kürzlich erschienen: „In der neuen Heimath. Geschichtliche Mittheilungen über die deutschen Einwanderer in allen Theilen der Union.“

CXXVIII.

Conrad Krez.

Lyrischer Dichter.

Conrad Krez ward am 27. April 1828 in Landau, Rheinbaiern geboren und kam 1850 nach Amerika. Gegenwärtig lebt er in Milwaukee als Beamter. Er hat ausgezeichnete lyrische Gedichte geschrieben. Das folgende diene als Probe seiner tiefgefühlten Gedanken und seiner anmuthigen Ausdrucksweise:

Das deutsche Lied in diesem fremden Land
Ist gleich der Palme, die im dürren Sand
Der Wüste wächst. Dem Platz nicht, wo sie steht,
Verdankt sie's, daß sie nicht zu Grunde geht.

Was sie in Säften und am Leben hält,
Das ist der Thau, der von dem Himmel fällt,
Den fängt sie auf; er sammelt sich und steigt
Am Stamm herab und hält die Wurzel feucht.

Er löst den Grund, aus dem sie in sich saugt,
Was sie für Stamm, Blatt, Frucht und Blüthe braucht.
Je einsamer, um so willkommner steht
Sie da für den, der dort vorübergeht.

Und wenn vielleicht, von seiner Last beschwert,
Ein armer Deutscher kommt, der Rast begehrt,
Setzt er sich in den Schatten, den sie beut,
Und ruht sich aus von seiner Müdigkeit.

Und fallen ihm die tausend Stellen ein,
Wo er am Weg auf bleichendes Gebein
Von Pilgern stieß, die vor ihm, früher her
Gekommen waren, hoffnungsvoll wie er,
Und die, von heißen Winden übermannt,
Verschmachtet und verschollen sind im Sand —
Dann fühlt er erst dankbaren Sinns, wie gut
Ein wenig Schatten in der Wüste thut.

CXXIX.

Gustav C. E. Weber.

Berühmter Arzt und Professor.

Gustav C. E. Weber ist am 26. Mai 1828 in Bonn, Rheinpreußen geboren. Sein Vater war an dortiger Universität seit ihrer Gründung im Jahre 1818 angestellt und genoß großes Ansehen, da er eine Anzahl gelehrter anatomischer Werke geschrieben hat. Von verschiedenen Regierungen hat er dafür hohe Orden erhalten. Der Sohn Gustav erhielt demgemäß eine sehr sorgfältige Erziehung, und es war ganz natürlich, daß er nach vollendetem Gymnasium in Bonn Medizin studirte. Zur selben Zeit studirte Karl Schurz dort die Rechte.

Es kam aber das Revolutions-Jahr 1848 mitten in seine Studien und versetzte ihn in solche Unruhe, daß er nicht weiter den Wissenschaften obliegen mochte, sondern im Frühjahr 1849 nach Amerika auswanderte. Hier ließ er sich in der Nähe von St. Louis als Farmer nieder und suchte eine neue Heimath im freien Lande zu gründen. Die Farmerei war aber nicht so schön, wie er sich das gedacht hatte, er kehrte deshalb nach Deutschland zurück und vollendete seine medizinischen Studien in Wien, Amsterdam und Paris. Die jugendliche Sturm- und Drang-Periode hatte er nun glücklich hinter sich; er war ernüchtert und gab sich mit gamzem Herzen seiner Fachwissenschaft hin, so daß er sich vorzügliche Kenntnisse erwarb.

Im Jahre 1853 kehrte er nach Amerika zurück, welches Land er trotz der unbefriedigenden Resultate seiner landwirthschaftlichen Bemühungen herzlich lieb gewonnen hatte. Ueberdies hatte er in New York einen Bruder, der sich hier als Arzt niedergelassen hatte. Mit diesem vereinigte er sich zur gemeinsamen Praxis. Leider starb derselbe jedoch früh, und Gustav Weber mußte nun die ganze Praxis allein übernehmen. Rasch dehnte sie sich aus, denn er machte sehr gute Kuren und ward weitbekannt als geschickter Arzt und Wundarzt. So schnell mehrte sie sich, daß seine Gesundheit schon nach wenigen Jahren der übermäßigen Arbeit erlag und er gezwungen war, sie gänzlich aufzugeben.

Auf einer Erholungsreise kam er durch Cleveland, wurde mit hiesigen Aerzten bekannt und gewann ungesucht ihr Vertrauen in so hohem Grade, daß man ihn als Professor am Cleveland Medical College berief. Er nahm den Ruf an und hat die Professur von 1856 bis 1863 zu großer Zufriedenheit bedient. Im Jahre 1861, beim Ausbruch des Sezessions-Krieges, ward er durch Gouverneur Tod als General-Wundarzt der Ohio Milizen ernannt und hatte die Feldlager und Hospitäler zu revidiren. Dieses Auftrags erledigte er sich gewissenhaft und eifrig und hat ohne Zweifel manches Soldaten-Leben durch die von ihm eingeführten Reformen gerettet. Sogar der Kriegsminister Stanton ward auf ihn aufmerksam und beauftragte ihn in einem höchst schmeichelhaften Schreiben, die Schlachtfelder zu besuchen. Eine der heilsamen Folgen seiner Bemühungen in Erfüllung dieses Auftrages war, daß er die Transportkosten verwundeter Soldaten von vier Cents auf einen halben Cent die Meile reduzirte.

Jedoch mußte Dr. Weber diese Arbeit bald niederlegen,

weil seine Gesundheit dadurch zu sehr angegriffen wurde. Er nahm nun seine Praxis in Cleveland wieder auf und erwarb sich dabei so großen Ruf, daß von nahe und fern Kranke zu ihm gebracht wurden. Sein Vorzimmer war während seiner Sprechstunden immer von Hilfe suchenden Kranken förmlich belagert. Um die von der Entfernung kommenden Kranken sorgfältig behandeln zu können, gründete er das Charity Hospital Medical College, welchem er, zum Besten der Anstalt, seine Dienste unentgeltlich widmete. Später ist dies Medical College mit der Wooster University verbunden, und er dessen Dechant geworden.

Seinen größesten Ruf genießt Dr. Weber als geschickter Vollzieher wundärztlicher Operationen. Auf diesem Gebiete hat er auch zwei wichtige Erfindungen gemacht.

Die erste ist eine neue Methode, bei Operationen die Arterien zu schließen und Verblutung zu verhüten. Die Wände der Arterien werden zu dem Zweck zurückgebogen, wie man etwa einen Rockärmel umschlägt, und werden durch eine silberne Nadel in dieser Lage erhalten. Diese Methode hat den Vortheil, daß dadurch das Eindringen fremder Substanzen ins Blut verhindert wird, welches leicht Blutvergiftung zur Folge haben könnte.

Die zweite Erfindung ist eine neue Methode zur Entfernung von Geschwulsten, tumors, aus dem Oesophagus. Zu diesem Zweck wird die Haut und Bedeckung des Kinnes bis zum Halswinkel eingeschnitten, so daß der Knochen blosgelegt ist, dann wird der Unterkiefer beim Kinn durchsägt, und was darüber liegt, soweit hinweggeräumt, daß der Operateur die Hand an die Gurgel hinbringen und nach Zurückbiegung der Zunge einen Platina-Draht um den Tumor befestigen kann, vermittelst dessen dann auf galvanischem Wege der Tumor beseitigt wird. Natürlich wird einige Tage vor der Operation ein Einschnitt in die Trachea gemacht, damit der Patient dadurch, anstatt durch den Mund athmen kann.

Dr. Weber hat auch die Medical Gazette gegründet und viele werthvolle Arbeiten dafür geliefert.

Von Person ist er angenehm; seine Anspruchslosigkeit und sein gütiges Mitgefühl für die Leidenden, verbunden mit dem magnetischen Einfluß seines auf gründlichen Studien beruhenden Selbstvertrauens gewinnt ihm das Herz des Patienten und erweckt von vorneherein diejenige Hoffnung auf Hilfe, die oft mehr werth ist, als Pflaster und Pillen. Hunderte von Armen, denen Dr. Weber, ohne Bezahlung zu nehmen geholfen hat, segnen sein Andenken in dankbarer Erinnerung.

CXXX.

Gustav Schleicher.

Hochgeehrtes Congreßglied von Texas.

Gustav Schleicher ist am 19. November 1829 in Darmstadt, Hessen geboren und hat sich durch Gymnasial- und Universitäts-Studien auf das Bau- und Ingenieurfach vorbereitet, auch bald eine Anstellung beim Bau der Eisenbahn von Heidelberg nach Frankfurt gefunden.

Um diese Zeit, es war im Jahre 1847, gährte es gewaltig in den Köpfen, besonders der jungen Leute Deutschlands. Durch ihre Bildung und Denkweise waren sie den damaligen politischen und sozialen Verhältnissen Deutschlands völlig entwachsen. Wir erinnern uns noch lebhaft einer Karrikatur, die damals in Deutschland großes Aufsehen erregte und vielen Beifall fand. Sie stellte den „deutschen Michel" dar, wie er in Kinderkleidern im Kinderstuhl mit Kinderspielzeug von den Großmächten festgehalten wird, aber plötzlich alle diese Kinderbande durchbricht und sich als Mann erhebt. Das war das damalige Gefühl Jung-Deutschlands. Den strebsamen jungen Leuten mit Thatendrang und Heldenlust im Gemüth war die Lage der Dinge fast unerträglich. So ging's auch Schleichern und vielen seiner Bekannten. Sie meinten, es in Deutschland nicht länger aushalten zu können, und ihrer vierzig, Ingenieure, Aerzte, Kaufleute und Lehrer bildeten die sogenannte „Vierziger Gesellschaft" zur Auswanderung nach Amerika. Damals waren durch den Adels-Verein in Texas mehre deutsche Kolonien gegründet, und durch Flugschriften lockende Beschreibungen von dem milden Klima, dem kräftigen Naturleben und den idyllischen Freuden des dortigen Landbaues verbreitet worden. Das veranlaßte die „Vierziger" sich dorthin zu wenden und am oberen Llano den Ort Castell zu gründen, wo sie in völliger Gütergemeinschaft ein wenig Handarbeit und viel geistigen Genuß zu haben erwarteten. Allein es gab bei weitem mehr Handarbeit und bei weitem weniger geistigen Genuß, als sie erwartet hatten, denn dem kleinen Gemeinwesen fehlte es an solchen Leuten, die mehr an Arbeit als an geistigen Genuß gewöhnt sind. Die an geistigen Genuß gewöhnten Glieder der Gesellschaft zeigten nicht den freiwilligen Eifer zur Handarbeit für's allgemeine Beste, den man erwartet hatte; der Erdboden brachte unter ihren unerfahrenen Händen nur wenige Produkte hervor und für das Wenige fehlte noch dazu aller Absatz. Dann stahlen ihnen die weißen Grenzstrolche einen Theil ihres Viehes und die rothen Comanches den Rest. Entmuthigt löste die Gesellschaft sich auf. Schleicher zog in eine benachbarte deutsche Niederlassung und versuchte hier auf eigne Hand, das Land zu bauen. Doch auch dies ging schlecht.

Unterdessen war sein Vater mit zwei Töchtern nach der damals größesten Stadt von Texas, San Antonio ausgewandert und hatte hier ein Gasthaus übernommen. Nach San Antonio waren damals schon viele Deutsche gezogen, die verschiedenen verunglückten deutschen Kolonien von Texas entronnen waren, und diese hatten sich mit der spanischen

Bevölkerung der schönen alten Stadt gut zu stellen gewußt. Es mochten damals an die zehntausend Einwohner dort sein, und unter den Deutschen gab es viel frisches Leben. Hier gefiel es dem jungen Schleicher besser, und gern verließ er die Farm, um zu den Seinigen zu ziehen und sich als Feldmesser und Eisenbahn-Ingenieur zu ernähren. Gern bewegte er sich auch in den geselligen Kreisen der Deutschen, war auch von allen wegen seines männlichen und liebenswürdigen Wesens gern gesehen. Er versuchte sich außerdem kurze Zeit als Redakteur einer deutschen Zeitung, welche im Jahre 1853 von Dr. Douai hier gegründet, bald aber mit verändertem Namen in die Hände von einem andren Journalisten übergegangen war, der sie jedoch ebenfalls bald wieder abgab. Auch Schleicher behielt sie nicht lange. Nach sieben mageren Jahren ist sie ganz eingegangen.

Wenn aber die deutsche Zeitung ihm auch keine Reichthümer brachte, so wurde er doch dadurch in weiteren Kreisen bekannt und schon im Jahre 1853 erwählte man ihn in die Gesetzgebung des Staates. Hier erlangte er durch die Klarheit seiner Auffassung der Verhältnisse und durch die genaue Bekanntschaft mit den Bedürfnissen seiner Wähler schnell so großen Einfluß, daß er nach zwei Jahren in den Senat gewählt wurde. Man rühmte an ihm besonders den logischen Vortrag, wie ja überhaupt dem gründlich gebildeten Deutschen die festgegliederte Folgerichtigkeit des Denkens besonders eigen ist.

Beim Ausbruch der Sezessions-Bewegung stand Schleicher gleich fast der ganzen deutschen Bevölkerung von Texas auf Seiten der Union, allein es entging seinem klaren Verstande nicht, daß die Deutschen, wenn sie offen für die Union einträten, bei ihrer geringen Zahl und abgeschlossenen Lage derselben nichts nützen, sich selbst dagegen nur in Unglück und Verderben stürzen könnten. Die Richtigkeit seines Urtheils hat sich bekanntlich durch den Gang der Ereignisse vollständig bewahrheitet. Er enthielt sich deshalb der Aeußerung seiner Gesinnung und war dadurch im Stande, manchem minder vorsichtigen Deutschen in der Noth ein Erretter zu werden. So konnte er z. B. den alten Degener, als er in San Antonio im elenden Gefängniß schmachtete und für sein Leben fürchten mußte, durch seine Bürgschaft befreien. Dadurch erhielt er sich das allgemeine Vertrauen, ohne seiner Ueberzeugung untreu zu werden.

Im Jahre 1874 konnte die demokratische Staats-Convention von Texas sich lange nicht über die Nomination eines Kandidaten zum Congreß einigen. Da ward, ohne sein Zuthun, ja ohne sein Wissen Schleichers Name genannt und er ward alsbald nominirt. Er wurde auch gewählt. Im Congreß war der aus fernem Westen kommende Deutsche, wie man sich leicht denken kann, anfangs wenig zu Hause, es lag auch nicht in seinem Wesen, sich vorzudrängen. Allein es ward ihm zur Pflicht gemacht, die Beschützung seines Bezirks gegen die häufig über den Rio Grande kommenden mexikanischen Banden und gegen die noch häufiger von den Gebirgen herabreitenden Indianer zu befürworten, und er erledigte sich dieses Auftrages in so ruhiger, sachlicher Darstellung der dortigen Zustände, und mit einer so eindringlichen Berufung an das Mitgefühl und Pflichtgefühl der Bundesgewalt, daß er die Aufmerksamkeit aller Glieder auf sich zog und sich ihre Achtung erwarb.

Im Jahre 1876 ward er wieder erwählt, und nun wurden ihm schon viele wichtige Ausschuß-Arbeiten anvertraut, deren er sich in bester Weise entledigte. Seine Berichte über die Beziehungen von Mexiko und den Vereinigten Staaten, über die Zahlung der uns vom Genfer Schiedsgericht zugesprochenen Entschädigungs-Summe und über eine ähnliche Zahlung von Japan waren ganz vorzügliche Schriftstücke. In der Finanzfrage stand er fest wie Eisen für ehrliche Zahlung aller Schulden und für eine gute Metall-Basis des Papiergeldes ein.

Im Jahre 1878 ward ihm die Wiedererwählung dadurch sehr erschwert, daß die Demokratie sich in zwei Parteien gespaltet hatte. Dennoch ward er wiedererwählt, konnte aber nur wenige Monate dienen; nach kurzer Krankheit starb er in Washington am 9. Februar 1879.

Die Gedächtnißreden, welche nach Sitte des Congresses bei solchen Todesfällen im Congreß gehalten werden, fielen bei Schleichers Gedächtnißfeier ganz besonders reichhaltig und warm aus und gaben Zeugniß von der ungewöhnlich großen Achtung und Liebe, die er sich erworben. Nicht nur sprachen seine Kollegen von Texas mit Bewunderung von ihm, und hielten seine deutschen Kollegen, N. Müller, Eickhoff und Brentano warmherzige Lobreden, auch James Garfield, Nath. Banks und Benj. Butler nebst noch sechs andren Abgeordneten ergriffen aus innerem Antrieb das Wort zu seinem Preise.

Im Senat hielten Stanley Mathews und Bayard von Delaware Gedächtnißreden. Bayard sagte unter anderm:

„Während der kurzen Jahre seines Wirkens im Congreß gab Schleicher unumstößliche Beweise seiner Fähigkeit, alle öffentlichen Fragen mit dem Auge des Staatsmannes gründlich zu prüfen, und sie wissenschaftlich zu bearbeiten, sowie von seiner Ehrenhaftigkeit als wahrer Freund seines neuen Vaterlandes. Schon lange vor seinem frühen Hinscheiden war es bekannt, daß jeder Bericht von ihm über Fragen, denen er Aufmerksamkeit geschenkt, oder über welche er sich ein Urtheil gebildet hatte, etwas war, worauf man sich verlassen konnte, indem er aus einer weisen, gerechten und durchaus gewissenhaften Gesinnung hervorging. Ich selbst gestehe gern, daß sein Urtheil sehr häufig meine Abstimmung bestimmt hat.“

„Obgleich Schleicher, wie ich schon erwähnt habe, keiner von den Politikern war, die sich in Schaustellungen gefallen, oder die sich bemerklich und wichtig zu machen verstehen, so war doch der wirkliche Werth seines Karakters seinen Mitbürgern nicht verborgen geblieben, sondern hatte sich in stiller aber sicherer und stets zunehmender Weise geltend gemacht. Als einer derer, die seiner Leiche das Ehrengeleit nach dem fernen Grabe in San Antonio gaben, werde ich ebenso wenig wie andre Augenzeugen jemals die allgemeinen und tiefgefühlten Ehrenbezeugungen vergessen, welche seinen Sarg von der Grenze seines Staates bis San Antonio begleiteten. Auf jeder Station, bei welcher der Zug anhalten konnte, hörte man die klagenden Töne eines Trauermarsches und drängten sich lange Reihen von Bürgern um den Sarg, der die Leiche des geliebten Abgeordneten barg. Alle Klassen jeden Alters und jeder Rasse waren hier vertreten, Frauen kamen mit ihren Kindern, Männer mit ihren Vätern, um vereint ihrem Gefühl des großen Verlustes Ausdruck zu geben. Selbst an Orten, wo die Zeit es nicht erlaubte anzuhalten, standen lange Reihen von Bürgern mit entblößtem Haupte, um wenigstens ihre stille Achtung zu bezeugen."

Der Anzeiger des Westens schrieb:

„Der Leichenzug war unstreitig der größte, den San Antonio je gesehen hat oder vielleicht je wieder sehen wird. Die Congreß-Delegation war einstimmig der Meinung, daß sie weder in Washington, noch in New York je etwas ähnliches gesehen. Ein Musikcorps und zwei Kompagnien Vereinigte-Staaten-Truppen eröffneten den Zug. Dann folgten die Congreß- und Legislatur-Delegationen, die verschiedenen Committees und die Offiziere der Armee in Wagen, und dann kam der eigens aus Flor und Blumen aufgebaute, mit einem Baldachin versehene und von sechs schwarzen Rappen gezogene Leichenwagen, welcher von zwölf Bürgern und den Alamo Rifles als Ehrenwache begleitet wurde. Hinter ihm fuhren die Leidtragenden, die Familie und die nächsten Verwandten. Dann kamen die Vereine zu Fuß, dann eine unabsehbare Menge von Bürgern und Delegationen, und endlich eine ebenso unabsehbare Menge von Karossen und

Wagen aller Art. Drei Musikcorps waren im Zuge vertheilt und seine Länge betrug wenigstens eine und eine halbe Meile. Eine Menschenmenge, die auf 15,000 Köpfe veranschlagt wurde, wogte zu beiden Seiten des Zuges."

Von Statur war Schleicher um eines Hauptes Länge höher als die meisten andren.

CXXXI.

Karl Nordhoff.

Verfasser von The Cotton States.

Karl Nordhoff ist am 31. August 1830 in Erwitte, Westfalen geboren. Sein Vater war preußischer Beamter und hatte die Befreiungs-Kriege 1813–15 mitgemacht. Dadurch hatte er männliche Begriffe von bürgerlichen Pflichten und Rechten, von Freiheit und Tugend bekommen, welche ihm die Zustände des preußischen Beamtenwesens in den Jahren 1815–1840 gänzlich verleideten. Er wanderte deshalb gleich vielen seiner Gesinnungsgenossen nach Amerika aus, als sein Sohn Karl erst fünf Jahre alt war.

Im Jahre 1835 finden wir seinen Namen als Beamten eines Schulvereins in St. Louis verzeichnet, durch welchen dort eine deutsche Schule gegründet wurde. Da er sich mit Pelzhandel beschäftigte, so hatte er viel zu reisen, und auf einer dieser Reisen ward er in Cincinnati mit Dr. Nast so freundschaftlich bekannt, daß er bei seinem frühen Tode im Jahre 1842 diesem den jungen Karl zur Erziehung übergab.

Unter dessen Aufsicht besuchte Karl Nordhoff ein College in Cincinnati und ward dann in der dortigen großen Methodisten-Druckerei als Lehrling eingestellt. Da er indessen als Knabe seinen Vater immer auf dessen weiten Handelsreisen begleitet und einen starken Hang zum Reisen eingesogen hatte, glaubte er diese Beschäftigung nicht ertragen zu können, und entfloh, sobald er das nöthigste Geld verdient hatte, als neunzehnjähriger Jüngling nach Philadelphia, um hier auf einem amerikanischen Kriegsschiff Dienst zu nehmen und die Welt zu sehen. Er hielt auch wirklich die vorgeschriebene dreijährige Dienstzeit aus und fuhr dann noch auf einem Handelsschiffe bis 1855.

Zurückgekehrt, war er kurze Zeit Lehrer der deutschen Sprache an einem Methodisten College in Indiana, dann aber wendete er sich der Tagesliteratur zu und schrieb Reisebeschreibungen. Seine Gaben, seine Kenntnisse und sein Karakter sicherten ihm überall wichtige, lohnende Stellen. Das größeste Werk aber seines Lebens war ein Buch, welches er nach sechsmonatlicher Durchreisung der südlichen Staaten im Jahre 1876 unter dem Titel "The Cotton States" schrieb, worin er, obwol von frühester Jugend auf der republikanischen Partei zugethan, auch wie er selbst schreibt, schon als Kind auf seines Vaters Schooß die Sklaverei hassen gelernt hatte, doch auf Grund eigner Anschauung das Mißregiment der vom Norden im Süden eingewanderten Republikaner und deren Begünstigung durch die Regierung scharf tadelte. In der an Präsident Grant gerichteten Widmung sprach er sich darüber männlich und klar in folgender Weise aus:

An den Präsidenten der Vereinigten Staaten. Mein Herr! Ich lege Ihnen achtungsvoll einen Bericht über die politische und industrielle Lage mehrerer der südlichen Staaten vor, Resultat einer Beobachtungs-Reise, die ich im Frühjahr und Sommer dieses Jahres im Auftrage des Herrn James Gordon Bennet für den New York Herald gemacht habe. Die gesammelten Thatsachen scheinen mir von Interesse für Sie. Es ist Ihnen, wie ich aufrichtig glaube, nicht gelungen, das Volk der südlichen Staaten zufrieden zu stellen, hauptsächlich weil es für Sie in Ihrer hohen

Stellung schwer war, den wahren Zustand dieser Staaten kennen zu lernen, einen Zustand, der sich während Ihrer Regierung so rasch und so beständig geändert hat. Hätten Sie es vermocht, dieselben in den Jahren von 1874–1875 persönlich zu beobachten, wie Sie das im Jahre 1865 gethan haben, so zweifle ich nicht daran, daß Ihre Politik gegen den Süden in vielen Einzelheiten von der von Ihnen eingeschlagenen verschieden gewesen wäre, denn es ist Ihre Pflicht, wie es ohne Zweifel Ihr Wunsch ist, die Freiheit aller Ihrer Mitbürger sicher zu stellen, sowie deren Wohl und Glück zu vermehren."

Dieses Buch erregte damals allgemeine Aufmerksamkeit und gab Anlaß zu vielen Kontroversen und Untersuchungen. Selten ist etwas geschrieben, das größeren Einfluß auf die Bildung der öffentlichen Meinung und auf die Richtung der politischen Strömung gehabt hätte. Nordhoff selbst erwarb dadurch so großes Ansehen, daß bei dem Tode des deutschfreundlichen Bayard Taylor viele gewichtige Stimmen laut wurden, Nordhoff zu seinem Nachfolger zu machen.

CXXXII.

Albert Bierstadt.

Amerika's größester Landschaftsmaler.

Albert Bierstadt ist im Jahre 1830 in Solingen, Westfalen geboren, wo sein Vater Kaufmann war. Er war erst zwei Jahre alt, als seine Eltern nach Amerika auswanderten und sich an einem Orte niederließen, wohin nur sehr wenige Deutsche ihren Weg gefunden haben, nämlich nach New Bedford, einer 55 Meilen südlich von Boston gelegenen Handels- und Seestadt. Obwol nur etliche zwanzigtausend Einwohner zählend, wird sie als die reichste Stadt in den Vereinigten Staaten betrachtet.

In der Schule zeigte der junge Bierstadt große Gabe und Lust zum Zeichnen, sein Vater wollte ihn aber gern zum Kaufmann machen, um das von ihm erfolgreich begründete Handlungshaus nach ihm zu Glanz und Größe zu bringen. Es gab da manchen harten Kampf, aber die amerikanische Umgebung begünstigte den Wunsch des Sohnes, und dieser konnte zuerst im Boston Athenäum, mit welchem eine Sammlung von Gemälden, auch eine Kunstschule verbunden ist, seine Vorstudien machen und dann im Jahre 1853 die Akademie in Düsseldorf beziehen. Unter andren berühmten Meistern fand er hier seinen Landsmann Leutze vor, der damals auf dem Gipfel seines Ruhmes stand. Jedoch stand sein Sinn weniger auf historische Darstellungen als auf Landschaften, und darin übte er sich sowol auf der Akademie als auch auf Reisen durch Deutschland, die Schweiz und Italien.

Nach vier Jahren kehrte er mit einer trefflichen Ausbildung und einer großen Zahl in diesen Ländern selbst aufgenommenen Skizzen nach Amerika zurück, welche er hier ausarbeitete und dann guten Absatz dafür fand.

Dies setzte ihn in Stand, sich auf Kunstreisen nach dem fernen Westen zu begeben und hier lernte er die erhabenen, unbeschreiblich schönen Szenerien der Felsengebirge kennen, eine Herrlichkeit und Pracht der Natur, wie kein Land der ganzen Welt sie schöner aufzuweisen hat. Besonders ist es die echt amerikanische Großartigkeit dieser Landschafts-Bilder, welche alles ähnliche in Europa, selbst die wildesten Alpenlandschaften ebensoweit hinter sich zurückläßt, wie der Niagarafall bei Buffalo den Rheinfall bei Schaffhausen, oder der Hudson den Rhein. Bierstadt ist einer von denen, welche diesen Herrlichkeiten zuerst die gebührende Aufmerksamkeit und Anerkennung verschafft haben. Das Yosemite Thal in der Sierra Nevada, etwa 140 Meilen von San Francisco, acht Meilen lang, von fast drei Tausend Fuß hohen Felsen umgeben, über welche sich der achtzig Fuß breite Mercer Fluß herabstürzt, wild romantisch ringsum, inwendig ein anmuthiger Garten, erregte ganz besonders seine Bewunderung.

Hingerissen von der Großartigkeit dieser Naturgebilde, suchte er sie durch ebenso großartige Gemälde von außerordentlichem Umfang zur Darstellung zu bringen. Eines seiner Bilder ist sieben bei zwölf Fuß groß, andre sind nicht viel kleiner. Wie ein Panorama breitet sich auf diesen Riesenbildern das mit gewissenhafter Genauigkeit gemalte, der Wirklichkeit völlig entsprechende Bild jener herrlichen Naturwunder aus, und eben dies gereicht dem Beschauer zur desto größeren Befriedigung, daß er hier nicht Phantasie, auch nicht theilweis, sondern eine die kühnste Phantasie übersteigende Wirklichkeit vor sich hat. Und derjenige, der diese bisher verborgenen amerikanischen Herrlichkeiten den Augen aller kunstliebenden Menschen vorführte, war ein Deutscher, nicht allein der Geburt nach, sondern auch in künstlerischer Ausbildung.

Auch die schrecklich in jenen Gebirgs-Wildnissen tobenden Stürme hat Bierstadt durch seinen Pinsel darzustellen gesucht, um auch in ihren außerordentlichsten Ereignissen das Leben der Natur zu erfassen, denn eben das außerordentliche zog ihn als einen amerikanisirten Deutschen besonders an. Es haben aber solche Bilder von ihm auch in Europa viele Bewunderer gefunden und sind in dortige Gallerien gewandert. Die europäischen Kritiker nennen seinen Stil einen „heroischen" und sie sind der Meinung, daß an Farbenpracht und Schönheit seine Bilder die Düsseldorfer Schule weit übertreffen.

Im Jahre 1867 bekam Bierstadt Auftrag, ein Bild für das Kapitol in Washington zu malen und machte zu dem Zweck eine zweijährige Reise nach Europa. Während dieser Zeit stellte er in der Berliner Kunst-Akademie sein Bild „In der Sierra Nevada" aus und erhielt dafür eine goldne Medaille zuerkannt.

Seine Heimath hat er in New York und weilt meistens auf seinem zwölf Meilen von dort entfernten Landgut Irvington. Die Zahl der von ihm hergestellten Gemälde ist sehr groß. Manche derselben, besonders der aus dem Yosemite Thal, sind lithographisch weit verbreitet.

CXXXIII.

Michael Hahn.

Gouverneur von Louisiana.

Michael Hahn ist am 24. November 1830 zu Klingenmünster in der Pfalz geboren. Wenige Jahre nach seiner Geburt wanderten die Eltern nach Amerika aus, wo sie sich erst in New York und dann in New Orleans niederließen, aber leider schon starben, als er eben erst in den Stadtschulen sich die nothwendigsten Kenntnisse erworben hatte. Er war jedoch fleißig und anstellig, und so gelang es ihm, in der Office des berühmten, früher erwähnten deutschen Advokaten Roselius einen Platz zu bekommen, und die Rechtsschule der University of Louisiana zu besuchen. Im Jahre 1852 machte er sein Examen und wurde, erst zweiundzwanzig Jahre alt, als Advokat anerkannt.

Beim Anbruch der Sezession war er schon ein vermögender, angesehener Rechtsanwalt, nahm auch schon selbständigen Antheil an der Politik. Seine deutsche Gesinnung, die er unter Roselius sich bewahrt und gepflegt hatte, bewies er dadurch, daß er nicht für Breckenridge, sondern für Douglas Partei nahm, auch öffentlich bei verschiedenen Gelegenheiten gegen Sezession redete. Die Bevölkerung von Louisiana war keineswegs einhellig für Sezession; als Delegaten zu einer Konvention, die darüber entscheiden sollte, gewählt wurden, entfielen 20,000 Stimmen dafür und 17,000 dagegen. Als die neue Konstitution der Konföderation angenommen werden sollte, stimmten 101 Delegaten dafür und 71 dagegen. Aber die Sezessionisten waren die thätigeren und in ihren Mitteln weniger wählerisch als die Unionisten, und so trat Louisiana am 26. Januar 1861 der Sezession bei. Für Michael Hahn blieb unter diesen Umständen nichts übrig, als sich in die Stille zurückzuziehen.

Indessen eroberte schon im Frühling des nächsten Jahres die Flotte und Armee des Bundes den Eingang in den Mississippi und mit New Orleans den größesten Theil des Staates, und nun war für Hahn die Zeit des erfolgreichen Hervortretens gekommen. Er ward im Spätjahr Kandidat für die von Washington aus angeordnete Wahl eines Congreßgliedes und wurde auch mit Leichtigkeit gewählt, da er sowol bei der Bevölkerung als auch bei den Bundesbeamten wegen seiner politischen Grundsätze wohlgelitten war. Im Februar 1863 nahm er seinen Sitz in Washington ein.

Im Anfang ging die Reorganisation von Louisiana unter dem Schutze der Bundestruppen glücklich von Statten. Trotz dem Widerstreben der Pflanzer, welche die alte Staats-Konstitution mit Sklaverei als noch zu Rechte bestehend betrachten wollten, wurde eine neue Staats-Verfassung mit Verbot der Sklaverei angenommen. Hahn, der stets als Gegner der Sklaverei gegolten, ward schon vorher, im Jahre 1864 zum Gouverneur erwählt. Bei dieser Gelegenheit sandte Präsident Lincoln ihm folgendes, von ihm selbst als „vertraulich“ bezeichnete Schreiben:

„Achtb. Michael Hahn!

Mein werther Herr! Ich wünsche Ihnen Glück dazu, daß Sie in der Geschichte Ihren Namen als den des ersten Gouverneurs im freien Louisiana verzeichnet haben. Sie stehen im Begriff, eine verfassunggebende Versammlung zu berufen, welche das Wahlrecht zu bestimmen haben wird. Ich stelle es Ihrem besondren Urtheil anheim, ob nicht Farbige, die intelligent genug sind, und speziell solche, die muthig in unsren Reihen gefochten haben, zum Stimmen zugelassen werden sollten? In Zeiten der Prüfung könnten diese helfen, das Juwel der Freiheit in der Familie der Freien zu wahren. Aber dies ist nur eine Andeutung für Sie allein, nicht für die Oeffentlichkeit. Ihr aufrichtiger

Abraham Lincoln."

Hahn hat sein Amt im März desselben Jahres angetreten und unter sehr schwierigen Umständen treulich verwaltet. Ein großer Theil der Bevölkerung betrachtete seine Wahl als ungesetzlich. Gewissenlose Demagogen auf beiden Seiten hetzten den Pöbel oft zu Aufruhr und Gewalt auf. Hahn selbst ward im Jahre 1866 bei einer öffentlichen Versammlung vom Pöbel angegriffen und verwundet. Allein er behielt das Vertrauen der Mehrheit. Im Jahre 1865 ward er in den Bundessenat nach Washington (welche Wahl jedoch nicht zur Ausführung kam) und 1872 in die Gesetzgebung des Staates, und dann zwei male wieder gewählt. Im Jahre 1884 ward er nochmals als Congreßglied erwählt.

In seinen Vermögensverhältnissen war er glücklich bei allem, was er unternahm. Eine große Zuckerplantage nicht weit von New Orleans und eine ausgedehnte Farm in Illinois gehört ihm. Auch hat er in der Nähe seiner Zuckerplantage eine neue Stadt ausgelegt, welche nach ihm Hahnville genannt ist und schon soweit aufgeblüht ist, daß sie ihre eigne Zeitung hat.

Das Deutsche las er, sprach es auch, aber nicht fließend. Er ist im Jahre 1886 gestorben.

CXXXIV.

Peter V. Deuster.

Congreßglied von Wisconsin.

Peter Victor Deuster ist am 13. Februar 1831 in Aachen, Rheinpreußen geboren und hat daheim eine höhere Schulbildung genossen, welche jedoch bei seiner Auswanderung nach Amerika im Jahre 1847 noch nicht weit genug gediehen war, um ihm hier zu Brod und Amt zu verhelfen. Er ging deshalb in Milwaukee als Lehrling in eine Druckerei und arbeitete sich hier durch Fleiß und Intelligenz bis zur selbständigen Herausgabe einer Zeitung empor.

Hiebei bewies er so gutes gesundes Urtheil über die Zeitfragen und über die politischen Parteien, wußte sich auch durch Gefälligkeit und Freundlichkeit so viele Freunde zu machen, daß er schon im Jahre 1862, obwol erst einunddreißig Jahre alt, in die Gesetzgebung von Wisconsin gewählt wurde. Das in ihn gesetzte Vertrauen ward durch sein Verhalten in der Gesetzgebung völlig gerechtfertigt und er wurde im Jahre 1870 als Senator ernannt und im folgenden Jahre als solcher wieder gewählt.

Er sollte aber noch höher steigen. Im Jahre 1880 ward er als Congreßglied nominirt und auch gewählt, und hier entledigte er sich seiner Pflichten mit soviel Umsicht und Eifer, daß er in den nächsten beiden Wahlterminen, 1882 und 1884, wieder gewählt wurde.

Gegenwärtig (1888) beschäftigt Deuster sich mit Herausgabe des in Milwaukee erscheinenden „Seebote", eines weit verbreiteten, einflußreichen Blattes. Er ist aber auch noch außerdem politisch thätig. Unter andrem ist er Vorsitzer einer vom Präsidenten Cleveland ernannten aus drei angesehenen Staatsmännern bestehenden Commission zur Vertheilung von Indianerländereien. Es hatte nämlich im Jahre 1883 eine Commission des Congresses berichtet, daß in Oregon die Umatilla-, die Walla- und die Cayuse-Indianer zu zwanzigtausend Acker Land mehr berechtigt seien als in den Reservationen vorhanden ist. Sobald dies bekannt wurde, kauften Spekulanten alles Land neben der Indianer-Reservation auf, um auf diese Weise einen hohen Profit durch Wiederverkauf an die Regierung zu machen. Die Commission, deren Vorsitzer Deuster ist, mußte deshalb im Frühjahr 1888 nach Oregon reisen, um an Ort und Stelle nachzumessen, ob wirklich noch Land für die Indianer gekauft werden müsse, und eintretendenfalls zu bestimmen, wo es zu kaufen sei.

CXXXV.

Karl Kern.

Einflußreicher Politiker in Chicago.

Karl Kern ist am 18. April 1831 zu Otterburg in Rheinbayern geboren und im Jahre 1849 zuerst nach Dover in Tennessee, dann nach Cincinnati und schließlich nach Terrehaute, Indiana, gekommen, wo er eine Stelle als Clerk in einem Hotel bekam. In der Erfüllung seiner Pflichten war er sorgfältig und gegen Gäste und Freunde zuvorkommend, und dadurch kam er bald so weit, daß er selbständig ein Hotel übernehmen konnte. Wie allgemein beliebt er sich in dieser Stellung machte, zeigte sich, als er nach einigen Jahren als demokratischer Kandidat für das Scheriffs-Amt in Vigo County auftrat, denn obwol das County bisher immer eine so starke republikanische Mehrheit ergeben hatte, daß jedermann Kerns Kandidatur als hoffnungslos ansah, so ward er dennoch gewählt. Er verwaltete sein Amt so treulich, daß selbst seine Gegner ihn den besten Scheriff nannten, den das County je gehabt hätte.

Darauf ging er zuerst nach Cincinnati und übernahm hier das Galt House, und nachdem er sich auf diese Weise die nöthige Erfahrung gesammelt hatte, wagte er es, nach Chicago zu ziehen, derjenigen Stadt, welche sich nicht mit Unrecht rühmt, mehr Unternehmungsgeist zu haben, als irgend eine andre, wo deshalb auch nur die umsichtigsten und unternehmendsten Leute mit fortkommen können. Kern errichtete hier eine Restauration und führte sie mit so gutem Erfolg, daß er ein Zimmer nach dem andren seinem Lokal hinzufügte, bis er zuletzt das Untergeschoß eines ganzen großen Blocks in Besitz genommen hatte. Als das große Feuer sein ganzes Geschäft spurlos zerstörte, blieb er keineswegs hinter den andren Geschäftsleuten von Chicago zurück, welche ihre Geschäfte schon wieder aufzubauen anfingen, ehe noch das Feuer verglommen war. Er verwandelte vorläufig seine Wohnung an der Wabash Avenue in eine Restauration, um dann bald wieder an dem alten Platz anzufangen.

Nach einiger Zeit bewarb er sich wieder um das in Chicago sehr einträgliche Scheriffsamt. Sein Wahlbezirk war stark republikanisch und dreimal hinter einander blieb er in der Minderheit, aber bei der vierten Wahl erhielt er 6000 Stimmen Mehrheit, während alle andren Kandidaten um 4000 in der Minderheit blieben. Er war also den andren Kandidaten seines Tickets um 10,000 Stimmen voraus. Im Jahre 1875 aber blieb er wieder in der Minderheit, obwol er den andren Kandidaten wieder um 10,000 Stimmen voraus war. Zu groß war die republikanische Mehrheit.

Als sehr vermögender und viel mit andren vermögenden Leuten verkehrender Mann ist Kern Glied einer ganzen Anzahl von den Clubs, in welchen solche Leute Erholung suchen. Jagen, Fischen, Wettrennen, Wettfahrten zu Wasser und ähnliche „Sports“ betreibt er mit vielem Eifer. Seine

Hauptbeschäftigung ist die Politik, er ist eines der einflußreichsten Glieder des demokratischen Ausschusses von Chicago, und man sagt, daß jeder Kandidat für ein politisches Amt, der von Karl Kern empfohlen wird, sicher ist, die Nomination zu erlangen.

CXXXVI.

Leopold Morse.

Congreßglied von Massachusetts

Leopold Maaß (amerikanisirt in Morse) ist am 15. August 1831 von jüdischen Eltern in Wachenheim, Rheinpfalz geboren und hat daheim die Volksschule besucht, bis er noch jung nach Boston kam.

Hier beschäftigte er sich mit dem Kleiderhandel und ward dabei wohlhabend, aber dies befriedigte ihn nicht. Er fühlte rege Theilnahme für politische Bestrebungen und betheiligte sich lebhaft an politischen Konventionen, worin er soviel Einfluß erlangte, daß er zweimal als Delegat zu National-Konventionen seiner, der demokratischen Partei gewählt wurde. Darnach wagte er es, als Kandidat für den Congreß aufzutreten. Das war viel gewagt in Boston, der ältesten, gebildetsten und vornehmsten Großstadt von Amerika, einer Hauptfeste der republikanischen Partei; da war es denn auch nicht zu verwundern, daß er zweimal geschlagen wurde. Allein er hielt an, und im Jahre 1876 ward er wirklich gewählt. Auch in den Jahren 1878, 1880 und 1882 ging er wieder siegreich aus dem Wahlkampf hervor. Bei den nächsten zwei Wahlen behielten wieder die Republikaner die Oberhand, aber im Jahre 1888 ward er wieder erwählt, das einzige demokratische Congreßglied von Massachusetts.

Er hat sich durch Verstand und volkswirthschaftliche Kenntnisse im Congreß gutes Ansehen verschafft, ähnlich wie sein Stammgenosse Meyer Strauß, welcher in den Jahren 1862 bis 1866 Congreßglied war.

CXXXVII.

Hugo A. Rattermann.

Geschichtsforscher der Deutsch-Amerikaner.

Hugo A. Rattermann ist am 15. Oktober 1832 zu Ankum, Hannover geboren und als vierzehnjähriger Knabe nach Amerika gekommen. Sein Vater betrieb in Cincinnati das Tischlerhandwerk. Der Sohn mußte, der bedrängten Umstände wegen, von Anfang an hart mitarbeiten, ja nach wenigen Jahren, seit dem am 1. Januar 1850 erfolgten Tode des Vaters, die Familie durch seiner Hände Arbeit ernähren. Aber bei allem Drucke hatte er einen so starken Wissensdurst, daß er jede Abend- und sonstige Freistunde zur Vermehrung seiner Kenntnisse benutzte. Diese Beschäftigung brachte nebenbei auch den Vortheil mit sich, daß er kein Geld unnöthig für Vergnügen und Unterhaltung ausgab.

Eine solche Lebensweise wird gewöhnlich von andren jungen Leuten als eine Thorheit angesehen, und diejenigen, welche nur an die Gegenwart denken, meinen wol, es sei unnöthig und vergeblich, sich so zu plagen; besser sei es, das Leben zu genießen. Mehre Jahre lang schien es auch, als sei für den jungen Rattermann sein Studiren und Sparen vergeblich, aber mit der Zeit kam die Frucht. Es gab eine große Arbeits-Einstellung; mit der Tischlerei war nichts mehr zu verdienen; da mußten die andren darben, Rattermann aber hatte genug erspart, um eine Handelsschule zu besuchen, ward dann Buchhalter und mit der Zeit ein wohlhabender Geschäftsmann, während diejenigen, die ihre Zeit und ihr Geld nicht so gut angewendet hatten, Arbeiter blieben und über „geschwollene Kapitalisten" schimpften.

Im Frühjahr 1858 ward auf Rattermanns Anregung und durch seine unermüdliche Arbeit die „Deutsche Gegenseitige Versicherungs-Gesellschaft von Cincinnati" gegründet, welche bald eines der glänzendsten Geschäfte dieser Art wurde. Seit dreißig Jahren ist Rattermann ihr Sekretär, Geschäftsführer und leitender Mann und hat seinen vollen Antheil an ihrem Wohlstand.

Neben dieser geschäftlichen Thätigkeit betreibt er zur Erholung geschichtliche Forschungen, deren Resultate er in Büchern und Zeitschriften uns zu gut kommen läßt. Fast ausschließlich macht er die Geschichte der Deutschen in Amerika zum Gegenstand seiner Studien. In dieser Arbeit steht er neben Kapp, Seidensticker und Körner als würdiger Genosse. Diesen vier Männern verdankt es der Deutsch-Amerikaner, daß wir uns überhaupt eine Vorstellung von dem machen können, was die Deutschen in Amerika gewirkt haben. Geld hat keiner von ihnen dabei gemacht, aber das war auch nicht ihre Absicht, sondern sie haben aus Lust und Liebe zur Wissenschaft und aus Liebe zu ihren deutschen Mitbürgern in Amerika gearbeitet.

Gegenwärtig redigirt Rattermann das „Deutsch-Amerikanische Magazin", und in dieser Zeitschrift veröffentlicht er mit andren Liebhabern alles, was er über die Deutschen in Amerika erforscht. Er hat auch eine „Geschichte des großen amerikanischen Westens" geschrieben.

In der Politik ist er Demokrat, hat jedoch bei verschiedenen Gelegenheiten eine unabhängige Stellung eingenommen.

CXXXVIII.

Herman Füchsel.

Angesehener Landschaftsmaler.

Herman Traugott Louis Füchsel ist am 8. August 1833 in Braunschweig geboren und hat dort seine akademische Ausbildung genossen. Da sich bei ihm große Neigung und Gabe zur Malerei zeigte, so besuchte er die Maler-Akademien in Düsseldorf und München, drei Jahre lang. Die für Künstler gewöhnliche Reise nach Italien unterließ er und zog es vor, in Baiern und dem Harzgebirge heimische Naturschönheiten zu studiren und dann, 1858 nach New York zu gehen.

Mehre seiner Gemälde, wie „Das Okerthal", der „Regenstein" und die „Teufelsmauer" wurden schon in Deutschland, andre, wie seine „Drei Harzlandschaften", in New York an Bonner verkauft. In New York malte er fünf Jahre lang mit vielem Beifall dortige Ansichten; eine davon, „Die Bay von New York, von Staten Island aus gesehen", hat August Belmont gekauft.

Im Jahre 1873 machte er eine Kunstreise nach dem Westen bis zum großen Salzsee, was ihm Stoff zu vielen neuen Landschaftsgemälden gab, doch stellen seine besten Gemälde lauter Gegenden aus dem Osten dar, indem das Wilde, Aufregende ihm weniger entspricht als die stilleren Bilder. Sein größestes und bedeutendstes Werk ist „Das Thal des Bouquet in den Adirondacks". Es ist von dem Kunstverein „Palette" in New York durch Verleihung der silbernen Medaille ausgezeichnet worden.

Was Füchsel geworden ist, ist er in Deutschland geworden, was er gethan hat, hat er für Amerika gethan.

CXXXIX.

Wilhelm Kurz.

Erster Photograph von New-York.

Wilhelm Kurz ist im Mai 1834 in Hessen-Darmstadt geboren. Er war der älteste von sieben Kindern und sein Vater starb, als er vierzehn Jahre alt war. Darum mußte er die Schule verlassen und als Lehrling bei einem Kaufmann in Frankfurt am Main eintreten. Allein er konnte dieser Beschäftigung keinen Geschmack abgewinnen und wurde nach zwei Jahren einem Lithographen in Offenbach als Lehrling auf vier Jahre verbunden.

Nach Beendigung seiner Lehrzeit sollte er seine Dienstzeit in der Armee antreten, als Infanterist in Worms, aber dies war ihm so sehr zuwider, daß er lieber ins Ausland ging. Er kam nach London, konnte aber hier keine Beschäftigung finden und nun zwang ihn die bittre Noth, doch das zu thun, um deswillen er seine Heimath verlassen hatte. Es war damals (1854) der orientalische Krieg ausgebrochen. England war mit Frankreich und Sardinien der Türkei zu Hilfe gekommen, um den Russen zu wehren, und die Engländer bildeten zur Vergrößerung ihres Heeres eine britisch-deutsche Legion. Kurz war froh, sich ihr anschließen zu können, wurde nach der Krim eingeschifft und machte im September des Jahres die siegreiche Schlacht an der Alma mit, wodurch die russische Armee gezwungen wurde, sich in Sebastopol einzuschließen. Ein ganzes Jahr dauerte die denkwürdige Belagerung dieser wichtigen, starken Festung. Dann ward sie erobert und das gedemüthigte Rußland mußte Frieden schließen. Kurz erhielt den Abschied und kam nach London zurück. Vergeblich suchte er nun von neuem in der Weltstadt, die Hunderttausenden von Deutschen lohnende Beschäftigung gewährt, als Lithograph anzukommen. Seine Bemühungen waren vergeblich. Er mußte sich kümmerlich als Zeichenlehrer durchschlagen, bis er einen guten Platz in einer Karmoisin-Fabrik als Werkmeister fand. Leider dauerte das Glück nicht lange. Im Jahre 1857 trat eine allgemeine Geschäftsstockung ein, er verlor seine Stelle und es blieb ihm nichts übrig, als zur See zu gehen. Er ward leichter Matrose vor dem Mast und machte als solcher mehre Reisen nach Ostindien. Er wäre wahrscheinlich beim Matrosenleben geblieben, aber es war ein Glück für ihn, daß er im Jahre 1859 unter dem Aequator bei Afrika Schiffbruch erlitt. Sein mit Kohlen beladenes Schiff ging auf hoher See unter. Die Mannschaft rettete in den Booten das nackte Leben und fuhr auf dem großen Ozean dahin mit geringer Hoffnung des Lebens, bis ein Schiff ihrer ansichtig wurde. Zu Weihnachten wurden die armen Schiffbrüchigen in New York ans Land gesetzt. Damals hatte Kurz nur noch zehn Cents in der Tasche seiner Matrosenjacke. Allein das Elend blieb ihm diesmal fern. In dem von edlen Menschenfreunden gestifteten "Sailors' Snug Harbor" wurde er beherbergt, bis er durch eine Zeitungs-Anzeige eine Stelle als Ausbesserer von Daguerreotypes fand, an der Bowery.

Anderthalb Jahre darauf brach der Sezessions-Krieg aus. Da nahm Kurz seine Naturalisations-Papiere und ging mit den ersten, auf drei Monate verpflichteten Freiwilligen nach Washington als Sergeant. So ward zum zweitenmal derjenige, der seine Heimath verlassen hatte, um dem Soldatenleben zu entgehen, der Fahne und der Trommel unterthänig. Es geschah aber nicht aus Neigung, sondern im Sturm der Liebe zu seinem amerikanischen Vaterlande. Nachdem aber seine drei Monate um waren, glaubte er der Pflicht genügt zu haben und kehrte zu seiner Daguerreotypie zurück.

Im Jahre 1863 hatte er schon soviel Erfahrung, daß ihm das künstlerische Department einer Daguerreotype-Gallerie am Broadway anvertraut wurde und er heirathen konnte. Von nun an stieg er schnell. Nach zwei Jahren schon errichtete er eine eigne photographische Gallerie am Broadway und hier hat er fast jedes Jahr Verbesserungen des photographischen Prozesses erfunden, welche wesentlich dazu beigetragen haben, diese wunderbare Kunst auf die Höhe zu bringen, auf der sie jetzt steht.

Im Jahre 1865 erfand er den „Carbonprozeß", wodurch die Photographien dem Verbleichen in Luft und Licht entzogen werden. Auch führte er Miniatur-Photographien auf Porzellan ein. Bei der Jahres-Ausstellung des American Institute erhielt er dafür die erste Medaille.

Im nächsten Jahre, 1866, brachte er in der ganzen Photographie eine vollständige Umwälzung durch Einführung des „Rembrandt-Effekts" hervor, welcher seitdem von allen photographischen Gallerien der ganzen Welt adoptirt worden ist. Auf der Pariser Ausstellung vom Jahre 1870 erhielt er das Prämium für Photographien ersten Grades. Es ist dies das erste Prämium, das je für Photographie nach Amerika kam. Auf der Wiener Welt-Ausstellung, 1873, erhielt er die Medaille für Kunst und die für Geschmack vereinigt, die ersten und größesten Prämien für Portraits.

Im Jahre 1874 erbaute er die Kurz-Gallerie, Madison Square, welche $130,000 kostete, ein Muster-Gebäude zur Ausstellung von Photographien und andren Kunst-Gegenständen.

Im Jahre 1875 führte er die Crayon transfer drawings ein, welche nach einem, von ihm geheim gehaltenen Prozeß angefertigt werden. Er stellt Bilder in schwarzer Kreide von Photographien ohne frei Hand-Arbeit her. Bei der Centennial-Exhibition in Philadelphia waren seine Crayon-

Drawings die einzigen, welche in Memorial=Halle, wo Photographien unzulässig waren, Aufnahme fanden. Bestellungen auf seine Crayon-Drawings liefen sogar von Paris und andren europäischen Großstädten ein.

Im Jahre 1880 patentirte er den Vibrotype und den Conigraph, in Amerika und Frankreich. Sie werden zur Photographie von Gemälden gebraucht.

Wilhelm Kurz ist Präsident des deutschen Photographen=Vereins, Vice=Präsident der American Photographic Society und der Palette Art Association.

CXL.

Michael J. Cremer.

Amerikanischer Konsul in Berlin.

Michael J. Krämer (amerikanisirt Cremer) ist am 6. Februar 1835 zu Schaffhausen in der Schweiz geboren und jung mit seinen Eltern nach Cincinnati, Ohio gekommen. Er hat in dem College in Delaware, Ohio, die klassischen Studien und Theologie studirt und dann in Tennessee als Prediger der bischöflichen Methodisten=Kirche gewirkt. In dieser Arbeit machte er sich besonders verdient durch Organisirung loyaler, der Union treuer Gemeinden und ist in den letzten zwei Jahren auch in die Armee eingetreten, hat aber nicht mit der Flinte gedient, sondern als Kaplan.

Nach Beendigung des Krieges ist ihm die seltene Anerkennung zu Theil geworden, daß die Regierung ihn noch mehre Jahre als Kaplan beibehielt. Darauf wurde er zur Belohnung der von ihm geleisteten Dienste als Konsul nach Leipzig ernannt. Er hat diese Stellung vielfältig zu wissenschaftlichen Zwecken benutzt und durch seine Liebe zu solcher

Beschäftigung und seine guten Kenntnisse den amerikanischen Namen an diesem, durch seine Universität und seinen Buchhandel berühmten Orte würdig vertreten. So sah es auch die amerikanische Regierung an und ernannte ihn im Jahre 1870 zum gleichen Dienst in Kopenhagen, und im Jahre 1881 hat sie ihn zu dem noch wichtigern und angeseheneren Posten in Berlin befördert.

CXLI.

Jakob Romeis.

Congreßglied von Ohio.

Jakob Romeis ist am 1. Dezember 1835 in Weißenbach, Baiern geboren und hat daheim bis zu seinem zwölften Jahre die Volksschule besucht. Dann ist er mit seinen Eltern nach Amerika gekommen und diese haben sich in Buffalo, N. Y. niedergelassen, wo er noch mehre Jahre die Stadtschulen besucht hat.

In seinem fünfzehnten Lebensjahre bekam er eine Stelle auf einem der großen Dampfschiffe, welche den Erie-See befahren, und er hat fünf Jahre diesen sowie die andren großen Binnenseen befahren. Da er sich gute Schulkenntnisse erworben hatte und zuverlässig in der Ausrichtung von dem war, was man ihm auftrug, so rückte er zu höheren und höheren Stellen hinauf und lernte dadurch den geschäftlichen Theil des Güter-Transports gründlich kennen. Darauf bekam er eine hohe Stelle bei der Verwaltung in Toledo, Ohio an der Wabash St. Louis und Pacific Eisenbahn und stieg nun rasch in Wohlstand und Würden. Im Jahre 1874 ward er Alderman, im Jahre 1876 wiedergewählt, ward er Vorsitzer der Aldermen und in den Jahren 1879, 1881, 1883 Mayor.

Im folgenden Jahre, 1884 ward er als Congreßglied seines Distrikts auf dem republikanischen Ticket erwählt und bei der nächsten Wahl wiedererwählt. Er ist kein Schwätzer, nur einmal hat er eine längere Rede gehalten, dagegen macht er sich in den Ausschüssen durch Fleiß und sorgfältige Erwägung der vorliegenden Schriftstücke sehr nützlich.

CXLII.

Gustav Finkelnburg.

Congreßglied für Missouri.

Gustav A. Finkelnburg ist am 6. April 1837 bei Köln am Rhein geboren und so jung mit seinen Eltern nach Amerika gekommen, daß er seine höhere Ausbildung auf einem hiesigen College, dem St. Charles College in Missouri erhielt. Dann hat er auf der „Ohio University" in Cincinnati die Rechte studirt und ist im Jahre 1860 in St. Louis zur Rechtspraxis zugelassen.

Beim Ausbruch des Sezessions-Krieges stellte er sich gleich allen Deutschen von Missouri auf Seiten der Union, diente auch mehrere Jahre in den Reihen der Bundesarmee, obwol erst einige zwanzig Jahre alt, ohne es jedoch darin zu höheren Stellen zu bringen. Im politischen Gebiet dagegen erregte er die Aufmerksamkeit seiner Partei, der republikanischen, und erweckte ihr Vertrauen in so hohem Grade, daß er schon 1864 in die Staats-Gesetzgebung gewählt und 1866 wiedergewählt wurde. Hier zeichnete er sich durch seine gesunden Ansichten und klare Einsicht so aus, daß man ihn zum Vorsitzer machte. Darauf, 1868, ward er in den Congreß gewählt und erwarb sich die Zufriedenheit seiner Wähler in so hohem Grade, daß er im Jahre 1870 mit 12,700 gegen 1359 Stimmen wiedererwählt wurde.

Mit Degener von Texas galt er für einen der einflußreichsten Männer im Congreß.

CXLIII.

Friedrich Tiedemann.

Adjutant von Karl Schurz.

Friedrich Tiedemann ist am 18. Januar 1840 in Dixon, Illinois geboren, also eigentlich kein geborener Deutscher, indessen kehrte seine Familie schon im nächsten Jahre (1841) wieder in ihre Heimath nach Deutschland zurück, und ist er dort als Deutscher erzogen worden.

Sein Vater, Dr. Heinrich Tiedemann, stammte aus einer durch medizinische Schriften berühmten Familie, denn sein Großvater, Dr. Friedrich Tiedemann, Professor der Anatomie und Zoologie an der Universität in Heidelberg, und sein Urgroßvater, Dr. Dietrich Tiedemann, Professor an der Universität Marburg, haben beide als Verfasser gelehrter Schriften großes Ansehen erlangt. Dr. Heinrich Tiedemann lebte nach seiner Rückkehr aus Amerika in Manheim, Baden, welches damals ein Heerd und Brennpunkt liberaler politischer Bestrebungen war. Hier wurde er mit Hecker bekannt, welcher auch eine Tochter aus dem Tiedemann'schen Hause heirathete.

Beim Ausbruch der Revolution vom Jahre 1114 betheiligte die Familie Tiedemann sich sehr lebhaft sowol an dem ersten Hecker'schen, als auch an dem späteren allgemeinen badischen Aufstand, so daß er zum Tode verurtheilt wurde, und nur durch die Flucht und zweite Auswanderung sein Leben rettete.

Ein andres Glied derselben Familie, Dr. Gustav Nikolaus Tiedemann ist nach der Uebergabe der Festung Rastadt am 11. August 1849 wirklich standrechtlich erschossen worden. Er war Generalstabschef des badischen Volksheeres und später Gouverneur von Rastadt gewesen.

Friedrich Tiedemanns Vater kam im Jahre 1848 mit Hecker nach Amerika und begleitete ihn auf seiner Triumph- und Agitations-Reise durch die Vereinigten Staaten. Dann ließ er sich als Arzt in Philadelphia nieder und hier wurde, als die Familie nachgekommen war, seine Erziehung vollendet.

Friedrich Tiedemann widmete sich nach beendigter Schulzeit dem Kaufmanns-Stande und kam mit seinem fünfzehnten Jahre in das Geschäft von Wesendonk & Co. Beim Ausbruch des Sezessions-Krieges trat er mit zweien seiner Brüder in Heinrich Bohlens Regiment, erst als Gemeiner, dann als Lieutenant. Seine beiden Brüder mußten im Kriege ihr Leben lassen und das verleidete dem einundzwanzigjährigen jungen Mann den Dienst, so daß er resignirte. Als aber Schurz Brigadegeneral wurde, machte er Tiedemann zu seinem Adjutanten, und er hatte als solcher mit ihm an den blutigen Schlachten von Chancellorsville, Gettysburg und Chattanooga Theil.

Nach Beendigung des Krieges widmete er sich wieder dem Kaufmanns-Beruf und ist jetzt Theilhaber eines großen Geschäftes. An gemeinnützigen Unternehmungen hat er sich immer eifrig betheiligt. Seit 1874 ist er Schatzmeister der großen deutschen Gesellschaft von Philadelphia. Während des deutsch-französischen Krieges 1870 und 1871 war er sehr thätig bei dem großen deutschen, für die Verwundeten gehaltenen Bazaar in Philadelphia. Auch hat er öfter Konzerte für das dortige deutsche Hospital arrangirt und selbst dabei mitgewirkt.

CXLIV.

Jakob Gross.

Staatsschatzmeister von Illinois.

Jakob Groß ist am 11. Februar 1840 in demjenigen Theile von Deutschland geboren, dessen Bewohner in Amerika durchschnittlich den größesten Erfolg haben, nämlich in der Pfalz. Sein Geburtsort heißt Jakobsweiler. Sein Vater war ein Bauer, und nach dessen frühem Tode kam er wieder zu einem Verwandten, der auch Bauer war. Er hat also in seiner Jugend nur das gelernt, was man in der Dorfschule und auf der Bauerei lernt. Indessen kam er schon als fünfzehnjähriger Jüngling zu Verwandten in Chicago, und diese gaben ihm Gelegenheit, die Stadtschule noch etwas zu besuchen. Darnach lernte er das Zinnschmidt-Geschäft bei den gleichen Verwandten.

In dieser Arbeit stand er, als der Sezessions-Krieg ausbrach. Er war damals einundzwanzig Jahre alt und konnte der allgemeinen Kampfeslust ebenso wenig widerstehen, wie die meisten seiner Altersgenossen. Als das zweite Hecker-Regiment gebildet wurde, das zweiundachtzigste Illinois Regiment, trat er als Gemeiner in dessen Reihen und machte alle die blutigen Schlachten mit, bei welchen das Regiment betheiligt war: Chancellorsville, Gettysburg, Lookout Mountain bei Chattanooga und viele minder wichtige. Bei allen kam er unversehrt davon, bis am 25. Mai 1864 in einem hitzigen Gefecht bei Dallas, Georgia eine feindliche Kugel ihm das rechte Bein über dem Knie zerschmetterte und ihn blutend niederwarf. Die Wunde war nicht allein schmerzlich, sondern so gefährlich, daß Monate lang sein Leben in Gefahr schwebte. Man brachte ihn erst nach Chattanooga ins Hospital und amputirte das Bein, aber es zeigte sich Knochenfraß und man mußte das Bein noch einmal höher hinauf amputiren. Dann ward er nach Nashville ins Hospital gebracht und hier zeigte sich wieder Knochenfraß und mußte das Bein nochmals höher hinauf amputirt werden. Dann ward er nach Chicago ins Hospital gebracht und hier zeigte sich wieder Knochenfraß, sodaß sein Bein zum vierten Mal amputirt werden mußte. Endlich genas dennoch das junge Pfälzerblut nach dem alten Landesspruch: „Fröhlich Pfalz, Gott erhalt's!" Und hier erwies sich das, was zur Zeit das größeste Unglück zu sein schien, wieder einmal als das größeste Glück.

Als ernster Mann stand Groß vom Krankenlager auf und beschloß, weil der Körper verkrüppelt war, mit dem Geist zu arbeiten. Er verwendete den Rest seines Geldes zum Besuch eines Commercial College, ward Clerk des Polizei-Gerichts, ward zweimal als Kollektor von Chicago erwählt, dann Clerk von der Circuit Court und zuletzt Schatzmeister des Staates Illinois.

Durch kluge Anwendung seines Geldes gelang es ihm, mit demselben ein großes Vermögen zu erwerben. Er ist jetzt Theilhaber an der Bank von Felsenthal, Groß und Miller und einer der wohlhabendsten und angesehensten Männer von Chicago.

Die feindliche Kugel bei Dallas traf ihn nicht zum Unglück.

CXLV.

Thomas Nast.

Ausgezeichneter Karrikaturen-Zeichner.

Thomas Nast ist am 27. September 1840 in Landau, Pfalz geboren. Sein Vater war ein Musikant von unstäten Gewohnheiten, der gern auf Reisen ging, die jedoch nicht Kunstreisen genannt werden konnten. Auf einer solchen, nach Thomas' Geburt unternommenen Reise ließ er sich auf einem amerikanischen Kriegsschiffe als Musikant anwerben und kam nach New York. Da traf es sich, daß er am Zahltag etwas Geld übrig hatte und damit im Jahre 1846 seine Familie nachkommen lassen konnte. Hiemit war aber auch seine Fähigkeit, für die Familie zu sorgen, so ziemlich erschöpft, und der sechsjährige Thomas mußte mit der Mutter und den Geschwistern sehr kümmerlich leben, wobei er nur die niederen Stadtschulen besuchte. Dabei brach sich, trotz des Druckes der Armuth, die Lust am Zeichnen in dem Knaben Bahn, und zwar nicht allein in der fast allen Knaben eigenen Sucht, Tische und Wände mit Fratzen zu bemalen, sondern so, daß er sich der elterlichen Anordnung, Uhrmacher zu werden, widersetzte und in eine Zeichenschule ging, und zwar in eine sehr gute. Denn zu seinem Glücke war dem achtundvierziger Tendenz-Maler Theodor Kaufmann, der damals in New York wohnte, seine „Gottes-Idee" verbrannt, nämlich seine unter diesem Titel mit Aufbietung aller Kraft und Mittel angefertigte Reihenfolge von Oelgemälden, und derselbe nahm nun, um Brod zu erwerben, seine Zuflucht zur Eröffnung einer Zeichenschule. Diese besuchte Thomas Nast sechs Monate lang.

Hiemit war die künstlerische Ausbildung des dreizehnjährigen Deutsch-Amerikaners so weit gediehen, daß er fortan von seiner Kunst lebte, freilich nicht sehr reichlich. Er zeichnete für Frank Leslie's „Illustrirte Zeitung“ alles, was sich in New York wichtiges zutrug, und das brachte ihm zwar nicht viel, aber doch genug ein, um sein Leben zu fristen und die Abend-Klassen der Academy of Design zu besuchen. Auch erhielt er in der Bryant Gallery eine Anstellung als Thürschließer, Feuermacher und Ausfeger, was ihm Gelegenheit verschaffte, manches Oelgemälde zu kopiren.

Nach und nach war er im Stande, bessere Zeichnungen zu liefern als Frank Leslie brauchte, und ward nun von der New York Illustrated News als Zeichner angestellt. Nun bekam er schon anständige Bezahlung; seine natürliche Gabe und seine beharrliche Benutzung jeder Gelegenheit zur Ausbildung begannen nach sieben schweren Jahren Frucht zu bringen. Im Jahre 1860 ward er sogar beauftragt, nach England zu gehen, um einen Preiskampf zwischen dem damaligen besten amerikanischen und dem besten britischen Faustkämpfer zu zeichnen. Als er damit fertig war, ward die Zeitungswelt in große Aufregung versetzt durch Garibaldi's Eroberung des damaligen Königreichs Neapel. Mit tausend seiner Nachfolger landete dieser im Mai 1860 auf der Insel Sizilien und hatte bis zum September das ganze Königreich für Italia irridenta, das einige Italien unter Viktor Immanuel erobert. Die unternehmenden Londoner und New Yorker Zeitungen sandten Nast als Zeichner auf den Kriegsschauplatz, und so konnte er den ganzen Feldzug mitmachen, auch nachher noch in Europa reisen, und im Februar 1861 als gemachter Mann nach New York zurückzukehren.

Nun brach der Sezessions-Krieg aus, welcher dem Zeitungswesen viel Verdienst und auch für den jetzt wohlbekannten Nast viel lohnende Arbeit brachte. Seine Umstände erlaubten es ihm jedoch, sich diejenige Art der Arbeit auszusuchen, für die er am meisten Neigung und Befähigung besaß, nämlich die Karrikatur, und damit finden wir ihn von jetzt an ausschließlich beschäftigt. Seine Bilder verspotteten aber nie das Edle und Gute, vielmehr zeigte seine wahrheitsliebende deutsche Natur sich darin, daß er stets das Böse, Gemeine und Thierische zum Gegenstand seines beißenden Spottes machte, selbst wenn es sich im weißen Hause brüstete, oder vom Pöbel bewundert wurde. In dieser Hinsicht kannte Nast kein Ansehen der Person.

In der Politik war er ein entschiedener Republikaner. Den Bürgerkrieg kennzeichnete er scharf als Kampf zwischen Freiheit und Sklaverei, während die Vorsichtigen ihn einen Kampf zwischen Loyalität und Illoyalität nannten. Als Andrew Johnson der republikanischen Partei untreu wurde, stellte Nast seine Kreisschwingung ebenso lächerlich dar, wie später die schändliche Bestechlichkeit, die in den politischen Kreisen von New York eingerissen war. Seine größeren Karrikaturen bildeten gewöhnlich für längere Zeit das Gespräch des Tages und übten einen wesentlichen Einfluß auf die öffentliche Meinung. Auch europäische Personen zog er in den Bereich seiner scharfen Geschosse. Seine Bilder von Louis Napoleon waren gradezu vernichtend.

Zum großen Theil verdankt Nast seinen großen Erfolg als Spottzeichner dem Umstand, daß er zwar in Gesinnungstüchtigkeit und Aufrichtigkeit seinen deutschen Karakter wahrte, aber dem Bedürfniß des großen amerikanischen Publikums dadurch Rechnung trug, daß er seine Gedanken in den allerstärksten Uebertreibungen ganz unmißverständlich ausdrückte. Jeder, der seine Bilder sah, konnte auf den ersten Blick verstehen, was er lächerlich machen wollte. Auf Feinheiten, welche Uebung und Nachdenken erfordern um verstanden zu werden, ließ er sich nicht ein. Will doch auch das amerikanische Publikum seinen Kopf bei solchen Gelegenheiten nicht anstrengen. Es will dann lachen. Zu denken gibts sonst genug im Geschäft und Beruf. Um ja recht leicht verstanden zu werden, hängt er seinen Figuren meist noch einen erklärenden Zettel in den Mund.

In Oelgemälden hat Nast sich wenig versucht. Doch wird sein „Lincolns Einzug in Richmond" viel gerühmt, weil die Personen ganz ihrem Karakter entsprechend dargestellt sind. Durch ein merkwürdiges Zusammentreffen wird hier der neben Lincoln in Richmond einziehende Weitzel, ein jung nach Amerika gekommener geborener deutscher General, durch den ebenfalls jung nach Amerika gekommenen deutschen Maler dargestellt, und von beiden wissen in Amerika nur wenige, daß sie in Deutschland geboren sind.

CXLVI.

Cuno von Arnold.

Superintendent in der amerikanischen Polizei.

Cuno J. von Arnold ist am 7. September 1844 in der Stadt Baden im Großherzogthum Baden geboren. Sein Vater und dessen Vorväter waren im Polizei-Amt angestellt, er selbst aber wurde von seinen Eltern für die militärische Laufbahn bestimmt und von seinem neunten Jahre an in die Kriegsschule von Karlsruhe gesendet. Er war erst sechzehn Jahre alt, als er schon sein Lieutenants-Examen machen konnte. Es dauerte kaum ein Jahr, so wurde er als solcher im zweiten Dragoner-Regiment angestellt, und so jung er war, zeigte er doch solche Pünktlichkeit, solchen Eifer und Ernst, daß er in kurzer Zeit zum Ober-Lieutenant hinaufrückte.

Damals, 1860 und 1861, war das Soldatenleben in Deutschland nicht angenehm, denn es bestand fast ganz in dem tödtlichen Einerlei des Garnisondienstes, und auf wirkliche Thätigkeit im Felde war wenig Aussicht. Hätte der junge

Th: Nast

Arnold gewußt, was nach einigen Jahren geschehen würde, so hätte er vielleicht in der harten Schule der Geduld ausgehalten und in den späteren Kriegen mit Oestreich und Frankreich Großes erlebt und erreicht, aber das konnte er nicht wissen. Nach wirklicher Arbeit verlangend, bei welcher etwas nützliches auszurichten sei, und bei welcher man im edlen Wettkampf mit andren voranstreben könne, ward ihm das Exerziren und Inspiziren von Kasernen und Ställen unerträglich. Er verließ nach anderthalbjährigem Dienst das Regiment und seine Heimath und kam als kaum achtzehnjähriger Jüngling hoffnungsvoll nach Amerika.

Allein er fand es unmöglich, hier eine entsprechende Beschäftigung zu erhalten. In die Armee konnte er nicht eintreten, hatte auch selbstverständlich nicht die geringste Lust dazu, und im Polizeiwesen, wozu er von Jugend auf angeborne Neigung hatte, konnte ein eben eingewanderter Deutscher keineswegs ankommen. Und doch hatte er es darauf abgesehen. Er mußte also, um zu diesem Ziel zu gelangen, einen Umweg einschlagen.

Nachdem er seine ersten Papiere zum amerikanischen Bürgerrecht genommen und seine Absicht, hiesiger Bürger zu werden, erklärt hatte, ging er nach England und trat in das, unter dem Namen "Scotland Yard" bekannte geheime Polizei-Büreau von London ein. Hier fühlte er sich in seinem Elemente. Hier gab es Gelegenheit, den Scharfsinn zu üben und Entschlossenheit, Muth und Geistesgegenwart in entscheidenden Momenten zu bethätigen und die menschliche Natur in allen ihren vielverschlungenen Wegen zu beobachten. Fast jeder Tag brachte neue Aufregungen, neue Umgebungen, neue Erlebnisse. So sehr entsprach ihm das Leben und so richtig war sein Gefühl gewesen, als er sich diese Laufbahn erwählte, daß er während der vier Jahre, die er hier zubrachte, mehre Medaillen für bewiesene Tapferkeit und Klugheit erhalten hat. Es war aber nie seine Absicht gewesen, in England zu bleiben. Amerika wollte er zu seiner Heimath machen und hier wollte er als geheimer Polizist die menschliche Gesellschaft durch Aufspürung von Verbrechern gegen sie schützen. Er kehrte also im Jahre 1867 nach Amerika zurück, und als er nun, mit seinen Zeugnissen von der Scotland Yard versehen um Anstellung bei den Pinkerton Detectives nachsuchte, ward ihm dieselbe bereitwillig gewährt. Er blieb sechs Jahre in ihrem Dienst und zeichnete sich darin durch seine Energie in vielen wichtigen und schwierigen Fällen aus, von denen die bekanntesten die Gefangennahme des berüchtigten „Abe Buzzard" und die Entdeckung des schändlichen Komplotts zur Explosion des Ridgeway Park in Philadelphia im Jahre 1880 waren. In Folge der in diesem letzten Falle bewiesenen Fähigkeit und Thätigkeit ernannte die Law and Order League of Philadelphia ihn zum Hauptdetektive, und während er dies Amt versah, erntete er wiederholt das Lob der dortigen Presse.

Nach vierjährigem Dienste mußte er wegen Ueberarbeitung und Erschöpfung resigniren und ging auf mehre Jahre zur Erholung nach Florida. Dann hat er mit erfrischter Kraft die Superintendentur des American Detective Police Bureau übernommen, wo er als „ehrlicher" Geheimpolizist seinem deutschen Namen alle Ehre macht.

Arnold ist von gedrungenem Körperbau, aber mehr sehnig als voll. Der fest nach unten zusammengepreßte Mund zeigt energische Willenskraft, die über der Nase zusammengezogenen buschigen Augenbrauen mit den tief dahinter liegenden halbverdeckten Augen deuten auf die Gewohnheit des Mißtrauens und der Einschüchterung, welche der rechte Polizist bei Verfolgung von Verbrechern bedarf.

CXLVII.

Richard Günther.

Congreßglied von Wisconsin.

Richard Günther ist am 30. November 1845 in Potsdam, Preußen geboren und hat dort nach Besuch des Gymnasiums sich dem Apotheker-Beruf gewidmet. In Preußen ist es unter jetzigen Verhältnissen für einen Mann ohne bedeutende Mittel unmöglich, Besitzer einer Apotheke zu werden, deshalb wanderte er im Jahre 1866 nach Amerika aus und ließ sich in Oschkosch, Wisconsin nieder.

Diese betriebsame Stadt am Winnebago See hat eine Bevölkerung von über 12,000 Einwohnern, von denen fast die Hälfte deutsch ist. Indem Günther hier seinem Beruf als Apotheker oblag, hatte er günstige Gelegenheit, sowol zu Geschäften als auch zur Erlangung politischen Einflusses, und benutzte dieselbe mit so gutem Erfolg, daß er schon zehn Jahre nach seiner Einwanderung als Staats-Schatzmeister von Wisconsin gewählt wurde und bei der nächsten Wahl das Amt wieder erhielt. Im Jahre 1880 ward er als Abgeordneter in den Congreß erwählt und seitdem ist er viermal hintereinander siegreich aus demselben Wahlkampf hervorgegangen. Er gehört der republikanischen Partei an, erfreut sich aber einer so großen Popularität, daß auch Nicht-Republikaner in großer Zahl für ihn stimmen.

Im Congreß selbst hat er sich durch seinen Fleiß, seine Beredsamkeit und seine parlamentarische Gewandtheit großen Einfluß verschafft, wie er denn auch schon wegen seiner achtjährigen Anwesenheit daselbst als eines der erfahrensten Glieder gilt.

CXLVIII.

Hermann Lehlbach.

Congreßglied von New Jersey.

Hermann Lehlbach ist am 3. Juli 1845 in Baden geboren und hat sich für den Beruf eines Ingenieurs vorbereitet. Nach Amerika gekommen, machte er Newark in New Jersey zu seiner Heimath, wo er auch jetzt noch daheim ist.

Er betrieb hier zuerst sein Geschäft als Feldmesser, und nachdem er sich mit den hiesigen Eisenbahnbauten und ähnlichen Geschäften bekannt gemacht hatte, griff er herzhaft zu und wagte es, auf eigne Hand Kontrakte zu übernehmen, mit denen er gutes Glück hatte, denn er hatte gelernt, genau und sicher zu rechnen, und wußte zur Ausführung seiner Arbeiten die richtigen Männer auszuwählen. Dabei gebrauchte er anhaltenden Fleiß im Geschäfte.

Sein Geschäft führte ihn naturgemäß auf das politische Gebiet, da man, um Kontrakte zu erhalten, den politischen Einfluß nicht gut entbehren kann. Auch hier hatten seine Bemühungen guten Erfolg. Er ward von seiner, der republikanischen Partei, als Abgeordneter in die Gesetzgebung und im Jahre 1884 in den Congreß gewählt. Bei der nächsten Wahl wurde er wiedererwählt. Er gehört zu den stilleren Gliedern, zeichnet sich aber durch Fleiß und Sachkunde in den Ausschüssen aus.

CXLIX.

Deutsche Congressglieder.

In den Jahren vor dem Sezessions-Kriege war es eine große Seltenheit, daß geborene Deutsche in den Congreß gewählt wurden. In jenen Zeiten finden wir von dem ersten Congreß im Jahre 1789 an zwar immer manche geborene Irländer, Welsche, Schotten und Engländer unter den Abgeordneten in Washington, aber sehr selten einen Deutschen. Nur zwei solche sind in diesem ganzen Zeitraum zu verzeichnen.

Ein gewisser Jakobs saß im zweiten Congreß, 1791 und 1792, welcher in den Registern als geborener Deutscher aufgezeichnet wird; sonst aber wissen wir nichts von ihm.

Adam Seybert saß in den Jahren 1809–1815 und 1817–1819 im Congreß. Von ihm wird gemeldet, daß er aus Philadelphia in den Congreß gewählt wurde und daß er im Jahre 1825 in Paris gestorben ist. Er war ein geschickter Chemiker und Mineraloge. In seinem Testament hinterließ er Ein Tausend Dollars für die Erziehung von Taubstummen und fünfhundert Dollars für ein Waisenhaus.

Im achtunddreißigsten Congreß, 1863 und 1864, saßen zwei geborene Deutsche, Michael Hahn von Louisiana und Meyer Strauß vom westlichen Pennsylvanien. Das nähere über sie ist bereits mitgetheilt.

Im neununddreißigsten Congreß saß nur Strauß und im vierzigsten kein Deutscher.

Im einundvierzigsten Congreß, 1869 und 1870, saßen Gustav Finkelnburg aus Missouri und der alte

Degener aus Texas. Ihre Biographien haben wir bereits gegeben.

Um dieselbe Zeit war Karl Schurz Bundes=Senator für Missouri, der einzige geborene Deutsche, der bisher dahin gelangt ist.

Im zweiundvierzigsten Congreß saßen dieselben.

Im dreiundvierzigsten Congreß, 1873 und 1874 wird Robert Knapp aufgeführt, er ward von Illinois gesendet und war von Beruf Advokat.

Im vierundvierzigsten Congreß, 1875 und 1876 sind drei geborene Deutsche registrirt, der schon angeführte Knapp, nebst Gustav Schleicher, dessen Biographie schon gegeben ist, und Heinrich Pöhler aus Minnesota. Dieser ist am 22. August 1839 in Lippstadt geboren. Im Jahre 1848 eingewandert, widmete er sich dem Kaufmanns=Stande, war aber zugleich ein sehr angesehener Politiker. In den Jahren 1857, 1858, 1865 war er Mitglied der Staats=Gesetzgebung und in den Jahren 1872, 1873, 1876 und 1877 des Staatssenats.

Im fünfundvierzigsten Congreß haben wir sieben geborene Deutsche zu verzeichnen: Anton Eickhoff und Nikolaus Müller von New York, Lorenz Brentano und Robert Knapp von Illinois, Peter Deuster von Wisconsin, Leopold Maaß von Massachusetts und Gustav Schleicher von Texas. Nikolaus Müller ist am 15. November 1836 in Luxemburg geboren und hat im dortigen Athenäum eine höhere Ausbildung erlangt. In Amerika hat er Geschäfte in Eisenbahnen gemacht und ist Direktor der Germania Bank in New York geworden. An der Politik hat er sich als Glied des demokratischen Central=Ausschusses lebhaft betheiligt, ist auch in den Jahren 1875 und 1876 Mitglied der Staats=Gesetzgebung von New York gewesen. Die Biographien der andren haben wir bereits mitgetheilt.

Im sechsundvierzigsten Congreß, 1879 und 1880 saßen sieben geborene Deutsche: Peter Deuster von Wisconsin, Heinrich Pöhler von Minnesota, Anton Eickhoff und Nikolaus Müller von New York, Leopold Maaß von Massachusetts, Gustav Schleicher von Texas und Lorenz Brentano von Illinois, deren Biographien bereits alle mitgetheilt sind.

Im siebenundvierzigsten Congreß, 1881 und 1882 saßen fünf geborene Deutsche: Peter Deuster und Richard Günther von Wisconsin, Wilhelm Heilmann von Indiana, Leopold Maaß von Massachusetts und Dietrich Schmidt von Illinois. Letzterer wird in den Registern als Smith angeführt, er heißt aber Schmidt und ist am 4. April 1840 in Ostfriesland geboren, nach Pekin in Illinois ausgewandert, ist Kapitän im Sezessions-Kriege gewesen, hat darauf Bank- und Fabrik-Geschäfte betrieben und ist auch Mitglied der Staats-Gesetzgebung von Illinois gewesen.

Im achtundvierzigsten Congreß waren die geborenen Deutschen durch sechs Abgeordnete vertreten: Peter Deuster und Richard Günther von Wisconsin, Leopold Maaß von Massachusetts, Nikolaus Müller von New York und Eduard Breitung und Julius Hausermann von Michigan. Eduard Breitung ist am 10. November 1831 in Schäkau, Thüringen geboren, hat das Gymnasium in Meiningen besucht und ist nach Michigan ausgewandert, wo er als Kapitalist sich mit Landspekulationen und Bergbau beschäftigt hat. Am oberen Superior See besitzt der Staat Michigan nämlich sehr wichtige Kupferbergwerke, welche merkwürdigerweise schon vor vielen Jahrhunderten durch einen uralten Menschenschlag bearbeitet worden sind, wie alte Schachte zeigen. Da politische Bestrebungen mit solchen großen Handelsgeschäften eng verbunden sind, so hat Breitung sich auch damit beschäftigt, und das mit gutem Erfolg. Er war in den Jahren 1872 und 1873 Mitglied der Staats-Gesetzgebung und 1879 und 1880 des Senats. Auch war er Mayor von Negaunee, einem großentheils von Deutschen bewohnten Städtchen von etwa 3000 Einwohnern in Marquette County im nordwestlichen Michigan, wo es wichtige Eisen-Bergwerke gibt. Julius Hausmann (amerikanisirt Hausermann) ist am 8. Dezember 1832 in Zeckendorf, Bayern geboren und hat auf der Volksschule die Vorbildung zum Kaufmannsstand erhalten. Im Jahre 1851 ist er ausgewandert und nach Grand Rapids am Michigan See gekommen, wo er Kaufmanns-Geschäfte betrieben und bald großes Ansehen erlangt hat. Er hat so ziemlich die ganze Leiter politischer Würden von der untersten Sprosse stufenmäßig erstiegen. Erst ward er Alderman, dann Mayor, dann 1871 und 1872 Glied der Gesetzgebung. Seine Handelsgeschäfte hat er meist in Holz gemacht.

Im neunundvierzigsten Congreß saßen sieben geborene Deutsche: Eduard Breitung von Michigan, Peter Deuster und Richard Günther von Wisconsin, Michael Hahn von Louisiana, Jakob Romeis von Ohio, Nikolaus Müller von New York und Hermann Lehlbach von New Jersey, deren Biographien bereits alle mitgetheilt sind.

Im fünfzigsten Congreß, 1887 und 1888 ist das Deutschthum durch vier Abgeordnete vertreten: Leopold Morse von Massachusetts, Jakob Romeis von Ohio, Hermann Lehlbach von New Jersey und Richard Günther von Wisconsin.

Es werden sonst noch mehre Congreßglieder als deutsch angeführt, es sind deren auch noch mehre, welche deutsch sprechen und das Deutsche lieben, sie sind aber hier zu Lande geboren und deshalb nicht an dieser Stelle aufgezeichnet, weil wir uns hier auf geborene Deutsche beschränken.

Obwol hienach im letzten Congreß die Zahl der deutschgeborenen Abgeordneten etwas geringer erscheint, als in den vorhergehenden, so ist es doch offenbar, daß in den letzten zehn Jahren die Vertretung des Deutschthums im Congreß sehr zugenommen hat. Auch ist es eine bemerkenswerthe Thatsache, daß sich diese Vertretung der Deutschen im Congreß hauptsächlich erst vom Sezessions=Kriege an datirt. Vor diesem Kriege haben die Deutschen sich bei weitem nicht so sehr an amerikanischen National=Fragen und Angelegenheiten betheiligt, wie sie es sollten, aber seit sie großen und heldenmüthigen Antheil an diesem, den Bestand der Union ernstlich gefährdenden Kampfe genommen und wirklich die Union retten geholfen haben, sind sie auch in die Rathsversammlung der Vereinigten Staaten eingetreten, und das mit Recht. Und je länger die Vereinigten Staaten bestehen, desto herzlicher werden die Deutschen sich an ihrem Wohl und Wehe betheiligen.

CI.

Die deutsche Einwanderung.

Die deutsche Einwanderung in den Vereinigten Staaten von Amerika ist keineswegs am Abnehmen, sondern hat erst in den letzten Jahrzehnten die großartige Ausdehnung gewonnen, durch welche sie sich die Vertretung im Congreß und in den Gesetzgebungen einzelner Staaten, die Einführung des deutschen Unterrichts in den öffentlichen Schulen aller größeren und vieler kleineren Städte und eine ehrenvolle Stellung in Vereinswesen, Kirchen und wissenschaftlichen Kreisen errungen hat. Man kann mit gutem

Recht sagen, daß in dem letzten Vierteljahrhundert das deutsche Element in Amerika einen dauernden Platz in Staats- und Volksleben dahier erlangt hat, und daß wir für die kommende Zeit größere Errungenschaften auf diesem Gebiet zu hoffen und zu erwarten haben.

1821—1830	betrug	die	deutsche	Einwanderung	in Amerika	jährlich durchschnittlich	729
1831—1840	"	"	"	"	"	"	15,245
1841—1850	"	"	"	"	"	"	43,462
1851—1860	"	"	"	"	"	"	95,166
1861—1870	"	"	"	"	"	"	82,200
1871	mit	Hinzunahme	von	deutschen	Oestreichern,	Schweizern u. A.	111,201
1872	"	"	"	"	"	"	160,595
1873	"	"	"	"	"	"	139,141
1874	"	"	"	"	"	"	61,927
1875	"	"	"	"	"	"	40,565
1876	"	"	"	"	"	"	35,323
1877	"	"	"	"	"	"	30,417
1878	"	"	"	"	"	"	35,958
1879	"	"	"	"	"	"	49,531
1880	"	"	"	"	"	"	147,040
1881	"	"	"	"	"	"	245,592
1882	"	"	"	"	"	"	250,630

Mit Ausnahme der auf den deutsch-französischen Krieg folgenden Jahre, wo ungewöhnlich viele Menschenleben verloren gegangen waren, und die Gewerbe in Deutschland einen unnatürlichen Aufschwung nahmen, zeigt obige Tabelle eine beständige überraschende Zunahme der deutschen Einwanderung, und die Berichte seit 1880 geben das gleiche Resultat, indem gegenwärtig durchschnittlich 250,000 bis 300,000 Deutsche jährlich das amerikanische Ufer betreten.

Im Jahre 1870 gab der amtliche Census die Zahl aller in Deutschland geborenen Einwohner der Vereinigten Staaten auf 1,694,533 an.

Im Jahre 1880 gibt derselbe Census die Zahl der in Deutschland geborenen Einwohner der Vereinigten Staaten auf 1,966,742 an. Rechnet man dazu die deutsch redenden Schweizer, Oestreicher und Russen, so darf man wol annehmen. daß ihre Zahl zwei und eine viertel Million beträgt.

Außerdem schätzte man im Jahre 1870 die Zahl der in Amerika geborenen Nachkommen deutscher Voreltern, die sich noch vorwiegend der deutschen Sprache bedienen, auf vier und eine halbe Million. Schätzen wir sie jetzt, nach sehr geringem Ansatz um eine Viertel Million höher, so ergiebt sich, daß gegenwärtig sieben Millionen Einwohner von Amerika deutsch reden, also etwa ein Siebentel der ganzen Bevölkerung.

Vergleichen wir das Verhältniß der in Deutschland geborenen Einwanderer zu den Einwanderern aus andren Ländern und zu den in Amerika geborenen, so kamen nach dem amtlichen Census

1850	auf	Hundert	andre Einwanderer	=	26.01	Deutsche.
"	"	"	in Amerika Geborene	=	2.52	"
1860	"	"	andre Einwanderer	=	30.83	"
"	"	"	in Amerika Geborene	=	4.06	"
1870	"	"	andre Einwanderer	=	30.37	"
"	"	"	in Amerika Geborene	=	4.38	"
1880	"	"	andre Einwanderer	=	29.44	"
"	"	"	in Amerika Geborene	=	3.92	"

Das heißt, daß durchschnittlich die in Deutschland geborenen etwa ein Drittel der ganzen Einwanderung, und ein fünfundzwanzigstel der ganzen Bevölkerung bilden. Am nächsten kommt der deutschen Einwanderung immer noch die irische, doch sind die deutschen ihnen jedes Jahr etwas vor.

Nach Staaten geordnet ergiebt der Census von 1880 folgende Zahlen von in Deutschland, in Irland, in England, in britisch Amerika und in Skandinavien (Schweden, Norwegen und Dänemark) geborenen Einwohnern:

	Deutschland.	Irland.	Brit. Amer.	England.	Skandin.
1. New York,	355,913	499,445	84,182	123,585	16,494
2. Illinois,	235,786	117,343	34,043	60,012	65,414
3. Ohio,	192,597	78,927	16,146	55,318	2,006
4. Wisconsin,	184,328	41,907	28,965	30,268	66,284
5. Pennsylvanien,	168,426	236,505	12,376	109,549	8,901
6. Missouri,	106,800	48,898	8,685	17,964	4,517
7. Michigan,	89,085	43,413	148,860	44,032	16,145
8. Iowa,	88,268	44,061	21,097	25,550	46,046
9. Indiana,	80,756	25,741	5,569	12,020	3,886
10. Minnesota,	66,592	25,942	29,631	9,598	107,768
11. New Jersey,	64,935	93,079	3,536	32,184	3,115
12. Californien,	42,532	62,962	18,889	26,577	9,722
13. Texas,	35,347	8,103	2,472	6,749	2,662
14. Kansas,	28,034	14,993	12,536	16,260	14,403
15. Massachusetts,	16,872	226,700	119,229	48,136	5,971
16. Connecticut,	15,527	70,638	16,444	15,869	2,682

Und nun, o Leser, da wir dir die Größe des deutschen Elementes in Amerika vor Augen gestellt haben, bitten wir dich im Namen des deutschen, wie des echt amerikanischen Geistes,

Suche ganz zu sein, was du bist:
Suche recht zu sein, was du bist:
Suche mit Selbstbewußtsein zu sein, was du bist:

Ein Deutsch-Amerikaner!

www.ingramcontent.com/pod-product-compliance
Lightning Source LLC
LaVergne TN
LVHW010830120826
845149LV00016B/128
9781418188818